人間の運命

キリスト教的歴史解釈

ラインホールド・ニーバー
髙橋義文・柳田洋夫〔訳〕

聖学院大学出版会

Reinhold Niebuhr

The Nature and Destiny of Man:

A Christian Interpretation

Vol. II: ***Human Destiny***

目　次

凡例

1．原書では、各章の序論部分には表題も番号もないが、そのあとは、IIから始まり、表題も付けられている。そこで、本訳書では、各章の序論部分に、「I　序」と番号と題を付けた。
2．聖書および旧約聖書外典は、断わりのない限り、『新共同訳――旧約聖書続編つき』（日本聖書協会、一九八七年、一九八八年）を使用した。
3．人名の日本語表記は、原則として、『岩波 西洋人名辞典』増補版（岩波書店、二〇〇〇年）および『キリスト教人名辞典』（日本基督教団出版局、一九八六年）に拠った。ただし、両辞典で表記が異なる場合、また両辞典にない場合は、訳者の判断による。
4．ラテン語、ギリシャ語、ドイツ語等で表記されている語句は、原則として、翻訳した上で、それらの原語を括弧に入れて付した。ただし、比較的知られていると思われる語（「アガペー」等）については、カタカナ表記のみを用いたところもある。
5．引用および参照文献に邦訳がある場合、引用文の翻訳は、原則として既存の訳を使用し、原文献名の後に、［　］に訳書情報を入れた。既存の訳を修正して使用した場合、あるいは使用しなかった場合は、いずれにも「参照」と付記した。
6．引用された文章と邦訳書の文章とが合致しない場合は、ニーバーが引用した文章に沿って訳し、訳書情報に「参照」と付記した。

7. 注におけるニーバーの出典明示には、しばしば不正確な部分が見られる。また文献情報も、書名が短縮され、出版所や出版年が明記されていないものも多い。訳者の判断で、一部修正・補足を施したが、徹底はできなかった。

8. 注における重複記載や一貫性に欠けた表記は、一部、訳者の判断で適宜整理・修正した。

9. 注における文献情報に著者名が付されていない場合、本文ないし注の文章の内容から特定できる場合も、わかりやすくするため、すべてに著者名を付した。

10. 本文において「第一巻」、注において "Vol. I" とだけ表記されているものは、以下を指す。Reinhold Niebuhr, *The Nature and Destiny of Man: A Christian Interpretation*, Vol. I: *Human Nature* (1941).［ラインホールド・ニーバー『人間の本性と運命』第一巻『人間の本性』。］

11. 本文、注を問わず、［ ］内は、すべて訳者による説明や付加である。ただし、ニーバーが引用している文章中の［ ］は、ニーバー自身によるものである。また、《 》は、訳文をわかりやすくするため、訳者が付けたものである。

人間の運命

執筆を助けてくれた妻

アースラ

と

しばしば執筆を妨げた子どもたち

クリストファーとエリザベスに

序文

一九四一年に出版された本書の第一巻は、一九三九年春にエディンバラ大学でなされたギフォード講演[※1]の前半部分に相当する。そこでは、人間の状況を、キリスト教信仰の立場から、また、古代ギリシアと近代双方の解釈と交互に比較しながら解釈しようとした。

本書は、一九三九年秋にエディンバラでなされたギフォード講演の後半部分であり、ここでは、人間の問題に対するキリスト教信仰の解答を明らかにしようとするものである。それゆえ、本書では、キリスト教的贖罪の教理と、歴史的運命についてのキリスト教的概念を分析し、それらを、古代ギリシアおよび近代の思想と交互に比較した。

人間本性の分析と人間の運命をめぐる議論双方の基礎をなす命題は、聖書的キリスト教的人間観と歴史観が、近代キリスト教思想において広く受け止められてきたものよりもはるかに独特であり、古代ギリシアと近代の人間観と歴史観のいずれからも一層明確に区別されるということである。第一巻で示唆したのは、キリスト教信仰が、古代と近代いずれの思想よりも、人間の精神の偉大さを評価し、人間の徳を低く評価するということである。本書では、聖書的キリスト教的信仰が、古代ギリシア思想よりも力動的な歴史概念を有し、歴史の生命力については近代思想よりも楽観的でない見方をとっていることを立証しようとしている。現在進行中の歴史は、現在の歴史解釈を無効にし、その結果、歴史の意味をめぐる一層古典的なキリスト教的解釈に新しい妥当性をもたらしているように見える。

この第二巻は、第一巻の序文で約束した出版日程を超えて遅れてしまった。他のさまざまな責任に妨げられて、講演内容に必要な修正を、思うように迅速に完成させることができなかった。講演の本質的な構造で変えたところは全くない。一部資料を追加した。講演時の第五回講演は拡大され、本書の第五章および第六章となった。一方、第九回および第一〇回講演は縮小されて本書の第一〇章となった。

以下の人々には、原稿の全体をさまざまな機会に読み、その内容と形式について多くの有益な提案を頂いたことに対して心から感謝を表したい。妻のアースラ・M・ニーバー、同僚のパウル・ティリッヒ、ユニオン学長のヘンリー・スローン・カフィン、弟のH・リチャード・ニーバー、および、ハワード・チャンドラー・ロビンズである。特に、カフィン博士には、思想と文体の多くの曖昧な部分を取り除いてくださったことに対し深く感謝している。もし批評家たちが、本書を第一巻よりも読みやすいと判断してくれるとしたら――わたしはそう願っているが――、かれらの感謝に値するのもカフィン博士である。チャールズ・スクリブナーズ・サンズ社のウィリアム・サヴェージ氏は、原稿に対し、立場上の形式的な責任以上の懇切な配慮を示してくださった。わたしの以前の学生フレッド・デンボー牧師には、索引を作成してくださったことに感謝したい。

第一巻に対する友好的な批判者たちに一言感謝を表したい。かれらのさまざまな提案のおかげで、誤解を招くことになった多くの論点や主張を明確にすることに努めることができた。他方、この書の全般的な命題について、基本的な意見が合わない人々の批判には、応じることができないし、実際そうしようとしてこなかったことは言うまでもない。

本書では、人間の歴史についてのキリスト教的見解を明らかにし、その意義を評価するために、かなり広範囲にわたる多様な思想を取り上げた。この課題を遂行する際、わたしは、多くの調査領域で自分の学術的力量を上回る作業をせざるをえなかった。批判者たちはおそらく、解釈の詳細にわたって、あるいはその基本原理についても、多くの誤りを指摘することができるであろう。しかしながら、こうした限界にもかかわらず、本書の取り組みが全体として、生と歴史的運命をめぐる解釈を再考することに、ささやかながら何ほどか貢献することができれば幸いである。

われわれが今日生きている危機は、政治的な危機以上のものである。政治的諸機関が、われわれを圧倒する世界的な悲劇的出来事によって根底から揺さぶられている間に、次のことがますます明らかになるであろう。すなわち、人々の生きる基盤となっている哲学的宗教的前提は、人々の生活を秩序づけている政治的諸機関がそうであるように、世界的な出来事の深刻な挑戦を受けているということである。本書を特徴づける確信はこうである。キリスト教信仰は、近代文化の主要な潮流において想定されてきたよりも、生の意味の洞察の一層深い源泉となり、それゆえ、生の成就への力の一層大きな源泉にもなっているということである。

一九四三年一月

ラインホールド・ニーバー

ニューヨーク市　ユニオン神学大学院

付　一九六四年版への序文※2（抄訳）

四半世紀前にエディンバラで行われたギフォード講演は、「人間の本性」と「人間の運命」と題されて二巻にまとめられたが、そこで集中して取り上げたのは次のような命題であった。すなわち、西洋文化に流れる二つの主要な強調である、《個人》の感覚と《意味のある歴史》の感覚が、聖書の信仰に根ざし、主としてヘブライ的な源泉を有しているという命題である。本書の目的は、それらの二つの概念が、西洋史の各時代において、どのように発展し、腐敗し、純化したかについて、その跡をたどることにあった。それは、それらの概念の歴史的源泉と、人間の問題に関心を寄せる現代文化のいくつかの学問領域との間に、さらによい理解を創り出すためである。

西洋においてなされてきた個人の強調について、わたしが今も変わらず維持している命題の第一点は、個人が自己であることが表現されるのは、自己自身を超越する自己の能力においてであって、……自己の理性的能力においてではない、ということである。……第二の点は、自然の必然性から自由であるとともに、被造物として自然のあらゆる必然性に巻き込まれてもいる自己の、身体と知性と精神における統一性であった。……第三の問題は、自己の道徳性に関係する。わたしが信じていたのは、そして今も信じているのは、主として過剰な自己執着に表れる人間の悪が人間の本質的な自由の堕落であり、その自由とともに増大するということである。……

聖書的ヘブライ的信仰についてのもう一つ主要な強調は、歴史には意味があるという冒険的な主張にある。歴史のあらゆる混乱と食い違いの中に意味を見分ける努力は、西洋文化を際立たせ、その文化の戦いに歴史的な生命力を与えるものである。歴史には意味があるとの主張は、次のような宗教からすべて区別されなければならない。すなわち、「救済」を、人間の歴史的な力の混乱と責任からの逃避と同一視する神秘主義的ないし合理主義的宗教である。そのような宗教には、歴史を強調することに固有の二つの悪が伴う。一つは、熱狂主義の悪、すなわち歴史的に偶然的な目標や価値に究極的な意味を担わせることがもたらす帰結である。もう一つは、創造的であるとともに混乱をもたらすメシア信仰、すなわち、地上の天国である普遍的な平和と義の国への希望である。わたしは、現代の共産主義を、ヘブライ思想とキリスト教思想の双方を特徴づける根強いメシア信仰の世俗版として解釈しようと努めてきた。現代の共産主義は、このような解釈のもとで理解しなければならないと今も考えている。

本書では、キリストと反キリストという特殊な象徴を伴う新約聖書の終末論を特に強調した。キリストと反キリストを次のような事実を象徴するものとして受け止めた。すなわち、善と悪は歴史の中でともに増大するものであり、悪は独自の歴史を有するわけでなく、より大きな悪は常により大きな善の堕落である、という事実である。わたしは、核の時代の危険が、この命題を提示した時に抱いた予想をはるかに超えて、この解釈をあざやかに立証していると考えている。しかし、そうした歴史的象徴が、悲劇的でアイロニックで、ルネサンスや啓蒙主義に見られるメシア待望的でユートピア的な希望に反するような歴史を、現代人がこれまで以上によく理解することに貢献することになるかどうか、今のわたしに十分な確信はない。

それゆえ、明らかなことは、老人たちは、自分たちの本質的な強調を変えることができず、自分たちが見分けようとした真理の一部が、絶えず変化する歴史のドラマによって立証されることを願いながらも、どのような場合であれその証拠に従わなければならない、ということである。論駁され、歴史の塵取りに投じられた洞察については、何も言うまい。

一九六三年　ラインホールド・ニーバー

訳注

※1　ギフォード講演は、十九世紀、スコットランドの法律家アダム・ロード・ギフォードによって寄付された基金による神学・哲学の著名な講演シリーズである。一八九九年に始まり、アバディーン、セント・アンドリューズ、グラスゴー、エディンバラのスコットランドの四大学に委ねられて開催されている。寄付者の意図は、「自然神学」を主題とする講演シリーズであったが、実際には多様な主題が扱われるようになった。ニーバーは、アメリカ人として五人目の講演者として一九三九年に担当し、講演は、春と秋に二回に分けて行われた。

※2　この序文は、一九六四年に出版された、『人間の本性と運命』のペーパーバック版のために執筆された。この書は、元来、一九四一年に第一巻、一九四三年に第二巻として、分けて出版されたが、その後、一九四九年に合本版が出された。それは一九六四年まで続き、その年、ペーパーバック版で再び二巻に分けて出版され、以後、その形態が続いている。なお、本序文の翻訳にあたって、第一巻に関する部分は要点のみにとどめた。

第一章
人間の運命と歴史

Ⅰ　序

人間は、自然と時間の変転に巻き込まれているが巻き込まれてもいない。人間は被造物であり、自然の必然や限界のもとにある。しかし、同時に人間は自由な精神でもある。人間は、自らの齢《よわい》の短さを知り、その知識によって、自分に内在するある能力によって時間的なものを超えているのである。人間は、「ため息のように消えうせ」〔詩編九〇・九〕、一部の物言えぬ動物より寿命が短いことさえある。しかし、死を予期することが人間の精神に引き起こす憂いの感覚は、動物世界のあずかり知らぬものである。人間が「朝が来れば花を咲かせ、夕べにはしおれ、枯れて行く草」〔詩編九〇・六〕のようなものであるという事実に思いをめぐらすことは、それが、不安を覚えながらであれ、熟慮の上の教養ある平静さを保ちながらであれ、人間を動物の世界と区別する実存次元の全体を明らかにすることでもある。

自然の変転を超越する人間の能力は、人間に、歴史を形成する潜在的な可能性をもたらす。人間の歴史は、自然の過程に根ざしてはいるが、動かしがたい自然の因果関係の継起や、自然界の気まぐれな変化や出来事以上のものである。人間の歴史は、自然の必然性と人間の自由から構成されている。自然の変転を超越する自由によって、人間は、一定の時間の範囲を自覚的に把握して、歴史を認識することができるようになる。またそのような自由によって、人間は、自然の因果関係の継起を変換し、整序し、変容させ、それによって歴史を形成することができる。「歴史」という言葉の曖昧さ（それは、生起するものと記憶され記録されるものとを意味する）がまさに、人間の自由における行動と知識に共通する源泉を明らかにするのである[1]。

人間の歴史には、人間の精神が自然の必然から自由になる時点はない。しかしまた、知性が所与の環境を超越して、さらに究極的な可能性を思い描くことができないような時点もない。それゆえ、歴史の葛藤が規範的なものとして受容されるべきではないが、人間は、これらの葛藤が普遍的秩序と平和との支配において克服されるような現実に目を向ける。こうして歴史は、自然の限界と永遠との間を行き来するのである。人間の行動はすべて、自然の必然と限界とによって条件づけられている一方、陰に陽に、自然の変化の根底にある不変の原理という概念に対する忠誠によって決定されている。人間は、これらの原理への忠誠によって、変転における、偶発的で、無意味で、矛盾する要素を除去するよう促される。それは、人間の生を支配する変わらぬ永遠の力によって定められるものとしての生の真髄を実現するためである。

歴史に対する人間の態度に着目することによって、生の意味についてのさまざまな解釈に、次のような基本的区別を施すことができる。まず、歴史を意味の領域に含める解釈は、歴史を、生の本質的意味のより十全な開示と実現を指し示すともに、そこに向かう過程とも見る。他方、歴史を意味の領域から排除する解釈は、歴史とは自然の有限性にすぎないものであり、人間の精神はそこから解放されなければならないと考える。この解釈によれば、人間の自然への関与こそが悪の原因と見なされ、生の究極的な救いは有限性からの解放であるとされる。前者の解釈では、歴史は、潜在的に意味あるものであり、その意味が究極的に開示され実現されるのを待つものと見なされる。他方、後者の解釈では、歴史は本質的に無意味であるとされる。歴史は、ある種の秩序の領域と見なされるかもしれない。しかしその秩序は、生の意味に否定的な影響を与える自然の必然性に従属するものにすぎない。そのような歴史とは、取り除かれるべき煩いでしかない。

さまざまな文化が歴史に対してとる態度の違いは、人間の最終的な自己超越も含め、人間の歴史的過程からの超越についてのさまざまな相容れない評価によって決まる。この自己超越の能力は、人間の精神の最高の能力を表すものなので、場合によっては、生の成就は当然、歴史の両義性からの解放の中で起こらなければならない、と想定される場合がある。その場合、人間が半ば自然の中に没入し、半ば自然から超越している状況は、全面的な超越へと変えられることになる。したがって、ある種の永遠が非歴史的な宗教や哲学における人間の努力の目標であり、人間の目的であるその永遠は、歴史の否定と言ってもよいほどの歴史の成就である。このような永遠においては、「ある部分と他の部分との分離はなく、他の部分から疎外されて孤立した存在となる部分もない。したがって、他の部分に不正を働くところもない[2]」。

歴史を生の意味に貢献するものと見なす宗教では、人間が、自然の過程や時間の変動に半ば巻き込まれ、半ば超越していることに対する姿勢は全く異なる。この両義的な状況は、人間がそこから救われなければならない悪とは見なされない。人間の状況における悪は、むしろ、早まって歴史の不確実性を否定するか、あるいはそこから逃避することによって、ある種の自由や超越や永遠的で普遍的な見通しを主張しようとすることから生じる。有限な被造物にそのようなことは不可能である。言い換えれば、有限性ではなく罪の問題が、陰に陽に生の基本的な問題なのである。とはいえ、有限性の問題も排除できない。歴史過程の中にいる人間は、洞察力が限られているために、その過程の意味のすべてを認識することはできないし、力が限られているために、その意味を成就することはできないと見られる。たとえ人間の知識の自由や人間の力が、どれほど歴史の本質の一要素であろうともそうなのである。それゆえ、歴史的宗教における、人間の歴史と運命についての当面の問題は、歴史の超越的意味がどのように開示され実現されるのかということである。なぜなら、人間は意味の一部しか認識できず、また、認識した意味を一部しか実現できないからである。頽落した現代の歴史的宗教では、この問題は、以下のような信念によってごく簡単に片付けられている。つまり、歴史の積み重ねの力が、弱い人間に、生の意味を認識し成就する知恵と力を与えるであろうという信念である。

しかしながら、それより深遠な形態の歴史的宗教では、知恵や力がどれほど累積されようとも、次のような歴史上の時点などないと考えられている。すなわち、人間の有限性が克服され、人間が自らの生を成就することができるようになるような歴史上の時点や、歴史それ自体が、一方で自然的必然に根ざしつつ、他方で超越的で「永遠的」で、歴史を超えた目的を指し示すという両義性を抱えないような歴史上の時点である。

したがって、歴史的な諸宗教は、まさに本性上、預言者的―メシア信仰的である。そうした歴史的宗教は、まず、歴史の中に、そして最終的には、歴史の終わりでもある「エスカトン」(終末)に向かって、生と歴史の十全な意味が開示され成就されるような時を待ち望む。意義深いことに、これらのメシア信仰的期待は、最初の偉大な記述預言者であるアモスが目の当たりにして批判した、「主の日」への楽観的な期待におけるように、民族的希望と民族的勝利への期待の表現として始まった。少しずつでしかなかったが、以下のことが徐々に認識されていった。すなわち、人間の有限性を否定し、またそれから逃れようとする傲慢な野望や権力における努力は、歴史の素材に堕落の要素を加えること、また、この堕落は、人間の歴史と運命の成就という観点から見れば、歴史の基本的特徴となり、また永続する問題となるということである。歴史は浄化されると同時に完結されなければならないということ、また、歴史の最終的完結は、歴史をその頂点に至らせようとする人間の早まった空しい努力を神が打ち壊すことを含むものでなければならないということが認識されていったのである。

こうして、歴史的宗教および歴史的文化と、非歴史的宗教および非歴史的文化との間の基本的な違いは、簡潔に言えば、救済者を期待するものと期待しないものとの違いということになろう。歴史が、潜在的に意味を持ちながらも、その意味が十全に開示され成就されるのを待っているものと考えられているところでは、救済者が期待される。生の意味が、自然的観点から、もしくは、歴史の意味の超越的啓示が可能でも必要でもないと見なされるような超自然的観点から説明されるようなところでは、救済者は期待されない。さまざまな形態の自然主義のように、自然を超えたものを指し示す歴史的存在の展望や熱意が幻想と見なされるようなとき、また、自然の歴史がそれ自体を超える意味の開示を受け容れることが不可能であると信じられているときには、啓示が可能であるとは見なされない。一方、歴史の曖昧さが捨て去られ、純粋な永遠がもたらされるまで、人間の自由と自己超越の能力が無限に拡張されると信じられているときには、啓示が必要であるとは見なされない。救済者の重要性は、救済者が神の目的を開示し、歴史の中で歴史を支配することにある。自己と歴史とを超越する人間の能力が、自らの有限性と決別できると信じられているところはどこであれ、救済の意味は、本質的に歴史からの贖《あがな》いとして受け止められる。その救済は、歴史における人間の成就のいかなる必要も、それへの欲望も、あるいは、歴史の究極的意味の開示への欲望も取り除くのである。

歴史が、歴史を超越する目的や力の断片的な啓示の領域として考えられるところはどこであれ、救済者が期待される。啓示は、歴史の目的と力の一層十全な開示を指し示す。救済者は、この開示が可能でもあり必要でもあると見なされるがゆえに期待される。歴史とはそれが根ざす自然的必然以上のものであると認識されるゆえに、開示は可能である。歴史の潜在的有意味性が断片的で堕落したものとして見なされるゆえに、開示は必要である。歴史は完結され明確にされなければならないのである。

　このようにして、メシア待望信仰があるかないかという観点から世界の諸文化を解釈するには、次のような洞察が必要である。すなわち、これらの待望がキリストにおいて成就したというキリスト教信仰において、メシア待望の論理が頂点に達した後に初めて可能となった洞察である。ある種の救済者への待望があるかないかという観点から諸文化を解釈することは、究極的な救済者「イエス・キリスト」が現れたという信仰を用いなければ不可能である。なぜなら、これらの待望の結末が見出されたと主張する信仰を陰に陽に導入することなしに、生や歴史の意味を解釈することはできないからである。つまり、特定の前提なしに歴史の解釈は全く不可能であるということ、また、ここまで試みられてきた解釈はキリスト教的前提に基づいているということである。生の問題に対するキリスト教的解答は、その問題を議論する際に前提とされているのである。その意味で、われわれの解釈は、煎じ詰めればあらゆる解釈が必ずそうであるように、「教条的」であるか、もしくは告白的である。しかし、それは全面的に教条的でもなければ告白的でもない。なぜなら、われわれの解釈は、ある特定の歴史の物語が答えと見なされるような問いと待望を分析しようとするものであり、また、これらの問いと待望が歴史において普遍的ではないその理由をも究明しようとするからである。そのような分析は、文化の非歴史的形態の特徴をさらに探求するところから始めなければならない。そうした形態は、キリストが答えとなるような問いや、キリストの十字架によって成就されるような待望を持たないゆえに、キリストを「愚か」なもの〔Ⅰコリント一・二三〕と見なすのである。

Ⅱ　救済者が待望されない思想

問われもしない問いに対する答えほど信じがたいものはない。世界の半分は、キリスト教的啓示が答えとなる問いや、その啓示によって成就される憧れや希望を持たず、したがって生と歴史の問題に対するキリスト教的解答を「愚か」なものと見なしてきた。世界の半分を占めるこれらの文化は、非歴史的であり、それゆえ非メシア待望的である。歴史を生の意味の基礎をなすものと見なすことにそのような文化が失敗したということについては、次のような、生に関する互いに矛盾する二つの主要な見方が原因となっているであろう。一つは、自然の構造を、人間が適応しなければならない最終的実在と見なす見方である。もう一つは、自然を、人間の視点からすれば、混沌もしくは意味のない秩序と見なす見方である。人間はそこから、理性もしくは理性以上の人間に内在する何らかの統一性と力によって解放されるはずだというのである。ストア派が古典的例となるような思考の体系があるが、それは、両者の見方を結合するか、両者の間を多少なりとも揺れ動くようなものである。しかし、歴史の有意味性を否定する最も一貫した二つの見方がある。その一つは、歴史を自然の調和に解消するものであり、もう一つは、歴史を永遠が頽落したものと見なすものである。

1 自然に解消される歴史

デモクリトスからルクレティウスまでの古典的唯物論の歴史は、自然主義のいかなる近代的形態よりも一層一貫した自然の視点から見た生命観を伝えている。なぜなら、近代の自然主義には、自らの自然主義にヘブライ的―聖書的生命観の幾分かを公然と採り入れ、それによって自然を有意味な歴史の担い手ひいては考案者とするような形態もあるからである（たとえば、生物学における進化の事実が歴史における進歩の観念を担うものとされたときがそうである）。歴史を厳密に自然の調和に還元しようとする努力がなされるのは、古典的思想と、近現代における、一貫した古典主義へのごくわずかの例外的な回帰[3]においてのみである。

歴史を無意味な自然の継起の次元に解消することによって歴史の実在性を否定しようとする試みは、古典的思想の死についての黙想や死の恐怖に対する抵抗において最も完全に表現される。人間が死ぬという事実は、人間が自然の世界と有機的に連関していることの紛れもない証明である。またその事実は、「すべてはひとつのところに行く。すべては塵から成った。すべては塵に返る[4]」ゆえに、「人間は動物に何らまさるところはない[5]」ということを証しするであろう。さらに、死は、人間の有限性を暴くだけではない。生と死の無限の連続は、少なくとも一面において、歴史が自然世界の無意味な循環にほかならないことを証明している。古典的自然主義は、歴史を、このような単純な次元に還元しようとする。ルクレティウスはこう述べている。「考えてもみよ。我々が生まれる前に過ぎ去ってしまった無限の過去の時代がいかに我々とは無関係であるかを。したがって、これは、我々の死後もまたある時間の見本として自然が示すものなのである。何ゆえに恐ろしいものがあるというのか。何か陰鬱に見えるものがあるのか。全ては、睡眠以上の、あらゆる煩いからの解放ではないか[6]」。

しかし、死が自然の法則としていかに動かしがたいとしても、それと同じ程度に、死の恐怖は、人間における死の表現として避けられないものであり、自然を超越するものである。死の恐怖は、人間が「動物に勝る」ものであることを証しする。なぜなら、死の恐怖は、死を予期する能力からだけでなく、死の向こう側にある何らかの実在の次元を想像し、それについて不安を覚える能力からも生じるからである。その恐怖のかたちはいずれも、人間が自然を超越していることを証しする。人間の知性は、自然における自分自身の存在がそこにおいて終わる、自然における一時点があることを理解し、それによって、自然が人間を完全に包含していないことを証ししている。人間が死滅を恐れるという事実は、自然を超越する人間の精神におけるある次元を消極的に暗示するものである。一方、次のような事実は、自然を超越する人間の自由を積極的に暗示している。すなわち、人間は、死の向こう側にあるかもしれない意味の領域について不安を覚え、また、ハムレットの独白の言葉を借りれば、「死ぬことと眠ること」は「おそらく夢見ること」であると推測するものだという事実である。こうして、死の恐怖は、歴史の創造者としての人間の能力についての最も明白で素朴な表現なのである。

古典的自然主義は、死は幻想であり是認されないものであると説得しようとすることによって、人間の死の恐怖を紛らわそうとする。その主張には二点ある。一つは、実際には歴史など存在せず、自然の連続と循環があるにすぎないのだから、歴史には、人間が恐れなければならないところなど何もないということである。ルクレティウスは言う。「もし普遍的自然が突然声を発して我々を叱責するとしたら、こう言うだろう。『おお、死すべき人間よ、何ゆえに、お前はあまりに痛々しい悲嘆にひたるのか。どうして死のことを思ってうめき泣くのか。……おお、愚か者よ、どうして、人生に満足した客人のように身を引いて、妨げられることのない休息に甘んじないのか。……全てはいつも同じなのだ……お前が人生においてあらゆる世代を生き抜くとしても、全てのものはいつも同じなのだ。そして、お前が決して死ぬことがないとしたら、なおさらそこに同じものを見るだろう[7]』」。

古典的自然主義の主張のもう一つの点は、歴史それ自体の中に恐れるべきことは何もないのと同様に、存在しうるとされる、歴史を超えたところにも恐れるべきものは何もないということである。なぜなら、人間は、この世における生を超えることはできず、それゆえ、死を超えた審判を予期する必要はないからである。したがって、エピクロスはこう書き記す。「生を終えることには恐ろしいことなど何もないことを正しく理解する人間には、生きることにおいて恐ろしいことは何もない。したがって、死があるときに悲しいゆえにではなく、死が来るべきものとして悲しいがゆえに死を恐れると言った者は愚かであった。……全ての悪の中で最も恐るべき死も、われわれにとって何のことはない。なぜなら、われわれが存在するときわれわれに死はなく、死があるときわれわれは存在しないからである。よって、死は生者にも死者にも関わりがない。なぜなら、生者に死は存在せず、死者には存在そのものがないのだから[8]」。

古典的自然主義が、歴史を自然の継起の次元に解消するだけでなく、歴史を超えて存在しうる何らかの生と意味の領域の実在性を否定することによって、人間を死の恐怖から免れさせようとせざるをえないという事実は、一層重要である。この事実は、歴史を超えた永遠というさらなる感覚なしには、(死の恐怖の中に萌芽として具現されている) 歴史の感覚も全くありえないことを証明している。人間が時間の継起を把握し意識するときの「部分的同時性」には、そこに含まれる意味に照らせば、必ず、人間自身の把握能力を超えて時間の継起を把握する神的な「全体的同時性」の感覚が伴う。人間が時間的継起を超越する能力は、歴史に巻き込まれながらも、時間の継起によって限定されない超越の能力を暗示する。それゆえ、歴史には、歴史を超える永遠が暗示されているのである。

死の恐怖は、歴史の道徳的次元すなわち善と悪との区別が、死が義なる者の命も不義なる者の命も奪うという事実によって、無効にされるものではないということも証明している。また、地は、今なお善い者にも悪い者にも全く同じ配分で病をもたらし、正しい者にも正しくない者にも同じ亡骸をもたらす(9)。

死の恐怖には、悪に対してなされるかもしれない刑罰への恐怖が含まれる。そして、死が公平に訪れるということは、この恐怖を無効にはしない。また、死の恐怖は、死という事実の向こう側には何も実体はないという主張によってなくなることもない。というのは、このような主張がなだめようとする恐怖がまさに、自然そのものの中にはありえない、人間の精神における高さと深さを示すものだからである(10)。

要するに、歴史を自然の調和に還元しようとする古典的自然主義の努力は不毛である。それは、歴史を否定することによって生の意味そのものを破棄するのである。

2　永遠に飲み込まれる歴史

「キリストはギリシア人にとって愚かである」［Ⅰコリント一・二三］とパウロは言う。なぜなら、「かれらは知恵を求める」からである。これはつまり、歴史のある時点もしくは歴史の終わりにおいて歴史の十全な意味が開示され成就されるのを待望することは、ギリシア世界には意味がないということである。ギリシア世界は、知恵を求めるがゆえに救済者を求めない。あらゆる人間の中にロゴス原理としての救済者を見出すがゆえにキリストを必要としないのである。もし、古典的唯物論が歴史を自然の継起と時間の経過の均衡に解消しているとしたら、古典的観念論と神秘主義は、まさに古典的自然主義と同様に歴史に意味を見出さないゆえに、歴史の世界から逃れようとする。しかし、古典的観念論と神秘主義は、人間の中に、古典的自然主義が見出さないあるものを見出す。そして、そのあるものによって、人間は歴史から解放されることになるのである。そのあるものとは、人間の魂の知的原理、ないしは人間の知性さえもはるかに超越する何かである。要するに、古典的観念論と神秘主義は、人間の精神の超越的自由は理解するが、その自由の時間的過程との有機的連関は理解しないのである。自然的時間的過程は、人間が解放されなければならない何ものかにすぎない。その解放は生の意味の成就そのものである。そこには、歴史における成就への憧れはない。ただ歴史からの解放への熱望があるのみである。

プラトン主義においては、知的原理である「ロギスティコン」がこの解放のための手段である。プラトンは言う。「真に知を愛する者は、常に実在を追い求める。……それがかれの本性なのだ。そのような人は、その存在が単なる表象に過ぎないところの雑多な個々の現象にとどまらずに進んでゆく。……魂のうちにある、共感的で、実在と同族関係にある力によって、あらゆるものの本質についての知を獲得するまでは、また、その力によって実在そのものに近づき、実在と一体化するに至ることによって知性と真理を生み出すまでは、その刃が鈍ることはなく、熱情が止むこともない。そのような人は真理を知り、真に生き、成長してゆくのであるが、そのようにしてはじめて、その労苦は終わるのだ[11]」。

プラトン主義における重要な点は、「最高に輝く最高のもの、言いかえれば善」が「実在」の世界にあるのであって、「生成流転」する世界にあるのではないということ[12]であり、その世界に達することを得させる「力は我々一人ひとりのうちにある」ということである。つまり歴史は、劣った、もしくは幻影の世界なのである。「監獄とは目に見える世界であり」、「最高善」は移りゆく世界の根底にある不変の本質の世界である。そして、「全く感覚に頼らない理性の光[13]」は、この純粋な実在の世界へ上昇することを可能にする、人間に内在する力なのである。

人間の知性は、無限の遡行において知性自体を超え、人間の理性は、その理性の実体を観想することができる[14]。それゆえ、歴史を合理的知的に超越し、歴史から逃れる方法は常に、最終的にはさらに神秘主義的な手法にとって代わられる。そこでは、理性よりも高度で純粋な魂の力を分離し養うことによって、魂と絶対的なものとを、すなわち人間と神とを結びつけようとする努力がなされる。つまり、プラトン主義は、最終的に、彼岸的で非歴史的な文化の歴史と論理とを有する新プラトン主義に至るのである。

プロティノスの思想では、「ヌース」(nous)〔英知〕は、魂における理性的原理というよりはむしろ、自己意識の力である。ヌースは、世界も、現象的実在の基礎をなす合理的原理さえも観想しない。ヌースは、究極的「善」である「真性の実在」と結びつけられ、同一化するに至るまで、ヌース自体を観想する。その真性の実在については、「それが理解する働きを持つものであるとさえ言ってはならない」。なぜなら、「そうすることは、それを分割してしまう」からである[15]。

魂がそこに上昇する永遠は、未分化な統一体であって、最終的にはすべての個別性を飲み込んでしまう。「知性界」における永遠は、歴史を成就するのではなく否定すると主張したことにおいて、プロティノスはきわめて的確であった。プロティノスは、「知性界には記憶ということはあり得ない」と主張する。「個人の記憶ということさえもないだろうし、観想する者が自己であるという思考もないだろう。特に、観想において現れるものが鮮明であるとき、我々がそこで同時に自分自身を意識するということはない。観想の働きは、現れる対象に向かい、考える者はその対象に同一化するのである[16]」。このようにして、生の終わりは歴史の廃棄であり、歴史における自己の廃棄である。「過程」に巻き込まれているものはすべて、決して「存在を有する」ことはないのである。[17]
東洋世界における非歴史的文化の論理をたどる必要はほとんどない。なぜなら、道教やヒンドゥー教や仏教は、歴史の有意味性に対する、主として一層一貫した神秘的で非合理な否定によって、西洋古典主義における非歴史的伝統と自らとを区別するからである。[18]
西洋の非歴史的文化には歴史受容への予備ともなる合理主義的な技術があるという事実、また、この技術が（プラトンの『国家』におけるように）常に、歴史を破棄するのではなく支持する思想に触れることになるという事実は、基本的に、西洋世界における歴史に対する両面感情を示している。その両面感情は、ヘレニズム文化とヘブライ文化に対する差異性と親近性という問題に帰着する。自然的歴史が合理的原則に従うことは全くないとしても、理性が歴史における原理的秩序であることはきわめて明白である。理性はさらに、人間が自然に対して自由であることの象徴でもあり、人間が自然に巻き込まれていることの象徴でもある。この点で、歴史の有意味性を否定することにおいて終始一貫しているのは、彼岸性という神秘主義的形態だけである。
ギリシア古典主義における唯物論と観念論との、また、自然主義と超自然主義との対立は、無論、完全な調和を犠牲にしてではあるがストア哲学によってある程度克服されている。というのは、ストア哲学では、人間が従うべきロゴス原理が、それ自体自然の中に組み込まれているのか、それとも人間の自由の原理なのかということが決して明白でないからである。人間はフュシス（physis）［自然］に従うべきか。それとも、人間の本質には特別にロゴスが備えられているゆえに、人間固有の原則に従うべきなのか。「人生の目的は、自然に従って生きるということだ。それは、我々の中にある自然に従うことであると同時に、宇宙の自然に従うことでもある」とセネカは言う。「宇宙の自然」が、フュシスという確固たる秩序と、人間固有の自由の両者を含むため、このストア的倫理の基本的発想には根本的混乱が見られる。しかしながら、ストア哲学は概して、古典的な論争における自然主義的立場に向かいがちである。

その古典的な論争において、ロゴス原理は、自然主義者にとっては、自然の中に埋め込まれているものであるが、観念論者にとっては、人間精神固有の自由の中にあり、自然を超越するものである。「［この論争における観念論者の勝利の］結果は、自由の可能性を擁護することであった。しかしそれは、そのようにして、（多かれ少なかれ）独立した機能として再び現れる『偶然』や『必然』の復旧を犠牲にしてなされたのである」[19]。

要するに、古典文化には救済者への期待もなければ、メシア信仰的希望もない。なぜなら、人間が従わなければならない主権は部分的に隠されていて、さらに十全に明らかにされることを求められるようなものではないからである。一方の場合、自然が神であり、その神に従うためには、歴史の要素であるすべての固有の恐れや希望や熱望や悪は否定されねばならない。もう一方の場合、理性が神であり、理性の立場からすれば、歴史の必然性と不確実性は全くの「偶然」もしくは機械的必然に解消される。そのことは、歴史は部分的に自然に組み込まれているがゆえに、本質的に無意味であるということを意味する。いずれの場合にしても、歴史における生の究極的主権がより十全に啓示され、また、それによって生の意味が一層十全に開示されることは必然でも可能でもない。残された選択肢は、自然の秩序というかなり無意味なものに生の意味を解消するか、無意味さを純粋な理性、つまり全くの永遠に置き換えることによって生をこの無意味さから解放するかのどちらかである。

Ⅲ　救済者が待望される思想

もし救済者が待望されないとしたら、いかなる救済者であれ、歴史に対する隠れた神の主権の開示として、あるいは、歴史の有意味性を擁護するものとして、自らの正当性を立証することはできない。つまり、もし歴史が潜在的に有意味なものであると見なされなければ、潜在的意味が実現したという主張も、歴史における曖昧さや両義性が解明されたという主張も信じられないであろう。古代においても近代においても、あらゆる救済者は「ギリシア人には愚か」でしかありえない。キリストは、「ユダヤ人へのつまずきの石」〔ローマ九・三二〕ではあるかもしれないが、ユダヤ人にとって「愚か」ではない。キリストがつまずきの石でありうるのは、キリストが、待望されてはいたが、待望されていたようなメシアではないことが明らかになっているからである。それどころか、真のキリストは、待望を成就もするが裏切りもするという意味においてつまずきの石でなければならないと明白に断言することもできる。キリストはいくつかの待望を裏切るに違いない。なぜなら、メシア的待望には常に利己主義的な要素が含まれ、そのような待望は歴史の意味をごまかすことによってしか成就されないからである。あらゆるメシア的待望には、待望を保持する特定の文化もしくは文明の場から始まって歴史が成就されるということが陰に陽に前提されているのである。

待望されないようなキリストはありえないという事実は、唯一無二の啓示に基づくキリスト教を、文化の歴史全体と関連づける。一方、真のキリストは待望されたメシアではないという事実は、キリスト教を文化の歴史から区別する。この問題についての見解を確証するためには、メシア待望の歴史をさらに詳細に吟味する必要がある。

1　メシア信仰の類型

預言者的メシア信仰的な歴史解釈は、ヘブライズムの伝統におけるヘブライ的宗教において、とりわけ、律法主義的伝統に対する預言者的黙示的宗教において頂点に達する。しかし、ヘブライ的メシア信仰は独特なものではない。それは、ギリシア古典主義が、生の非歴史的見解をめぐる最も深遠なものではあるが、唯一の労作ではないのと同じである。歴史が真剣に受け取られるあらゆる文化には、ある程度のメシア信仰を見出すことができる。その最も明白な表現は、エジプト、メソポタミア〔バビロニア〕、ペルシアといった初期の大帝国に見られる。しかし、ローマ帝政でさえメシア信仰的雰囲気と無縁ではない。ローマ帝国の歴史は、意義あるまとまりとして把握され、ローマ帝国の歴史との関連において普遍史を解釈する努力が払われている。ギリシア神話においてもローマ神話においても、「黄金時代」という考え方は、そこから後の歴史が出発した自然な善や単純さの時代か、もしくは、そこから後の歴史が文明の達成へと段階的に高まっていった原初的未熟さを表現しているが、その黄金時代という考え方は、ローマのメシア信仰の基礎をなしている。メシアの時代は原初的善の回復と見なされる。歴史の成就とは、ある意味で歴史の初期の徳の回復であるという考え方は、このように、きわめて起源の古いものである。[20]

メシア信仰の論理と、メシア信仰と、歴史が生の意味に含まれているような文化との不可欠な関係を理解するためには、そこにメシア信仰の三つの要素もしくは段階を含めることが重要である。それは、預言者宗教のうちに表現される以下の要素である。（a）利己主義的民族主義的要素、（b）倫理的普遍的要素、（c）超倫理的宗教的要素。これらの三つの要素はすべてヘブライ的預言者のメシア信仰に見られるが、第一と第二の要素は、預言者以前のメシア信仰の中に表現されている。

a　メシア信仰の利己主義的民族主義的段階

利己主義的民族主義的段階では、メシア信仰は、メシア的希望を表現する、民族や帝国や文化の勝利を待ち望む。ということは、歴史は曖昧なものと見なされ、生は無意味性に脅かされているということである。生が無意味性に脅かされているのは、主として、意味の主たる源泉である民族や帝国の集団的生が、見せかけよりもはるかに有限であることが明らかだからである。その集団的生の不安定さは、その集団の敵の力によって象徴されている。それゆえに、生の意味の成就は、敵に対する自分たちの民族や文明の勝利の中にある。生と歴史の問題についてのこの単純な考え方は、歴史的文化をかろうじて象徴するものであるとはいえ、預言者的メシア信仰の最高地点からさえも取り除かれていない要素である。その最高地点においてさえ、メシアはイスラエルを敵から守るものと期待される。それどころか、利己主義的民族主義的要素が原理的に打ち破られているキリスト教的歴史概念からもこの要素が完全に取り除かれることはない。キリスト教的歴史概念においては、キリストは人種や民族を正当化しないと理解されている。擁護されるのは神の主権である。しかし、不信仰者に対するものとしての、義人もしくは信仰者による正当化を神の擁護の中にひそかに持ち込むことなしにこのことを信じるのは難しい。これは、歴史の解釈における、より隠微な形態での利己主義的堕落であり、これについてはさらなる探求が追ってなされねばならない。付け加えるべきは、利己主義的堕落から免れえないのは、キリスト教的預言者主義の最高の形態においてのみではないということである。最も進歩した文明においても、歴史についてのきわめて原始的な利己主義的民族主義的な解釈への逆戻りを免れることはできない。たとえば現代のナチズムがそうである。

b　メシア信仰の倫理的普遍的段階

メシア信仰の第二の段階において、歴史の問題は、自分たちの人種や帝国や民族の無力ではない。したがって、歴史の問題への答えは、敵に対する自分たちの勝利ではない。歴史における悪の力に対する善の無力が歴史の問題なのである。歴史における悪の束の間の勝利は、歴史の有意味性を脅かすものと考えられているが、この脅威は、力と善とを結びつけるメシア的王の到来への希望によって克服される。これはメシア的な「牧者としての王」の姿であり、ヘブライにおいてのみならず、バビロンやエジプトのメシア信仰においても重要なものである[21]。

牧者としての王は、その力にもかかわらず寛大である。裁く者として、かれは、正義と慈愛とが一つとなる想像上の正義の高みに達する。というのは、「その目の見るところによって、さばきをなさず、その耳の聞くところによって、定めをなさず、正義をもって貧しい者をさばき、公平をもって国のうちの柔和な者のために定めをなす」からである[22]。

ヘブライの預言者の主要な貢献は、メシア信仰を、利己主義的民族主義的段階から普遍的段階へと引き上げたことであると考えられることがある。そこでは、歴史の倫理的意味が主要な関心となり、歴史における見せかけの悪の力や見せかけの徳の無力さが最大の問題と見なされる。預言者的メシア信仰が全体としてこの段階に達したことは事実である。また、最初の偉大な預言者アモスが、「主の日」に対する当時のさまざまな待望に見られる民族主義的要素に異議申し立てをしていることは明らかである。それにもかかわらず、普遍的要素を預言者主義と同一視することは誤りである。なぜなら、そのような要素は、前預言者的メシア信仰の未発達な形態の中に存在していた（イスラエルだけでなく、エジプトやバビロンのメシア信仰について指摘してきたように）からである。またそれだけでなく、追って明らかになるように、預言者宗教的メシア信仰には、民族主義に対する普遍主義の勝利よりも一層深遠な要素が込められているからでもある。

重要なことは、倫理的メシア信仰は、力と善とが究極的には完全に調和するという希望によって歴史の道徳的曖昧さを克服するが、その信仰には、歴史を真剣に受け取らない文化と対照的に、歴史を真剣に受け取る文化が有する重要で特徴的な洞察が暗に込められているということである。

理想的な王への希望は、以下のことを意味する。すなわち、歴史の有意味性は、主として自然の非合理性や必然性や偶然性によって曖昧にされるのではなく、歴史的現象に固有な「権力」の要素によって覆い隠されるということである。歴史の道徳的意味を脅かす不義は、意志を支配する権力としての意志に由来するものであり、このことを自然それ自体はほとんど知らない。なるほど、自然にもわずかだが権力の形態がある。たとえば、群れの中で最も年長で強いオスが統率するようなことがあり、それは、人間の社会組織と動物との関連をたまたま示すものではある。しかし、一般的に言って、自然が知るのは、生存衝動の競合だけであって、権力への意志の競合ではない。

権力は精神の所産である。それは物理的力との混合なしにはありえないが、常に物理的強制以上のものである。このことは祭司の重要性によって象徴される。祭司は、軍人と区別され、あらゆる初期の社会において社会組織を代表する存在である。

倫理的メシア信仰は、以下のことを暗黙のうちに認識する。つまり、歴史における悪は、主として自然の偶然性からではなく、歴史固有の現象としての、意志を支配する権力としての意志から生じるということである。したがって、この認識が発見するのは、主として歴史それ自体における歴史の道徳的謎であって、歴史と自然との関係や自然の偶然性による歴史の堕落における道徳的謎ではない。

しかし、倫理的メシア信仰には、さらに深遠な歴史理解がある。倫理的メシア信仰の非難は、特に、不正な「支配者たち」や「長老たち」に向けられる。倫理的メシア信仰が認識するのは、不正は正義と出所が同じであり、いずれも生の歴史的構造から生じるということである。エジプトの最も深遠な社会的文書である『雄弁な農夫』は、論争において家令頭を告発する農夫を描く。「あなたは、貧しい人々が溺れることのないように造られたダムである。しかし、見よ、あなたはかれらを押し流す洪水となっている[23]」。この告発は、単に、あらゆる統治が正義の手段でもあり、正義を危険にさらすものでもあるという、その道徳的両義性についての鋭い表現と見なされるものではないであろう。より深く考えるなら、それは歴史の基本的逆説についての認識である。この告発は、人間の歴史の創造的可能性と破壊的可能性とが解きほぐしがたいほどに混じり合っていることを認識している。人間の社会を組織し、正義を確立する権力がまさに、その権力の優越によって不義を生み出しもするのである。

権力の不義がメシア的牧者なる王によって克服されるという希望は、一見したところ、キリスト教政治思想がしばしばそこへと堕落した、「善い皇帝」への宗教的期待にすぎないと思われるかもしれない[24]。しかし倫理的メシア信仰は、そのメシアへの期待における超越的要素によってこのような浅薄さを免れている。権力と善とを、強さと優しさとを、正義と慈愛とを結びつけるメシア的王は、決して単なる歴史的人物ではない。それは地上の王となった神である。エジプトのメシア信仰では、太陽神ラー自身が正義を打ち立てるために地上に来た。この超越的要素は、バビロニアやヘブライのメシア信仰にも見受けられる。

神のみが完全に権力と善とを結びつけうることを認識するというのは、以下のことを理解することである。すなわち、権力がおのずから悪なのではないが、歴史におけるすべての権力は、それが、（政治権力の場合のように）下位の葛藤を調整するような超越的権力となることを求めるとしても、権力自体が人間社会における競争的諸権力の一つであるがゆえに、不義の手段となる危険にさらされているということである。メシア信仰は、もし神自身が歴史的権力の行使者とならなければ、あらゆる歴史的創造力における不可避の自己中心的堕落は取り除きえないことを認識する。そのようなメシア信仰は、現代のあらゆるユートピア的信念が曖昧にしてきた人間の歴史の特徴についての洞察を表現するために神話的象徴を用いている。

一方、牧者としての王への希望は、メシア信仰を、非歴史的宗教からも、歴史についての誤った解釈からも同様に峻別する。神の力の介入によって、人間社会における生相互の理想的調和を待ち望むことは、生の成就が永遠においてではなく歴史の中に求められることを意味する。歴史は、生命力の領域であるがゆえに悪と見なされるのではない。また、完成は、生命力を奪うような何らかの領域や、そこから生の生命力が失われてしまうような、何らかの永遠なる静けさなどと定義されるものではない。

したがって、牧者としての王への希望は、歴史的文化の価値観や行動様式についてのきわめて深遠な表現である。その弱点は、それが、聖なるものと歴史的なものとの不可能な結びつきを望んでいるという事実にある。歴史における特定の権力ではなく、あらゆる権力の源であるがゆえに力のある善なる神は、もし、人間社会における特定の権力にならなければ、善を維持することはできない。歴史における完全なる善は、権力の否定によってのみ象徴化されうる。しかし、このことは、すべてのメシア的支配の概念を拒否し、「苦難の僕」［イザヤ五三章］となった唯一の存在［イエス・キリスト］が現れるまでは明らかにならなかったのである。

預言者宗教的メシア信仰はこの答えに達しなかった。しかし、預言者宗教的メシア信仰の偉大な貢献は、それが、歴史をきわめて深く解釈したため、メシア的王という解決策が持ちこたえられなくなったという事実にある。預言者宗教的メシア信仰は、歴史において特別な使命を遂行する支配者や民族を傲慢と不義へと誘惑するという不可避の悲劇に巻き込まれたものとして歴史を捉えたのである。

c　メシア信仰の超倫理的な宗教的段階

このようにして、新たな宗教的倫理的次元が歴史解釈の中に導入される。その次元は、預言者宗教とメシア信仰との関係という観点から考察されなければならない。

2　預言者宗教的メシア信仰

ヘブライ的預言者宗教は、最初の記述預言者アモスによる、当時のメシア信仰に対する強烈な批判と共に文化の歴史に参入した[25]。この批判はしばしば、メシア信仰の民族主義的意味合いを拒絶し、より普遍的な概念を支持するものであると解釈される。この解釈はさしあたり正しい。なぜなら、アモスは疑いなく、「イスラエルの聖者」を、イスラエルの利害を超越した存在と見なしていたからである。アモスは、イスラエルと同様に他の国々にも審判を預言し[26]、ヤハウェの名において、神の主権は、イスラエルの歴史と同様に、他の諸民族の運命においても明らかになると宣告する。したがって、「イスラエルの人々よ。わたしにとってお前たちはクシュの人々と変わりがないではないかと主は言われる。わたしはイスラエルをエジプトの地から、ペリシテ人をカフトルから、アラム人をキルから、導き上ったではないか[27]」というアモスの言葉が、人間の文化における普遍的歴史を最初にとらえたものと見なされてきたのは正しいことである。ここで歴史は、民族ではなく、ある普遍的なまとまりとして捉えられている。そして、神はすべての民族の統治者と見なされている。

アモスの預言における反民族主義的強調は、イスラエルの神によるイスラエルの破壊という特定の審判についてのその預言によって高められている。イスラエルの神の栄光は、神の選んだ国が勝利するかどうかに拠るものではない。[28] さらに、民族主義的祭司たちは、アモスの預言をイスラエルへの脅威と見なす。祭司アマツヤは、北王国に対するアモスの審判の預言は、南王国の一員としての偏見によって引き起こされたものだと示唆する。[29] このようにして、アモスの洞察は、ヘブライの預言における倫理的普遍的基調の源泉となる。したがって、単に倫理の歴史という視点から見るならば、預言者運動を、生と歴史についてのヘブライ的解釈における普遍主義的傾向の極みであると考えるのは間違いではない。たとえ、歴史の意味についての民族主義的で帝国主義的な解釈から預言者宗教が決して完全に追放されているわけではないと認識する者がいたとしても、また、認識するはずだとしてもそうである。

それにもかかわらず、預言者宗教についてのそのような倫理的解釈は、預言者宗教の真の深みを曖昧にする。イスラエルに対するアモスの審判の予告は、実際のところ、楽観主義的メシア信仰のあらゆる形態に対するさらに重要な批判に付随したものにすぎない。われわれには、アモスが批判した当時のメシア的理想が、全く民族主義的であったかどうかも定かではない。そこには普遍的要素があったかもしれないのである。「主の日」は、歴史における悪の権力の象徴である「竜」または「蛇」に対する神の勝利と見なされていたかもしれない。[30] いずれにせよ、預言者が非難したのは、自民族中心主義というよりはむしろメシア的概念の楽観主義である。また、預言者の批判は、民族主義的もしくは普遍主義的のどちらかで表現される、歴史の成就についてのメシア的希望にいかなる譲歩もしない。[31] なぜなら、アモスの歴史とは、何よりも一連の審判であり、それはまずイスラエルに下され、その後あらゆる民族に下されるものだからである。審判は、イスラエルに特に厳しく下される。それは、歴史における特別な使命のために選び出されたイスラエルが、その遂行に失敗したからにほかならない。イスラエルの特別な使命が、歴史における安全保障をイスラエルに与えることはない。それどころか、イスラエルには特別な保障があり、神の特別な恵みをあてにできると考えることこそ、誇りの堕落であり、罰せられるべきことなのである。

もし、歴史と神との関係についてのこのような概念が十分に分析されるなら、ヘブライ的預言者宗教は、倫理の歴史における普遍主義の勝利というよりはむしろ、宗教の歴史における啓示の始まりであることが明らかになるであろう。それが啓示の始まりであるのは、ここで初めて、文化の歴史において、永遠的なものと聖なるものとが、個別主義的にであれ普遍主義的にであれ思い描かれる人間の最高の可能性の延長や達成と見なされなくなったからである。神の言葉は、その選ばれた民族にもあらゆる民族にも反して語られる。このことは次のことを意味する。すなわち、預言者宗教は、あらゆる人間の企ての有限性が歴史における真の問題ではなく、歴史は神の力による完成を待たねばならないという事実を、最初に理解したということである。歴史の真の問題は、あらゆる人間の企ての傲慢な偽装である。それは、その有限で部分的な性格をごまかそうとし、その結果、歴史を悪と罪に巻き込むのである。

諸民族が傲慢と不正に巻き込まれているがゆえに、神の言葉が、一つの民族のみならずあらゆる民族に反して語られるとき、人間の視点の一部もしくはすべてから生と歴史の意味を把握しようとする企てとしての人間の文化は乗り超えられる。ここにおいて、信仰との相関関係における啓示が始まる。預言者宗教は、神秘主義と異なり、神秘主義が歴史において見出しえなかった永遠的なものと聖なるものとを、人間の意識の中のある深層に見出す努力はしない。それゆえ信仰が関連してくるのである。預言者宗教は、人間の企て全体に反して語られる神の審判の言葉を信仰によって理解する。それが可能なのは信仰によってのみである。なぜなら、究極の言葉は人間に反して語られるが、人間は、自分でその言葉を語ることができないことを知りうるほどには自己自身を超えることができるからである。[32]

a　預言者宗教のメシア信仰に対する関係

ヘブライの預言者宗教とメシア信仰におけるその後の歴史には、民族主義的メシア信仰と普遍主義的メシア信仰の二つの要素がさまざまに組み合わされている。その歴史は、預言者宗教によって付加された、歴史解釈の新たな次元を伴うものであるが、その次元に対して、メシア信仰は適切な解答を見出すことが全くできなかった。

預言者思想の漸進的な解釈に反して、預言者宗教における民族主義的主題と普遍主義的主題との葛藤は、後者が前者に徐々に勝利することによって解決されるものではない。すでに考察してきたように、最初の偉大な預言者アモスには普遍主義的基調がある。その普遍主義的基調は、民族主義的基調に対して、徐々に優勢な立場を勝ち得てはいない。預言者ヨエルにおいて、民族主義的歴史解釈は極端な割合に達している。一方で、ヨナ書は、主として、そのような民族主義を拒絶するものと見なされねばならない。イザヤには、民族主義と普遍主義双方の一貫していない要素がある。[33] ヘブライ的メシア信仰を究極的完成にまで突き詰める黙示文書では、歴史が万人の復活をもって終わることもあるが、[34] 他方で、イスラエルの復活のみを期待する黙示文書もある。[35] メシア信仰の純粋に民族主義的な形態は、イエスの時代においても依然として有力であり、荒野におけるイエスへの第二の誘惑[36]はおそらく、メシア的任務の政治的民族主義的概念をイエスが拒絶したという記述であろう。

しかし、この葛藤が、預言者宗教的メシア信仰の主要な問題ではない。真の問題は、メシア信仰の最高の形態(それによれば、歴史は、メシア的王という人格において権力と善とが結び合わされることによって正義の問題が解決される時代において終わりを迎える)と、すべての国家と民族が神への反逆に巻き込まれているという預言者宗教の洞察との間にある。預言者宗教によれば、歴史の意味についての問題は、歴史はいかにして審判以上のものになりうるかということ、つまり、歴史の約束が完全に成就されうるかどうかということである。

このような一層高次の問題は、預言者宗教的メシア信仰についての未解決の問いになる。というのは、預言者宗教は、メシア信仰の希望において自らを表現する限り、前預言者宗教的メシア信仰に含まれる倫理的基調を洗練し精緻にするだけだと言っても過言ではないからである。預言者宗教は「正しい者に敵対し、賄賂を取り、町の門で貧しい者の訴えを退け(37)」、「貧しい者を踏みつけ、苦しむ農民を押さえつける(38)」者たちであるイスラエルの「支配者」や「士師」や「高官」を非難する。これは、ヘブライ的預言者宗教とメシア信仰における基調であり、支配者の傲慢と権力者の不正に対する根本的な倫理的政治的批判の源泉である(39)。この預言者による批判に関連するメシアへの希望は、理想のダビデ的なものへの希望であり、その牧者としての王の統治において不正と葛藤は克服され、正義と平和が打ち立てられるはずである。その希望は多かれ少なかれ超越的な言葉で表現され、黙示文学においてその超越的調子は高められる。ダビデ的王は、超越的で天的な人物である「人の子」にとって代わられる。そして、歴史の成就はまた歴史の終わりにもなる。というのは、歴史の有限で自然的な基礎が破棄されるからである(40)。言い換えれば、そこには、葛藤と不正の源泉についての絶えざる認識と、歴史の倫理的理想は自然と有限性の限界を超えるという事実についての理解がある。しかしこの理解は、預言者たちのメシア信仰の希望と比較したとき、黙示文書において一層顕著で明白なものになっている。

しかし、メシア的統治がますます一貫して超越的に受け止められるようになるということの展開は、預言者宗教がメシア信仰的思想に持ち込んだ問題の解決に何の役にも立たない。というのは、預言者宗教の真の問題は、あらゆる歴史的達成の有限な性格ではないからである。たとえそれが真の問題に従属する問題の一つであることに変わりないとしてもそうである。真の問題は、歴史はすべて神の律法への繰り返される無視に巻き込まれているという預言者的認識によって提起されているのである。

預言者は、イスラエルがとりわけ神の前で罪の責任があると信じる。それはまさに、イスラエルが独自に神から使命を与えられたのに、その使命から誤って特別な安全保障を引き出そうとするからである。ミカ書によれば、イスラエルはこう断言する。「主が我らの中におられるではないか／災いが我々に及ぶことはない」。そしてこの思い込みは恐るべき審判に至る。「それゆえ、お前たちのゆえに／シオンは耕されて畑とな」る。[41] この罪は、権力に由来する不正や、競合する権力への意志から生ずる戦争よりも激しくなる。それは、何にもまして根源的な傲慢の罪なのである。[42]

イスラエルが、その特別な歴史的運命を達成するのに失敗したことは、預言者たちによって、避けられない定めであると見なされる。だからと言って、預言者たちはイスラエルを正当化しているわけではない。ここで、預言者宗教の歴史解釈はキリスト教の原罪の教理に近づく。[43]

真剣に受け取るならば、歴史の究極的完成は、次のようなメシア的統治、すなわち、正義が不正に勝利するのを助け、あるいは、平和の支配において歴史の葛藤を解決し、あるいは、強い者を貶めて貧しく弱い者を高めるといったような統治ではありえない。歴史の究極的完成は、単に繰り返される審判ではなく、歴史を生かす神の憐れみにおいてでしかありえないのである。預言者宗教によれば、歴史の問題は、神の意志に対する悪の反逆を克服するほど強力に神が啓示されなければならないということではない。神は、すべての人間を裁くのみならず、同時に、救うことができる偉大な憐れみの手段を持つ存在として啓示されるのである。

重要なのは、預言者たちはイスラエルの生における傲慢の罪を認識することから始めるが、その考えは次第に拡大して、歴史全体についての解釈原理になるということである。あらゆる民族は神に対する反抗の中にあるものと見なされる。諸民族は、それぞれ入れ替わり立ち替わり、神から何らかの特別な使命を受けたり、何らかの特権を享受したりするが、その束の間の隆盛や安全を傲慢の根拠にしてしまう。そして、その傲慢は最後に打ち砕かれることになるのである。(44)

預言者宗教的メシア信仰が答えを持ち合わせていないのは、この預言者的洞察の深さである。預言者はもちろん、神の憐れみも、また、神の怒りの恐ろしさや審判の確かさも認める。しかし、憐れみと審判との関係は曖昧である。総じて、この究極的問題についての預言者たちの認識は、イザヤ書六四章に記されている、憐れみへの切望において最も完全に表現されている。「どうか、あなたが天を裂いて下り、あなたの前に山々が震い動くように。……あなたは、われわれが期待しなかった恐るべき事をなされた時に下られたので、山々は震い動いた。……われわれはみな汚れた人のようになり、われわれの正しい行いは、ことごとく汚れた衣のようである。……あなたはみ顔を隠して、われわれを顧みられず、われわれをおのれの不義の手に渡された。……主よ、ひどくお怒りにならぬように、いつまでも不義をみこころにとめられぬように」(45)。正しい者と正しくない者という区別も、「われわれの正しい行いは、ことごとく汚れた衣のようである」や「われわれはみな汚れた人のようになり」という発見において消え失せる。神が、悪の束の間の勝利という曖昧さを克服して歴史を完成するという確信は、神がいかにして、あらゆる人間の善の中にある悪の繰り返しを克服して歴史を完成するかという問いに道を譲る。メシア的統治において完全に明らかにされるべき「隠された」神の主権は、神の力が十分に開示されていないゆえに隠されているのではなく、神の憐れみと神の怒りとの関係が秘義のままになっているがゆえに隠されているのである。

b　預言者の提起した問題に対するメシア信仰の解答の失敗

なぜ真のキリストは、救済者を待望していなかった異邦人にとって「愚か」であったと同時に、救済者を待望していたユダヤ人にとって「つまずきの石」であったのか、なぜキリスト教信仰は、イエスを、待望されていたと同時に待望されていなかった救済者であったゆえに真のキリストと見なすのか［Iコリント一・二三］、といったことについて知るためには、以下のことについての理解が必要である。すなわち、ヘブライのメシア信仰が（自己中心主義から普遍主義へ高まることができ、歴史の成就は、歴史の有限で自然的な基礎を超越するものであるという事実について、混乱した認識から明確な認識へと向かうことができたにもかかわらず）、なぜ、預言者宗教が提起した問題をおよそ十分に受け入れることができなかったのかということである。この失敗には二つの理由があった。

第一の理由は、捕囚期および捕囚後のイスラエルの惨状により、準究極的な問題がもたらす差し迫った難局を経ずしては、歴史の究極の問題に対峙することが困難であったか、ほとんど不可能であったということである。イスラエルの民はその罪のゆえに神の審判を受け、歴史は神の恐ろしい怒りを実行した。しかし、イスラエルの民は、自らの宿命について思いをめぐらせたとき、神の審判の執行者や刑務官たちが自分たちより劣った者であるという不条理な事実に圧倒された。なるほど、預言者たちは、傲慢な国々にはそれぞれ回りまわって報いがあると主張するかもしれない。しかし、そうしたところで、歴史は神の正義を曖昧にする非常に不公平なものであるという当座の印象を変えることはできなかった。それはいわば、すべての人間と民族は神の要求を裏切ったかどで裁かれるという「垂直的」な歴史解釈には、ある短い期間の歴史における相対的善悪の問題、とりわけ相対的善に対して相対的悪が勝利するように見える問題が、なお未決のまま残るということである。[46] 歴史において善が悪に勝利するという見通しを約束するメシア信仰的希望が、どのような崩壊期においても、さらなる究極的な希望よりも優位に立つようになるのは必然である。崩壊期は、相対的善に対する相対的悪の束の間の勝利によって、歴史が無意味となる恐れのもとにある時である。「なぜ義なる者が苦しむのか」、また「なぜ不道徳な者が勝利するのか」という問いが、捕囚期と捕囚後の時代のイスラエルの民の心を占めざるをえなかった。

しかし、なぜ、預言者宗教によって提起されたさらなる究極の問題が、預言者宗教的メシア信仰によって答えられなかったのかということについては、さらに深い理由がある。その理由は人間の独善とはかけ離れたものである。キリスト教信仰が、表向きは究極の問題を受け入れているとしても、密かにどれほどそれを拒絶しているかを見なければならない。[47] 人間にとって、自分の弱さを認識し、歴史の過程と変転にあまりにも逃れがたく巻き込まれているゆえに、人間が歴史を完成させることはできないことを知るのは比較的たやすい。しかし、達成できないことを達成しようとする人間の未熟で思い上がった努力は、人間の歴史を、神の憐れみしか清めえないような罪の悲劇的現実に巻き込むものであるが、そのことを認識するのはたやすいことではない。したがって、メシア信仰が行き着く最高地点では、「正しい者」は、特定の人種や民族に置き換えられ、あらゆる民族の中の正しい者の勝利と擁護を通してなされる歴史の頂点と神の擁護が期待されるのである。

さらに、答えのない問題という観点から言えば、生と歴史を矛盾なく解釈できるかどうかが疑問である。預言者宗教の最終的問題は、メシア信仰が答えを持ち合わせていなかった問題である。それゆえ、その問題が、答えを持った問題へと立ち戻らねばならないのは当然のことである。歴史において究極的には善が悪に勝利することを、神の隠された主権が保証することは確かであった。しかし、神の憐れみがどのように神の怒りに関係しているのか、また、神に反逆する歴史全体における混乱がどのように解決されるのかは定かではなかった。

特に興味深いのは、黙示文書（黙示文書においてヘブライ的メシア信仰は最高地点に達しているが、そこでは、その空想的表現にもかかわらず、このメシア信仰において示唆されている論理が実際にその最終的結論へと押し進められている)[48]が、この問題にどのように取り組んでいるかということである。黙示文書は概して「隠された」メシアが最終的に開示されることを期待する。言い換えれば、メシアの統治は、曖昧にされている神の主権と歴史の混乱した意味を最後に啓示するものと見なされている。[49]全体的に見ると、この最終的開示は、神と正義の正統性の主張となっている。不正は打ち砕かれるであろう。そして、黙示文書の中には、空想的かつ先取的に、報復的勝利のまさに熱狂にふけるものもある。しかし、考え直された結果、さらに究極的な問題が繰り返し立ち現れる。[50]歴史についての究極的な問題と究極以前の問題との間の最も注目すべき関係は、黙示文書の中で最も後代の、そして間違いなく最も深遠な文書の一つである第四エズラ書［旧約聖書続編エズラ記（ラテン語）］に見出される。この後期の黙示文書のいわゆるサラティエルの幻［エズラ記（ラテン語）三・一参照］において、「先見者」の問いは常に究極的な問題に関わっているが、それに対して、神の答えは常に伝統的なメシア待望から引き出される確証によって先見者に保証を与える。神がエズラに語るのは、正しい者が勝利し、正しくない者は滅びるということ、また、正しくない者の定めについて心配することはエズラのなすべきことでないということである。しかしこの答えは、エズラの難問を解決していない。なぜなら、その問題は、勝利に値する正しい者がいるのかどうかということだからである。[51]

この黙示文書が実際に書かれたか、少なくともまとめられたのはキリスト教の時代であるが、その常に正しい問いと、常に誤った答えとによって深い印象を残している。ヘブライ的預言者宗教が、答えを持ち合わせない究極の問題と共にいかに行き過ぎて失敗するか、また、答えを欠くがゆえにいかにその問題を取り上げないようにしようとするかということについての完璧な象徴がここにある。

このことは、メシアに関する問いへのキリスト教の解答が正当に評価されるためにも、また、キリストが、メシアへの期待を成就させるとともに裏切ることによって、いかに自らの正当性を立証したのかを明確に知るためにも、理解されなければならない。

第二章

生と歴史の意味——その開示と成就

Ⅰ　序

キリスト教は、キリストにおいて（ということは、キリストの人格とその生涯の出来事において）代々の待望が成就されたという驚くべき主張を掲げてこの世界に登場した。その主張は、具体的には、神の国が来たという確信であり、イエスの言葉によれば、「この聖書の言葉は、今日、あなたがたが耳にしたとき、実現した」[1]という確信であった。その主張は、キリストの生涯と死と復活において、それまで待望されてきた、歴史に対する神の主権の開示と確立が実現したということである。個人の生と歴史は共に、歴史を支配する力と意志のこの開示において、これまで部分的に隠され、部分的に明らかにされていた意味を見出してきた。もっとも、この啓示にもかかわらず、神は依然として部分的に《隠された神》であることは否定されていない。

この「愚かな」[2]主張の意味をさらに分析する前に、個人の生の意味、歴史の意味、神の主権の三者の関係を探求する必要がある。預言者的でメシア信仰的な希望は、神の主権が啓示され確立されることによって、歴史の意味が開示され成就されることを待ち望む。この期待は、歴史の意味が個人の生の意味に含まれることにおいて明白である。その期待は、暗に、生の意味が歴史の意味を超越するとも見なしている。もし歴史が、歴史を統治も超越もする神の主権の開示以外のところに意味を見出すことができないとしたら、次のことが、明白にではないが暗黙のうちに前提とされる。すなわち、歴史がどれほど意味を持っていようとも、歴史は個人の生に十全な意味を与えることはできない、ということである。個人はそれぞれ、歴史の過程を超えもすればその過程に巻き込まれてもいるのである。個人が歴史に巻き込まれている限り、個人の生の意味は歴史の中で開示されるはずである。他方、個人が歴史を超越する限り、個人の生の意味の源泉は歴史を超越しているはずである。

以上のことは、預言者的メシア信仰において、このメシア信仰の待望に含まれる超越の要素のゆえに、密かに、また暗に認識されていることである。メシア信仰の超越的要素は、常に、歴史的過程を超越するにもかかわらずその過程に内在するような神が十全に明らかになることを待望している。それだけでなく、預言者的メシア信仰の究極的な段階は、歴史が解くことのできない人間存在の問題もはっきりと告げている。その段階では、各個人の生と歴史の各部分が、神の永遠の目的に対する傲慢で反抗的な矛盾の中にあることが明らかになる。そしてそれは、超越的な憐れみのみがこの矛盾を克服できることを意味しているのである。

個人の生の意味が歴史の意味を超越するという事実は、預言者的メシア信仰において認識されているが、それは、あくまでも暗黙のうちでの認識にすぎない。なぜなら、たとえ、神の国の舞台になるのが、どれほど変えられ理想化された「地」や自然であるとしても、「神の国」は地上に期待されているからである。このような不明確さは、預言者運動の黙示的な頂点において一部克服される。その黙示的頂点においてメシア的神の国の舞台となるのは、文字通り「新しい天」と「新しい地」〔黙示二一・一〕である。このメシア的神の国が期待通りに成就するとき、それまでの時代の人々が復活させられて歴史の頂点に参画する、ということはとりわけ重要である。このことは、次のような事実を象徴している。すなわち、個人はそれぞれ、歴史的過程を超えているゆえに、永遠との直接的な関係にあるとともに、歴史の過程に巻き込まれているゆえに、永遠との間接的な関係にあると考えられてもいるという事実である。

個人の生と歴史の意味が共にキリストと十字架において開示され成就される、というキリスト教信仰は、ある意味で、生をめぐるギリシア的な解釈とヘブライ的な解釈の組み合わせである。キリスト教信仰がギリシア的な生の解釈と一致するのは、ギリシア的解釈が、生の意味は歴史を超越するという事実を理解するからである。しかし、ギリシア的解釈では、歴史は意味の領域から排除されがちであり、生は、歴史の過程から逃れることによって成就される。キリスト教では、生は、全面的にではないが歴史過程の内部で成就するのである。たとえ、キリスト教では、「生」と「歴史」との隠れた違いが明白になるとしても、新約聖書の信仰が生のヘブライ的解釈と一致するのは、ヘブライ的解釈では生は歴史の中で成就するからである。それゆえ、キリスト教は、ギリシア文化にではなく、ヘブライ文化に基づいて発展したが、それにもかかわらず、「ユダヤ人とギリシア人」〔ローマ一〇・一二〕双方に宣べ伝えられる。キリスト教は、キリスト教と異なる類いのキリストを待望するユダヤ人にとって「つまずかせるもの」である以上に、キリストを全く待望しないギリシア人たちにとってはるかに「愚かなもの」なのである(3)〔Iコリント一・二三〕。

ギリシア人にとって、キリストは、歴史における永遠的なものの開示であるゆえに、愚かなものである。ギリシア的見解によれば、歴史は、変転と「生成」に関わる限り、歴史の根拠をなす永遠的な意志の開示を、予期し、受け入れることはできない。人間が、変転と有限性とを超えた永遠の「存在」の要素を自らの内に持っている限り、永遠的な意志が開示される必要はない。キリスト教信仰のように、永遠的な意志と目的の開示が可能でもあり必要でもあると主張することは、人間と歴史の逆説を根本的に受け入れることである。それは、人間が、自らの超越的な自由が届く最高の領域においてさえ有限であるため、自らの力では永遠的なものを把握できないことを理解することである。しかし、次のことも理解される。すなわち、人間は、過程と自然とに最も深く巻き込まれるところにおいてさえ、人間を超越する永遠的な存在の開示の可能性を無視することができないほど、自然から自由である、ということである。

II　預言者的メシア信仰についてのイエス自身の再解釈

キリスト教共同体は、イエスが代々の待望を成就したキリストであったという信仰によって生まれた。しかし、この信仰は、実際に預言者運動の絶頂期に待望されたものに背くものであった。キリスト教信仰が受け入れるキリストは、メシア信仰がその信仰の期待に沿わないものとして拒否したそのキリストである。イエス自身が、メシア信仰の期待を否定しまた成就する過程で、メシア信仰の待望を変革しなかったとしたら、キリスト教信仰がキリストをそのように受け入れることはできなかったであろう。[4]

イエス自身が預言者的メシア信仰をどのように再解釈したかを明らかにするには、預言者的メシア信仰の伝統の再解釈ではなく受容に関わるイエスの教えから始める必要がある。

1　イエスによるヘブライ的律法主義の否定

福音書における最も明白な対立は、メシア信仰の諸類型の間にではなく、イエスがそれによって自らの生と使命を解釈したメシア信仰と、当時公認されていた律法主義との間に見られる。イエスとファリサイ派との対立は、ある意味では、ヘブライズムの中核における律法主義とメシア信仰という、ヘブライ的精神の二つの相の間に生じる究極的な対立である。この二つの相は、知られているヘブライ史のまさに最初から併存し、相互に対立もすれば補完もしてきた。申命記法は、律法主義を預言者主義に仕えるものとして位置づけ、預言者の洞察に律法の永続性をもたらす試みであった。第二神殿の再建から紀元七〇年のその崩壊までの間、律法主義は、次第に預言者主義より優位に立つようになっていった。それゆえ、イエスが生きた時代、イエスの思想を形成した黙示運動は、公認のユダヤ教でなくむしろ非公認のユダヤ教によって担われていた。もちろん、両者の間に絶対的な違いはなかった。ファリサイ派にも独自の黙示的傾向があったからである。

律法主義は、一種の、発展が止まり退化した、歴史の宗教である。ヘブライズムにおいて、律法主義は、イスラエルをエジプトの地から救い出した神が、十戒を自身とその民との契約の一部としたという思想に基づいている。それゆえ、この律法主義は、神の勧告を早まって時間と空間に左右されるような律法に結びつける、あらゆる形態の律法主義的宗教意識の型であり象徴である。トーラーの適用と拡大であるタルムードによる再解釈は、元来の律法では対処しえないような際限のない多種多様な問題や出来事を公平に評価しようとする。しかし、法に法を加える仕方では、歴史における神の目的の開示としての律法が持つ本質的な弱点を解決することはできない。イエスは、先人たちの注解や補足説明や再解釈が、実際には、律法の元来の力を薄める結果をもたらしたと考えた(5)。

福音書と書簡における律法主義批判はいずれも、間接的に、生を、律法主義的にではなく、預言者的に解釈する洞察を示している。その批判は、以下のような形をとっている。

（a）いかなる律法も、歴史における人間の自由の真の価値を認めることはできない。律法は、人間にとって何が最終的な善であるかを示すこともできない。なぜなら、自然の秩序や歴史の法則は、自然を超越し、自己を超越する人間の生の規範を究極的に決定することができないからである。このことは、イエスの次の言葉が意味することでもあろう。すなわち、「あなたがたの義が律法学者やファリサイ派の人々の義にまさっていなければ、あなたがたは決して天の国に入ることができない」[(6)]。パウロの書簡では、どの特定の法をも超える人間の精神の超越性の強調が、パウロ特有の言い方でこう表現されている。「この自由を得させるために、キリストはわたしたちを自由の身にしてくださったのです。だから、しっかりしなさい。奴隷の軛《くびき》に二度とつながれてはなりません」[(7)]。つまり、暫定的な法ではなく、神自身の本性の開示によって表される究極の法のみが、人間の規範たりうるのである。

（b）いかなる律法も、人間の内なる生の入り組んだ深みにおいて表現される、動機の複雑さを十分に表すことはできない。これは、山上の説教において律法を廃するほどになるまでに、それを逆説的に拡大させたイエスが担った重荷であった[(8)]。山上の説教では、律法の要求は拡大されて、殺人と同様に憎しみが禁じられ、離婚と同様に情欲が禁じられている。しかし、このことは実際には、律法が社会的な法として相対化されることを意味する。なぜなら、イエスの要求は、個人が社会によって強制される恐れのあるあらゆる要求を超えているからである。律法は、神と個人の間の問題となっているのである。

（c）律法は悪を抑えることができない。というのは、人間の自由は、律法を守ることを悪の手段にすることができるようなものだからである。人間は、律法に対する外面的な順応によって邪悪な動機を覆い隠すことができる。

「杯や皿の外側はきれいにするが、内側は強欲と放縦で満ちているからだ」[9]。また、律法の遵守を、罪深い傲慢の手段に利用しないとも限らない[10]。こうした律法批判はすべて、それが、究極の善が何であるかを明確にすることに対する律法の無能を意味しようが、あるいは、徳を傲慢の手段として用いる究極の悪を抑制することに対する律法の無能を意味しようが、人間の自由の極みから見た、生と歴史についてのキリストの理解を明らかにしている[11]。そうした律法批判は、次のような視点に立って初めて可能となる批判である。すなわち、人間の歴史における永遠の次元を前提とし、存在の一瞬一瞬における善と悪双方の高さと深さを知り、また、人間存在の生命力を何らかの体系に閉じ込めたり、生の無限の可能性を何らかの特定の可能性に固定したりすることの不毛さを理解するような視点である。

こうして、イエスとファリサイ派とのこの戦いは、ヘブライズムにおける預言者的メシア信仰の局面と律法主義の局面との究極的な戦いでもある。近代ユダヤ教には、律法主義的な傾向もあれば神秘主義的な傾向もあるが、強く前に向かう歴史的傾向はない。そもそも歴史という感覚自体が回顧的なものである。近代ユダヤ教の歩みの中では、ヘブライズムの精神に今もなお残るメシア的黙示的傾向は、リベラルな進歩思想、マルクス主義のような世俗化された形態のメシア信仰、ハシディーム運動〔十八世紀、ポーランドなどで起こった敬虔改革運動〕などのような幾分異端的な運動において自らを表現せざるをえなかった。それに対し、キリスト教は、預言者的メシア信仰の伝統を用いたが、キリスト教の伝統を、繰り返される律法主義の誤謬から免れさせる仕方でそのようにしたわけではないことは言うまでもない。律法のうちに、中途半端な安寧や中途半端な義や表面的な意義を見出そうとする傾向は、あらゆる生と文化に繰り返される傾向なのである。

2　イエスによる民族主義的排他主義の否定

イエスが預言者的メシア信仰における民族主義的要素を否定したことについて、しばしばなされるように、イエスが預言者的メシア信仰を再解釈したときの主要な強調と見なすことは、間違いである。しかしながら、シリア・フェニキアの女との出会いに民族主義的解釈の名残りが見られるとはいえ、イエスが、民族主義的偶像崇拝にほぼ等しいメシア信仰的解釈を否定していることは明白な事実である。そこでは、「わたしは、イスラエルの家の失われた羊のところにしか遣わされていない」という主張は、とりあえず相手を試そうとする発言であり、それは、「婦人よ、あなたの信仰は立派だ。あなたの願いどおりになるように」という、異邦の女性に対するイエス自身の確約の言葉によって否定されている、と考えられるであろう[12]。

善きサマリア人の物語には、明らかに民族主義的メシア信仰を否定する含みがあり、荒野の誘惑の記述には、正統的なメシア信仰的待望としての民族的勝利の思想を拒否する面がある[13]。福音書において民族主義を最も完璧に否定した例は、洗礼者ヨハネの次のような言葉に見られる。「『我々の父はアブラハムだ』などと思ってもみるな。言っておくが、神はこんな石からでも、アブラハムの子たちを造り出すことがおできになる[14]」。ここには、神の意志の手段、とりわけ、イスラエル民族という特別に選ばれた手段に優る神の自由が、預言者的普遍主義の最高の洞察に従って、また、それより低次元の民族的メシア信仰を否定しつつ主張されている。しかしながら、重要なことは、パウロが、異邦人に福音を説く権利を主張し、キリスト者にとってのユダヤ教の律法の妥当性を拒絶し、「神のイスラエル」としての民族を教会に置き換えて初めて、キリスト教は、民族主義的排他主義から最終的に解放された、ということである。イエスの預言解釈において民族主義が拒否されていることを認めることがどれほど重要であるとしても、そのことがイエスのメシア信仰の究極的成就であると見なすのは、全くの間違いである。たとえ、近代のキリスト教解釈が、イエスの生涯と奉仕の中に、一定の道徳的発展の極み以上のものを認めず、しばしばイエスのメシア信仰をその程度に限定しているとしてもそうである。

3　預言者宗教が提示した問題――ヘブライ的メシア信仰による解答と、イエスの拒否

預言者宗教が、メシア信仰が適切な答えを持ち合わせていない問題を提起していることについては、すでに指摘した。また、この問題が繰り返し曖昧にされるようになったことについても指摘してきた。それは、イスラエルの歴史の変遷が、不義の者たちに対して義なる者たちを擁護する必要性を強調するあまり、さらなる究極的な問題を締め出してしまったからでもあり、また、預言者宗教の究極的な問題が人間の自尊心を傷つけるものであるからでもあり、さらには、この問題が、メシア信仰の内には答えがない問題であるからでもある。この究極的な問題は次のような事実から生じる。すなわち、人間の歴史は、道徳的宗教的な達成のどの段階であれ、いかなる「最後の」審判においても、義なる者が義でないことが明らかにされる神の意志に反しているゆえに、という事実である。それゆえ、歴史の最終的な謎は、義なる者がいかにして不義の者に勝利するかではなく、あらゆる善の内にある悪と、義なる者の不義が、いかにして克服されるかということである。

この謎は、諸民族の傲慢についてのアモスの厳しい分析に始まり、預言書全体に見られる、歴史の預言者的解釈に関わる。しかし、この謎は、イエスがそれをメシア信仰の再解釈の基礎に据えるまで、ほんの一部が開示されたとはいえ、全面的に解決されることが全くなかった秘義である。最後の審判についてのイエスのたとえ話は[15]、この

再解釈の論理を最も完璧に示している。たとえが象徴していること、つまり、山羊から羊を分け、正しくない者から正しい者を分けるメシア的な審判者の描写は、黙示文学において繰り返される主題である。イエスはこの主題を受け入れているため、そのイエス自身の解釈のある面を見れば、歴史は、義なる者がメシア信仰によって擁護され、不義な者が滅びることでその頂点に達するものであるように見える。しかし、イエスの解釈には、重要な新たな視点が加えられている。義なる者は、謙遜で、自分自身を義であるとは信じていない。義なる者たちは、審判者の称賛の言葉を、次のような告白をもって受け入れる。「主よ、いつわたしたちは、飢えておられるのを見て食べ物を差し上げ、のどが渇いておられるのを見て飲み物を差し上げたでしょうか。いつ、旅をしておられるのを見てお宿を貸し、裸でおられるのを見てお着せしたでしょうか。いつ、病気をなさったり、牢におられたりするのを見て、お訪ねしたでしょうか[16]」。義なる者は、自分がこのように擁護されることにふさわしくないことに悔い改めの思いをもって気づいているが、不義な者は自分の罪責に気づかない。重要なことは、義なる者と不義の者との違いが曖昧にされていない、ということである。自分の同胞に仕える者たちもいれば、同胞に仕えない者たちもいる。しかし、同胞に仕える者たちは、いかなる最後の審判においてであれ、命の律法を満たしてこなかったことが暴かれるという事実を意識するが、同胞に仕えない者たちは、あまりにも自己中心的であるため、自らの罪を意識しないのである。こうして、実際には、イエスが理解しているように、最後の審判には、預言者的メシア信仰の二つの段階、すなわち、純粋に道徳的な段階と道徳を超える段階の二つの段階が共に含まれている。歴史においては、善と悪との違いは破壊されないが、最後の審判においては、同胞に仕える者たちの眼からすれば、義なる者はいないと主張されている。イエスとファリサイ派との自己義認の戦いは、同じ確信によって支配されている。義なるファリサイ派の前で「義とされた」のは悔い改めた徴税人である。「だれでも高ぶる者は低くされ、へりくだる者は高められる」[17]からである。

それゆえ、なぜ、イエスのメシア信仰が民族への侮辱であり、拒絶されざるをえなかったのか、その第一の理由がここにある。イエスのメシア信仰が民族の利己主義を侮辱したという事実は、人間が人間であるゆえの傲慢を攻撃するという一層大きな侮辱に比べるとさして重要なことではなかった。イエスのメシア信仰が「侮辱的」な性格を持つ第二の理由は、生と歴史についてのその再解釈によって強調された問題に対するイエスの答えの中にあった。それは、「人の子は必ず多くの苦しみを受け[18]」るというイエス自身の言葉に最も簡潔に言明されている。この答えは、勝利のメシアという概念しか持ちえなかったメシア思想に、苦難のメシアという極めて侮辱的な考えを持ち込んでいる。「人の子は必ず多くの苦しみを受ける」という考えは、ダニエル書とエノク書の黙示文書から採った「人の子」の思想と、イザヤ書第五三章から採った「苦難の僕」の思想の組み合わせである。「人の子」の姿は、天的な勝利者と審判者の姿であり、この勝利者と審判者によって歴史はその極みに達する。「苦難の僕」の姿はメシア的象徴ではない。あるいは、仮にそうだとしても、それはほんの二次的な意味においてでしかない。可能性が高いのは、「苦難の僕」とは、何らかの個人ではなく民族を示すものであったということである。そうだとしたら、「苦難の僕」は、次のような見方によって、イスラエルの苦難に、より崇高な意味を与えようとする深遠な努力を示していた。すなわち、世界におけるイスラエルの使命と勝利は、他者に対する通常の勝利によってではなく、他者の罪の身代わりとして苦しむことによって達せられる、という見方である。イエスがしたように、神の代理者であるメシアが苦しまなければならないと宣言することは、身代わりの苦難を、歴史における意味の究極的啓示にすることである。しかし、最終的に歴史の曖昧さを解明し、歴史に対する神の主権を開示するのは、神の代理者による身代わりの苦しみであって、歴史における何らかの力によるのではない。

ルドルフ・オットーが正しく見ているように、イザヤ書における「苦難の僕」の思想と黙示文学における「人の子」の象徴とのこの総合は、「どこかの知られていない教会で、イエスの死後徐々に展開されていった弁証学において少しずつ形作られたのではなく……自らがサタンに勝利した時、神の国が実際に到来しつつあると考えることもできた者［イエス］に発する比類のない独創的な概念に起因するものであった」[19]。

この総合は、それまで関連しなかった二つの概念、すなわち、メシア的概念と疑似メシア的概念との照合作業以上のものである。この総合は、歴史の意味についての深遠な再解釈でもある。もし歴史の意味の啓示が、罪のない個人や民族による身代わりの苦難を通して与えられるとしたら、このことは、二つのうちのどちらかを指している。それは、身代わりの愛が歴史における力であって、徐々に悪に勝利することによって悲劇でなくなるということを指しているかもしれない。この見方は、リベラルなキリスト教がキリストの十字架に施した楽観主義的解釈である。この解釈によると、十字架によって象徴されるような、歴史における愛の力は、悲劇に始まるが勝利に終わる。愛の力は悪に打ち勝つ。しかし、歴史における苦難の僕という概念は、以下のことを指しているかもしれない。すなわち、身代わりの愛は、歴史の中では敗北した悲劇にとどまるが、その愛が究極的には正しく真実であるという認識において勝利するという見方である。そのような悲劇的な考えは、歴史における悪の問題を依然として未解決のままに放置する。歴史における悪はどのように克服されるのだろうか。そのもとで罪のない者が苦しむ罪ある者の力は、際限なく続くのだろうか。歴史は、目に見えるところでは絶え間ない悪の勝利の繰り返しなのだろうか。善の勝利とは、正しさを自らが確証するたかだか内面的な勝利にすぎないのだろうか。

イエスの総合によれば、苦難の僕は単なる歴史上の人物ではなく神の代理者であり、その総合は、第一の解釈の単純な楽観主義も、第二の概念の純粋に悲劇的な意味合いも超える。人間の邪悪のために苦しむのは神である。神はこの世の罪を自らの上に、また自らの中に引き受ける。つまり、歴史の矛盾は、歴史の中で解決されず、永遠的なものと神的なものの次元において初めて究極的に解決されるのである。しかしながら、悪を滅ぼす永遠的なものと神的なものは、歴史それ自体を破壊することによって歴史における善も悪も消し去ってしまうような何らかの画一的な永遠ではない。神の憐れみは歴史において知られるはずであり、それによって、歴史における人間は自らの罪と贖いを十分に意識するようになる。メシアはその命を「多くの人の身代金」〔マルコ一〇・四五〕として献げるのである。[20]

このように、イエス自身のメシア信仰の再解釈には、反感を買いかねない二つの思想が含まれている。一つは、義なる者は最後の審判において義ではない、という思想であり、二つは、歴史に対する神の主権が確立され、悪に対する神の勝利が達成されるのは、悪を行う者を滅ぼすことよるのではなく、神自身が悪を担うことによる、という思想である。留意すべきは、後者の思想が、前者の思想と同様に、その明らかな形態においてどれほど反感を買おうとも、預言者宗教の中に暗黙のうちに含まれている、ということである。義なる者と不義な者との区別が最後の審判で消失するという思想は、歴史をめぐる預言者の最も根源的な分析に暗に示されている。それと同様に、歴史において神が苦しむという思想も、次のようなヘブライ的預言者的思想全体に暗示されている。すなわち、神は、歴史に参与し、関わってはいるが、永遠の平静さの中に住まう《不動の動者》のような存在ではない、という思想である。[21]

メシア信仰についてのイエスによる再解釈の不条理で反感を買う性質は、ユダヤ人によるイエスの拒絶を引き起こしただけはでない。その性質は、弟子たちの小さな群れの中にも、困惑を伴う不信を呼び起こした。「主よ、とんでもないことです。そんなことがあってはなりません」[22]という、イエスの苦難の予告に対するペトロの反応は、キリスト教の真理に対する抵抗の象徴と見なすこともできるが、それはキリスト教信仰の外だけでなく、キリスト教信仰内部においても増大する。イエスを取り巻く終末意識にとらえられた弟子たちは、その苦難の予告が歴史の事実となるまで理解できなかった。しかしその予告が事実となったとしても、キリスト教の究極的真理を受け入れることは、弟子たちには容易ではない。まして、その真理を決定的に受け入れることはありえないことであった。キリスト教の歴史は、人々が真理と見なすものと絶えず戦う、キリストの真理の歴史なのである。

4　「最後の事物」(eschata) についてのイエスによる再解釈

預言者的黙示的希望は、神の主権を開示し確立する終末を期待する。終末は、生の意味を明らかにし、また成就する。イエス自身の再解釈によれば、歴史の頂点における開示と成就という二つの側面は、少なくとも部分的には分離されている。この分離は、一方で「神の国が来た」という主張と、他方で「神の国がやがて来る」という主張の二重の確認に示唆されている。一方では、歴史は、神の隠された主権の開示と、生と歴史の意味の啓示において頂点に達した。他方では、歴史は今なお、勝利のメシアの第二の到来〔再臨〕における歴史の頂点を待ち望んでいる。イエスは、「苦難の僕」と「人の子」の概念を結びつけることで、事実上、「苦難の僕」の特性を自身の第一の到来に帰し、勝利の「人の子」の特性を第二の到来〔再臨〕に帰した。[23] その際、イエスは、二つの特性を、イエス自身とイエス以外の存在のどちらかにあてはめて考えていた。

メシア信仰の成就において、二つの側面をこのように分離することは、イエスの思想において全く新しいことではなかった。後期黙示文書では、メシア到来と最後の審判、また、復活と歴史の頂点は、同時には起こらない。[24] イエス自身の解釈では、イエスが苦難の僕として最初に到来した時、そこには、確かにサタンと悪の力に対する勝利があった。それにもかかわらず、究極的な勝利は、「人の子」が、「父の栄光に輝いて天使たちと共に来るが、そのとき、それぞれの行いに応じて報いる」その時まで延期された[25]。「現代の『実現した終末論』は、キリストの到来が、メシア信仰の預言を実質的に成就し、新約聖書における再臨の約束を無意味なものに変えたと主張するが、それには異議を申し立てなければならない。『再臨』という新約聖書の希望に具現化されている思想の性格は、歴史をキリスト教的に解釈し、新約聖書の思想を真に理解するために不可欠である[26]」。

「神の国はすでに来た」と、「来りつつある」という二重の考え方に含まれる豊かな意味合いは、歴史が中間時である、ということである。パン種やからし種のイエスのたとえの意味するものが何であれ、確かなことは、イエスが、自らの苦難と死とを通して歴史に参入してきた「神の国」を、歴史をその実態とまるで異なる何かへと徐々に変えていくような力として提示してはいないということである。イエスは、歴史における愛の力についての近代のリベラルな解釈とは明らかに反して、福音の説教が歴史から悪を消し去るという希望を打ち砕く。イエスは、弟子たちに、「しかし、悪霊があなたがたに服従するからといって、喜んではならない」と警告し、こう述べた。「むしろ、あなたがたの名が天に書き記されていることを喜びなさい[27]」。受苦愛として歴史に入って来た愛は、歴史の中では、受苦愛のままでなければならない。この愛は、ほかならぬ歴史の法であるゆえに、歴史の中でも一時的に勝利を収めることはありうる。人間の歴史は、実際には、歴史それ自体に反して存在しえないからである。それにもかかわらず、歴史は、愛の律法と実際には矛盾して存在するものであり、イエスは、歴史の中に、善の成長と同じように悪の成長もあることを織り込んでいた。終末のしるしの中に出てくるのは、「戦争の騒ぎや戦争のうわさ」と、偽キリストの出現である[28]。

このように、キリスト後の歴史を、歴史の真の意味の開示と成就との間、つまり神の主権の啓示とその主権の完全な確立の間の中間時として理解するとき、歴史における内的矛盾という不変の要素は、歴史の永続的な特性として認められる。罪は原理においては克服されているが、事実においてはそうではない。愛は、勝利の愛ではなく、受苦愛であり続ける。この区別は、あらゆる深遠なキリスト教信仰において、歴史解釈の基本的枠組みとなっているが、この区別が取り除かれたのはごく最近のことにすぎない。それは、感傷的になった近代のキリスト教信仰においてである。

一見重大であるように見えながら実際には表面的なある変更が、イエス自身の解釈にもたらされることになる。イエスは、神の国の第一の確立と第二の確立の間の歴史上の中間時は短いと予測していた[29]。このイエスの予測の誤りに、パウロも初期教会も従ったが、その結果、初期の弟子たちが生きている間、「再臨」(parousia) は、偽りの希望となり、失望に終わる希望となった。この誤りは、時間と永遠との関係の問題に取り組む思想に伴う、ほとんど避けられない錯覚に起因していた。永遠における成就と、時の終わりを表す「エスカタ」は、字義通りに受け止められ、それによって歴史上の一時点とされた。究極的な成就が現在という瞬間に影響を及ぼしているという感覚、つまりこの成就を予期することに関わる緊急性の感覚が、時系列的に表現されるため、「時間的に差し迫った未来という観念」すなわち歴史の成就が時間的に切迫している、という感覚に変容するのである。

「再臨」という新約聖書の思想（および、後に検討する、復活と審判のような歴史と超歴史との関係に取り組む他のあらゆる思想）を再解釈する際、聖書の象徴を、真剣に、しかし字義通りにではなく受け止めることが重要である。象徴が字義通りに受け止められると、歴史と超歴史との弁証法的関係についての聖書特有の概念が危険にさらされることになる。その場合、歴史の成就は、単に別種の時間的歴史にすぎなくなってしまうからである。もし象徴が真剣に受け止められないとしたら、聖書的弁証法は崩壊する。なぜなら、その場合、歴史が破壊され、歴史が成就されないような永遠の概念が暗示されるからである。

新約聖書の見解におけるこの一つの調整は、われわれがここで用いている「中間時」の概念を、アルベルト・シュヴァイツァーが用いている「中間時」の概念と区別するにあたっては、表面的なことであって本質的なことではないであろう[30]。シュヴァイツァーの考えによると、イエスの倫理と宗教の全体は、再臨が差し迫っているというイエスの幻想に基づいている。シュヴァイツァーの意見では、イエスの倫理の絶対的な性格は、「時は短い」という信念から来ている。しかし実際にはこうである。イエスの倫理の絶対的な性格は、人間と歴史の現実の構造に、言い換えれば、自然の偶然性と時間の必然性を超える人間の超越的自由に従っている。それゆえ、愛における生と生との最終的な調和のみが、人間存在の究極的な規範になりうるのである。それにもかかわらず、人間の実際の歴史は、偶然性と必然性に支配され、人間の依存状態と有限性に巻き込まれる状態から逃れ、またそれらを否定しようとする罪深い努力によって堕落している。時が短いという考えは、これら歴史の限界と堕落が最終的には人間の規範にはならないというキリスト教の理解を表しているのである。

このように検討しなおしてみると、歴史はキリストの第一の到来と第二の到来との「中間時」であるという見方には、人間存在の事実をすべて照らし出す意味がある。キリストの第一の到来後、歴史には、歴史の真の意味を部分的に知っている、という特性がある。人間が自らの真の本性に全面的に反して存在することは全くありえない限り、歴史もまた、歴史の意味がかなりの程度実現されることを示す。それにもかかわらず、歴史は、現実には、歴史の真の意味に反し続ける。それゆえ、歴史における純粋な愛は、常に受苦愛たらざるをえない。しかし、もし歴史をキリストの視点で見るとしたら、歴史の矛盾は人間の規範とはなりえない。キリスト者にとって、最後の審判と成就を待ち望むことは、歴史の「標準」が象徴するような、善の類似物や悪の凝縮物からの解放を意味する。こうして、福音の絶対的倫理的宗教的要求には、妥当性がないわけではない。たとえ、二世紀以降の教会において、キリストがすぐに再臨するという期待が、たまさかの生ける希望にすぎなかったとしてもそうである。再臨が切迫しているという思想でさえ、象徴的に理解されるなら、妥当性を欠くわけではない。なぜなら、切迫する再臨の思想は、時のあらゆる瞬間が、生の成就にのみ向かっているのではなく、死という崩壊へと人間をせき立てていることを表現しているからである。人間が「希望によって救われる」ことがないとしたら、また、人間が歴史に巻き込まれていることも歴史を超越していることも生の意味を破壊するものではないというふうに生を理解しないとしたら、この死の事実も、無意味性によって生を脅かす。キリストによって与えられた意味によって生と歴史を理解することは、絶望へと沈むことなく現在の混乱と未来の危険を見渡すことができることである。それはまた、歴史の栄枯盛衰と、歴史に必ず立ちはだかる死の事実によって束の間の安寧が絶えず破壊されることに気づく視点を持つことでもある。

この信仰は、パウロの次のような告白に完璧に表現されている。「だれが、キリストの愛からわたしたちを引き離すことができましょう。艱難《かんなん》か。苦しみか。迫害か。飢えか。裸か。危険か。剣か。……しかし、これらすべてのことにおいて、わたしたちは、わたしたちを愛してくださる方によって輝かしい勝利を収めています。わたしは確信しています。死も、命も、天使も、支配するものも、現在のものも、未来のものも、力あるものも、高い所にいるものも、低い所にいるものも、他のどんな被造物も、わたしたちの主キリスト・イエスによって示された神の愛から、わたしたちを引き離すことはできないのです(31)」。

Ⅲ キリスト教信仰による、待望され拒絶されたメシアの受容

啓示と相関するのは信仰である。この二つの相互関係はきわめて密接であるため、啓示は、信仰なしに完結することはありえない。キリストにおける神の啓示、生と歴史に対する神の主権の開示、生と歴史の意味の解明といったことは、人間が、信仰がなくては人間に理解しがたい真理を信仰よって理解するまでは完結しない。もっとも、真理が全く人間の理解を超えているというわけではない。そうでなければ、キリストが待望されることはありえなかったであろう。それにもかかわらず、真理は人間の理解を超えている。そうでなければキリストが拒絶されることはなかったであろう。それは信仰によって理解できるような真理である。しかし、そのように理解される時でも、信仰者の心の中には、助けられてこの理解に至ったという意識がある。この意識は次のような告白に要約される。「聖霊によらなければ、だれも『イエスは主である』とは言えないのです[32]」。またそのことは、ペトロの告白を認めたキリストのこの言葉にも示唆されている。「あなたにこのことを現したのは、人間ではなく、わたしの天の父なのだ[33]」。

キリストの啓示は、小さなキリスト者の群れが、キリストの出来事の全体を確認して初めて完結するものである。キリストの出来事には、キリストの生涯と教えのみならず、何よりも、なくてはならない「多くの人の身代金」[マルコ一〇・四五]とキリストが見なした、十字架上の犠牲の死も含まれる。この歴史に含まれるのは、目前の出来事だけでなく、待望の歴史でもある。キリストは、待望されなかったとしたら救済者ではありえなかった。福音書(とりわけマタイによる福音書)が、預言の成就に重きを置いている理由がそこにある。たとえ、待望と成就との

相関関係が、時に、機械的に字義通りの仕方で受け止められるとしてもそうである。キリスト教信仰が、「本当に、この人は神の子だった」〔マタイ二七・五四〕という告白に到達するのは、この歴史の全体を待望と成就の観点から熟考することによってである。もしキリストにおける啓示が、単なる高度な「神意識」の形態の記録、人間の神探求の頂点、崇高な徳の描写のいずれかにすぎないとしたら、また、もしキリストが単に自身の善において神の善を象徴することによってわれわれに神を啓示したにすぎないとしたら（これはリベラルなキリスト教におけるキリストの啓示の解釈であるが）、啓示はそれ自体で完結したことであろう。また、啓示はその場合、歴史上の事実あるいは歴史上の努力の一形態となり、人間は、啓示を理性によって把握、理解し、知恵を増し加え、文化を発展させるために利用していたことであろう。しかし、そのような解釈は、生の問題を根源的に、また深遠に分析することから生じるものではない。そのような解釈は、生の問題が、善の最高形態を見つけ出すことであり、何が「人間の最高の献身にふさわしい」かを学ぶことであると考える。また、そうした解釈は、生を、有限性に巻き込まれている人間がそれを超越しているという二重の状況において理解することもしなければ、次のような状況、すなわち、人間の状況の脆弱さ、依存性、不十分さなどから逃れようとする、未熟で自己満足的な努力の結果である深刻な堕落というさらに複雑な状況において理解することもしない。

歴史が、知識と知恵の積み重ねと、その結果としての徳の向上によって歴史自体の問題を解決するものであると理解されるところではどこでも、また、歴史と永遠との関係の複雑さが、あらゆる発展段階における歴史の特徴であると認識されないときにはいつでも、神がキリストにおいて啓示されたというキリスト教の主張を真剣に受け止めることはできない。これが、リベラルなキリスト教が以下のような問いに満足に答えられない理由である。それは、なぜ、歴史上の他の「高潔な」人物ではなくキリストが神的存在として崇敬されねばならないのかという問いであり、また、どのようにしたら、歴史の漸進的発展が、われわれの「最高の献身」に一層ふさわしい崇高な形態の「善」を生み出すことができないということを確信できるのかという問いである。

1 「神の知恵と神の力」として十字架につけられたキリスト

各時代の待望がキリストにおいて成就され、神の隠れた主権が完全に啓示され、生の意味が開示され成就されたというキリスト教共同体の信仰は、パウロの簡潔な表現で、きわめて適確にこう表現されている。ギリシア人には待望されず（「ギリシア人には愚かなもの」）、ユダヤ人が待望したキリストではなかった（「ユダヤ人にはつまずかせるもの」）このキリストは、それでもなお「ユダヤ人であろうがギリシア人であろうが、召された者には、神の力、神の知恵である」[34]。「律法はモーセを通して与えられたが、恵みと真理はイエス・キリストを通して現れた」[35]というヨハネによる福音書の主張も、キリストの重要性について、わずかに異なるがほとんど同一の二つの定義［知恵と真理］を相互に関連づけながら、パウロと同様のことを主張している。

キリストの知恵と真理は、生と歴史における神の主権の目的と意志であり、生と歴史において部分的に明らかにされ、また部分的に覆い隠されてきた。しかし、それが今や十全に開示されたというのが、キリスト教の主張である。キリストにおける力と恵みは、生と歴史の神的主権者が持つ力ある権威であるが、その権威は、歴史における善の実現によって部分的に明らかにされ、罪の反抗によって部分的に覆い隠されてきた。キリスト教が主張するのは、この神の力が、今や、神の力に打ち勝つことのできるいかなる力も全くありえないというかたちで確立され開示されたということである。

人間の歴史は、歴史そのものの視点から十全に把握することができず、また、歴史そのものの力では成就しえないものであるが、そのような歴史の視点から見れば、キリストの知恵と力は、生に意味を与え、その意味の成就を保証するものである。

しかし、人間の問題に究極的な答えを与えるキリストのこの啓示には何があるのだろうか。人間は、自由であると同時に束縛されており、有限性に巻き込まれていると同時にそれを超越している。また、このような状況によって罪に引き渡されるような存在である。言うまでもなく、神が懲罰的な存在ではなく憐れみ深い存在であると単純に確信することはできない。しかし、近代の感傷的なキリスト教信仰は、キリスト教の啓示をそのような理解に変えてしまった。このように旧約聖書と新約聖書を単純に感傷的に対比させることで、重要な究極的問題に答えることはできない。新約聖書において、贖罪は受肉の重要な内容である。キリストが「神の本質の完全な現れ[36]」であると明言することは、キリストの生涯と死の出来事において、歴史を担う神の力の究極的な秘義が明らかにされ、また、そのことによって、生と歴史には真の意味が与えられると主張することである。

預言者たちが神の怒りと正義を確信していたことが思い起こされる。預言者たちは、神の憐れみについてそれほど強く確信していなかった。憐れみがあることは知っていた。それは、歴史が、その過程において、神の怒りだけでなく、神の「忍耐強さ」〔出エジプト三四・六参照〕をも明らかにしたからである。しかし、預言者たちは、憐れみと神の正義とが矛盾するように見えたため、憐れみを確信することができなかった。憐れみと正義の一方が他方を無効にしたのだろうか。キリストにおいて理解される知恵は、神がどのような方であるのかを最終的に明らかにする。神のうちには、神の律法と審判を超える憐れみの源泉がある。しかし、神が、その憐れみの源泉を有効に用いるのは、神の怒りと審判の結果を、神自らの上に、また自らのうちに引き受けることにおいてだけである。

こうして、人の子は必ず多くの苦しみを受けることになる〔マルコ八・三一、ルカ九・二二参照〕とのキリストの主張は、きわめて正確に練り上げられ完結されて、この人の子の苦しみが神の苦しみの開示であるという教会の信仰となった。神の苦しみとは、一方では、高潔さに対する罪の反抗が不可避的にもたらす結果であり、他方では、神がその愛によって、罪の結果を自ら進んで受け入れるということである。キリスト教の古典的な贖罪の概念は、神が、和解を生み出す者であると同時に和解を受ける存在でもあると強調する。[37] 父は、罪の犠牲となるために、子をこの世に送る。しかし、同時に、和解を受けなければならないのは、父の怒りでもある。神の怒りが、神の憐れみによって単純に破棄されることはありえない。神の怒りは、そこにおいて世界の本質構造がその構造の深刻な堕落に反発する世界である。世界の本質構造とは、愛としての生の律法であり、人間の利己主義はそれに反抗し、その反抗は生の破壊に至る。神の憐れみは、神自身の律法を超えた神の究極的な自由を表すが、それは、律法を無効にする自由ではない。神の正義についての商取引的理論や法廷的な理論によって贖罪の秘義を合理化しようとするさまざまな神学的努力も、あるいは、アンセルムス以前に信じられていた馬鹿げた教父説（神は、人のかたちをした神的な存在〔イエス・キリスト〕を悪魔の前に突き出して、悪魔を欺いたという説など）でさえも、すべて、神の怒りとの関係における神の憐れみという逆説を説明しようとする努力である。それらの理論の多くはいかがわしく、究極の秘義を明らかにするどころかむしろ曖昧にするものであるが、それでも、どの説も、贖罪論に盛り込まれている中心的な真理を完全に消し去っているというわけではない。父なる神と子なるキリストがまさに等しく神であるように、神の正義と赦しは一つである。というのは、神の至高の正義は神の愛の聖性だからである。人間がそれに立ち向かい反抗するのは、律法としての愛である。しかし、父なる神と子なるキリストが二つであるように、赦しと正義は一つではない。神が悪の結果を自ら引き受けるという神の目的を歴史の中で示すことなしに、神が悪に勝利することができないという事実は、罪の深刻さが十分に知られるまでは、神の憐れみは効力を発しえないことを意味する。罪が神に苦しみをもたらすという見方は、罪の重大さのしるしである。人間が絶望の淵に追いやられるのは、この見方によってである。そして、この絶望がないところに、神の赦しに与る悔い改めの可能性はない。人間の状況が十分に理解され克服されるのは、この悔い改めにおいてであり、神の憐れみと赦しのこの受容においてである。この経験を通して、人間は、自己が有限性の中にあることを理解し、無力で何かに依存しないではいられない状態から逃れる努力が罪であることを悟り、人間の不完全さを完全にし、自己完成を目指す人間の誤った空しい努力を取り除く、自分自身を超えた力を手に入れるのである。

ここで強調しておくべきことがある。それは、生に対する神の主権のこの最終的な啓示と、生が神の審判と憐れみに依存しているという観点から見た生の意味のこの最終的な開示が、理性によって把握され、人間の知識の総体に付け加えられるような歴史の真理などではない、ということである。それは信仰によって絶えず内的に理解されなければならない。なぜなら、その啓示と開示は、それが文化的状況全体を歴史的に超越するのとまさに同様に、個々の人間における状況を超越する真理だからである。キェルケゴールが次のように述べているのは全く正しい。「赦しは、永遠の真理が実存に生きる一個の人間に対してかかわりをもつという意味で、ソクラテス流にいっても逆説的事態である。……実存に生きるひとりひとりの人間が自己自身を罪人として自覚しなければならない（客観的にではない。それはナンセンスである。この自覚はあくまでも主体的なものであり、そしてそれは最も深い苦痛を意味するのだ）。……罪の赦しとはなんであるかを、とことんまで悟ろうとせねばならない。そしてそれが悟りきれぬことに絶望せねばならない。かくて理性が自己自身と真っ向から衝突した絶体絶命の場で、信仰の内面性は逆説をつかみ取らなければならない[38]」。

2 「神の知恵」と「神の力」との関係

a 知恵と力の同一性

十字架につけられたキリストを通して得られる神についての知は、「知恵」でもあり「力」でもあり、また、「恵み」でもあり「真理」でもある、とキリスト教信仰は主張する。つまり、今や、生と歴史がそれら自体を超える真の目的と意味を見出したことによって、生と歴史は、ただ完全に知られただけではなく、完成され成就されもしたのである。「力」としての、また「恵み」としてのキリストは、贖罪の真理が心の内部で受け止められて初めて個人にもたらされる。そのとき、絶望と偽りの希望が交互に現れる状態は克服され、人は実際にそこから解き放たれて、平静で創造的な生を営むのである。

知恵と力との密接な関係についての正しい理解は、贖罪を単に知恵の開示にすぎないものにしようとするキリスト教の贖罪解釈によって絶えず危険にさらされている。このことは、特にキリスト教信仰のギリシア的側面にあてはまる。ここで思い起こされるのは、キリストがギリシア人の間では待望されていなかったということである。それは、ギリシア人の間では、神が、(歴史が、時間的継起と自然的連続としか考えられていなかったために)歴史の中に自身を現すことなど不可能であると考えられていたか、あるいは、(各人の理性が各人の救済者であったために)啓示は必要ないと考えられていたからである。福音が最終的に異邦人に伝えられるとき、異邦人はおしなべて、福音が自分たちの問題に調和する限りにおいてその真理を受け入れる傾向にあった。異邦人が問題としたのは、有限性と永遠との問題であり、かれらの確信は、有限性と永遠との隔たりは橋渡しされえないということである。したがって、異邦人が福音から盗み取ったのは、この隔たりが橋渡しされうるという確信である。こうして、［アレクサンドリアの」クレメンスはこう言明した。「いかにして人が神になるのかを人から学ぶことができるようになるために、神の言葉は人となった」[39]。最も偉大なアレクサンドリア学派の神学者オリゲネスは、キリストを何よりも、「創造されたのではない存在と創造された多くの人間」とをつなぐ仲介者であると考えた。ポルフィリオスは、このオリゲネスのことを、「外面的には、キリスト者として生きたが……ギリシア人のごとく思考した」[40]と断じたのである。

ギリシア人の精神が有限性と永遠との問題に取りつかれていたことは、ギリシア思想が福音の「愚かさ」を受け入れようとする際に、二通りの結果をもたらした。一つは、ギリシア精神が、ギリシア的問題に対する非ギリシア的解答を受け入れることに精力を使い果たしたということである。確かに、ギリシア精神は、歴史において永遠が自らを知らしめたというキリスト教の確信を受け入れた。しかし、ギリシア精神はいつの間にか、その事実を、生の究極的問題への答えと見なすようになった。神の開示の特定の内容とは、逆説的な関係における神の憐れみと正義、つまり贖罪についての知であったことをギリシア精神は十分に理解しなかった。この誤りを具体的に示す神学的表現は受肉の強調である。それは、贖罪の教義を排除するほどまでの、もしくは、少なくとも贖罪を従属的立場へと格下げするほどまでの強調である。この誤りは、カトリック教会とアングリカン教会の思想のある型の中に根強く残っているが、アングリカン教会は、教父神学に大きく依存するゆえに、その誤りは、時に、カトリックより顕著である。

アングリカン教会の典型的な合理主義者であるヘイスティングス・ラシュドルは、アウグスチヌス以前の教会が贖罪論を「心から受け入れることはまずなかった」という事実と、その教理が「しばしば完全に無視された」という事実に満足を覚えている[41]。また以下のことを付け加えることもできよう。アンセルムス以前のキリスト教思想が、この教理に実際に注目した際、およそ信じがたい贖罪理論（神が悪魔をだまし、「キリストをおとりとしておびき寄せる」ことによって悪魔を捕まえたという説）しか持たなかった理由の一つとして考えられるのは、この教理が、アンセルムス以前のキリスト教思想を魅了するほど十分な重要性を持ちえなかったということである。典型的なヘレニズム的キリスト教にとって、贖罪論は、歴史における神の開示が具体的な内実を要求していないゆえに、本質的に無意味なものである。神が自らを知らせることなどできないと考えるギリシア精神の懐疑主義に反対するには、神が確かに自らを明らかにしたということだけで十分である。神は、その怒りと憐れみとを知らせる必要がない。なぜなら、人間を悩ませるものは罪ではなく有限性だからである。

　ギリシア思想は、「力」と「知恵」との関係をめぐるキリスト教的概念をギリシア的用語で提示する際に、もう一つの誤りを発生させがちである。ギリシア思想は、「神はキリストにおいて」〔IIコリント五・一九（口語訳）〕すなわちキリストの受肉において歴史の中で自らを明らかにした、という思想を表現するために、この真理を形而上学的用語で表現しようとする。このことは、事実上、人間のあらゆる知恵を超越した、信仰によって理解される究極の真理が、人間の知恵の真理へと変えられ、形而上学的体系に組み入れられることを意味する。

　このような過程がもたらす結果は、初期キリスト教時代のキリスト論論争に明らかである。この論争はカルケドン定式とニカイア信条で終わるが、それらにおいて、キリスト教信仰は、ギリシア思想に逆らいつつも、ギリシア的用語の制約の中で主張された。「受苦性」と「非受苦性」、時間的なものと永遠的なものとの間には絶対的な隔たりがあるというギリシア思想は、否定され乗り超えられている。しかし、神がキリストを通して自らを歴史の中で知らしめたというキリスト教の主張には、その主張のために用いられたギリシア的用語によって曖昧にされている部分がある。この傾向を示すものがキリスト両性論であるが、この説において、初期のキリスト教思想は、一方でイエスの史的性格と人性についての確信を主張し、他方で神の啓示としてのキリストの重要性を主張せざるをえなくなっている。キリストのこの二重の側面を存在論的な言葉で説明することによって、象徴的にしか表現できない信仰の真理は、思弁的理性の真理へと変えられる。こうした信仰の表明によれば、キリストは神でもあり人でもある。その主張は、キリストの人性はその神性を損なわず、キリストの神性はその人性を損なわないということである。有限で歴史に制約された属性と永遠で無制約的な属性の両者をキリストの本性に帰すという意味におけるキリストの神性と人性についての定義はすべて、論理的には無意味である。歴史上の人物や出来事や事実が、歴史を超えたものを象徴的に指し示し、永遠的な意味や、歴史を担う目的と力とを開示する源泉になることは可能である。しかし、どのような人間も、歴史的でありつつ同時に無制約的であることは不可能である。しかし、その論理的な無意味さは、そのような信仰の表明が、キリスト教信仰を、信仰によって内的に把握される必要がない形而上学的真理に変えてしまいがちであるという事実に比べれば、それほど深刻な問題ではない。その結果、形而上学的把握においては、生についての究極的真理が、「実存的個」（キェルケゴール）がその存在のまさに中心にある自尊心において打ち砕かれるという仕方で把握されないゆえに、「力」と「知恵」との関係は破壊される。すなわち、時間の変転の中にある有限な個としての人間の不安定な状態は、権力や傲慢というような、あらゆる偽りの安全保障と無縁ではありえず、人間の不安は、絶望に至るまで極みに達することはない。不安が極みに達する絶望から悔い改めが生まれ、そのような悔い改めから信仰が生まれ、そのような信仰の内に、「新しい命」〔ローマ六・四〕つまり「力」が宿るのである。

b　知恵と力の違い

キリスト教信仰によれば、キリストにおいて啓示される「神の知恵」と「神の力」との密接な関係にもかかわらず、また、生の意味の十全な理解が生の成就にもつながり、神の憐れみの十全な開示が信仰者の生における「恵み」を効果的に増大させることになるという確信にもかかわらず、次のことが強調されなければならない。すなわち、キリスト教信仰は、生の意味の成就よりも、生と歴史と神についてのキリストによる十全な開示のほうにより明確な信頼を置いているということである。キリスト教思想における「力」と「恵み」の概念は曖昧である。一方において、信仰者は、自分に開示された生の通りに生を成就することができると見なされている。他方において、信仰者は、歴史の有限性と罪の堕落の中にとどまっている。神の「恵み」は、一方では、人間において、不完全性を完成へと導く神の力である。他方、神の「恵み」は人間を超えた神の憐れみの力であり、それによって罪は、人間の善によってではなく神の憐れみによって克服されることになる。キリスト教信仰によれば、歴史の成就は二つの面を持つ。一つは、人間が悔い改めと信仰の中で神との関係を確立するあらゆる瞬間に成就がある、という面である。もう一つは、生は成就を待望し、「わたしたちは……希望によって救われている」〔ローマ八・二四〕という面である。これら二つの成就の面は、《すでに来た》と《来りつつある》という神の国についてのキリスト自身の二つの解釈に合致しているのである。(42)

3　神の愚かさと人の知恵

パウロは、「十字架につけられたキリスト」において啓示された真理を、「隠されていた知恵」としての「人より賢い神の愚かさ」と定義している。それについてこうも言われている。「この世の支配者たちはだれ一人、この知恵を理解しませんでした。もし理解していたら、栄光の主を十字架につけはしなかったでしょう」。しかし、この愚かさ、すなわち、人間の知恵が期待することのできなかったこの知恵は、「召された者には、神の力、神の知恵」となる。[43] これらのパウロの逆説において、われわれは、啓示と人間の文化との関係について、きわめて正確で簡潔な定義を手にする。十字架に啓示されている真理は、人間の文化の中で期待されることが可能であったものでもなければ、人間の知恵の極みでもない。真のキリストは期待されていないのである。人間の知恵はすべて、その知恵の不完全な視点から知恵それ自体を完成させようとする。民族または国家や帝国の文化に見られる傲慢は、何らかの人間の徳や達成の視点から生の意味を完成させようとし、また、まさにその試みによって生の意味を混乱させ堕落させようとする人間が持つ傲慢の原初的な形態にすぎない。

しかし一方で、キリストが受け入れられるとき、キリストにおいて具現化された真理が新たな知恵の基礎となる。すなわち、「救済史」(Heilsgeschichte) は、単に、通常の歴史の一側面でもなければ、通常の歴史の行きつく極みでもないし、通常の歴史と全く関連しない歴史でもない。歴史に意味を与えるのは、通常の歴史に現れるさまざまな啓示である。したがって、救済史の中で具体化される啓示がなかったとしたら生は無意味である、というのは正しくない。生と歴史は、それら自体を超える《意味の示唆》と、中途半端な解決に起因する《意味の堕落》とに満ちているのである。

信仰によって把握される真理は、素朴な人間が権威によって信じたり、賢い人間が経験から導き出したりするようなものではない。なぜなら、信仰の真理には、賢い人間と愚かな人間の双方の知恵、とりわけ賢い人間の知恵に逆らう要素があるからである。しかし他方で、信仰の真理は、経験に絶えず反するわけではない。それどころか、信仰の真理は、経験を照らし出すと同時に、経験によってその有効性が証明される。人間の知性の有限性は、信仰による真理を完全にしりぞけることはない。なぜなら、有限な知性には、それ自体を超え、それ自体の有限性について何事かを知ることができる自由が十分にあるからである。神への憧れも、偽りの神々への偶像崇拝も、それらを生じさせるのはこの自己超越の能力である。その自己超越の能力は、キリストへの待望を引き起こすとともに、自分の正当性は主張するが、隣人の正当性は擁護しない偽りのキリストへの待望をも引き起こす。人間知性の有限性も、その罪深い堕落も、あらゆる人間文化における「イデオロギー的汚染」も、真の知恵を把握する人間の能力を完全に消し去ることはできない。真理や徳の全面的な堕落はありえない(44)。それゆえ、真の知恵や、真の神や、生の意味の究極的な啓示に対する渇望は、自分自身を中心としてその周りに意味の世界を構築しようとする罪深い傾向の表面にも背後にも、常に残っている。真の悔い改めの中に現れるのが、この残存する徳である。信仰と悔い改めとはきわめて密接に関わっている。なぜなら、以前われわれが、自分自身の内部の力によって真理の構造を完成させようと努力していたことを、悔い改めによって自覚するようになるのは、自分自身を越える真理を、信仰において把握することによってだからである。そしてこの悔い改めは、今度は信仰の真理を擁護する。この信仰の真理が、「召された者」には「神の力、神の知恵」［Iコリント一・二四］となるのである。複雑な魂の内面における、悔い改めと信仰とのこの循環関係は、「恵み」を「自然」の完成と見なす神学と、「恵み」を自然と矛盾するものとする神学とを双方共に、ある程度正当化する。プロテスタント神学が、自己の視点から把握された誤った真理の悪循環は打破されねばならないが、自己がそれを打破することはできないという意味で、恵みを自然と矛盾するものとしているのは正しい。その意味において、キリストにある真理を理解することは、次のように言われているように、常に奇跡である。「あなたにこのことを現したのは、人間ではなく、わたしの天の父なのだ」［マタイ一六・一七］。しかし、プロテスタント神学、とりわけ急進的なプロテスタント神学（バルト）が、「結合点」（Anknuepfungs-punkt）を否定しているのは誤りである。人間存在には「原初的義」（justitia originalis）の要素が残存しているゆえに、結合点は人間の中に常に存在しているのである[45]。

神の自己開示において把握される真理と、経験を合理的に体系化することを通して推測される生をめぐる真理との関係は、他者についてわれわれが持つ知識との類比によって最もよく明らかにされるであろう。われわれは、部分的には、他者の行動を観察することで、他者について何を知っているかがわかる。しかし、人間の人格は、動物の生と違って、外面的行動だけでは理解されえない深みと独自性を持っている。その深みの一部は、われわれの内部にある自己意識の深さが、他者におけるその深さに対応していることを前提することによって理解される。しかしながら、他者の独自性は、われわれ自身についての知識から引き出してきたものに照らして他者を理解しようとする努力によって、一部歪められてしまう。人間の交わりにおける深刻な堕落、他者の生に自分自身を投影することと、自らの欲望や希望や野望が他者のそれらと等しいと誤って前提することによって他者の独自性を理解しようとする努力などがそうである。

他者がわれわれに語りかけてくるまでは、他なる自己を理解することができない。自己超越の深みと高みから現れ出る、他なる自己の「言葉」のみが、単にわれわれの知識の対象としてではなく、主体としての他なる自己の「わたし」を最終的に開示する。この他なる自己とわれわれとのやり取りのみが、他者の固有の行動を理解する最終的な手がかりとなりうる。この他者固有の行動には、常に、その行動の真の意味を幾分神秘的なものにするそれと矛盾する要素がある。他の自己がついに語りかけるとき、その自己の言葉による自己開示は、部分的に、先に述べた他者の行動における曖昧さを浮き彫りにするとともに、自己が、他の自己を理解しようとすることによって、自己特有の偏見と非理性的情熱の観点から下す誤った結論を否定する。他なる自己の自己開示から得られたこの知識は、自己が行動を観察することから得られた知識と完全に矛盾するわけではない。他なる自己の自己開示による知識がそのような矛盾の中にありうるのは、他なる自己の自己超越の深みが、自然の有機性に巻き込まれている自己の生と完全に矛盾する場合だけである。行動を観察することから得られた知識と、他者の自己開示から得られた知識とが矛盾するのは、自己が他者を誤って解釈してきた場合だけである。最終的に、そのような自己開示から得られた知識は、行動を研究することによってすでに知られていた不完全な知識を完全なものとする。こうして、自己開示の言葉は、不完全な知識を完全にすることでもあり、曖昧さと矛盾を明らかにすることでもあり、歪曲を修正することでもある。

これはまさに、信仰によって受け止められる神の自己開示と、「隠された神」について人間が抱くような別の知識との関係である。預言者的メシア信仰が、生と歴史は隠された神の主権のもとにあると主張する時、それは、以下のことを意味している。すなわち、生と歴史は、無意味ではなく、自然の体系よりも深く高い次元から見て初めて理解されうること、また、歴史の「動き」の中には曖昧さと矛盾があり、それは、神の独自の目的がより完全に開示される時に初めて明かされること、さらに、そこには罪深い要素が含まれているため、この歴史の「動き」について人間が施す説明は修正されねばならないことを意味する。神を知ることにおけるこうした罪深い要素は、他の自己を知る場合よりも顕著である。なぜなら、それらの要素は、他なる自己のみならず、存在の永遠の根拠と源泉を存在それ自体の視点から理解しようとする、有限な自己の傲慢と結びつくからである。

以上の類比は、全体として神の「人格性」の概念を示唆しているが、この概念は、合理的で汎神論的な哲学とは異なり、生と歴史についての預言者的解釈とキリスト教的解釈に不変に暗示されているものである。とはいえ、人格の概念から擬人的要素を完全に一掃することはできない。それは、あらゆる人間の人格性には、神には適用できない、感覚の限界と、自由と有限性との緊張が暗示されているからである[46]。しかし、それにもかかわらず、人格概念は有用な類比的概念である。なぜなら、この概念は、一方で自由の高みを暗示し、他方で有機的過程との関係を示唆しているからである。それは、預言者的信仰とキリスト教信仰とが、世界に対する神の超越性と、世界に対する神の内在性を理解するために、それぞれ前提としているものである[47]。

キリストにおける神の自己開示は、キリスト教信仰によって、神が人間に語りかけた究極の「言葉」として重視される。贖罪の啓示はまさに「究極的な」言葉である。なぜなら贖罪は、神自身の律法を超える神の自由という本質的な表現で神の「自由」を示す、超越的な神の憐れみを開示するからである。しかし、この自由は気まぐれなものではない。それは、神の律法と世界の構造に逆説的に関係する。これが贖罪の逆説であり、また、神の正義と関連する神の憐れみの啓示の逆説である。

この啓示の言葉が語られる時、人間の歴史が、永遠をその究極的基礎とする実在の一領域である限りにおいて、この言葉は不完全な知識を完全なものとする。歴史の営みのこの「隠された」源泉を指し示す要素が歴史の「動き」の中にある。歴史には意味があるが、歴史はそれ自体を超えたところを指し示すというのは、この意味においてである。また、啓示の言葉は、歴史における曖昧さや矛盾を解明する。そのような意味で、歴史には意味があるが、その意味は無意味さによって脅かされている。さらに、神の「言葉」は、歴史の中心としての人間自身の視点から歴史を説明しようとする人間の努力が、生の意味についての人間の解釈に持ち込む偽りを修正する。その意味では、啓示の言葉は人間の文化と矛盾し、賢い者には「愚かなもの」である。

しかし、啓示がそのように人間の知恵を超えて愚かであるからこそ、啓示は、いったん受け入れられると、生についての満足のいく総体的説明の基礎となる。啓示は真の知恵となる。啓示は、人間の文化と人間の知識と矛盾したままではない。不完全さを完全にすること、曖昧さを明らかにすること、そして人間の知識の偽りを訂正することによって、啓示は「召された者」〔Ⅰコリント一・二四〕にとって真の知恵となるのである。

第三章 歴史の可能性と限界

I 序

キリスト教信仰はこう主張する。歴史に対する神の主権を開示するキリストが、同時に人間本性の完璧な規範でもあると。キリストは「神の子」であるとともに「第二のアダム」〔Iコリント一五・四五―四七参照〕でもある。キリストは、神の正義と憐れみとの逆説的な関係を啓示するものとして、神と歴史との関係をめぐる究極的な秘義の覆いを取り除く。この啓示は、歴史の意味がどのようなものであるかを明らかにする。というのは、神の審判は歴史における善と悪との区別を維持し、神の憐れみは深刻な堕落を究極的に克服するものだからである。人間は、自らの生と歴史を全うしようと誤った空しい努力を重ねるものであるが、そのゆえに道徳的達成のあらゆる段階でその堕落に巻き込まれている。

人間本性の規範としてのキリストは、歴史における人間の究極的な完全がどのようなものであるかを明らかにする。その完全は、さまざまな徳の集成でもなければ、法を犯さないことでもない。それはむしろ犠牲愛の完全な達成である。十字架は、神の愛を象徴し、神の完全が歴史の悲劇に苦しみを共有しつつ関わることと矛盾しないことを明らかにする。十字架は、人間の完全が歴史の中では達成不可能であることをも指し示す。犠牲愛は歴史を超越する。しかし、その同じ十字架が、思想が行為を超えるように歴史を超越するのではない。犠牲愛は、歴史における行為であるが、歴史の中でそれ自体の正当性を示すことはできないのである。歴史の観点から見れば、相互愛が最高善である。相互愛の中で、他者の利益を慮ることはそれに応える愛情を促し生み出す。この相互愛において、歴史的存在の社会的な要求は初めて満たされる。歴史の最高善は、歴史的生命力の全領域において、一貫性と整合性の基準と調和しているはずである[1]。一般的な利害関係の領域では、あらゆる要求は、必ず要求に比例して満たされ、相互に調和するように関係づけられるはずである。したがって、他者のために自己を犠牲にすることは、歴史的存在の限界でもある通常の道徳基準に反しているのである。

さらに、生を、自然と歴史を同一と見なす視点からだけで理解するなら、他者のために自己の利益を犠牲にすることは心理学的に不可能である。もし、自己が自己の命を物理的存在と見なすとしたら、自分の「命を失う者は、かえってそれを得る」［マタイ一〇・三九］という福音書の倫理の倫理的逆説は意味を持ちえない。この逆説が意味を持ちうるのは、生の次元が歴史的な在り方を超越することがわかっている場合だけである。それゆえイエスは、自分に従う者に約束した報酬を「復活」としたのである。こうして犠牲愛は、歴史的倫理の領域における「永遠」との接点を表している。それにもかかわらず、犠牲愛はすべての歴史的な倫理を支える。というのは、自己の行為が他者の応答を得られないかもしれないとの恐れに支配されているとしたら、自己は、他者と相互的で応答的な愛の関係を結ぶことはできないからである。相互関係が、いかなる行為であれその行為の意図や目標にされるような場合、相互関係の達成は不可能である。こうして、犠牲愛は相互愛と逆説的に関係する。そしてこの関係は、歴史と超歴史との関係全般における倫理的な関係に相当するのである。

犠牲愛と相互愛との関係を、キリストにおける神の啓示から離れては何も知りえないような、啓示の宗教の真理として特徴づけることはできない。歴史の倫理問題をどのようなかたちであれ厳密に分析するなら、歴史は、最高善が歴史上の規定や可能性を超越するという仕方で歴史自体を超越することが明らかとなる。このゆえに、たとえ十字架の深遠な宗教的意味が完全に理解されなくとも、通常の想像力は最高の倫理的規範の象徴としての十字架と固く結びつく。人間の経験は、次のような事実についてのいくばくかの知識を絶えず生み出す。すなわち、自己ではなく他者への関心が、純粋に歴史的でこの世的な観点から正当化されえないような結果に行き着くことは避けられないという事実である。それにもかかわらず、十字架に具現している倫理的真理は、十字架に内包されている宗教的啓示をも浮き彫りにする。というのは、神と歴史との関係が宗教的啓示によって明らかになることがなければ、倫理的生は、利己主義的功利主義か神秘主義的倫理のいずれかに頽落してしまいかねないからである。利己主義的功利主義は、自己執着という動機を倫理的規範と見なし、神秘主義的倫理は、歴史の緊張と不完全な調和から永遠における生の不分明な統一へと逃避するのである。

II　犠牲愛とキリストの無罪性

犠牲愛と相互愛との逆説的な関係は、キリストの無罪性というキリスト教教理が持つ意味を明らかにする。さらに、この逆説的関係は、イエスが人間でもあり神でもあったとの教理を宗教的道徳的に意味あるものとし、この教理を形而上学的にもっともらしく弁証する必要性を否定する。この教理を形而上学的にもっともらしく弁証することが不可能なことは、キリスト論論争の時代［二世紀から五世紀］によって十分に裏付けられている。その時代、キリスト教思想は、キリストが全くの人間でありながらなお人間を超越していたとの思想を表現しようと空しい努力を重ねた。この論争は、キリストの生の人性と神性のどちらかを否定もしくは曖昧にする幾多の異端を生んだ。さまざまな異端は、正統主義の主張によって退けられたが、その正統主義の主張は、形而上学的不条理に身を委ねざるをえなくなった。神性の本質が無制約的な性格にあり、人性の本質が制約された偶然的性質にある以上、同一の人物についてこの二つの資質を同時に主張することは論理的に無理である。まして、キリストの内部において、神性が人性の資質を限定せず、人間存在の制約された性格が神性の無制約的な性格と矛盾しないと主張することはさらに不可能である。人性と神性との間、あるいは歴史的なものと永遠的なものとの間の深い隔たりは、その両者の絶対的な区別に端を発する形而上学的思弁によって克服することはできない。

神は、キリストにおいて、とりわけ十字架において啓示されるという主張の重要性は、神の愛（アガペー）が次の観点から受け止められているということである。すなわち、神が歴史に関わるのは、ほかならぬ歴史の諸構造に対する神の超越のゆえであるとする観点である。神の究極的な尊厳は、諸構造の内部にある神の力にあるのではなく、諸構造を超える神の自由、すなわち実在のロゴスの面を超える神の自由の力の中にある。この自由が、審判を超える憐れみの力でもある。この自由によって、神は、実在の構造的性格に自由を用いて対立してきた自由な人間の罪と苦しみに関わる。[2] こうして、神のアガペーは、神の究極的な尊厳を表現するとともに歴史への関わりをも表現しているのである。

キリストの愛すなわち私欲のない犠牲的なアガペーは、人間存在の最高の可能性として、神の尊厳と、矛盾ではなく逆説の関係にあると考えられている。キリストが人間でもあり神でもあるという主張は、異端を論駁するためにキリスト教正統主義が使用した表現を用いて定義するとしたら、矛盾である。異端は、歴史を強調するか、永遠を強調するか、そのどちらかの視点から、歴史的なものと永遠的なものとの間に関係がありうることを否定した。それにもかかわらず、キリストが人間でもあり神でもあるとの矛盾は強く主張され続けた。というのは、その矛盾には、勝利するためにへりくだる神のアガペーと、犠牲的な行為の中で歴史を超える人間のアガペーとの逆説的な関係について、キリスト教信仰があらゆる形而上学的思弁を超えて把握してきたものを、不十分ながら表現していたという面があったからである。

キリストにおける神性と人性は、矛盾していないとしても逆説的な関係にある。神の愛の最終的な尊厳、究極的な自由、完全な無私などに対応するものが歴史の中にあるとすれば、それは、悲劇的な最後を遂げるような生においてのみである。なぜなら、悲劇的な最後を遂げる生は、歴史的存在の要求やそれに対抗する要求に加わることを拒否するからである。そのような生は、「自分の利益を求めない」愛［Iコリント一三・五］を表現するのである。しかし、自分の利益を求めないような愛は、歴史的社会の中でそれ自体を維持することはできない。そのような愛は、他者の度を過ぎた自己主張の餌食となりかねないが、それだけではない。歴史における完璧に均衡のとれた正義の制度でさえ、競合する意志と利害の均衡であり、その結果、その均衡に関与しない人々にまで害を及ぼさざるをえないのである。

キリストにおける神性と人性との重要な対比は、ギリシア思想が想定したような、「非受苦性と受苦性」の対比ではない。それは、神性内部の完璧な一致の中にある力と善との対比である。歴史における神的な善を、完全な無力というよりも、歴史の敵対状況において力の行使を一貫して拒否すること以外の方法で象徴することは不可能である。というのは、たとえ生の戦いに対するその視点がいかに公平であるとしても、そのような敵対や競合の状況において、無欲の地点に達することができる自己など歴史や社会には存在しないからである。自己が無欲の愛を象徴的に表すことができるのは、ただ敵対状況に加わることを拒否することによってである。[3] 敵対状況に加わることはどのようなものであれ、他者に対して私利私欲を主張することを意味する。

十字架を、無欲の愛というこの究極的な完全の象徴として受け止めることにおいて、キリスト教信仰は常に、十字架を合理化しようとする諸神学よりも深遠である。なぜなら、信仰は一貫して、十字架を、自我と自我との罪深い対立を乗り越える、歴史における特別な地点と見なしてきたからである。また、信仰は、史的イエスのあらゆる行動を、過剰な一貫性によってこの完全の象徴に適合させようとしてこなかったからである。他方、神学者たちは、この完全に、形而上学的解釈と律法主義的解釈のいずれかを施そうとしてきた。形而上学的解釈を施す神学者たちは、神の完全が、通常の人間の性質によって汚されていないことを証明するために、処女降誕の教理に大きく依存した。処女降誕を用いた弁証学的論理の欠陥は、その帰結として、処女マリアの無原罪の懐胎というカトリック教理を必要としたということから十分に明らかである。人間である母の子は、たとえ人間の父を持たずに生まれたとしても、なお、人間の状況全体と有機的に関係する。それゆえ、その母の無原罪の懐胎という教理は、葛藤を克服する見せかけの表現にすぎない。というのは、無原罪の懐胎という無限の遡行［マリアの無原罪を論証するために、その親の無原罪を代々無限に遡って述べること］ですら、罪の汚れを除去することにほとんど役に立っていないからである。

カトリックよりも道徳主義的でリベラルなプロテスタントによるキリストの無罪性の解釈は、おそらく、キリストの「神意識」の完全さについてのシュライアマハーの概念に最も完璧に表現されているであろう。しかし、シュライアマハーは、その神意識の概念によって、キリストは、罪はなかったが「あらゆる点において、わたしたちと同様に試練に遭われた」［ヘブライ四・一五］ことを否定するというきわめて非聖書的な立場に陥らざるをえなかった。[4]もちろん、試練を受けることがある意味で罪を犯したことを意味すると示唆している点で、シュライアマハーは正しい。試練は不安の状態であり、そこから罪が生じるのは避けられないからである。だが、この不安は、有限で不安定な実存に付きまとうものである。[5]それゆえ、どのようなものであれ、真に歴史的な性格を持つあらゆる個々の行為について、その無罪性を主張することはできない。しかし、イエスの内部に、教理と目的と行為についての驚くべき統一性と一貫性があるということは主張することができる。イエスの倫理的教理には、歴史的状況の相対性や偶然性を考慮せずに神の意志に従うべきであるという断固たる主張があった。イエスの生涯が示す生き生きとした目的は、神のアガペーに従うことである。イエスの生涯は自己犠牲の行為で頂点に達し、そこで、個人の意志が個人の生の主人公であることを止める。生は十字架上で終焉を迎えるのである。生と教理が十字架と一貫していなければ、十字架はキリスト教信仰にとって象徴的意味を持ちえないであろう。しかし、十字架は、他方で、個人のいかなる最高の行為でもなく、むしろ愛の完全を徹底して象徴するものである。無罪性についての道徳主義的な見方が、誤って生の律法主義的解釈に堕することは避けられない。完全性や無罪性は、定められた行動規範との一致と解釈される。しかし、その規範の究極性はどのように決定されるのだろうか。

十字架は、歴史における正義や相互関係についての特定の規範の一切を超越するアガペーの完全を象徴する。十字架は、歴史を超越し、他の人間の利益や生命力と調和することよりも神の愛に従うことを求める。他者の利益や生命力との調和は、歴史における努力の望ましい目的ではある。だが決して最終的な規範ではありえない。というのも、罪深い利己主義は、歴史における利害についてのすべての調和を部分的で不完全なものにするからである。

また、こうした調和を最終的なものとして受け入れるような生は、どうしても倫理的規範に罪深い自己主張を取り込まざるをえない。

キリストの無罪性と完全性を、形而上学的表現や律法主義的表現などで規定する解釈は、そのいずれであれ、人間の行動がどのようなものであるかを真に明らかにすることはできない。もし、人間存在の規範を規定し説明することができるのが、有限性の条件を絶対的に超越する《神人》のような存在だけだとしたら、人間存在の規範を観想することによって生じる悔い改めは、たちまち自己満足に変質する。なぜなら、われわれは、自らの生を、有限性の条件のもとで営まざるをえないゆえに、いかなる理想や規範も、われわれの条件を満たさない不適切なものとして退けてしまいかねないからである。

しかし、実際には、われわれは、自然の条件と限界のもとにあるとはいえ、決定的に条件づけられ限界づけられているわけではない。人間の精神は、生の自然的な条件を無限に超越するところに生じるゆえに、良心が、次のような確信によって満たされうるような特定の段階はない。すなわち、自分の命を放棄することや自分の利益を犠牲にすることが、その特定の段階を超えていることになる、という確信である。われわれの命や利益を犠牲にする可能性は常にあるが、この可能性には、それに伴って常に、命や利益を犠牲にして《命を失うことはそれを得ること》〔マタイ一六・二五参照〕であるという確信が伴う。しかしそのような《得ること》は、自然に縛られている歴史から見れば評価することはできない。それは、「永遠」において妥当性を持つ精神の完全以外の何ものでもありえない。その《得ること》が意味を持ちうるとしたら、命が、歴史における現在の条件を超える、生の成就を含む次元で評価されるときだけである。しかし、命がその次元で評価されうるのは、ただ「信仰によって」のみである。それは、キリストの完全が「信仰によって」のみ識別されうるのと同じである。その完全を、単純な歴史的事実、つまり歴史的規範や規準の観点から評価しうる事実にしてしまおうとする努力は、逆説を不条理に変えてしまうことである。十字架に象徴されているアガペーとしての完全は、単純に、歴史の限界と見なすこともできなければ、歴史を超えるゆえに歴史と無関係なものとして退けることもできない。アガペーとしての完全は、歴史がそれ自体を超えているように、歴史を超越しているのである。アガペーとしての完全は、歴史の中に完全に封じ込められていないゆえに、歴史の中にその最終的規範を持たない人間本性の最終的な規範なのである。

以上のようなことはすべて、賢者たちには伏せられてきたが、信仰の知恵によって理解されてきた。さまざまな神学は、歴史の相対的な規範に対して十字架の権威を要求するか、あるいは十字架の完全とキリストの無罪性を見当違いのものに引き上げる体系を今も苦心して築き上げている。しかし、その間、キリスト教信仰は、あらゆる常識の規範やあらゆる形而上的思弁を超えて、常にこう理解してきた。すなわち、十字架の完全は、歴史的な倫理の完成――と終焉――を表していると。

十字架に込められた倫理的な意味は、人間の歴史の真の性格がどのようなものであるかを浮き彫りにする。このような洞察は、十字架に込められた宗教的意味が、歴史の性格によって提示される問題への答えとなって初めて可能となる。答えがわかって初めて十分に提示しうる、生についての究極的な問題というものがある。答えがなければ、失望に追いやられないようにするために、人は問題の深みのすべてを熟考し尽くそうとはしないであろう。このように、「第二のアダム」つまり規範的人間としてのキリストというキリスト教教理は、自然宗教と啓示宗教との間に止まり続ける。この教理が自然宗教に属するのは、人間の道徳的生を厳密に分析するなら、すべての道徳性には永遠と接する次元があることを部分的に明らかにするという意味においてであり、この教理が啓示宗教に属するのは、信仰がなければその意味を最終的な論理的帰結にまで突き詰めることができないという理由においてである。信仰がなければ、人間の倫理的生はいつも次のような懐疑的な考えに悩まされる。すなわち、「犬でも、生きていれば、死んだ獅子よりまし[6]」であるという考え、つまり、道徳的義務はすべて、歴史的存在の根底にある生存への強い欲望によって限界づけられている、との考えである。

III　キリストの完全と歴史との関係

キリストの完全と歴史との関係を徹底的に分析するなら、キリスト教的歴史解釈についての包括的な説明が明らかになるであろう。キリスト教的歴史解釈についてはすでに考察を加えたところもあるが、検討すべきところも残っている。しかし、今論じていることと関連させて、キリスト教的歴史解釈の最も重要な特徴を考察しておくことは妥当であり必要である。キリストのアガペーは、歴史を担う神の愛の開示でもあり、歴史の「不可能の可能性」である人間の愛の開示でもあるというキリスト教の確信に立つなら、キリスト教的歴史解釈の主要な原理を確定することができよう。その確定は、以下の点を考察することによってごく簡潔に果たすことができる。（a）無垢もしくは歴史の始まりとの関係におけるキリストの完全。（b）相互愛もしくは歴史の内実との関係におけるキリストの完全。（c）永遠の成就もしくは歴史の終わりとの関係におけるキリストの完全。

1　キリストの完全と無垢

キリストが、「本質的」人間であるとともに人間的特性の完璧な規範でもあるという思想は、聖書では、キリストが「第二のアダム」であるというパウロの言葉で表現されている[7]。キリストの完全は、堕落以前のアダムが持っていた徳を回復させるのである。ところが、すでに指摘してきたように、キリスト教神学は、堕落以前の完全がどのようなものであるかを確定することに困難を覚えてきた。また、その確定の内容が空想に近いものになったこともしばしばであった[8]。しかし、第二のアダムの教理は、この教理を重視するなら、混乱と空想に陥ることを防ぐものである。キリスト教思想が理解するところによれば（たとえこの教理の意味の全貌がいつも理解できるわけではないにしても）、キリストの完全性から得られる視点を踏まえなければ、人間の生の失われた理想的な可能性であるアダムの完全がどのようなものであるかを確定することは不可能である。しかしながら、重要なことは、キリスト教思想がこの確信を提示するときにはいつも、結果として、キリストの完全が原初の完全を回復するだけでなくそれを凌駕するとの信仰に至らざるをえないということである[9]。

堕落以前のアダムの無垢性の回復が可能となるのはただキリストの完全の視点からだけであると主張することは、生が原初の無垢性に達することができるのは、ただ生の無限の目標を目指すことによってだけであると主張することでもある。この主張に伴う歴史解釈の逆説的な性格は、すでに、堕落以前のアダムの状態を「完全」と「無垢」の両方で確定することから生じる一時的な混乱に暗示されている。原初の高潔さは、それがまだ自由によってかき乱され混乱させられていない生と生の調和である限り、無垢状態を表す。これが、エイレナイオスからヘーゲルに至る思想の流れに何ほどかの正当性がある理由である。この思想の流れによれば、原初の高潔さは一種の歴史以前の状態であって、歴史上の徳と悪は双方とも、最終的にそこから現れるのである。ヘーゲルの思想では、堕落は徳の必要条件である。というのは、個人は堕落の中で初めて自己を意識するようになるからである。罪深い自己主張は、自由の観点からすると、生と生の調和ある愛の関係にとっての必要不可欠な前段階である。したがって、無垢は、生と生の自由なき調和である。相互愛は、自由の条件の範囲内での生と生の調和であるが、犠牲愛は、罪深い有限な歴史の限界を超える魂と神との調和である。

しかし、まさしく人間の独自性が自由と自己超越にあるゆえに、歴史以前の原初の無垢状態の象徴を用いることはできない。そしてそれゆえ、社会がいかに原始的であろうと、あるいはその子どもたちがいかに未発達であろうと、自由のない調和があるような人間の歴史状態はありえない。不完全な自由もすでに自然の調和を妨げてきた。なぜ堕落以前の完全に歴史の場を割り当てることもできないのか[10]、なぜ第一のアダムに象徴されている生の理想的な可能性を一貫して「無垢」と定義づけることができず、そこに常に何らかの「完全」の意味合いが込められていなければならないか、その理由の一つがここにある。

社会史の観点から見れば、原始社会であっても、摩擦のない調和によって生が生に関係づけられている蟻塚のような社会はない。われわれが、原始社会の特徴のいくらかを知っていることは確かである。少なくとも、「自然状態」の思想を、歴史的社会を解釈する引き立て役として用いた十八世紀の哲学者たちよりはるかに多く知っている。われわれは一方で、原始社会が群生と血縁という自然の衝動によって集団となったこと、また、それらの社会では、個人が「原始的な仲間」意識から完全に解放されることが全くなかったことも知っている[11]。この特徴のゆえに、原始社会は、動物の群れや種族と有機的な関係にある。したがって、原始社会の歴史は、歴史以前と見なされなければならない。しかし、他方でわれわれは、動物の群れがその本能である一致を達成するためにさまざまな戦略を立てることがないような原始社会が存在しないことも知っている。政治的策略はその社会的団結に何ほどかの絆をもたらす[12]。原始的な習慣が個人を集団に縛り付け、確立された規範（それがどれほどいい加減なものであれ）からの個人の離反を禁じる原始共同体の非情な厳格さは、その共同体がいかに無秩序状態を恐れていたかを示している。原始共同体に社会構造上の自由がなかったのは、個人に自由の感覚が欠如していたからでなく、むしろ未発達であれ自由の感覚があったからこそである。ただ、共同体は、この自由を抑圧せずにそれに対処することができるほど想像力に富んではいなかった。このことは、最も原始的な共同体における兄弟愛でさえ、生と生の全く「無垢な」相互関係ではありえないことを意味する。自由が自然の調和を破壊するために生じるものである限り、共同体は、社会の一致を保つために自由を抑圧しようとするからである。このように、原始共同体の社会的団結には専制の要素が伴う。さらに、原始共同体と他の共同体との関係は、最初はごく狭い範囲に限られるが、その関係が広がるにしたがって闘争の関係となる。こうして、原始的生の無垢状態には、《生に対する生の非情な従属関係》と《生と生の無秩序な闘争》という双子の悪が内包されているのである。

一体、歴史のあるところに自由があり、自由のあるところに罪がある。それにもかかわらず、原始共同体の相互関係は、不正確にではあるが、生と生の愛の関係の象徴でもある。人間の歴史以前の視点からであれ、自らの民族の営みにおける何らかの想像上の無垢や純粋さの観点からであれ、過去を重視しようとする人間の永続的な傾向には、歴史の中に兄弟愛を達成するための象徴として一定の効力はある。

そのような不正確な象徴は、幼児の無垢性を分析することからも明らかになる。幼児は、成熟した自己意識をもって世界に入ることはない。その自己意識は、家族の「原初的な仲間」意識の内部にとどまっている。成長するにしたがって、原始共同体の自己満足に似た自己中心的性格を現す。しかし、幼児の自己意識は、他者の生に関わるや否や、さまざまな衝動、すなわち、成長した自由の証しでもある妬みや嫉み、自由に伴う不安、その不安を克服しようとする、通常は挫折に終わる策略などの衝動を顕わにして他者を支配しようともする。このように、幼児は決して全面的に無垢ではない。それにもかかわらず、幼児の無垢性は、不正確にではあるが、すべての生がそこに向かうべき美点の象徴でもある。幼児の無垢性についてのこの両義性のゆえに、キリスト教思想における、幼児という象徴への矛盾する取り組みにはある程度の説得力が生じる。イエスは、神の国において達成すべき完全の象徴として一貫して子どものような純真さを用いているが、アウグスティヌスに発する正統主義神学者たちは、幼児を罪の堕落に巻き込まれているもの、それゆえ贖いを必要とするものと見なしているのである。

このように、人間の歴史の性格の全体像は、「第一の」アダムと「第二の」アダムというキリスト教の象徴体系の中で暗に規定されている。歴史の規範を、暫定的に歴史以前の無垢性の観点から確定することは、人間の歴史的存在の規範の一部が、自然における生と生の調和ある関係の中にあることを認めることである。歴史の規範を、歴史を超越する犠牲愛の観点から究極的に規定することは、人間自身の歴史を超える人間の自由を認めることである。この自由がなければ、歴史における創造性は不可能であろう。歴史における人間の実際の歴史的業績、「兄弟愛」を基とした集団の増大、都市国家や民族国家や帝国の建設といったことは、常に、生に対する生の専横的な従属および生と生の無秩序な闘争という双子の悪によって腐敗させられている。それゆえ、歴史には、純粋な倫理的規範もなければ、歴史が徐々に自らを純化し、そのようにしてその規範を達成する希望もない。こうして、「本質的」で規範的な人間は、「神であるとともに人間でもある」ような存在、すなわち、その犠牲愛が、生と生の究極的で最終的な調和である永遠的な神のアガペーとの一致を求め、その神のアガペーに正当性を見出すような存在である。それにもかかわらず、この永遠の規範は、暫定的に、自然における生の歴史以前の調和に目を向けることなしに示されることはない。キリスト教信仰は、ロマン主義的原始主義における有効な部分を、キリスト教が主張する《創造の善》の一部として評価する。しかし、生と歴史についてのキリスト教的な解釈では、永遠へとその手を伸ばす自由への感覚がきわめて旺盛であるため、生を、単に原始的な無垢の観点からだけ解釈することはできない。キリスト教信仰は、この無垢性を十字架の悲劇的完全に関係づけるのである。

2　キリストの完全と歴史の諸可能性

すでに指摘してきたように、[13] キリストにおける神の本質と歴史の意味の開示は、歴史的文化とそのメシア的待望において確立された、歴史には意味があるという考え方に対して、以下のように三重に関係する。（a）キリストにおける開示は、歴史の意味の把握における不完全な面を完全なものにする。（b）キリストにおける開示は、歴史の意味の感覚を脅かす曖昧さを明らかにする。（c）キリストにおける開示は、人間の利己主義が、不適切な中心から生の全体を理解しようとする努力のゆえに、意味の感覚の中に持ち込む、歴史の意味の歪曲を最終的に修正する。

キリストの完全すなわち十字架に象徴される超越的アガペーは、歴史の倫理的現実とまさにこのような三重の関係にある。人間の「自然的」資源、言い換えれば、人間の社会におけるさまざまな事実と要求を慎重に検証することによって理解される歴史の倫理的規範は、相互愛である。人間は、経験と、人間の理性における一貫性の要求の双方から、人は互いに誤解して生きるべきでないこと、すなわち、自己の内部に、また自己と他者との間に生じる対立が悪であることを知っている。その意味で、愛は、自然宗教や道徳性の洞察によれば生の律法である。この生の律法は、いずれにしても、社会的歴史的存在を真剣に受け止めるいかなる宗教や文化においても規範となるものであって、生の非歴史的な調和へと直ちに逃避しようとはしない。

十字架の犠牲愛は、歴史において受け止められるこうした相互関係の規範に対する超越の関係について、以下のように三重に関わっている。

a　犠牲愛（アガペー）は、相互愛（エロス）の不完全な面を完全なものにする。

というのは、相互愛は、自己の視点から自己自身の幸福のために生を生に関係づけようとする事実のゆえに、常に阻止されるものだからである。しかし、他者に向けられた相互愛が生み出す可能性のある相互関係を評価しようとする自己が、他者の生のために自分を棄てることができるほど自己執着から十分に自由でないことは明白である。このように、［自己を守る］用心深さを優先させることが、他者の生に向かう衝動と関心の行く手を阻むことになるのは避けられない。アリストテレスは、『ニコマコス倫理学』おける友情を論じている章[14]において、こうした困難を、相互関係の論理によって非常に明快に説明している。もっとも、アリストテレスに超越への特有の視点があることだけは指摘しておくべきであろう。というのは、アリストテレスが挙げている最後の事例で、アリストテレスの倫理における友人は、自己にとっての何らかの明白な有利さのためではなく、自己の「幸福」のために、自己の超越的な精神の高潔さをもって他者の利益を認めているからである。

同じ問題に関するデイヴィッド・ヒュームの議論[15]も、この論点をきわめて明快に浮き彫りにしている。ヒュームは、歴史における相互愛の可能性を想定することから始める。その相互愛は、正義の体系を確立する人間の利己主義に対する防御や制約をすべて取り除く。そして次のように言明する。「人類の窮乏は現在そうであるように今後も続くとはいえ、知性は、友情と寛容によってますます大きくなり豊かになるので、あらゆる人は、すべての人に対し最高の優しさを表し、仲間の利益よりも自分の利益への関心を覚えなくなる、としたらどうだろうか。そのような場合、正義は、広範囲に及ぶ博愛心によって一時的にその機能を停止し、所有と債務の区別や境界も念頭から消えてしまうのは、明らかだと思われる。ある人がすでに、わたしの幸福を求める非常に強い傾向に駆られて、それによりその人が受ける傷がわたしが受ける利益より大きい場合は別として、期待されている奉仕を自ら進んで果たそうとすることをわたしが知っているというような場合、なぜ、行動や約束によってわたしのために尽力してくれる別の人を見つけなければならないのだろうか。……わたしのうちに、われわれの利害との間に区別を設ける気持ちもないどころか、隣人の喜びと悲しみを、あたかも本来自分自身のものであるかのように、同じ快活さと共感の力で分かち合うようなとき、どうして、隣人の土地とわたしの土地との間に境界標を立てるのだろうか。……やがて、全人類は、すべての人がものを共有して生活し、所有権を気にせずにあらゆるものを使用するようなただ一つの家族を形成するであろう」。

ここには、神の国の完全な愛についての展望がある。ヒュームがそのような愛の一部を、家族生活における現実的な達成の観点から特徴づけていることは重要である。かれはこう述べた。「われわれの目に入ってくるのは、家族の状況が愛情の完璧な例に近く、家族一人ひとりの間の相互の博愛心が強ければ強いほど、家族はそれだけ完全に近づき、ついには、所有権の区別がなくなり、所有権は混合されるようになる、という光景である」。しかし、ヒュームは、犠牲愛と相互愛との逆説的な関係を全く理解していない。ヒュームは、「人類社会の交流とその状態を維持するための必要から」だけで、愛がそれ自体の存在意義を示すことができる、と確信するからである。それゆえ、もし愛が、完全な相互関係によって有効なものになりえないとしたら、また、もし「再び現れる、偽装した人間の利己心」によって、他者の利己心から保護されないような社会状態の「不都合さ」が明らかになるとしたら、「無分別な狂信者」は、「あらためて正義の思想と財産の分有の概念」に立ち戻るよう促されることであろう。

もちろん、社会道徳が人間の利己主義を前提として、生と生との最も可能な調和を求めるべきだと主張する点で、ヒュームは全面的に正しい。それどころか、人間は、人間の利己主義に対抗して、自身と仲間とを保護するために正義と抑制の制度をまさに苦心して作り上げるものである、と主張する点でもヒュームは正しい。アガペーを単純な歴史の可能性と考える、現代の「無分別な狂信者」であるキリスト教完全主義者たちでさえ、ヒュームの主張するような正義の方策を利用している。しかし、ヒュームは次の点を理解していなかった。すなわち、歴史の中に実際に存在する相互関係のさまざまな達成は、それがどのようなものであれ、ヒュームが示唆する社会的有用性という冷静な予測などによって達成されたためしはなかったという点である。というのは、そのような予測は、人々の「偽装した利己心」の危険性の影響を非常に強く受けざるをえないため、相互関係の達成に向かって真の兄弟愛をあえて実行する勇気を促すことができないからである。

歴史上、兄弟愛を大きな領域に広げた組織が、明確にではないが一連の業績を上げることがあるのは間違いない。「自分を愛してくれる人を愛したところで、あなたがたにどんな報いがあろうか(16)」との聖書の警告が、歴史の現実に合っていることは確かである。なぜなら、純粋な愛がそれへの応答の可能性を考慮に入れないことが、兄弟愛への新たな挑戦を可能とする力だからである。しかしながら、相互関係がもたらす結果は、行動の意図しない結果であって、行動の目的に従った結果ではない。なぜなら、相互関係のもたらす結果は、あまりにも不確かであるため、他者の生のために危険を冒すことを促す理由にはならないからである。イエスの倫理によれば、アガペーの実際の動機は常に、「あなたがたの天の父の子となるためである」〔マタイ五・四五〕という神の意志への服従である。このように、歴史において実際に達成される調和はいつも、その何ほどかを永遠なるものから取り入れているのである[17]。

さらに普遍的な兄弟愛の達成の限界、言い換えれば、一層完全で包括的な相互関係が発展する限界は、歴史の中に設定されていない。ルネサンスや啓蒙主義および世俗的リベラリズムやキリスト教的リベラリズムを特徴づける希望や願望は少なくともこの点では正しい。こうした人々は、神の国のアガペーを、歴史におけるさらに完全な兄弟愛を目指す無限の発展の源泉と見なすというキリスト教教理のその面は理解している。さまざまな形態の社会的不正、奴隷制、戦争といったことに不安を覚える人間の良心は、歴史が、アダムの無垢からキリストの完全へ、自然における生と生の自由なき調和から神の国の完全な愛へと向かうに違いないという、キリスト者の感情の表現である。普遍的な愛の構想はパウロによって次のように表現されている。「そこではもはや、ユダヤ人もギリシア人もなく、奴隷も自由な身分の者もなく、男も女もありません。あなたがたは皆、キリスト・イエスにおいて一つだからです[18]」。これは、第一義的には教会に対する言葉である。しかし、それがすべての社会関係にあてはまることも否定できない。なぜなら、人間の自由は、歴史において達成されるうる兄弟愛に、人種、性、社会条件などどのような限界を設けることも不可能にするからである。

アガペーの最も純粋な形態、敵をも愛する愛、悪を行う者への赦しといったことさえ、歴史的可能性と矛盾するものではない。刑事司法は、ますます想像力に富んだ形態を達成することができる。また、悪事を働く者への一層想像力に富んだ寛容な取り扱いは、犯罪者が更生することで、歴史的に正しかったことが証明できる。しかし、想像力に富んだ寛容な取り扱いは、寛容な取り扱いの社会的価値を念頭に置くだけで始めることができることではない。というのは、そのような寛容な取り扱いには常に相当の危険性が伴うものだからである。それどころか、あらゆる社会は、社会の安全への配慮と懲罰的感情の罪深い要素を、どのようなものであれ、刑罰学的な処置にうまく入り込んでくるアガペーの寛大な要素と混合させるであろう。しかし、もちろん、犯罪を純粋な赦しの点から処理し、正義と赦しとの間に完全な関係を達成するような社会はないという絶対的な限界を除けば、刑事司法に赦しの愛を混入させる可能性に限界はない(19)。

b　十字架は、歴史の曖昧さを明確にする超越的な完全を表し、歴史の発展の可能性の限界を明らかにする。

人間の歴史をめぐるどのような解釈であれ、歴史的倫理の超越的な規範をある程度理解する解釈は、その超越的な規範を単純な可能性と見なす誤りに陥りがちである。この誤りは、大部分の急進的なセクト形態のキリスト教思想にも、ルネサンスと啓蒙主義における世俗化したキリスト教にも広がっている。これは、とりわけアメリカのリベラル・プロテスタンティズムが陥りがちな誤りである。なぜなら、セクト的完全主義と世俗的完全主義は、このリベラルなキリスト教信仰の形態の中で混合されてきたからである。マルクス主義者の黙示的確信もまたこの誤りを共有している。このような誤りの中では、聖化する恵み（セクト的解釈に見られる）や普及した教育の蓄積された力（世俗的リベラリズムに見られる）や社会の破局的な革新（マルクス主義に見られる）のいずれであれ、それによって、歴史的生を、相互愛と無欲の犠牲愛との区別がすべてなくなる次元へと引き上げることが可能だと信じられている。正義の規定がすべて乗り越えられてしまうこの完全についてのマルクス主義的見解は、レーニンによって次のように生き生きと表現されている。「おしなべて権利というものは、さまざまな人々に同一の尺度をあてはめることである。ところが人々は、実際には決して一様でもなければ対等でもない。『平等な権利』が平等の侵害や不公平と化すのは、そのゆえである。……個々人は平等ではない。強い者もあれば、弱い者もある。結婚している者もあれば、していない者もある。……したがって、共産主義の第一段階［「各人は能力に応じて働き、労働に応じて受け取る」段階」はまだ、公平と平等をもたらすにはいたらない。富の差は残る。しかもそれは不平等な差である。しかし、人間が人間を搾取することは不可能になる。……社会のすべての構成員が平等になると、その途端に、次のような問題が必ずや人類の眼前に浮上するであろう。すなわち、形式的な平等から実質的な平等つまり『各人は能力に応じて働き、必要に応じて受け取る』という原則の実現に向けてさらに前進するという問題である[20]」。

これは、「神の国」についての重要な世俗的解釈であるが、そこでは、平等としての正義の最高の形態が、強制されない完全な相互関係において乗り越えられている。マルクス主義はそのような展望を妥当と見なす。なぜなら、罪深い利己主義は、社会の階級組織から生じるものだからである。世俗的リベラルも同様の展望に妥当性を見出す。それは何よりも、普及した教育が知性を徐々に広げ、ついには各人が、他者の利益を自分の利益と同じように肯定することができるようになる（あるいは、そうしたいと思うようになるという意味か）と考えるからである。セクト的完全主義者のキリスト者もそのような展望を妥当なものと考えるが、それは、聖化の恵みが、原理的にも事実上も罪を除去できると信じているからである。こうした誤りについては、後続のいくつかの章でさらに詳しく論じるつもりである。ここでは、次のような事実について注意を喚起するだけで十分であろう。すなわち、十字架が歴史的存在の性質そのものを変えてしまうため、犠牲愛は続々とあまねく達成され、ついには犠牲愛を非の打ちどころがないほど立派な、それも歴史的社会的な結果によって確証された、成功した相互愛に変えてしまうというようなことを、最も深遠な形態のキリスト教信仰が信じたことはいまだかつてない、という事実である。

新約聖書は、十字架の「方策」が歴史的に成功することを全く保証していない。イエスは、弟子たちに、歴史について行き過ぎた楽観的希望を持たないようにこう警告した。「悪霊があなたがたに服従するからといって、喜んではならない。むしろ、あなたがたの名が天に書き記されていることを喜びなさい[21]」。この警告の中に、キリスト教がユートピア的なものに頽落することに対する有力な拒否がある。歴史においてアガペーが成功する可能性がどのようなものであれ（歴史が成功の規準と矛盾することはありえないゆえに、さまざまな成功の可能性があるとしても）、新約聖書に見られるアガペー的な生き方が、歴史の中で最終的に正当化されることは決してない。キリストが訴える動機は常に、神に倣うことであり、神のアガペーに感謝することなのである。

こうして十字架は、歴史の可能性と限界を明らかにし、歴史の次元を常に否定する人々が抱く次のような幻想には絶えず異議を唱える。すなわち、ある瞬間には永遠に手を伸ばし、次の瞬間には歴史の中に無制約的な完全の達成を夢見る哀れな幻想である。

歴史の中に完全の可能性が存在しないのであれば、キリスト者のあらゆる行動が、相対的正義と相互愛の規範にではなく、むしろアガペーに従わなければならないと主張することはなおのこと正しくない。歴史の中で、生は、相対的な正義や相互愛によって維持され、競合する利益は調停される。というのは、当事者以外の者の生と利益がひとたびある行動や方策に絡んでくるとたちまち、そうした利益を犠牲にすることは「自己犠牲」でなくなるからである。それどころか、当事者以外の者の利益を不当に裏切ることにもなる。この単純な事実と、個人の行動と集団行動との間の逆説的な関係を理解できなかったことが、現代の専制者たちへの対処に際して、キリスト教完全主義と政治的便宜主義の臆病な助言との罪深い結びつきをもたらしたのである。

文化と文明の維持が可能となるのは、個人が自分自身の成功や失敗を気に留めず、ある一連の行動の中で自分の命を維持する可能性や蓋然性についてあまり綿密に考えないようにするときであることが多い。このように、有効な集団的歴史的行動は、かなりの程度、個人が自らの運命を軽く受け止め、それに無関心であることにかかっている。自分の運命に対する恬淡とした態度は、直接的であれ間接的であれ、肉体の命よりも深くて高い存在次元に対する信仰によって初めて可能となる。次のような告白はそこから生じるのである。「わたしたちは、生きるとすれば主のために生き、死ぬとすれば主のために死ぬのです。従って、生きるにしても、死ぬにしても、わたしたちは主のものです[22]」。

C　十字架は、歴史における偽りの徳の主張を否定し、人間の罪深い自己主張と神のアガペーとの違いを明らかにするような完全を表す。

十字架は、特定の民族や文化の希望や野心などの不適切な中心から歴史の意味を達成しようとする、「真理」のあらゆる概念に反する生の意味をまさに象徴するように、自己主張と愛が複合するような人間の善のあらゆる形態に反する究極的な善をも象徴する。

この罪深い混合を内に抱えていないような歴史的現実はない。復讐心という利己主義的要素が完全に払拭されるような修復的司法もない。これから何十年かにわたる戦後復興〔第二次世界大戦後の復興〕において、われわれはこの悲劇的な事実が真実である証拠を多く見ることであろう。人間共同体の中に、帝国主義の利己主義的な堕落の影響を一時も受けることがないような相互関係の領域を拡大する政治戦略はない。あらゆる人間共同体は一定の権力の中枢から組織されるものであるが、その権力の中枢は、他者の利害の公平な仲裁者であろうとしなければならない。たとえ、その中枢が均衡をもたらすべき多くの社会的勢力の間でも利害に動かされ偏った社会的勢力であることに変わりがないとしてもそうである。こうしたことは、個人でも集団でも、あるいは国際関係でも国内問題でも同じである。われわれは、すべての形態の政治的正義や社会機構におけるこの深刻な堕落に甘んじることはできない。十字架は、堕落の観点からすれば、悔い改めの絶えざる源泉である。しかし、歴史は、たとえそれが最高の段階にあったとしても、人間共同体における神のアガペーと利己主義的要素との矛盾が取り除かれた純粋さを達成することはない。歴史のこの悲劇的側面は、世界の列強が専制を打倒し、諸国家の共同体を組織しようとしたとき、あらためて明るみに出されるであろう[23]。これは、近代的歴史観によって大方曖昧にされてきた歴史の現実の一面である。急進的宗教改革思想は、われわれが検討してきた他の側面を無視するほど、この歴史の悲劇的側面を強調することが多い。歴史のこの悲劇的側面を認識することは、キリスト教独自の洞察の特質である。というのは、他の歴史解釈は、それが、古典的、近代的、神秘主義的、律法主義的解釈のいずれであれ、すべて実際的には、人間の生の自己主張と神のアガペーとの究極的な矛盾を破棄する何らかの方法を見つけ出しているからである。

Ⅳ　キリストの完全と永遠との関係

「第二のアダム」としてのキリストというキリスト教教理が、原初的な無垢性への回帰を可能と考えるロマン主義者を否定し、歴史が、自然に基礎を置くことを止めることなく、自然としての歴史を超越する完全に向かって動いていると考える進化論的楽観主義者を否定するとしたら、この教理は、神秘主義者をも否定するであろう。神秘主義者は、歴史のあらゆる生命力と特殊性が取り去られる永遠を観想し、最終的に永遠に取り込まれることによって、完全を追い求める。マイスター・エックハルトの異端的キリスト教神秘主義によれば、生の目標は、アダムの無垢とは無関係で、創造それ自体に先立つ神との合一状態のようなものである。エックハルトによれば、「哀れな人間は、神の意志を実行したいと願う者ではなく、自分自身の意志と神の意志とから自由であるような仕方で、もっと言えば、存在しなかったときに存在していたかのように生きている者である」[24]。エックハルトよりもわずかながら異端的でなくキリスト教的であるヤーコプ・ベーメの神秘主義では、完全と定義される調和は、創造に先立つ永遠の中にあるのではない。むしろ、創造された世界におけるアダムの完全は、性の区別の緊張と不統一から自由な両性具有的統一として明示されている。プラトン主義や古代ギリシアのキリスト教と同様、ベーメは両性愛が罪の結果であると信じていた。さらに、アダムの完全は、アダムが「腸も胃もない」体を持っていたことを意味するものとベーメは考えたが、それは、命の身体的基礎に対して神秘主義が抱く嫌悪を鮮やかに象徴するものであった[25]。

キリスト教的合理主義や神秘主義をも含むあらゆる形態の理性主義と神秘主義には次のような傾向がある。すなわち、歴史における完全を、神の意志のもとで意志と意志を連携させる愛ではなく、むしろ永遠なるものの観想と見なし、歴史を超えた完全を、ロゴスや形相それ自体よりも純粋な永遠のロゴスないし永遠の一致への吸収と考える傾向である。自然主義的なアリストテレスでさえ、究極的な善を、永遠の完全[26]を観想することであると見なし、中世のキリスト教におけるアリストテレスとプラトンの影響を受けて、中世のキリスト教はしばしば、キリストの完全を、愛の行動ではなく観想として生が向かうべき状態と定義するようになった。つまり、アガペーではなくグノーシス（gnosis）［知識、知］を最終的な規範としたのである。

重要なのは次のことを自覚することである。すなわち、「第二のアダム」となる受肉したロゴスについてのキリスト教教理が、歴史がそれ自体を単純に完成するロマン主義や自然主義の考え方にも、歴史から逃れようとする二元論的教理にも厳格に反対しているということである。人間は、自由のない個体でもなければ、生命力のない自由でもない。人間は、自然の必然と限界に根ざしながらも、その最終的な安心を神において初めて見出すことができる自由を持つ。パウロが、愛を律法からもグノーシスからも峻別しているのは重要である。愛を律法から区別することは、人間の自由を強調することである。いかなる律法も究極的規範とはなりえないからである。愛をグノーシスから区別することは、永遠なるものを観想することと神の愛を模範とすることとの違いを強調することでもある。神の愛を模範とすることには、生の感情と意志とがすべて関わっているのである[27]。キリスト者が礼拝する神がその尊厳性と聖性を現すのは、永遠の無関心においてではなく、受苦愛においてである。新約聖書が規範と見なす道徳的完全は歴史を超越しているが、それは、思想が行動を超越するのと異なり、受苦愛が相互愛を超越するのに似ている。キリストを歴史の上にある存在とするのは、思想ではなく行為であり、行為であることによって、受苦愛は、単なる思想を超えて、間違いなく歴史の中に起こる事柄となるのである。

パウロの概念には、正当なグノーシス、すなわち神についての「部分的な」知があるが、それは、「はっきり知られているようにはっきり知ることになる」究極的完成の時には乗り越えられる。しかし、歴史においていつまでも残る要素は、「信仰と、希望と、愛」であり、「その中で最も大いなるものは、愛である[28]」。

キリスト教的な愛の概念が教会の中であまりにも大きな権威的位置を占めるようになったため、エックハルトのような異端的な神秘主義者を除けば、究極的な完全を一種の純粋な観想に変えることは許されなかった。ところが、それにもかかわらず、キリスト教にとって、愛の聖書的概念を、神秘主義的合理主義的な解釈傾向に逆らって維持することは難しいことであった。神秘主義や合理主義は、この愛が純粋に神への愛となり、ついには歴史における兄弟愛や共同体と関わりを持たなくなるというふうに解釈しがちであった。キリスト教のセクト的解釈とリベラルな解釈が、キリストの完全が歴史を超えることを忘れがちであったとすれば、中世キリスト教における神秘主義的伝統は、キリストにおいて現された完全な愛が歴史に関わることを忘れてしまったのである。

十字架の聖ヨハネ［「ヨハネ」は「ホアン」とも表記。スペインのカトリック神秘思想家］はこう述べている。「神と同時に、何かほかのものをも愛したいと思う人は、疑いもなく、神を軽視している……なぜなら……神とは雲泥の差のあるものを、神と共に一つの秤りにかけることになるからである」[29]。この見方は、明らかに、愛の戒めについてのキリスト自身の解釈に反する。キリストは、隣人への愛を命じる「第二の」戒めが、神への愛を命じる最初の戒めと「同様である」と認めているからである［マタイ二二・三七―三九（口語訳）］。この中世の神秘主義者は、キリスト教の神秘主義的解釈を典型的なかたちで表現しているが、その解釈がついに、隣人への愛を、究極的な完全から除外さえしてしまったことは明らかである。十字架のヨハネはこう書いている。「霊魂が、愛の一致のこの段階に達しないうちは、活動生活と観想生活の両方面において愛を修練することがのぞましいが、ひとたびそこに達したなら、たとえ、神への奉仕にきわめて重要なわざであっても、神への愛への深い注意から一瞬間なりとも、そらすことのできるような外的なわざや、修行にたずさわることはよろしくない……」[30]。

重要なのは、この論理が偉大な神秘主義者を事実上の二元論へと追い込んでいるということである。そこでは、被造世界の本質的な善であるアダムの無垢は、意味のある真理としては全く曖昧にされ、人間の最終的完全は神との最終的同化とされるようになる。十字架のヨハネは次のように言明する。「というのは、霊魂は、神と一つであるように造られたゆえに、ある意味で神との合一に参与することによって神なのである。霊魂は、たとえ死後の世界におけるほど完全にではないにしても、かつてそうであったように、神の影である。また、霊魂は、この本質的な変容によって神の影であるゆえに、神が、自身をとおして霊魂において行ったことを、神において神をとおして、言いかえれば、神がするのと同じ仕方で行うのである」[31]。

以上のカトリックの神秘主義による強調は、カトリックの合理主義が維持する通常の限界を超えているにしても、著名な現代の新トマス主義者ジャック・マリタンが、トマス・アクィナスが暗に伝えていたことと、十字架のヨハネがより明白に主張したこととの間に矛盾はないと述べたことは、おそらく間違っていないであろう。それどころか、マリタン自身も、神秘主義的経験は、魂が「被造物の混乱を打ち破り、霊それ自体において自らを確立する」[32]ことができることを証明するものであると述べているのである。

こうした種類のキリスト教神秘思想によって、破壊されてはいないものの危険にさらされているのは、聖書の弁証法である。それはパウロの言葉に明白に表現されている。パウロは信徒にこう勧告する。「神から招かれたのですから、その招きにふさわしく歩み、一切高ぶることなく、柔和で、寛容の心を持ちなさい。愛をもって互いに忍耐し、平和のきずなで結ばれて、霊による一致を保つように努めなさい」。そしてパウロは、この勧告の正当性を次のような見解によって主張する。「すべてのものの父である神は唯一であって、すべてのものの上にあり、すべてのものを通して働き、すべてのものの内におられます」。言い換えれば、世界に対する神の超越と内在というキリスト教の基本的な信仰内容を肯定することによってその正当性を主張しているのである。この弁証法は、一致の恵みを、昇天した主に基づくものとすることによってさらに強化されているが、それは次のような見解によってである。「『昇った』というのですから、低い所、地上に降りておられたのではないでしょうか。この降りて来られた方が、すべてのものを満たすために、もろもろの天よりも更に高く昇られたのです」[33]。この言明によってパウロは、歴史がキリストの完全とどのような関係にあるかについての聖書の見解を、非常に明白な言葉で象徴的に明らかにしたのである。しかし、その見解は、歴史の規範を非常に単純に歴史の内部に据えるか、それとも永遠の完全を歴史とは無関係と理解するか、そのどちらかの考えによって絶えず危険にさらされている。永遠の完全を歴史とは無関係と理解する場合、永遠の完全が達成されるのは、思想が行動を超える時、もしくは神秘意識が思想を超える時、あるいは、魂が、意志や衝動、混乱や責任といったことから解放されて永遠を観想する時だけである。

反面、こうした神秘主義的異端は、キリストにあって啓示された神の品性という一層重要な概念のゆえに、キリストの愛についてのキリスト教的概念が、キリスト者の生活において倫理的にどの程度まで規範的であるかをも明らかにしている。キリスト教的啓示の神は、その最も偉大な属性によって世界から遊離するのでなく、世界に深く関わるのである。それゆえ、人間にとって、自然的歴史的生命力のすべてが取り去られたような存在の一致を達成することが最高の完全ではない。最高の一致とは愛の調和である。その調和において、自己は、神の意志のもとで、自由な自己自身を自由な他者と関係づけるのである。

V　要約

「第二のアダム」とキリストの完全というキリスト教教理の十全な意味を分析するなら、歴史の現実つまり歴史のさまざま事実を照らし出し、それらの事実によって有効とされるような歴史の現実を解釈する原理が浮き彫りとなる。十字架と歴史との関係の観点から理解される完全が、無垢に対し、また成熟に対し、さらには永遠に対して有する逆説的な関係は、歴史の複雑な関係をことごとく明らかにするのである。

完全についてのキリスト教教理がごく暫定的に言及する無垢の状態は、自然もしくは歴史以前の状態であって、そこでは、生が自然に調和しているように、生と生の調和はまだ破壊されていない。しかし、この状態は、個人も共同体も歴史の過程を超えるだけの十分な自由を達成してはいない。歴史の過程は、「不安で」不確かな過程であり、その不確かさによって、結局は挫折に終わる罪の戦略に誘惑される過程である。それにもかかわらず、人間の歴史が自然の絶対的な状態というものを知らない限り、個人であれ人類であれ、その生の中に無垢な場所を見出すことはできない。

自由が広がると、それに伴って善も悪も広がる。無垢な信頼は高じて、自由をめぐるさまざまな不安や恐怖になる。こうして、個人と共同体は、他者を犠牲にして不当な安全を求めることに奔走するようになる。もっとも、その同じ自由が、人間社会で兄弟愛の構造をますます拡大させる方向へと促しもする。生と生のこの兄弟のような関係が最も基本的な「生の律法」である。この律法だけが、人間の精神の自由と、相互の間で自己自身を実現するために必要な人間の相互依存関係とを、正当に評価するのである。

しかしながら、兄弟愛の一層大きな領域への展開は、それに伴う兄弟愛の特に深刻な堕落の拡大なくしてありえない。したがって、愛の律法と矛盾する、そのような兄弟愛の深刻な堕落を徐々に除去する歴史的発展はない。それゆえ、愛の律法は、歴史的経験が愛の律法を正当化するという意味では、歴史の規範ではない。歴史的経験が正当化するのは、次のようなもっと複雑な社会的方策である。すなわち、自己や個人や集団が、自らの生を維持するとともにその生を他者の生と平和のうちに関わらせようとする方策である。しかし、そのような相互愛や正義の体系や方策は、歴史のさらに深い次元から得られる霊感がなければ維持することは不可能である。歴史の経験のほかに源泉を持たない兄弟愛の方策は、相互関係から、自己利益に対する単なる用心深い関心へと退化してしまう。さらには、共同体を作り上げようとする強い衝動から、生存への衝動を倫理的な規範として受け入れることへと退化してしまうのである。

キリスト教信仰が受け止める十字架上で表された犠牲愛としてのアガペーは、その主要な正当化を、歴史の現実を超越する「本質的実在」すなわち神の特質に見出す。アガペーは、直接的ないし歴史的な妥当性を期待せず、生と歴史の何らかの究極的完成に目を向ける。他方で、キリスト教の創造論は、永遠的で神的なものが、時間的で歴史的なものと全面的に対立するとは考えない。したがって、他者への関心が実際に応答を引き起こす限り、アガペーは実際の歴史の中で立証される。

歴史の可能性と限界とに関するこの解釈は、通常の経験と、経験についてなされる自然的分析（合理的分析）の所産である。というのは、自然および歴史における人間の問題を厳密に検討するなら、次のことが明白になるからである。すなわち、歴史はそれ自体を超えるところを目指すが、そうするのは、人間の精神が持つ自由と超越性のゆえである。たとえ、歴史的自然的過程がどれほど増大しようとも、歴史は決して、この過程に完全に封じ込められることもなければ、その過程によって満たされることもない。

しかし、キリスト教信仰がキリストと十字架の中に見出す特定の神的根拠と歴史の終末とを、疑う余地なく指し示すような経験がない限り、歴史の可能性と限界とに関するこの解釈は、信仰と啓示の所産である。真理の領域と同様に倫理の領域でも、倫理的問題に対して啓示が出す答えを、われわれが経験によって期待し予測するようにはならないという意味において、キリストの啓示は愚かなものである。しかし、ひとたび啓示を受け入れるならば、経験は、歴史における倫理問題を解釈する適切な原理となる。その意味で、キリストの啓示は「召された者には……知恵」［Iコリント一・二四］である。啓示は、人間の状況における二つの要素、つまり人間が自然の過程に巻き込まれている要素と、自然の過程を超越している要素とを正当に評価する唯一の解釈原理である。前者の要素には、生存衝動という人間に不可欠の性格が含まれ、後者の要素には、生存衝動が人間の倫理的予測において支配的な役割を果たしている事実に対し不安を覚える人間の良心が含まれているのである。

第四章

知恵と恵みと力（歴史の成就）

Ⅰ　序

キリスト教における啓示のあらゆる面は、神と歴史との関係についてであれ、永遠と人間との関係についてであれ、人間が自らの生の真の意味を成就することは不可能であることを指し示している。また、罪が、主として、人間がそのようなことを企てようとする空しい努力に由来することも明らかにしている。それにもかかわらず、キリスト教の福音は、キリストにおいて、「知恵」と「力」とが共に人間に用意されているという宣言をもってこの世界に入ってきた。ということは、生の真の意味が開示されただけでなく、その意味を成就する助けが用意されたということでもある。[1] 信仰者は、キリストの中に、「真理」だけでなく「恵み」をも見出すのである。[2]

キリスト教史の全体は、キリスト教信仰のこれら二つの命題を、一方が他方を否定しない仕方で関連づけるために払ったさまざまな努力に満ちている。それらは決して、単なる理論的な努力ではない。なぜなら、福音の二つの面は、歴史の現実の二つの面に対応しているからである。その二つの強調は、新約聖書における「恵み」という語が持つ二重の意味に含まれている。恵みは、一方では、神の憐れみと赦しを意味するが、それによって神は、人間が完成できないことを完成し、人間のあらゆる達成における罪深い要素を克服する。恵みは人間を超える神の力なのである。他方で、恵みは人間の内なる神の力でもある。そのような恵みは、神からある手段が与えられることを意味する。それは、人間が自身では所有していないものであり、その手段によって、人間は真にあるべきものになることができる。恵みは「聖霊」の賜物と同義である。聖霊は、観念論的で神秘主義的な思想におけるような、単なる人間の霊が最高度に発展したものではない。聖霊は、人間の知性と意識の最も普遍的で超越的な次元と同じではない。聖霊は人間に内住する神の霊である。しかしこの内住する霊は決して人間が自己であることの破壊を意味しない。それゆえ、人間が自己であることと聖霊との間にはある程度の親和性と連続性がある。それにもかかわらず、聖霊は決して、単なる人間の霊の拡張でもなければ、意識の最深または最高の段階における人間の霊の純粋性や統一性のことでもない。その意味において、「恵み」と「聖霊」についてのキリスト教教理はすべて、成就についてのさまざまな神秘主義的考え方や観念論的な考え方を否定するのである。

恵みによる成就の思想は、人間のものではない手段によって生を成就し完成するというキリスト教思想におけるその考え方のゆえに、次のようなさらに根本的な確信と矛盾することはありえない。すなわち、人間の生と歴史は、それ自体を完成することができず、罪は、それらを完成させるための空しい努力と同義であるという確信である。そのことはさらに、人間が自らの不完全を超える完全と、自らの罪を超える聖性とを把握することができるのは、信仰によってのみであるという命題とも一貫する関係にある。というのは、人間の限界を超えたところから神の啓示を捉える信仰によって人間の可能性の限界を自覚することができるのであれば、人間の限界を超えて神の助けを手に入れることもまた信仰によって可能であるに違いないからである。そして、言うまでもなく、このことはキリスト教の啓示の性格によって強化される。その啓示の性格によれば、神は、人間があこがれる天上的な完全ではなく、愛と知恵と力の手段を持ち、それが人間にもたらされるのである。意味の構造の完成である「神の知恵」をほかならぬ信仰によって捉えることの中には、「力」の意味が含まれているはずである。なぜなら、もしわれわれが、自身を超えたところから生の可能性と限界を理解するとしたら、その理解には生の意味を成就する何らかの可能性があるからである。その理解は、人間の健全な発展を常に阻み腐敗させるような、利己的で自己中心的な成就の形態を打ち破る。したがって、信仰と悔い改めとの関係、すなわち、われわれの理解を超える真理の把握と、われわれ自身を超える力によって自己が打ち砕かれることとの関係について、充分に論理的に、また厳密に時系列的に説明することはできない。もし、自分自身の拡張以上の存在である神についての真理（信仰によってのみ知られる真理）を知らないとしたら、その人は、部分的で不適切な中心の周辺で試みられる中途半端で自己中心的な生の完成を悔い改めることはできない。しかし、それに対して、それと同等の説得力で、次のようにも主張されうるし、また主張されてきた。すなわち、悔い改めがなければ、ということは、自己中心な自己が打ち破られることがなければ、人間は、自分自身の神となり、真の神を知る必要を感じることもできなければ、真の神を知る能力を持つこともできない。したがって、自己を超えたところから自己が入ってくるということは、「知恵」と「力」、また、「真理」と「恵み」の双方が入ってくるということである。この経験における、意志と洞察との関係、すなわち、力と知恵との関係は、あまりに複雑であるので詳細に分析することはできない。

しかし、悔い改めと信仰の経験からあふれ出る「生の新しさ」は、どのようなものであれ、真のキリスト教信仰の影響のもとにあるなら、継続する不完全さや、ある種の罪の策略の執拗さのようなものを意識する。その限りでは、回心からもたらされる平安は、決して、平安を達成したことに全面的に満足することではない。それは常に、ある程度まで、赦しを知ることから来る平安なのである。

II　恵みについての聖書の教理

恵みについての新約聖書の教理、とりわけパウロの恵みの解釈に目を向けるとき、次のような恵みの経験の二つの相が、共にパウロの教理において十全に表現されていることが明らかとなる。すなわち、人間の心の中における罪の克服と、いかなる人間の心の中においても決して完全に克服されない罪に対する神の憐れみ深い愛の力という二つの相である。この二つの相の関係は必ずしも明確にされてはいない。それゆえ、恵みの一方の相だけを強調するさまざまなキリスト教の伝統が、あちこちの聖句にそれぞれの立場の裏付けを見出すことは可能である。こうして、パウロの思想は、恵みについてのさまざまな完全主義的理論と、それに異議を申し立てる宗教改革思想の双方の源泉となってきた[3]。

シュラッター〔アドルフ・シュラッター〕は、パウロの恵みの経験の二つの相を、適切な慎重さと公平さとをもって、次のように説明している。「パウロには、自らの行動のすべてを包括する罪の感覚がある。しかし同時に、同じ意識において、心にやましいところのない、正常な行動を意識する良心がある。パウロの意識のこうした面は双方共に、神の赦しの自覚と、神の恵みにより授けられた義の感覚とに根ざし、またそれらにおいて結び合わされているのである[4]」。

パウロの書簡には、恵みの解釈について、そのどちらかの相に傾いている文章がある。古い生と新たな生との対比は、その両者を絶対的に区別するような言葉で繰り返し説明されている。[5]

しかし、同時に次の点に留意しなければならない。すなわち、まさに完全主義的解釈にふさわしいいくつかの主張には直ちに、そのような説明に疑問を投げかける禁止命令が続いているという点である。そうした禁止命令は、事実上、《今やあなたには罪がない。それゆえ今後は罪を犯してはならない》［ヨハネ八・一一参照］と主張する。この勧告が暗示しているのは、《今やあなたには罪がない》という言葉には、その表面に現れた意味とは若干異なる意味合いがあるということである。その言葉の真の意味はこうである。《自己愛はあなたの生において原理的に打ち破られている。これからは、あなたの生において、キリストにおける神への献身という新たな原則が実現されるようにせよ》[6]。完全な聖性を勧めるか、少なくとも勧めかねない発言に対し、すぐにその主張を弱める言葉が続いているということは、果たしてパウロの聖性概念が罪からの完璧な自由を意味しているのかどうか、という問いを引き起こす。パウロが、「肉の思い」と「霊の思い」［ローマ八・六］との間に根本的な相違があることを主張していることに疑いはない。この相違は、自己中心の原理によって支配される生と、神への献身と従順の原理によって支配される生との対比として定義されるかもしれない。しかし、罪のない者に対する、罪を犯さないようにとの禁止命令は、パウロが、原理的に罪を放棄した者たちにも罪を犯す可能性があると理解していることを示しているのである。[7]

この解釈は、完全を否定するよく知られたパウロの言葉によって強められる。「わたしは、既にそれを得たというわけではなく、既に完全な者となっているわけでもありません。何とかして捕らえようと努めているのです。自分がキリスト・イエスに捕らえられているからです[8]」。ここでは、生の新しさは、原理的に賜物と見なされ、その後引き続いて、意志と熱意によって徐々に実現されることになるのである。

こうした完全主義への勧めが弱められることによって間違いなく明らかになるのは、パウロの思想には、たとえ強調点が恵みのある相から他の相へどれほど大きく移動しようとも、本質的矛盾はないということである。古い生と新たな生との根本的な相違を主張することは、パウロにおける主要な強調と見なされるべき思想、すなわち、「義認」としての恵みと神の赦しの確かさとしての恵みの思想と対立することはない。パウロの思想のこの面では、完全が否認されていることは明白であり確かである。パウロの使信が担っているのは、われわれ自身の義の内には平安がない、ということにほかならない。魂の最終的な平安が得られるのは、一方では、神の赦しの確かさによってであり、他方では、「信仰」によってである。信仰によって捉えられるキリスト、すなわち原理的に魂が服従しているキリストが、その義を魂に「転嫁する」(impute)。それは、実際に所有するのではない。ただ、「信仰によるのである」のである。[9]

この「義の転嫁」の教理は、いつもキリスト教信仰を道徳主義的に解釈する者たちの反感を買ってきた。そうした人々は、そのような転嫁の非道徳的性格を問題にしてきた。しかし善悪を超える愛のかたちとしての赦しは、純粋な道徳主義者には当然不快なものである。このパウロの教理は、実に、人間の歴史と神との関係をめぐるキリスト教的概念の総体を包含しているのである。この教理は、人間の生には、善のあらゆる段階に深刻な堕落があることを認めている。また、人間が罪を完全に克服したと主張するとき、罪の傲慢が最大となることをこの教理は知っている。（「行いによるのではありません。それはだれも誇ることがないためです」〔エフェソ二・九〕）この主張が明らかにしているのは、感傷的に解釈された神の憐れみではない。この憐れみに与ることができるのは、ただキリストを通してだけであり、キリストの苦しみは、罪に対する神の怒りを開示し、キリストの人間としての完全は、信仰者にとって規範として受け止められる。すなわち、神の憐れみに与ることができるのもほかならぬ《信仰による》のである。それは、キリストの内に、とりわけその十字架の内に、神の怒りを無効にすることなく神の怒りに勝利する《神の憐れみの秘義》の啓示を見る信仰である。もちろん、この義の転嫁の教理も堕落の影響下にあり、実際、キリスト教の各時代に数え切れないほど堕落してきた。この教理は、人間を、「恵みが増すようにと、罪の中にとどまる」［ローマ六・一］ことを促す自己満足の手段にもなりうる。さらにこの教理は、霊的存在としての人間のまさに中核に衝撃を与えるような宗教的真理を全く伝えず、司法的律法主義的に解釈されることもある。しかし、こうした解釈はどれも、「信仰義認」の概念が持つ深遠さや、「信仰義認」の概念と、福音に見出される、生と神と歴史についての概念との完璧な調和を乱すようなものではない。

パウロが維持している、恵みの経験の二つの相——生の新しさを生み出す、人間の生の内部における神の力と、神の憐れみによってその罪を無効にする、人間に対する神の愛の力——の均衡は、わずかだがその均衡が崩される危険にもさらされている。それは、ユダヤ教的律法主義へのパウロの反論の仕方の影響を強く受けたいくつかの思想においてである。そのような思想において、パウロは、罪の赦しが特に過去の罪に適用されると示唆し[10]、誰をも義としない律法の「行い」を、特に歴史的ユダヤ教の律法の行いと同一視しているように見えるのである。[11]

過去の罪の赦しに対するパウロの強調は、義認と聖化との関係についての中世カトリック的解釈全体の基礎となった。中世カトリックの解釈では、義認はそれに続く聖化の先触れとされ、両者の間の複雑で逆説的な関係は危うくされ、損なわれ、そのようにして、その解釈は新たな形態の自己義認へとつながっている。おそらくパウロは、自らの思想をその究極的結論まで貫くことはなかったし、各時代のキリスト者の経験は、次のことを明らかにするはずであった。すなわち、赦しがキリスト者の生の始まりと同じく終わりにも必要であることを、キリスト者が経験として認識しないとしたら、「恵みによる」義は、新たな形態のファリサイ主義を生み出しかねないということである。

ローマの信徒への手紙第七章におけるパウロの深遠な告白は、パウロの思想について、義認が回心以前の状態における過去の罪にのみ適用されるという解釈に反論するために用いられることもあった。そうした反論は次のように主張する。すなわち、「自分の望む善は行わず、望まない悪を行っている」〔ローマ七・一九〕といった言葉で表現される内的緊張を告白するような人間が、罪の赦しが回心前の罪にのみ妥当すると信じることはまずありえないと。この反論の困難さは、パウロが、この第七章の表現で、回心後の霊的状態を説明しようとしたかどうか定かでないことである。この告白が、純粋に過去を振り返ろうとしたのか、それとも、贖われた者さえも経験する葛藤を示そうとしたのかは釈義的問題であり、その答えは、問題に先立つ教理的前提次第である。この問題に関わるわれわれ自身の教理的予想について言えば、パウロが、この告白を回心前の状態に限定するつもりであったとは信じがたい。キリスト教史の記録が明らかにしているのは、この第七章が雄弁に描写している内的矛盾から完全に解放された現実の人間などこれまで存在したためしはなかったということである。

パウロが、義とすることができない「律法の行い」を、単にユダヤ教の律法に限定し、それによって恵みの義が、そうした律法より完全な律法すなわち愛の律法を成就したと解釈しようとした、という考えについては、その論理は、それに関わる章句において対比されているのが「律法」と「信仰」との間であるとの事実によって否定される。確かに、いかなる人間も律法を成就してはいないゆえに律法それ自体が呪いであるという命題や、「律法の行い」はいかなる人間も達成できない完全を装うゆえに妄信の源であるという命題を展開するとき、パウロが、とりわけユダヤ教の律法主義のことを考えていたことは疑いない。しかし、パウロの思想において、律法主義的義の断罪が、系統立てられたユダヤ教の律法にのみあてはめて解釈されるべきだという理由はない。パウロは自ら、ユダヤ教の法的道徳的伝統を超える律法の原理の全体を拡大して、「たとえ律法を持たない異邦人も、律法の命じるところを自然に行えば、律法を持たなくとも、自分自身が律法なのです」[12]と主張しているのである。

「福音」の中に、伝統的律法より高次の律法が暗示されているのは言うまでもなく事実である。新約聖書は律法に批判的であるが、それは、律法が、それ自体の要求を成就する手段を備えていないからだけではない。律法の要求は、いかなる所与の状況においても善のさまざまな可能性を生かしきるほどに高度のものではないからでもある。こうした可能性は、あらゆる律法を超えるとともに、それらを成就する愛の律法において初めて理解されるのである。しかし、このような伝統的律法の批判は、パウロの批判の中に暗示されているとしても、律法の行いを批判する際にパウロが強調していることではない。伝統的律法を批判しているように見えるのは、律法の遵守が、徳についての誤った感覚をもたらし、法的に正しい者の内にも存在する不義を曖昧にしかねないからである。

このように、パウロの思想を概観するとき、導き出される結論は、恵みの教理をめぐるその入念な議論にはいかなる矛盾もないということである。少なくとも決定的な矛盾はない。それどころか、そこには、人間の霊的生の複雑さについて、次のような視点を伴う深い理解がある。すなわち、原理的に自己愛を砕かれた者にとっての「愛と喜びと平和」〔ガラテヤ五・二二参照〕における生の真の新しさの可能性と、それにもかかわらず、義のこの新たな次元にさえも罪の可能性があるという視点である。

Ⅲ　人間における力としての恵みと人間に対する憐れみとしての恵み

聖書の思想における《力としての恵み》と《赦しとしての恵み》との関係を分析してみると、その分析は、聖書の教理が本質的に一貫していることを示しているかもしれないが、その教理の妥当性を現代人に納得させることはできないであろう。人間本性についての近代的理論はすべて、それが、キリスト教的、半キリスト教的、非キリスト教的のいずれの理論であろうと、道徳問題について一層単純な解決策にたどり着いた。そうした単純な解決策は、大まかに言うと、知性と理性の力の領域を、それより狭い肉体の衝動に対抗して増大させるという、一つの方策のうちにある。したがって聖書の教理の妥当性を確立するためには、経験のさまざまな事実にその聖書の教理を適用することが必要となる。このことは、非常に包括的で深遠なパウロ書簡の次の言葉を、人間の道徳的霊的経験に適用することで、最も適切になされうる。「わたしは、キリストと共に十字架につけられている。それにもかかわらず、わたしは生きている。しかし、生きているのはわたしではない。キリストがわたしの内に生きておられるのである。わたしが今、肉において生きているのは、わたしを愛し、わたしのために身を献げられた神の子を信じる信仰によるのである」[13]。

そのためには、再生の過程についてのこの記述の説明の意味するところを、順を追って考察するのがよいであろう。

1 「わたしは、キリストと共に十字架につけられている」

すでに述べたように、パウロは、好んで、古い生の崩壊と新たな生の誕生を、キリストの死と復活の象徴を用いて解釈する。パウロの解釈の最初の主張は、古い罪深い自己、すなわち、自己自体を中心に据える自己は、「十字架につけられ」なければならないということである。自己は、砕かれ、打ち破られなければならない。自己は、肉体の変わらない力に対抗して、単に知性の領域を拡張することで救われることはできない。恵みについてのキリスト教教理は、原罪についてのキリスト教教理と並び立っているが、恵みの教理に意味があるのは、あくまでも、原罪の教理が人間経験の現実のさまざまな事実の正確な説明となっている限りにおいてである。原罪の教理をここで再検討する必要はないであろう[14]。しかし、原罪の教理の観点から、ごく簡潔に人間の状況を再度説明しておくことは助けになるかもしれない。自己の窮境とは、自己が意図する善を行うことができないということである[15]。行動する自己は、その行動を自己の本質的存在の要求に従わせるには無力であるように見える。それは、自らの内部を見つめる自己は自己によって確認されたことである〔ローマ七・一五―二〇参照〕。自己は自由な存在として造られているが、だからといって自己の内部で自己自身を実現することができるわけではない。自己が自己自身を実現できるのは、自己の同胞との愛の関係においてだけである。愛は自己の存在の原理である。しかし、実際には、愛は自己愛へと売り渡されるのが常である。自己は、自己自身を中心とする視点から世界と人間関係を理解する。自己は、進んでそうしようとすることによって、善を行う意志を強めることができるわけではない。この弱さは部分的には有限性に起因している。生来の生存衝動による自己の推進力は、自由な精神である自己が識別した義務を遂行するのに充分ではない。しかし、その弱さは、単に「自然」の弱さではない。それは精神的な弱さでもある。自己は、決して、自己自身を超える義務への服従を装うことなしに、その「自然な」自己利益に従うことはない。自己は、自らの利害を高尚に見せかけずには利害に仕えることができないほどに、自己自身の利害を超えるものである。これは、自己自身への過度の没頭に常に巻き込まれている隠された不誠実であり、精神的混乱である。[16]

自己自身にとらわれている状態の自己は、「破壊され」、「打ち砕かれ」、あるいはパウロの言葉を用いれば、「十字架につけられ」なければならばならない。自己は、単に啓蒙されることによって救われることはできない。自己はひとつの統合体である。それゆえ、自己は、自らを超えた利害にまでその見通しを拡張するだけで、自己自身から脱け出すことはできない。自己が自己中心のままであるなら、自己はただ、その拡張した見通しを、他の多くの生と利害とを自己の権力意志の支配下に置くために利用するだけである。自己がその存在のまさに中心において砕かれることの必要性は、回心の危機に引き入れようとする伝道的セクトの伝道方法に永続的な妥当性をもたらしている。[17]自己が、神の力と聖とに向き合わされ、すべての生の真の源泉と中心とを純粋に意識するようになるときはいつでも、自己は砕かれるのである。キリスト教信仰では、キリストが、神と自己との対立をとりなす。なぜなら、人間の生が決して失うことのない漠然とした神感覚が神の憐れみと審判の啓示に結晶するのは、キリストにおいてだからである。その啓示において、審判の恐れと憐れみの希望とが密接に組み合わされているため、絶望が悔い改めを生じさせ、悔い改めが希望を引き出すのである。[18]

2　「それにもかかわらず、わたしは生きている」

キリスト教的な新たな生の経験は、自己が自己であることの新たな経験である。もっと正確に言えば、新たな自己は真の自己である。なぜなら、自己中心性の悪循環が断ち切られているからである。自己は、神への忠誠と神の愛に大きく方向づけられ、他者の内にあって、他者に対して生きる。ただ神のみが、すべての片寄った関心や価値を超える自己の自由を真に評価することができる。この新たな自己こそ真の自己である。というのは、自己は無限に自己超越的であるからである。また、個人の場合であれ集団の場合であれ、自らの利害に自己自身を早まって集中させることはどれも、自己の自由を破壊し腐敗させるからである。

自己の再建の可能性は、自己自身を超えるところからもたらされる「力」と「恵み」の結果であると思われている。なぜなら、自己の窮境を正しく分析することによって、その窮境は知の欠如によるのではなく、知の無能によるものであることが明らかになったからである。現代一般に広く受け入れられている《知による救済》という見方は（古代世界におけるグノーシス的救済方法と全く同様に）、人間の人格についての二元論的解釈に基づき、肉体と知性とを、また自然と精神とを分離する。そうした見方は、あらゆる生命的理性的な過程における自己の統一性を曖昧にする。この二元論のはびこるところではどこでも、「精神」からは生命力が奪われ、肉体の生命からは精神が奪われてしまう。

「それにもかかわらず、生きている」との主張は、以下の二つの別の救済の企てに異議を唱えるために用いることができよう。その一つは、自己が実際に「力」としての「霊」の侵攻に委ねるという企てである。しかし、その「霊」は「聖霊」ではないゆえに自己を破壊してしまう。もう一つは、自己の精神が、最も普遍的で抽象的なかたちにまで自らを拡張しようとする企てである。しかし、そうしたあげく、ついには、あらゆる力と、さらに究極的には、自己自身まで失われてしまうのである。

自己が「聖霊」より低次の何ものかに取りつかれることは、自己が、ある力と霊に屈服することによって、部分的に満たされ、部分的に破壊されうる、ということを意味する。その力と霊とは、経験的現実における自己より強力ではあるが、その究極的自由における自己を十全に体現するほど強力ではない。このような霊はごく端的に悪魔的と特徴づけることができる。その最も強烈な現代的形態は、人種や民族が神の位置を偽装し、無条件の献身を要求するような宗教的民族主義である。絶対的でないものに対するこの絶対的要求によって、取りついている霊が「悪魔的」であることがわかる。なぜなら、まさに悪魔が神の位置を得ようとしたゆえに「堕落」したように、神性を装うことが悪魔の本性だからである。[19] 聖霊ではない霊によって自己が侵攻され占有されることは、ある誤った変容の感覚を生み出す。自己は、もはや小さく狭い自己ではなく、人種あるいは民族として一層大きな集団的自己に変容した、という感覚である。しかし、そこでは、真の自己は破壊される。真の自己は、高い精神の自由を有し、人種や民族を超え、地上に縛られた人間歴史の集合体よりも永遠的なものに近い。したがって、このような悪魔的なものに取りつかれることは、真の自己を、破壊し、鈍らせ、自然の次元へと引き降ろしてしまうことなのである。[20]

現代、とりわけ政治世界において、悪魔的なものに取りつかれることによってもたらされる結果がどれほど恐ろしいものだとしても、そうした結果は、実際には人間の生が単に知だけでなく力にも服するものであることを示す有用な教訓となっている。現代の政治的諸宗教が人を引きつけたのは、部分的には、われわれのリベラルな文化が、生命力を奪われ「合理化」され、生の成就である救済が、知の拡張以上の何ものでもないと広く見なされるようになったからである。人間は、自分自身を所有していると確信した。そしてその自己所有に自ら満足して、自己の領域を拡張し、さらにそれを包括的なものにしようとした。しかし、そのような仕方で自己を所有するような自己は、決して、自己自身から逃れることはできない。人間の人格性というものは、それが、自己が自己を所有するという牢獄から逃れるべきものであるとするならば、何かによって所有されねばならないようになっているのである。人間の自己が際限なく自己を超え出るものであることは、自己が自己を所有することにおいては決して実現されない自由の可能性を示している。というのも、自己が自己を所有することは、自己中心性を意味するからである。自己は、自身を超えたところから所有されねばならないのである。

しかし、取りつく霊が「聖霊」より低い何ものかであるとしたら、自己を超えたところから自己が所有されることは破壊的である。というのも、その場合、霊は、生と歴史における何らかの部分的で特殊な生命力を表すゆえに、その霊は、自己を超えたところから自己が所有されることによる無条件の献身に値しないからである。キリスト教信仰によれば、キリストが霊の聖性の基準なのである。[21] キリストが聖性の基準であるのは、一方において、キリストにおける神の啓示が、神的なものが歴史に現れる焦点だからである。この焦点を通して、神の秘義は有限性と関わりを持ち、永遠的なものを把握できない人間本性にとって、道徳的社会的に意味あるものとなるのである。他方、以下のようなことがキリストにおける神の啓示の固有な特徴である。すなわち、神の啓示は、神的で永遠なるものを歴史において明らかにするものである。その際、啓示が、歴史における個別的で部分的ないかなる力や価値や生命力にも神聖さや勝利を与えることはない。個別的で部分的な力は有限で不完全であるゆえに、そのような神聖さや勝利には値しないからである。このようにしてキリストは、霊の聖性の基準であるとともに、神的なものと人間的なものとの関連の象徴でもある。

「それにもかかわらず、わたしは生きている」というパウロの言葉は、悪魔的なものに取りつかれ、それによって実際に堕落し破壊されてしまう自己の成就に反対しているだけではない。パウロの言葉は、成就ということについての、キリスト教的理解と神秘主義的救済論との違いもまた明らかにしている。神秘主義的救済論においては、最終的な目標は自己の破壊である。さまざまな種類の、自然主義的、観念論的、神秘主義的な哲学や宗教に見られる自己破壊への傾向については、すでに検討してきた[22]。ここでは、以下のことを強調しておけば十分である。すなわち、自己成就についての神秘主義的観念論的概念とキリスト教的概念との違いは、キリスト教教理における自己の「実存的」性格によって決まる、ということである。自己は、有限性と自由、すなわち、自然の過程に巻き込まれている面と自然の過程を超越している面からなる統合体である。したがって、流動性から解放され、それによって救いが達成されうるようなある特定の段階が、意識と理性のいずれかにおける自己の内にあるわけではない。しかし、他方、キリスト教信仰では、自己の統合は、自己成就の過程で破壊されることはないと考えられている。神秘主義的救済論は、次のようにパウロの言葉を言い換えることで表現できるかもしれない。「キリストはわたしの中に復活した。そこでわたしは生きることを止めた[23]」。こうした教理によれば、真の自己は、救済のいかなる最初の段階でも、脅されたり、裁かれたり、十字架につけられたり、破壊されたりすることは決してない。それにもかかわらず、救済の最終段階では、自己は、破壊され、失われる。これらの神秘主義的教理によれば、自己には、多様な自己、具体的には二つの自己がある。一方は有限性の中に浸っている自己であり、他方は有限性を超越している自己である[24]。しかし、そのどちらも真の自己ではない。

キリスト教の教理によれば、罪深い自己は自己自身を超えたところから打ち砕かれなければならない。なぜなら、自己は、その狭い利害関係から抜け出す力を持たないからである。自己がそのような力を持つことができないのは、自己の超越的な力が、自己の有限性と密接に有機的に関わっているからである。自己は、この状況に唆されて解放を装う。しかし、この偽装は自己の罪である。それにもかかわらず、罪ある自己が砕かれ、真の自己が自己自身を超えたところから成就されるとき、その結果は、破壊ではなく新たな生である。したがって、キリスト教の教理による自己は、入れ替わり立ち替わり現れる信条における自己よりも無力であるが、かけがえのない存在でもあり、寄る辺ない状態であるが不滅でもある[25]。

3 「しかし、生きているのはわたしではない。キリストがわたしの内に生きておられるのである」

回心と「自己実現」の経験における自己の再建をめぐるパウロの主張の最後の部分は、「否定の否定」として特徴づけられるかもしれない。というのは、自己が破壊されたという否定の言葉は、ここでは、別の次元におけるもう一つの否定の言葉の下に置かれているからである。パウロは、この最後の否定の言葉、すなわち、「生きているのはわたしではない。キリストがわたしの内に生きておられるのである」という言葉によって、一体何を言おうとしているのだろうか。

自己とキリストとの関係についてのこのパウロの最後の分析には曖昧なところがあるが、その分析はおそらく、キリスト者が経験する恵みの二つの相を表現したものであろう。それは、われわれがすでに示唆してきた相であり、キリスト教のどの時代も関心を寄せてきた相でもある。「生きているのは、もはや、わたしではない」という表現は、単に「恵みの優先性」を主張すること、すなわち、回心した自己による告白を意味するのかもしれない。その告白とは、回心した自己の新たな生は、自己自身の力や意志によるのではなく、力が付与され、恵みが注入された結果であるということである。この表現はまた、新たな自己とは決して勝ち取られた現実ではないということ、さらには、あらゆる歴史の具体的な事象の中には、罪に汚染された自己実現の要素や、自己自身を中心とすることによる中途半端な成就があり、したがって、新たな自己は、現実における達成ではなく、意図としてのキリストである、ということとの確認でもある。新たな自己は、自己を支配する目的と目標が規範としてのキリストに向けられているという意味において、信仰のみによる自己である。新たな自己は、神の憐れみによって、キリストの完全が「転嫁」され、自己の達成への意図が受け入れられるという意味において、恵みのみによる自己である。

二重の否定は、信仰のみによる自己と恵みのみによる自己という二つの主張のどちらかを意味するということもありうる。しかし、なぜ両方を意味していると考えてはいけないのだろうか。恵みの持つこれら二つの相が常に、さまざまな度合いで強調されて、霊的生活についてのさまざまな解釈に関わっているということは、パウロの思想にとって根本的なことではないだろうか。また、人間の経験は、「愛、喜び、平和」〔ガラテヤ五・二二参照〕という最終的な経験においては、次の二つの意識を区別することができない、ということを証ししていないだろうか。すなわち、自分の力で所有することができなかったものを所有しているという意識と、信仰によってのみ所有していることを除けば、最終的に所有してはいないという意識とである。

われわれは、これら二つの主張が両方ともパウロの「否定の否定」に含まれているという仮定を進め、それらを順次検討してみよう。

a　われわれのものでない力としての恵み

罪深い自己愛の力が真摯に受け止められるときはいつでも、自己からの解放の経験には感謝の感覚が伴う。この経験は、自己が達成することができなかった奇跡のようなものであると考えられる[26]。自己は、罪の「むなしい思い」〔ローマ一・二一〕によって自己自身の虜になり果てているため、自らを解放することができなかった。偽りの中心としての自己から生じる偽りの真理の悪循環を打ち破る神の真理は、その真理が「恵み」によって授けられ、信仰によって受け入れられるまでは、自己中心的自己にとって、「愚かなもの」以外の何ものでもありえない。それとちょうど同じように、自己中心化した意志を打ち破る力もまた、自己を超えたところからの力として理解されなければならない。またその力が新たな意志に組み込まれる時でさえも、その源泉は、「生きているのは、もはやわたしではありません」という告白の中に認められるのである。

しかし、この告白において、われわれは難しい問題に直面する。ただ神の恵みのみが新たな生の源泉であるとしたら、キリスト教信仰は、人間の責任意識をすべて危うくするように見える、神による決定論の教理を受け入れざるをえなくなってしまう。これこそ、宗教改革の神学とりわけカルヴァンの神学が予定論に足を踏み入れる危険である。そして、この傾向は、現代の急進的宗教改革思想であるカール・バルトの思想において再び確認された。この教理に一定の聖書的根拠があることは否定できない。パウロは、時折、神の憐れみのほとんど気まぐれとも思える性格を認めるのに躊躇しなかった[27]。

そのような神による決定論の概念から、道徳的無責任をめぐるさまざまな結果が生じうることは、アウグスティヌス自身が認めた一つの例が示している。アウグスティヌスは、ある修道士の集団が、その敬虔さが道徳的怠惰へと堕落していることを叱責されたことに対して、次のように主張したと伝えている。「なぜあなたはわたしたちの務めについて説き、それらを達成するようにわたしたちへ訓戒するのか、わたしたちが行うのでなく、わたしたちの内に働いて、御心のままに望ませ、行わせておられるのは神ではないか……上長は、私たちの務めへの指示を果たしてください……しかし私たちが失敗したとき非難しないでください。私たちがそうであることを神は見通し、私たちがより善くあることができるように神は私たちに恵みを与えられなかったのですから[28]」。

これらの修道士たちの道徳的霊的無責任は、救いについてのあまりにも決定論的な理解から生まれる霊的生活に常につきまとう危険の一例である。もっとも、公平を期すなら、自らの予定論が否定している責任感を実践の場で自覚したキリスト教の諸伝統があったことにも留意しておかなければならない。

次の点に注意を払うことは適切であろう。すなわち、そうした修道士たちが部分的に利用したパウロの言葉には、恵みと自由意志との関係について、修道士たちの理解よりも逆説的な見解が完全なかたちで記されているということである。パウロはこう書いている。「だから、わたしの愛する人たち、いつも従順であったように、わたしが共にいるときだけでなく、いない今はなおさら従順でいて、恐れおののきつつ自分の救いを達成するように努めなさい。あなたがたの内に働いて、御心のままに望ませ、行わせておられるのは神であるからです[29]」。神の恵みと人間の自由および責任との関係についてのこの見解は、回心について、純粋に決定論的な解釈と純粋に道徳主義的な解釈のいずれよりも、入り組んだ複雑な事実をはるかに正当に扱っているのである。

すでに主張してきたように[30]、いかなる罪深い自己中心性も人間における自由と自己超越の構造を破壊することはできないということが正しいとしたら、人間精神の性格と構造そのものに発する、罪深い利己主義の策略に反対する何らかの内的な証しがあるはずである。有限な知性は、それ自身の有限性についてある程度理解している。それゆえ、有限な知性は、神ではなく「自らと自らのもの」（ルター『ルター著作集 第二集』9、ローマ書講義、下、徳善義和訳、二二七頁）を目的とするそれ自身の営みを完遂しようとする罪深い努力を超える不安な良心から逃れることはできない。これが、恵みと、魂の本性的な資質との間の「結合点」である。この結合点は、ルターでさえも、その全的堕落の教理にもかかわらず認めたものであり、一方、カール・バルトが必死に否定しようとしたものである。そのような結合点がある限り、人間の中にはそれに直接訴えることができる何かがある。たとえ、人間が、罪深い自己のうぬぼれを揺さぶる出来事や要求によって、悔い改めよりも失望に追いやられるかもしれないということを認めないわけにはいかないとしてもそうなのである。

　したがって、恵みと自由意志の双方を正しく評価しようとするカトリック神学の注意深い努力は、悔い改めや信仰における人間の活動とそれらに対する人間の責任をすべて否定するアウグスティヌスや宗教改革の神学の傾向よりも正鵠を射ているように思われる。トマス・アクィナスは、両者の関係を、よく知られた太陽の光と視覚のたとえで特徴づけている。恵みは太陽からの光にたとえられる。光なしに人は何も見ることができない。しかし、この類比は、人間の行いの必要性と可能性を表現している。「自らの眼を太陽の光からそむけている者は、その眼を太陽へと向けかえることによって、太陽の光を受けいれる態勢を整える[31]」。

　このカトリック的「神人協力説」の弱点は、人間の活動と責任の限界と、神の恵みの限界とを、あまりにも詳細にまた厳密に確定し、それらを同じ地平に置きすぎていることである。そしてそれは、最終的な秘義についてのあらゆるトマス主義的分析にも付随する弱点である。その結果、回心の経験の深みは曖昧になりがちである。事実は、罪深い自己を打ち破り、自己を再建することができるのはキリストにおける神のみであるということと、自己は「戸を開け」なければならない〔黙示三・二〇参照〕し、そうすることができるということの二つの確認が共に同等に真理であり、それぞれの固有の次元において共に無条件に真理である、ということである。それにもかかわらず、一方の確認が他方の確認と無関係になされるとしたら、どちらの確認も偽りとなる。

　罪深い自らの状況を見渡す自己の視点から見れば、自己には、その自己愛の過度の性格を意識するようになる可能性と、したがってそれに対する責任とがある、ということは常に正しい。しかし、自己が、「信仰によって」自己自身を超えるとき、自己は、自己がしてきたことやなしうることで恵みの奇跡によらないものはないという事実に気づく。自己は、この悲劇的な出来事や、他者の生へ向かうあの衝動や、福音に由来するこの真理の言葉が、なぜ、自己の古いうぬぼれを打ち砕き、回心と再生を可能にするのか説明することができない。この点から見るなら、すべては恵みの奇跡であり、新たな生のあらゆる形態は、次のような問いを正当化するのである。「あなたの持っているもので、もらっていないものがあるか」〔Ⅰコリント四・七（口語訳）〕。

信仰による状況についてのこの理解が不鮮明になるときはいつでも、同一平面上にある贖いの二つの要因の微妙な均衡が、たやすく、またほとんど常に、自己義認の新たな形態を生み出す。したがって、神学者グレゴリオス〔ナジアンゾスのグレゴリオス〕は、その父親のキリスト者としての生活について、二つの要因が良い均衡を保っているところから説明し始めて、こう述べた。「わたしは、父を召した恵みと父の選択と、どちらのほうを讃えればよいのかわからない」。しかし、グレゴリオスは、父親のキリスト教信仰について、恵みと憐れみに対する感謝が実際には姿を消してしまったと分析し、その評価を次のような文章で閉じている。「父は、〔異教徒であったときも〕内心においては、実質的に信仰に値するものを予感していた者のひとりであった。ただ、いまだ〔はっきりと〕「信仰」と名づけうるようなものになっていなかっただけである。……父は、信仰そのものを自らの徳に対する報奨と受け止めていた[32]」。

宗教改革の神学における、恵みと人間の資質との関係をめぐる考え方は、問題の究極的な宗教的次元を正しく評価している。しかし、この神学には、人間の自由の現実を否定することによって、恵みと人間の資質との関係の複雑さを不明瞭にする危険がある。他方、カトリック的概念は、この関係における両者の要因を公平に評価しようとしている。しかし、その考え方は、両者の要因を同じ地平で理解し、それぞれの限界を厳密に規定しようとしがちである。

b　罪の赦しとしての恵み

われわれは次のような前提で考察を進めてきた。すなわち、パウロの「しかし、生きているのはわたしではない。キリストがわたしの内に生きておられるのである」という表現における「否定の否定」は、二重の意味合いを暗示しているが、その第二の意味合いは、新たな生が、達成された現実ではないことを示唆しているという前提である。新たな生は、「信仰によって」、生の規範としてのキリストへと方向づけられ、キリストの完全を信仰者に転嫁する神の恵みを受け止める。この第二の意味合いは、それに続く次の言葉によって裏付けられている。「わたしが今、肉において生きているのは、わたしを愛し、わたしのために身を献げられた神の子を信じる信仰によるのである(33)」。

ここで、次のように指摘しておくことも賢明であろう。今検討しているこの特定のパウロの言葉に二つの意味合いが双方とも含まれるかどうかということには、たとえ含まれないと仮定する理由がないとしても、大した重要性はないということである。パウロの思想が、全体として、恵みの経験の二つの相を明らかにしていることは確かである。しかし、目下のわれわれの関心は、パウロの思想をめぐるものではなく、むしろ、恵みについての聖書の教理が、生の経験にとって意味があるかどうかである。果たして、経験はこの二重の意味合いの正当性を立証しているのだろうか。

恵みについての何らかの自然な経験の中に、聖書の教理の妥当性を期待するのは間違いであろう。もし、信仰と理性、あるいは「聖霊」と人間の霊との関係についてのわれわれの分析が正しいとしたら、教理の妥当性を立証する経験は、教理それ自体によってしか促されえない。なぜなら、信仰において理解され、人間の知恵と矛盾する部分もある「神の知恵」がなければ、決して、罪の深刻さは自覚されず、人間の罪深い傲慢と自己主張に対する神の審判は理解されないからである。

「自然神学」と聖書に基礎を置く神学との一致と相違について厳密な限界を具体的に説明する観念論哲学の中に、信仰義認の教理に対応するようなものがあることは確かである。この観念論哲学の信条によれば、そこには、生におけるある種の究極的完成の経験、達成されていない時にさえ存在するある種の達成された完全の感覚、また完成への途上にさえ存在する何らかの目標の先取りといったことがあるはずである。しかしこれらのうちに、罪を真剣に受け止める考えはない。究極的完成の経験は、完成への途上の不完全さと超越的な善との間の溝の橋渡しとなっている。こうした信条において、人間は永遠を先取りすることによって自分自身を義とし、人間の霊における永遠的な要素がその人間にお墨付きを与えるのである[34]。

もし、聖書の宗教に示されている審判についての根源的な感覚がないとしたら、何らかの自己義認の仕組みを見出すことは常に可能である。人間は自分自身を裁くことができる。しかし、自己を裁くこの能力は、おそらく、経験の中にある自己に審判を下すあの自己が善であることを立証するであろう。それゆえ、自らを裁くこの自己は、「それでわたしが義とされている」ことを宣言するのである。それは、進化の結果をすでに達成しているような自己である。この自己はしっかりと永遠を手にしている。人間が自分自身を裁く能力は、自己の内に、人間を最終的に義とするような善があることを証明する。しかし、聖書の信仰では、次のような告白が常になされるのである。「自分には何もやましいところはないが、それでわたしが義とされているわけではありません。わたしを裁くのは主なのです[35]」。

このような告白に見られる経験はそれ自体、生についての「知恵」、つまり、先を見ると「愚か」であるが、後から振り返ると初めてそれとわかる「知恵」を象徴しているという意味で、恵みの結果である。経験それ自体は、知恵を生み出すことはないにしても、結果的に知恵の正しさを証明するであろう。この関連で、次のような主張、すなわち、新たな生における最高度の達成の中にあっても良心は不安のままであるという主張が、経験から正当化されるものかどうかについて、特に綿密に検討する必要がある。罪は、「原理上」破壊されたとしても、新たな生において実際には決して破壊されていないということは正しいのだろうか。平安は、およそ生のあるべき姿を実現してきたという感覚だけでなく、そこには常に希望の要素と赦しの確信も含まれているということは本当であろうか。最終的な平安は、人間の自己愛と神の目的との間に絶えず存在する矛盾に立ち向かうことができる神の助けがある、という確信に依存しているのだろうか。

近代のキリスト教は、人間の経験についてのこうした解釈の妥当性に関心を示してこなかった。それが、ここで、これまで以上に徹底した検討を加えようとする理由である。それゆえ、この教理の妥当性について研究することは、それがキリスト者であろうとなかろうと、「現代」人の無関心ないし敵意とさえ正面から対決することでなければならない。

真の問題は、われわれが歴史において絶対的な完全に到達しうるかどうかではない。というのは、最も徹底した完全主義的セクトでさえも、人間の生が完成への途上にあることを否定しないからである。問題は、新たな生の展開において、人間の自己意志と神の目的との間に何がしかの矛盾が残るかどうかということである。その核心は、キリスト教信仰において理解されているような人間の歴史の基本的な特性が、キリスト教信仰によってその特性を理解した人々の生において克服されるかどうか、ということなのである。

この問いへの答えは、一つは論理の中に、一つは経験の中に見出されるように思われる。人間が自らの自己愛の性格に気づき、その自己愛が神の意志と矛盾していることを自覚するようになるとき、自己愛の力を破壊するのはまさにこの自覚であるとするのは論理的である。さらに、この論理は、少なくともある程度は、経験によって立証される。悔い改めが新たな生を始めるのは確かである。しかし、キリスト教の各時代の経験は、この論理に従う人々、それも無制限にそれに従う人々に異議を申し立てている。キリスト教的熱狂主義、不敬虔な宗教的憎悪、宗教的神聖さの衣の下に隠された罪深い野望、神への献身を装った政治権力の衝動といった嘆かわしい歴史の記録は、恵みは人間と神との間の最終的な矛盾を取り除くことができると主張する、あらゆるキリスト教教理や、キリスト教的経験の解釈における誤りについての動かぬ証拠となっている。キリスト教史上の嘆かわしい経験が浮き彫りにしているのは、人間の傲慢と霊的尊大さが、どのようにして、適切な留保もなしに際限なく神聖さを主張しようとする新たな高さまで達するのか、ということである。

「徴税人や罪人」［マタイ九・一〇、マルコ二・一五］たちは、繰り返し、キリスト教の聖人たちの熱狂主義に抗って、生についての真理の重要な面を取り戻し、人間関係に健全さを回復しなければならなかった。それは、キリスト教の各時代の経験における悲劇的で暴露的な側面である。聖人たちは、聖性が単純に所有できるものとして主張されるときはいつでも、聖人性が堕落させられるものであることを忘れていた。それゆえ、キリスト教信仰の深遠な部分が充分に理解されるならば、次のようなことが起こるはずである。すなわち、キリスト教会に反対する、繰り返されるその証しについて、「徴税人や罪人たち」に感謝せずにはいられないということである。教会がその福音の事実全体を忘れ、新たなかたちの自己義認へと陥るときにはいつもそうなのである。もちろん徴税人や罪人たちもまた、真理全体を把握しているわけではない。なぜなら、徴税人や罪人は、宗教的熱狂主義への抗議を可能にする道徳的懐疑主義から離れると、今度は自分自身の熱狂的な激情に走ることになるからである。かれらは、交互に起こる懐疑主義と熱狂主義の雰囲気から自分たちを救うことができるような、生の解釈原理を持ち合わせていないのである。しかし、そのことは次のような事実を変えるものではない。すなわち、あらゆる真理とあらゆる善を単に自己利益の口実と見なす道徳的懐疑主義者が、真理と善は常に利己的なものに堕落するということを理解していることは少なくとも確かであるという事実である。それにもかかわらず、道徳的懐疑主義者は、利己的なものに堕落することのない、信仰だけが所有するような真理と善については何も知らないため、結局は、自らの意志に反して道徳的虚無主義に陥ってしまう。この関連で、あらゆる国民文化における、カトリシズムに対する世俗主義の抗議は、とりわけ教訓的である。カトリシズムは、そうした文化において、主要な役割を果たし、政治と歴史の相対的なものを究極的な神聖さと常に混同してきたのである。

もし歴史における個人の生や社会的達成を少しでも吟味するなら、次のことが明らかとなる。すなわち、そこには、自己の中心を超えたところから生を組織する無限の可能性と、同様に、自己を組織の中心へと引き戻す無限の可能性とが存在するということである。前者の可能性は常に恵みの結果である（たとえ、その結果が、しばしば「隠されたキリスト」であり、奇跡を起こすことが充分には知られていないような恵みであるとしてもそうである）。そうした可能性が常に恵みの結果であるのは、自らを「忘れる」ことができず、また、兄弟愛を単に自己の「幸福」や「完全」の道具とするような生はどれも、自己中心の悪循環から実際に逃れることができないからである。[36]とはいえ、新たな悪の可能性を、恵みによって避けることはできない。というのは、個人としての自己であれ、集団としての自己であれ、自己が、依然として歴史の緊張の中にあり、歴史の過程に巻き込まれるとともに超越しているという二重の状況の影響下にある限り、自己は、自らの超越性を過大評価し、自らの利害を一層包括的な関心と混同する罪の支配下にあるからである。[37]

したがって、親を力の欲望に支配されることから救い、子どもの幸福を家族生活の目標とすることができる開かれた可能性は存在する。しかし、家族の愛の関係を、一層高く一層微妙な段階で、親による力への衝動の道具として利用する可能性もまた多くある。「聖人たち」はこの誤りに気づかないかもしれない。しかし愛情深い親のあまりに閉鎖的で永続的な囲い込みから抜け出さなければならない子どもたちは、その誤りを知っている。家族と共同体を、さらなる高度の調和において結びつけるという開かれた可能性はある。しかし、家族は、自分たちの幸福や苦悩こそが共同体全体にとって実際よりも重要であると思い込むという誤りから逃れることはできない。「自分の」国を、他国の生き方とこれまで以上に平和裏に結びつける無限の機会はある。しかし、多少なりとも国家的な利己主義へ堕落することなくそのようにできる可能性はない[38]。

あらゆる歴史が、論理の規則に反していると思われないように、恵みによる生を証ししてきたが、その二つの相を双方とも表現するのは簡単ではない。それが、道徳主義者が、「信仰義認」の教理を常に軽視する一つの理由である[39]。しかし、多くの場合と同様に、「信仰義認」の教理が論理を無視しているように見えるのは、その教理が経験における複雑な事実を示そうとしたその結果にすぎない。回心した人間が、ある意味で義人で、別の意味で義人ではないということは、経験の事実に図らずも妥当するのである。

その経験の事実が複雑であるということは、一貫性という規準に抵触しないでその複雑さを理解することを難しくするだけではない。恵みの経験の二つの相の双方を、どちらかの相を過度に抑制せずに理解することもまた難しい。聖人がなおも罪人にとどまるという事実を正当に扱おうとしてきたさまざまな神学は、しばしば、もしくは常に個人と集団の双方の営みにおける善の実現に開かれた可能性があることを曖昧にしてきた。再生の積極面を正当に扱おうとしてきた神学は、通常、徳のあらゆる新たな次元に現れる罪の現実を曖昧にしてきた。このことは、とりわけ、現代版のキリスト教完全主義にあてはまる。なぜなら、そこでは、進化的で革新的な歴史解釈が、より純粋なキリスト教的な源泉を持つ幻想とないまぜにされてきたからである。

われわれはここで、この議論の経過を詳細にたどらなければならない。というのは、この議論の経過には、西洋キリスト教世界の歴史全体が含まれ、今日の霊的生活の理解と、その可能な方向転換とにとって決定的なあらゆる論点が盛り込まれているからである。

恵みの経験の二つの相は、深く結びついているゆえに、互いに矛盾するのでなく支え合っている点を強調することがさしあたって重要である。われわれの内にあるキリストは「所有」ではなく「希望」であり、その完全は「現実」ではなく「目標」であること、また、この生においてわれわれが知っている平安は決して完成した平安そのものではなく、「完全に知られ、全く赦された」〔ヘンリー・ヴァン・ダイクの詩句〕ところから来る平静さであるということをすべて理解することは、道徳的意欲や責任を破壊するものではない。それどころか、それらを理解することこそ、生の中途半端な完成を阻み、謙遜という土壌にその根を持つであろう新たな一層恐ろしい傲慢を抑制し、自らが罪人であることを忘れた聖人たちの耐えがたい思い上がりからキリスト者の生を救う唯一の方法なのである。

単純な道徳主義者たちは、常に、宗教的経験のこの最終的頂点を、ほとんど、もしくは全く理解しないであろう。道徳主義者たちはこう主張するであろう。その宗教的経験の頂点は、単にわれわれを、「恵みが増すようにと、罪の中にとどまる」〔ローマ六・一〕ようにさせる常套句にすぎないと。しかし「神の愚かさ」が真に具現化して信仰による知恵となるならばこの非難への応答は端的に次のようになりうる。「決してそうではない。罪に対して死んだわたしたちが、どうして、なおも罪の中に生きることができるでしょう(40)」。

第五章
恵みと傲慢との葛藤

Ⅰ　序

これまでのわれわれの分析が、いかなる基本的な意味においても正しいとしたら、恵みと新たな生についてのパウロの解釈は、福音に付け加えることができたり、できなかったりするような独自の教義ではない。このパウロの解釈の重要性は、生と歴史の問題をめぐるその系統立てられた説明の中に明示されているが、それは、預言者の歴史解釈では消極的に受け止められ、預言者的待望をめぐるイエスの再解釈では積極的に確認された解釈であった。パウロの解釈は、神の審判の前では義なる者も義ではないというイエスの主張と、苦難のメシアは正義と憐れみを示す神の啓示であるというイエスの考え方と密接に関連しているのである。

もしここで、キリスト教信仰の中心的教義についての解釈をキリスト教の各時代を通してたどるという課題と取り組むなら、次のようなことが次第に明らかになってくる。すなわち、人間の自己尊重は、福音を表向き受け入れたような信仰の範囲でも、キリスト教の福音に激しく抵抗しているということである。それは、キリスト教以前の時代においても同様であった。キリスト教以前の時代は、ある種の救済者を待望していたが、それは、いかなる人間にもよらずに自身の正義と憐れみにおいて神を擁護する真の救済者［キリスト］ではなかった。キリスト教の時代は、キリストを通してすでに義となっている人々を新たに擁護する道を探し求めるのである。

恵みに対する人間のこの抵抗は、さまざまな形態をとり、さまざまな時代における流行の哲学者たちを多く利用する。福音による生と歴史の解釈という根本的な逆説を、キリスト教の神学者たちが否定したり曖昧にしたりする状況を引き起こしたその際立った原因に注意を払うことは重要である。とはいえ、これらすべての多様な論述の根底にある動機は本質的に同じであると認識することはさらに重要である。それは、人間が、時間の変転と有限性に巻き込まれてもいるが超越もしているゆえに、自らの存在の奇妙な窮状を認めたがらないということである。もっと正確に言えば、新たな生の段階においてすらこの窮状から逃れることができないことを認めようとしないことである。人間的なものと神的なものとが矛盾するという永続的な性格を否定するために採られがちな戦略は、キリストにおける神の啓示を、歴史における永遠的なものの開示と解釈することである。その結果、信仰者は必然的に、歴史的時間的なものから永遠的なものへと変えられる。そのような救いは、永遠の真理の理解に関わる。そしておそらく、真理についてのこのような認識は、生におけるその真理の実現、言い換えれば、完全の達成をも保証するのである。

はじめに以下のことを認識しておく必要があろう。すなわち、キリスト教の各時代に繰り返される、キリスト教の福音の真理全体に対する反抗は、西洋文明の歴史を傷つけてきた、熱狂主義と宗教的に是認された帝国支配的欲望とを引き起こした原因であるということである。この反抗における不変の戦略とは、キリスト教の真理のある部分を、キリスト教の真理全体と対立させることである。この反抗は、世界のさまざまな信仰の中で唯一、歴史的創造力と責任性とを後押しし、またそれでいて人間の歴史的可能性を限界づける宗教的信仰によって特徴づけられているような文明が、なぜ、一層現世的（儒教）で一層現世否定的（仏教）な東洋宗教から見ると、抑制のきかない野望と、想像を絶するような激情とを持つ文明のように見えざるをえないのか、ということを明らかにしている。

だからといって、いろいろな神学的傾向がいろいろな時代に力を振るうことがなければ、人間の自己尊重によるキリスト教的真理の堕落を回避することができた、というわけではない。古典文化におけるうぬぼれが堕落の第一の源であると主張することは、一般的傾向についての歴史的な説明ではあるが、深遠な説明とは言えない。なぜなら、人間の傲慢は、その傲慢が利用するいかなる手段にもまして強力だからである。人間と神についての真理を信仰のみによって把握する宗教が人間の尊大さの手段として用いられるのは、避けがたいことと考えざるをえない。このことは、信仰によって把握される真理が、あらゆる人間の功績を超えるゆえに確実な所有と見なされるようになるときはいつでもそうである。このかたちにおいて、その真理は、もはや人間にとっての脅威ではなくなる。その真理が、人間の生の誤った、帝国主義的な完成に対して審判をもたらすことはない。むしろそれは、生の有限性と罪が克服されたと見せかける手段ともなる。新約聖書は、このような福音の誤用がいかに避けがたいことであるかを理解している。歴史の終わりに現れる偽キリストと反キリストについての新約聖書の概念は、この理解を表現している。しかし、キリスト教の歴史のこの悲劇的側面は、新約聖書以外のところでは、ごくまれにしか理解されていない。なぜなら、キリスト教の時代のどこにおいても、聖徒たちは、キリスト者の生活の潔白さに注意を向けるか、教会の徳が悪徳を凌駕するものであることを証明しようとすることによって、懐疑論者や罪人たちの正当な嘲笑に反論しようとするからである。しかし、キリスト教が、その生と歴史についての真理を確証することができるのは、その真理の観点から、キリスト教自体をその手段として利用するような偽りの真理の台頭を把握しうるときだけである。

II　アウグスティヌス以前における恵みの概念

福音の真理が各時代に遭遇した抵抗の跡をたどるにあたり、われわれは使徒時代からアウグスティヌスまでのキリスト教思想の時代から始めてみよう。この時代、究極的な宗教的問題をめぐるパウロの思想の枠組みの把握は、たとえなされたにしても、不完全なかたちでしかなかった。その時代の思想は、ギリシア・ローマ文化において、また、それに対抗して、キリスト教信仰を確立し擁護する必要に迫られて形づくられた。ギリシア・ローマ文化は、時間と永遠との問題を人間の生におけるきわめて重大な問題と見なし、神秘宗教、グノーシス諸派、卜占術、プラトン的および新プラトン的哲学思想などに救済を探し求めていた。それらの宗教すべてにおいて、時間的なものは永遠的なものに変わりうるか、永遠的なものが時間的なものを追放するか、そのどちらかであった。

キリスト教信仰には、神的なものと歴史的なものとの間に断絶があるとするギリシア的信条に異議を申し立て、ギリシア的二元論を打破するキリスト論を造り上げるだけの十分な力があった。しかし、キリスト教信仰は、罪の問題を明確に認知するだけの十分な力を持ち合わせていなかった。罪の問題は、歴史的現実についての、あるいは、この問題へのキリスト教的解答である贖罪の教理についてのキリスト教的解釈に関わっていた。ハルナックはこう述べている。「パウロの神学から教会の教理的立場を推定しようとする試みは常に失敗に終わるであろう。なぜなら、そのような試みは、新約聖書において主要なものとわれわれが認識しえない要素、つまりギリシア的精神が、信仰についてのカトリック的教理における最も重要な前提に属していることに、注意しないからである」[1]。洗礼が信仰者を罪から救うという思想は、完全主義者の幻想の豊かな源泉であるが、その起源はきわめて古い[2]。救済は、しばしば、異教徒の誤りと対照させて、神についてのキリストによる真の知と同一視された。キリスト教信仰についてのさらに深刻な問題は、使徒教父たちのある文書では部分的に曖昧にされ、また、他の文書では全面的に曖昧にされた[3]。使徒教父たちによれば、「永遠の命」や「グノーシス」(gnosis)〔知識〕や律法、とりわけキリストの新たな律法の思想に、福音の意味が余すところなく示されているのである。その状況は、使徒教父に続く弁証家たちの思想においても変わっていない。殉教者ユスティノスは、キリスト教を「新たな律法」、また「新たな哲学」と見なした。この概念において、ユスティノスは、単純にプラトン主義に従っているわけではない。というのは、ユスティノスは、真理に到達し徳を達成する能力が人間に生得的にあるとは信じていないからである。それらは恵みの賜物である。しかし、人間がそのような能力を《持っているが、持っていない》という逆説は理解されていない。もちろん、罪の赦しという聖書的概念は決して否定されてはいない。しかし、赦しは、かなり早い時代から、過去の罪の一回的な赦免になった[4]。このようにして、義認を聖化に従属させるカトリックの定式は、きわめて古い起源を持つものである。

　これらの問題に関するテルトゥリアヌスの立場は特に重要である。テルトゥリアヌスは、初期のキリスト教思想家たちにおけるギリシア化の傾向に反対した、聖書的思想とりわけヘブライ的思想の主唱者であり、ギリシア的解釈の侵食に抗して、歴史について、預言者的で終末論的な解釈を保持しようとした。さらには、原罪の教理をも理解していた。それにもかかわらず、テルトゥリアヌスは、神の正義と憐れみについてのキリスト教教理の理解では混乱していた。かれは、神の赦しの思想を非合理的で不当なものと見なし、「もしほんとうに、理性にそれほどまでに逆らって、善いことを神に帰することが必要だったとしたら、神など全くいないとしたほうがましだろう[5]」と主張した。

キリスト教を、永遠的なものを達成して完全を実現する道と見る傾向は、西方教会よりも東方教会において一層はっきりと主張された。東方の神学者の中で最も偉大で、また実際にアウグスティヌス以前の人々の中で最も独創的であるオリゲネスは、聖性を獲得する方法についてのその概念において、完全主義者でもあり道徳主義者でもあった[6]。オリゲネスに先立つアレクサンドリアのクレメンスは、アレクサンドリア学派のあらゆる思想の特性となっている、キリストによる人間の神化の概念を、次のような言葉で表現している。「われわれは、生まれ変わると直ちに、獲得しようと努力している当の完全なものを受け取る。というのは、われわれは啓蒙され、神を知るからである。したがって、完全を知った人間は不完全ではありえない[7]」。グノーシス的な救済の道がこの言葉に響きわたっている。ニュッサのグレゴリオスは、「純粋なアダムのかたちに回復された人間は、最後のアダム［キリスト］の水準に到達するだけでなく、神化されるゆえにそれより高い存在となる[8]」と信じていた。

エイレナイオスやアタナシオスのような、幾分一貫性に欠けるギリシアの神学者たちの思想では、聖書的パウロ的概念がそれ以前より際立っているが、罪と恵みについての聖書的概念がかれらによってすべて理解されていたとは言えない。現代の歴史家はおそらく、次のような主張に見られる真理とそれほどかけ離れた見解は持たないであろう。「(アウグスティヌス以前の) 教会は、信仰による義認というパウロの教理を決して心から受け入れたことはなかった……時には、それは全く無視された。他方、その定式が尊重されたときでさえ、信仰による義認は、人間は悔い改めによって救われるというような、より無難に見える表現で解釈されたこともあった[9]」。

こうして、「グノーシス」というギリシア的思想は、アウグスティヌス以前の何世紀かを支配した。また教会は、その二元論的形式をより明白に異端として拒否したものの、救済の道についてのさらに修正されたヘレニズム的概念を無条件に受け入れた。[10]ギリシア的キリスト教は、ヘレニズムを全面的に受け入れ過ぎたために、福音が一層高度な知の形態にすぎないものになったこともあった。ギリシア的キリスト教は、それがより聖書的になったとき、「恵み」と「力」の必要性を認めた。ということは、ギリシア的キリスト教が、人間の問題を、純粋に主知主義的にというより主意主義的に理解したということであった。しかし、そのようなときでさえ、ギリシア的キリスト教は、およそ、預言者的で聖書的な思想においてとらえられ、罪と恵みについての新約聖書的な概念において頂点に達するような、人間の歴史的存在の問題についての十分な把握に達することはなかった。それゆえ、あるエジプト人教父〔エジプトのマカリオス〕はこう述べている。「神の恵みは人間を一瞬のうちに聖化し、完全にすることができる。というのは、強盗が信仰によって一瞬のうちに変えられ、天国に入れられた例〔ルカ二三・四三参照〕もあるように、神にはすべてが可能だからである[11]」。

完全主義的幻想は、ヨアンネス・クリュソストモスの思想において最も一貫した調和に達する。神の恵みを洗礼のサクラメントに限定したクリュソストモスは、こう主張する。「恵みは魂自体に触れ、罪を根こそぎにする。……洗礼を受けた者の魂は太陽の光よりも純粋である。生まれた時のように、否、それよりもはるかに善良である。というのも、洗礼を受けた者の魂は、魂のあらゆる部分を火にかけその聖性を与える聖霊を喜ぶからである。洗礼によって、溶鉱炉におけるように魂を鋳直し罪を消し去る聖霊により、魂は、いかなる純金よりも純粋な輝きを放つようになる[12]」。

西方教会の思想は、東方教会のように、決して一貫して完全主義的にではなく、また、西方教会は、その後の展開により、その立場をさらに修正した。他方、東方教会の思想は、ギリシア教父から現代の正教会の教義に至るまで、完全な一貫性の刻印を帯びている。文化史の観点から見れば、このことは、ヘブライズムに対するヘレニズムの勝利を示している。宗教の観点から見れば、それは、教会が、教会自らとその聖徒たちに向けられた福音の一部である義認を理解しそこなったということである。(13)

Ⅲ　カトリックにおける恵みの概念

生と歴史についての主要な問題は恵みと罪との関係であって、永遠と時間との関係は二次的なものであるという、使徒時代以後の教会における認識は、アウグスティヌスの思想において最初に、また明白に表現されるようになる。預言者的で聖書的な概念は、聖書の権威によって完全に失われることから守られてはきたが、アウグスティヌス以前の数世紀の間に曖昧にされたことも確かである。パウロによる原罪の教理をアウグスティヌスが詳細に説明したことに伴い、キリスト教の時代は、次のことを十分に認識するようになった。すなわち、歴史に混乱と悪をもたらすのは、有限性ではなく、罪による「偽りの永遠」であり、有限性はすでに克服された、あるいは克服されうると する偽装であるということである。(14)

アウグスティヌスの思想における新プラトン主義の影響は、聖書的逆説を若干曖昧にしている。アウグスティヌスの人間状況の分析は聖書的である。しかし、罪を、意志の「欠陥」すなわち善を行う力の欠如とするその概念は、一部プロティノスに由来するものであって、人間の自由の発現における避けがたい自己愛への傾向をめぐるアウグスティヌスの深い理解と完全には調和していない。おそらく、その罪の教理にこのようなヘレーズム的思想がわずかに混入していることの中に、罪の問題への聖書の答えである恵みの教理におけるアウグスティヌスの誤りの基礎がある。というのは、アウグスティヌスによる恵みの教理は、力としての恵みと赦しとしての恵みとの複雑な関係を不明確にし、曖昧にしているからである。アウグスティヌスは、その両者の関係についての伝統的概念に疑問を持たない。聖化に先行し、聖化の基礎となる神の赦しと義認という考えが、かなり早い時期からあったことはすでに見た。この理論によれば、キリストを通してもたらされる神の憐れみは、人間と神との罪深い反目を打ち砕き、魂を自己愛から服従へと転換させる。その後直ちに、魂は恵みの中で成長し、止むことなく一層高い聖化の段階へと到達していくのである。このように義認を聖化に従属させることは、生と歴史についてのカトリック的概念全体にとって決定的なものとなる。そこには、新たな自己義認と、人間が生と歴史を完成させることができるという新たな欺瞞の根が含まれている。カトリック的概念とヘレニズム的概念との違いは、カトリック的概念が、人間は自らの力で善を実現することはできないという自覚を表現していることである。しかしそのカトリック的概念は、神の力によって善を成し遂げることができるということを前提としている。アウグスティヌスはこう主張する。「実際にわたしたちが欲するならば、わたしたちが掟を守るというのは確かなことである。しかし、その意志は主によって備えられるのだから、決意することによって実行するのに充分であるほど強く、わたしたちが欲するように神に祈り求めなければならない。わたしたちが欲するとき、わたしたちが欲しているのだということは確かであるが、わたしたちが善を欲するようにされるのは神である。……わたしたちの意志が全く有効的な力を与えられることによって、わたしたちが実行するようにされるのは神なのである」[15]。この議論は、われわれ自身のものではない力と、われわれ自身の力との関係を余すところなく正当に取り扱っていることは全く明らかである。このことは、ペラギウスの道徳主義への反論においてアウグスティヌスが熱心に擁護した点である。しかしアウグスティヌスは、新たな生においても存在し続ける自己愛の力を十分に認めていない。アウグスティヌスは、人間の本性にとって愛は単純な可能性ではないことを知っている。しかしそれは、人間の心における神の可能性であると確信しているのである。

キリスト者の完全という主題をめぐるアウグスティヌスの古典的論考は、「わたしは、既にそれを得たというわけではなく、既に完全な者となっているわけでもありません」〔フィリピ三・一二〕というパウロの言葉についての解説である。この言葉の釈義においてアウグスティヌスは、ほとんどのキリスト教完全主義者が認めているように、有限な自然には目標に達する可能性がないことを認める。というのは、人間は歴史の中にあり、歴史は生成の過程だからである。しかし、アウグスティヌスは、目標を追い求めるわざは完成すると確信し、こう述べている。「完璧な仕方で走っているわたしたちすべての者が考えなければならないことは、わたしたちがいまだ完全な者ではなくて、そこを目ざして完璧な仕方でなお走っているかしこにおいて、完成されるであろうということである[16]」。

アウグスティヌスはもちろん、キリスト者に罪がないと考えているわけではなく、罪を絶対的に打ち破ることの不可能性を理解している。欲望は残るのであり、それゆえに、いまわの際まで神の赦しは必要であるとアウグスティヌスは確信している[17]。しかし、残存する罪は「致命的」ではなく「些細な」ものであるとも確信していた。つまりかれは、救われた後の自己愛の表現を偶然的なものと見なし、根本的態度の表現であるとは見なしていない。アウグスティヌスによれば、「『汚れなく歩み入る』ことは、すでに完成された人についてではなく、完成そのものを目ざして咎められない仕方で走り、呪われるべき罪過を犯さず、またもろもろの小罪をも施しによって清めることをゆるがせにしない人について意義深く述べられている[18]」。呪われるべき罪と小罪との区別がカトリック思想においては重要なものであることに変わりはない。慈善は魂を小罪から清めることができるという考え方によって、恵みは、「行為義認」に軒を貸して母屋をとられるはめになるのである。

アウグスティヌスの概念における未解決の重要な点は、「原理上」罪が滅ぼされるということが、過度の自己愛の力が実際に打ち破られることを意味するのかどうかということである。そして、自己愛は実際に打ち破られるとするのが、アウグスティヌスとカトリックの各時代における主張である。残存する罪とは、まだ完全に、中心的意志の統制のもとに置かれていないような気紛れな欲望や衝動の噴出を示すものであるということもまたその主張である。この主張は十分に説得的である。というのは、もし、ある基本的な意味において、自己愛が「原理上」と同時に「事実上」も破壊されるということでなければ、自己愛の破壊が何を意味するのかわからなくなるからである。確かに、自己愛が破壊されることによって魂が生かされる新たな原理を明らかにする何らかの事実があるはずである。「悔い改めにふさわしい実」［マタイ三・八］は当然なければならないのである。

しかし、以上の場合、道徳的生の複雑さは、あまりに単純な主張によって曖昧にされている。事実はこうである。すなわち、人間は、自己愛における悪を知り、神の愛のみが唯一の行為の動機であることを認めるという意味において救われうるが、それにもかかわらず、人間は、二次的な意味における以上に自己中心的であるということである。司祭の傲慢や、神学者の気取りや、信心家ぶった職業人の権力志向や、教会それ自体の霊的尊大は、単なる偶然的欠陥でも「小」罪でもない。そうした罪は、自己愛という根本的動因の現れであり、恵みが新たな生に投入したいかなる新たな水準にも影響を与えるものである。純粋な愛とは「信仰による」ものであるが、それは、祈りと黙想において自己自身より高く引き上げられる時のみ、自己愛が活動をしないような有利な地点を持つという意味においてである。そして行動において、自己愛の力は、恵みが打ち立てた神の愛の新たな力と融合されるのである。

このような霊的生活の悲劇的な属性が明らかに把握されることは、宗教改革まで全くなかった。それを把握することにより、宗教改革はキリスト教的生の歴史における特別で固有の位置を得ることになる。その把握に失敗したことによって、アウグスティヌスは、その恵みの教理において、カトリシズムの父とされる結果をもたらした。しかし一方、アウグスティヌスは同時に、その罪の教理において、宗教改革の究極的な源泉にもなった。宗教改革は、人間の状況をめぐるパウロ的聖書的分析とアウグスティヌスの分析には、アウグスティヌス的解答によっては解決できないような深遠な問題がある、ということを発見したのである。

個人的また集団的歴史状況についてのアウグスティヌスの記述は、この留保付き完全主義の限界内にとどまっている。歴史における葛藤は、「神の国」(civitas Dei)と「地の国」(civitas terrena)との間のものであるが、前者は「神の愛」によって自己の軽視にまで、後者は「自己愛」によって神の軽視にまでそれぞれ駆り立てられる。アウグスティヌスは、歴史においてその二つの国は「混合して」いることを知っており、罪深い世界におけるキリスト者においても立ち現れる相対的正義の問題について、単純な完全主義者的解答を持っているわけでもない。しかし、アウグスティヌスは総じて「神の国」を歴史上の教会と同一視し、そこにおいてのみ真の正義が見出されると主張する。アウグスティヌスは確かに、この同一視にあらゆる種類の留保を付しているが、後のカトリックの時代には、その留保を維持する思慮深さはなかった。アウグスティヌスは、この地にあるものとしての「神の国」と、天にあるものとしての「天の国」(civitas superna)とを区別する。かれはまた、現にある教会とやがて来るべき教会とを区別する。[19] かれは表向きには次のように述べる。「この書の中でわたしが教会について『しみやしわやそのたぐいのものは何一つない』〔エフェソ五・二七〕と述べた箇所はすべて、現在そうであるのでなく、未来に栄光の教会が現れる時そうであるため現在準備されていると解釈されるべきである」[20]。

それでもなお、これらの留保にかかわらず、教会はある意味で地上における神の国である。その教会は究極的な完全には至っていない。さらに、アウグスティヌスの思想では、教会のすべての成員が救われるという保証もない。しかし、教会の完全は、聖徒の完全というかれの思想と本質的に調和している。アウグスティヌスは教会を、「これまで完璧に走ってきた」道において「完全への道程を進んでいる」ものとして考えた[21]。しかしアウグスティヌスは、教会自体が神の審判のもとに立つものであるとは想像できなかった。言い換えれば、教会は、歴史的なものと神的なものとの葛藤が事実上克服された歴史上の「場所」(locus)である。というよりはむしろ、歴史的なものに対する神の審判と憐れみとが橋渡しされ、それゆえに、歴史的なものと聖なるものとの葛藤が原理的に克服される「場所」なのである。この確信は、アウグスティヌスの歴史哲学全体を支配している。自己愛と神の愛との歴史上の葛藤は、本質的に、教会とこの世との葛藤である。そして、教会とこの世とが混ざり合っているということは、教会が、歴史上の制度として悪の手段となりうることを決して意味しない。言い換えれば、教会は、神の審判のもとに本当に立ってはいないことになる。むしろ、教会はキリストと共に支配するのである。アウグスティヌスはこう述べている。「現在でさえ、教会はキリストの王国であり、天の王国なのである。それゆえにまた、キリストの聖徒たちは、確かにかのときに支配するのとは違った仕方によるのではあるが、現在もかれらはキリストと共に支配しているのである。とはいえ、毒麦は、キリストと共に支配しているわけではないけれども、教会の中で小麦と共に成長しているのである[22]」。

　後のカトリックの時代が、人間の状況についてのアウグスティヌスの分析を希薄にし、半ペラギウス主義的教理へと変質させたということはありえよう。しかし、カトリックは、人間の状況についてのキリスト教的解答に関するアウグスティヌスの概念を変える必要はなかった。というのは、恵みについてのアウグスティヌスの教理とカトリックの教理とは一つだからである。そして、その一つの教理がカトリック時代を一貫している。それによれば、罪とは本質的に、人間における神の似像の堕落というよりは原初的完全の喪失である。そして、恵みは不完全な自然の完成である。「自然」と「恵み」とを常に対立させる堕落の要素に対して、自然における不完全な善の成就ということが強調されるのである。歴史の中の人間の状況の分析における聖書的で逆説的な要素は、トマス・アクィナスによって究極的に確定された公認のカトリック教理の場合よりも、アウグスティヌスの場合のほうが若干強い。しかし、恵みが何を成し遂げるのかについての定義づけにおいては、アウグスティヌスとアクィナスとの間に違いはない。

この定義づけにおいて、古典的人間における自己尊重と、人間と神との葛藤の聖書的意味とが見事に融合する。歴史における人間についての聖書的見方は、(特に理性的側面において)人間の自律という古典的概念を克服する。カトリックの見方では、人間が善をなしうるのは常に恵みを通してである。しかし、古典的見方は、救われた人間が、原理上も事実上も、歴史の罪から実際にほど遠い状態にあるという意味において、聖書的見方を乗り越えている。人間の状況についてのこの条件付きの不安の明確な定式化が、義認を聖化に従属させるという主張である。そして、その定式化が、赦しは、第一義的に「過去の罪」のゆえに必要とされ、また、「過去の罪」のためであったという主張となっているのである。

この新たなカトリック的自己義認についての、最終的な、また、象徴的に最も明白な形式とは、最後の審判において人間は功績によって救われるという、カトリック信仰において保持されている信念である。ただし、その功績は、神の恵みによって達成されるということは認識しておかなければならない。この点では、アクィナスはアウグスティヌスに完全に同意することができる。アクィナスはこう記す。「人間が永遠の生命を報いとして得ることのできる業を為すのは自らの意志によってである。しかし、アウグスティヌスが同じ書物において述べているごとく、そのことのためには、人間の意志が神によって恵みを通じて準備されることが必要とされるのである。『神の恵みは永遠の生命である』（アウグスティヌス）という箇所について『註釈』〔ロンバルドゥス註釈〕が述べているごとく、『永遠の生命が善き業に対して与えられることは確かである。しかし、それに対して永遠の生命が与えられるところの当の業そのものは神の恵みに属するのである[23]』」。

ここで問題にされている点は、無頓着な研究者には空理空論に思われるかもしれない。批判的な人々には、神学的議論を非常に愚かなものとしてしまうような、不毛な重箱の隅をつつく神学にさえ見えるかもしれない。しかし、哲学であろうが神学であろうが、あらゆる重要な問題は、最終的にはきわめて厳密に区別して確定されるものであるが、その厳密な区別のゆえに、問われている論点の重要性は、玄人には明らかになるのに、不注意な者には隠されるということが起こりやすい。ここで問題となっているのは、人間の歴史的存在が、何らかの理性による訓練や恵みの功績によって、必ず安らかな心で神の審判に対峙できるようなものかどうかということである。もしできるとすれば、個人の自我の中心に置かれた意志が、あらゆるものを支配する意志や力との本質的一致へと導かれることになる。この問題について、カトリックの解答は一貫して肯定的なものである[24]。

恵みによって人間は完全になりうるという主張において、カトリック的総合の限界を乗り越えようとするカトリックの神秘主義者たちもいた。中世思想におけるこの系統はひとまず、現代の完全主義の根源の一つであると見なさねばならない。当面、それを考慮することは重要ではなく、むしろ、次のような点におけるカトリック教理の重要性を認識することが重要である。すなわち、人間は、自らの生と歴史を完成することはできないという聖書的考えと、それにもかかわらずそうできると見せかけて悪に関与することとの間に均衡を保つことである。それはまた、有限性と自然の過程を超越する何らかの人間の能力は、そのような超越性によって人間がつかむ展望を実現することができるという古典的（総じて非聖書的）な確信でもある。

カトリック的総合はさまざまに表現される。それは、クレルヴォーのベルナルドゥスの次のような主張に見事に要約されている。すなわち、人間には、自然の状態における必然性からの自由と、恵みの状態における罪からの自由と、栄光の状態における悲惨からの自由があるという主張である[25]。ということは、歴史における生の究極的完成と、歴史を超えたところでの生の究極的完成との違いは、単に、前者が依然として有限性の諸条件のもとにあるということだけである。

この一貫したカトリック教理からの唯一の明白な変化は、レーゲンスブルク信条［一五四一年に開催されたカトリックとプロテスタントの合同を目指した宗教会議に提出された信条。会議は不成功に終わる］に見出される。これは、宗教改革との妥協を切望することから押し出された、カトリック側の立場からすれば驚くべき命題である。「われわれは、われわれ自身の義のわざのゆえに義であるのではなく、あるいはそのゆえに神に受け入れられるのではなく、ただイエス・キリストの功績によってのみ義と見なされる」。しかし、宗教改革との妥協の可能性が消えた後、カトリック教会は、トリエント公会議において、その立場を異なる仕方で定義した。そこではこう宣言されている。「この義化された人の善業は神の賜物であって、義化された人の功績でもなければ、……なされた善行によって義化されたその人は、……真に恵みが増し加えられ、永遠の命を得ることはない、と言う者は呪われよ[26]」。

トリエント公会議は、救われた者にとっては現実と当為との間に真の対立はないという論拠を堅持する立場をとり、こう主張した。「神の掟を守ることは、義化され恩恵を受けた者にとっても不可能であると言う者は、呪われよ[27]」。

カトリックの思想が、「小」罪についてどのような留保を付そうとも、赦しとしての恵みと力としての恵みとの現実的な一致や、救われた人間の本質的な無罪性について、真剣に問うことはまずない。枢機卿ニューマンの言葉によれば、カトリックは以下のように信じている。「義化は全能の神の裁可であり、それは、混沌を覆う《創造的言《ことば》》〔ヨハネ一・一参照〕として、人間の地上的状態の闇を切り裂く。義化は、魂が義であると宣言し、その宣言において、一方では、その魂の過去の罪について赦しをもたらし、他方、その魂を実際に義なるものとする(28)」。

恵みについてのカトリックの教理は、神学構造全体の基礎であり、それは、その構造のすべての部分において同一の一貫した論理を示している。そのすべての部分において、生と歴史についての聖書的で預言者的な見方が暫定的に受け入れられている。とはいえ、その聖書的で預言者的な見方は、罪とは明確な堕落ではなく、原初の完全の欠如であるという定義によってしばしば弱められた。しかし、人間の状況についての定義が、古典的ではなく聖書的であるとき（アウグスティヌスの場合のように）でさえ、その状況について提案された解決策は、聖書が考えるような人間の可能性の限界を拒絶している。その解決策は、罪が乗り超えられて有限性のみが残るような歴史の場を探し求める。そのような場を探求することにおいて、その解決策は、次のような罪の餌食となる危険を冒す。すなわち、霊的傲慢の罪と人間の決定的な偽装とが、人間的偽装を原理的に克服してきたような宗教の庇護のもとで最も首尾よくなされるものであることが、宗教の営みそれ自体の中に例示されているような罪である。

救われた者の無罪性を過大評価することにおけるあらゆるカトリック的誤りは、教会論において頂点に達するか、少なくとも、最も鮮明で印象的な表現に達する。ここでは、アウグスティヌスの留保は忘れ去られ、教会はあからさまに神の国と同一視される。教会は「完全社会」(societas perfecta)である。教会は恵みの唯一の分配者でもある。教会の目に見えるかしらは、「キリストの代理人」という称号を持つが、それは、歴史についての預言者的見解の視点からすれば冒瀆的に見える[29]。その称号と教皇不可謬説という主張が人間的偽装の頂点に達していたため、宗教改革が教皇を「反キリスト」として告発したことも、歴史的にある程度避けられないことであったとも見なされよう。実際、教皇の政治的反対者たちは、カトリック時代に告発をすることで宗教改革の先駆けとなった。非ローマ・カトリック教徒は、教皇の偽装、実際には位階制の偽装一般を、本質的なカトリック教理の表現というよりは堕落と見なすであろう。教皇が現在主張している権威を公会議がかつて保持していたことは事実である。また、「キリストと共に支配する聖徒」というアウグスティヌスの概念が、グレゴリウス七世がこの言葉から引き出した実際の政治的支配の主張よりも偽装の度合いが少ないことも、確かに事実である。しかしこのことは、完全な社会の支配者たちが、かつてその社会自体のために要求した神聖さを侵害したということを意味するにすぎない。宗教的に煎じ詰めれば、初期の要求のほうが後の時代よりもっともらしいとはいえ、いずれの要求も同じく醜悪である。

教会の神格化は、いかなるかたちで考えられようとも霊的に危険なものである。教会が「受肉の延長」であるというカトリックの教理は、教会が「キリストの体」であるというパウロ的で聖書的な教理からの強調の重大な転換を示している。というのは、教会が《体》として思い描かれるとき、それは、歴史的現実という法則に服従することに変わりはないからである。その理想と規範は、教会員すべてがキリストという「かしら」に従うことによって互いに完全に調和すべきだということである[30]。しかし、実際の現実はいつでも、歴史的存在を特徴づけるいくつかの矛盾を露呈する。歴史においては常に、「わたしの五体にはもう一つの法則があって心の法則と戦」っているのである[31]。この戦いは確かに、救われた者の集団の営みにおいて明らかであるのと同様に個人の生において明らかである。

歴史的存在のあらゆる不確かさに対して神の審判をもたらすような機関が、その任務によってそうした不確かさを免れてきたと主張するとき、預言者たちがイスラエルの罪としてきわめて明白に認識した罪と同じ罪を犯していることになる。この罪は、政治的な権力への意志として自らを表現するときに、特に明らかになり、また耐えがたいものになる。その罪は、歴史上の教会と教皇制とが誇りとする普遍性の達成によって緩和されるとしても、それはほんのわずかにすぎない。歴史において競合する多くの社会的また政治的諸勢力の一つにすぎない一介の「キリストの代理人」など、キリストの真の代理人ではありえない。キリストは歴史においては無力であったし、キリストにおいては、歴史におけるいかなる特定の大義も力も勝利したり正当化されたりはしなかったのである。教皇制教会の権力が、現実に公平性や、相争う国家ならびに競合する社会勢力からの超越の一つの基準となることよって、西洋世界の歴史において創造的役割を演じることができたという事実は、感謝と共に記録されてよいであろう。しかし、だからといって、教会が、あらゆる歴史上の闘争を特徴づける創造性と堕落の混合から逃れることができたということにはならない。

偉大な教皇たちの動機と方法において、また、教会の達成と偽装の歴史全体において、「キリストの精神」と「カエサルの才能」とがいかに奇妙にまた悲劇的に混ぜ合わされていたかを、歴史は明白に暴露する。経済生活に対する教会的宗教的な統制は、経済的利害関係の対立を公平な視点から調整するものであり、同時に、聖職者の勢力と封建勢力との容認しがたい同盟でもあった。勃興しつつあった中産階級は、この封建秩序の正義と不正のこの神聖化が厄介なものであることに気がついた。そしてその秩序は、それを支える宗教的権威に立ち向かうことなしには変ええないとの結論に至らざるをえなかった。

教皇によるヨーロッパの政治的支配は、一方では、諸国家の身勝手を「キリストの法」の支配下に置こうとする努力であった。他方それは、帝国と共有され、また、帝国に対して不安定に維持された主権の主張であった。帝国とのこの争いにおいて、「世俗的」権力に対する「霊的」権力のいわゆる優越性は、常に、「世俗的」主権を確立するための教会的権威の武器として用いられた。しかしこの主張は、教皇制の不安定な卓越性を維持するために充分なものではなかった。教皇制は、きわめて「世俗的」な外交的また政治的戦略も用いた。そうした戦略は、最終的には、勃興してきたフランスの勢力を、ドイツの皇帝たちへの対抗勢力として利用するという主要な方策のもとにあった。その壮大な体制の宗教的崩壊は、教皇権力に内在していた宗教的欺瞞に対する反抗によって引き起こされた。その政治的崩壊は、元来帝国に対して釣り合いをとる役割を果たしていた同じフランスの利害に、教皇権力がますます従属していくことによって引き起こされた。この争いの詳細と複雑さについてはわれわれの目下の関心を超えている。しかしながら、重要なのは、究極的な結果が、預言者たちによる、神の威光を侵害しようとする歴史的支配に対する破滅の予言に相当するものであることを認めることである。[32]

ヨーロッパの文化的生活に対する神学的宗教的な統制は、教会の経済的で政治的な支配と同様にいくつもの両義性を示していた。それは一方では、すべての科学と哲学と文化を福音の真理の権威のもとに置こうとする努力であった。福音において、部分的真理はその成就を見出し、真理の罪深い堕落は暴露され除去される。他方、その統制は、信仰によってのみ保持されうる究極の宗教的立場を、人間の所有と、他の知の諸類型に対する権威の道具へと変質させようとする聖職者たちの傲慢の表れであった。

宿命論者になって、このようなカトリック教理の展開全体が、キリスト教の思想と活動の歴史において実質的に避けることができないのものであったと見なす必要はない。それが避けられなかったのは、あらゆる人間的達成に反対し、そこに、自己権力の拡張という罪深い要素を指摘する福音の真理のその部分に人間のうぬぼれが抵抗するからである。その抵抗は、キリストが到来する前から、預言者的解釈によって開示された歴史の問題に対するメシア信仰的希望の解決策が不適切であったことにおいて明らかであった。メシア信仰的希望は解決策を見出しえなかった。なぜなら、そのような希望は、希望を持つ者を擁護することをも含むような、神の擁護を期待していたからである。福音への抵抗は、キリスト自身の弟子集団において明らかであった。弟子たちは、勝利のメシアではなく苦しむメシアという考え方に反感を覚えた。(33) その抵抗は、罪の問題への答えとして、贖罪よりも、人間の生の不完全さを完全にすると約束した福音の一部に共感した初期の教会において明らかであった。

さらに、宗教的生の複雑さ、特に恵みの二つの相は、人間の傲慢から来る混乱を抜きにしても十分に厄介なものであった。理性は以下のことを理解するのに困難を覚えずにはいられなかった。すなわち、それによってわれわれが歴史の矛盾と両義性を超えて立つ信仰と恵みは単純な所有ではないということであり、それは《持っているが、持っていない》ようなものであるということである。また、間違いなく所有していると主張するとき、信仰と恵みは、表面上はそれによって解放されたように見える罪の手段となるということである。こうしたすべての理由により、キリスト者の生において、歴史の矛盾を超える完全を達成しようとする努力は避けがたいものである。さらに同様に避けがたいのは（歴史の中の人間という現実的な問題があることは確かだとしても）、その努力が、まさにその霊的達成の頂点において教会を新たな罪に巻き込むということである。これが中世キリスト教の栄光と没落の悲哀である。

IV　カトリック的総合の崩壊

これらカトリック的総合の達成と偽装とに対する歴史上の反動もまた同様に不可避であった。ある意味で、歴史がその比較的単純な解釈の誤りについての動かしがたい証拠を提出するまで、教会の中で、福音の真理の全体像が完全に知られることは全くなかったか、少なくとも、およそ明白に提供されることはなかった。ここに宗教改革の意義がある。宗教改革は、歴史における達成を否定し、それに反対するような福音の側面がそれまでより十分に理解されるようになった歴史的場所である。この真理は、西洋人の歴史意識に嵐のように激しく入り込み、キリスト教世界の歴史全体を変えることになった。それによって始まった歴史上の議論の論争的関心は、再発見された福音の真理を一面に偏ったかたちで主張するようにならざるをえなかった。この一面に偏って強調されることによって、カトリック的「総合」に組み込まれていた福音のもう一つの側面は、しばしば不明確にされるか、失われることになった。しかし、宗教改革の論争態度やその他の弱点は、いずれも、「信仰による義認」という宗教改革の教理にまとめられた洞察の基本的特質を損なうことはなかった。キリスト教信仰についてのカトリック的解釈と宗教改革的解釈のいずれにも不案内な現代人には全く意味のないように見えるこの教理は、それが神の恵みによるものであろうとなかろうと、生と歴史を完成させようとする人間的努力を、キリスト教の核心において決定的に拒絶するものである。信仰義認の教理は預言者的歴史解釈の頂点である。というのは、その教理は、預言者たちが最初に明らかにしたあの歴史的現実の特徴を留保なしに認めるからである。信仰義認の教理は、人間の歴史が、自然の変転や有限性と自然の永遠の源泉や目的との間に恒久的に留め置かれていること、また、この状況から逃れようとするあらゆる努力は、人間を、その存在の限界づけられた性質を曖昧にしようとする罪深い傲慢に巻き込むこと、さらには、人間が「恵みによって」この事実を知ったとしても、それは罪を免れる保証にはならない、ということを理解するのである。

それゆえ宗教改革は、われわれが「信仰によって義とされ」、また「希望において救われる」のだから、われわれの力によらないどころか、われわれの把握をも超える生の完成を待ち望まねばならないことを理解する。宗教改革が認めるのは以下のようなことである。すなわち、自然の過程に巻き込まれているとともにそこから自由であるにもかかわらず統一体である人間存在は、自然に還るためにその自由を否定することによっても、「永遠的」なものへと上昇するために被造物としての性質を捨て去ることによっても「救われる」ものではない、ということである。これは、信仰と希望によらない限り答えのない、人間存在についての最終的謎である。というのは、すべての答えは人間理性の範疇を超えているからである。しかし、これらの答えがなければ、人間の生は一方では懐疑主義と虚無主義に、他方では狂信と傲慢に脅かされる。いずれにせよ、人間の生は、あらゆる人間的視点の相対性と局部性によって押さえ込まれている。そして、真理を損なわずに説明できる人間はいないゆえに真理などないという結論に至るか、人間の視点の有限的性質にもかかわらず、究極的真理を持っていると偽るか、そのどちらかとなるのである。

しかし、宗教改革の教理の意味についてさらに深く考える前に、次のことを認めておくことが重要である。すなわち、「中世的総合」において達成された人間の自己信頼と福音的謙遜との奇妙な複合は、宗教改革のみならずルネサンスからも異議申し立てを受けたということである。ここ数世紀における精神の歩みは、これら二つの力の相互作用によって決定されてきた。現代の文化史家たちは、これら二つの偉大な精神運動を相互に関係づけるにあたってある困難を感じてきた。宗教改革とルネサンスはしばしば、同時並行する、教会の統制と迷信からの二つの「解放」運動にすぎないものと説明された。またある時には、それらは解放が成功した運動であると解釈された。この場合、ルネサンスのほうが一層徹底していると通常見なされた。この解釈において論理的順序は年代的順序に一致していない。というのは、ルネサンスは宗教改革より一世紀早く始まったからである。さらに重要なのは、ルネサンスがカトリシズムの中心で起こったということである。十五世紀のヴァチカンのありようは、ルネサンス精神の中心そのものであった。実のところルネサンスは、宗教改革よりもカトリック的であると同時に、宗教改革よりも「近代的」であった。

この事実は、次のことが認識されなければ逆説的に見えるかもしれない。すなわち、ルネサンスと宗教改革は、中世的総合の崩壊に発する、部分的に相反する歴史的勢力であるということである。ルネサンスにとって、人間の状況についてのカトリックの解釈は悲観的すぎるが、宗教改革にとってカトリックの解釈は楽観的にすぎる。しかし、カトリック的総合は悲観的であるよりは楽観的であるため、宗教改革とルネサンス、もしくは宗教改革とカトリシズムよりも、ルネサンスとカトリシズムのほうが親和性が高い。ルネサンスは、生の成就のための要件となる、力としての「恵み」を必要としないが、カトリックの完全主義とルネサンスの完全主義は比較的連続したものである。ルネサンスは、人間的生それ自体における成就に可能性を見出す。一方、宗教改革は中世的伝統との一層完全な断絶を示す。というのは、「恵み」を、主として人間に内在する「神の力」ではなく、人間に対する神の力(赦し)と解釈するからである。宗教改革は、個人の生であれ歴史の企ての総体であれ、それが、恵みについてのカトリックの諸理論が暗示する完成の域に達しうることを否定する。

ルネサンスは、人間理性の自律の名のもとに、あらゆる文化的生に対する教会の統制に反対し、それによって近代の文化の発展全体の基礎となった。宗教改革は、聖書の権威の名のもとに、教会による宗教的思想の教義的統制に反対し、人間的権威は（教会的権威でさえも）福音の真理を所有したり解釈したりする権利を主張することはできないと断言する。福音とは、あらゆる人間的知恵を超えるものであり、そうした人間の解釈は常に福音を（少なくともその細部を）損なってしまうのである。教会のみが最終的真理を解釈し適用する権利や能力を持つという欺瞞に対するルネサンスと宗教改革の抵抗は、それぞれ独自の正当性を持つ。しかし、それらの抵抗は、全く異なる度合いの経験から引き出されたものである。

ルネサンスの抵抗は、理性の自律の名のもと、究極的な人間の問題をほとんど意識していない。人間の視点は部分的で有限であることをルネサンスは知っている。しかし、精神の力の伸展によってこの有限性を徐々に克服しようとするのである。ルネサンスは、有限性と自由との逆説がどれほど必然的に、一層深刻な罪の問題をもたらすかを理解しない。それにもかかわらず、その教会的権威に対する抵抗は、それ自体の度合いにおいて妥当なものである。というのは、宗教的教義は常に、それが体現する意味についての究極的判断が、あらゆる従属的な意味領域にとって代わると見なしがちだからである。その従属的な意味領域とは、人間の知性が、自然の偶然的継起をたどることによって、また、人間の理性に内在する統一の力を用いてあらゆる現象を何らかの意味の領域に持ち込むことによって識別し発見するものである。

重要なことは、ルネサンス文化の最も偉大な達成が、合理的な知的好奇心を、近代の自然科学を精緻なものにすることへと方向づけたということである。というのは、自然の研究において、人間の知性は、神のごとき客観性に接近するかもしれないからである。その客観性は、人間の知性が、人間の歴史の諸事実を研究する際に、無邪気に、しかし誤って、所有していると想像するものである。歴史の分野では、諸事実を観察するのは、純粋な知性ではなく不安定な理性である。この理性は、不安な自我と有機的に結びつき、人間の生命力についてのさまざまな競合する表現の偉大さや弱さ、すなわち約束された援助や迫って来る危険に対して、同情や軽蔑、恐れや傲慢によって応答する。

教会の権威に対する宗教改革の抗議は、人間の生における特定の従属的な意味領域を超える究極的な人間の問題のみを意識する。宗教改革は、人間の生がそれ自体を完成させることはできないことを知っている。また、「世は自分の知恵で神を知ることができない」［Iコリント一・二一］ことを知っている。さらに、この世が、ある不適切な意味の中心を、一貫性を持つ意味領域全体の代わりと見なすことによって悪に関与することを知っている。宗教改革は、教会による宗教的教義の統制の中に、キリスト教の基準に照らして新たな形態の偶像崇拝を見抜く。この偶像崇拝では、人間の機関［教会］が生や歴史を機関自体の周りに集中させる。人間の機関がそうするのはまさに、あらゆる真理を超えた真理を「所有する」ことによってであり、また、あらゆる人間的力を超えた力であり、人間の力が自らの限界を認識するときにのみ働く「恵み」を施すと見せかけることによってなのである。

教会の権威に対抗するものとしての聖書の権威に対する宗教改革の主張は、その内部に新たな偶像崇拝の危険を宿している。その聖書崇拝はやがて、古い宗教的権威と同様に、原因と結果を探し出す人間知性の自由にとって危険なものとなっていった。しかし、正しく考えられた聖書的権威とは、ひとえに、そこにおいてあらゆる真理が成就され、あらゆる真理の堕落が否定される福音の真理を擁護するはずのものである。この権威が聖書的であるのは、聖書には、「救済史」（Heilsgeschichte）という、キリストにおいて頂点に達する歴史があるという意味においてである。この救済史は、そこにおいて、人間の企ての総体が、歴史のさまざまな限界と、そうした限界への歴史の反逆と、歴史の問題に対する神の答えとを完全に知ることになるような歴史である。聖書は、それが、社会的、経済的、政治的、科学的な知識の権威ある大綱となるとき、知についての相対的規準の聖化という罪深い手段として、また、時として宗教的規範として祭り上げられる徳として利用されることもある。

権威とのこのような争いから生じる、ルネサンスと宗教改革の自由の概念はまた異なる段階へと進んでいくが、その概念は、両者の根底にある生についての概念ほど正反対に対立しているわけではない。ルネサンスは主として、人間の生とりわけ人間の知の探求の営みを、法外な社会的、政治的、宗教的な拘束と統制から解き放つことに関心を持つ。したがってルネサンスは、人間社会における自由を得るための闘いの直接的源泉であり、近代を特徴づけたのである。宗教改革では、自由は主として、どのようなものであれ、恵みを付与する限定的な機関の介入なしに、信仰によって神の恵みを自らのものとするために個々の魂が有する権利と能力を意味している。宗教改革は、あらゆる社会的状況を超えるような自由に関心を持ち、専制政治の内部やその支配のもとでさえも自らの立場を表現することができる。

しかしながら、「恵み」を施し、神の憐れみを制御し媒介すると主張する同じ宗教的権威が、社会的歴史状況における究極の権威でもあると主張するゆえに、宗教的社会的自由を求める二つの闘いは合流に向かい、互いに支え合う傾向にある。ルネサンスと宗教改革が、自由に向かう共通の衝動の異なった表現であるとする諸解釈に一定の妥当性をもたらすのは、この事実である。

宗教的権威に対するルネサンスと宗教改革の闘いは、実際の表現よりも基本原理において対立を深くしているにもかかわらず、それぞれの運動から生じた精神性の二つの類型間の違いを十分明らかにはしていない。その違いは、「聖化」と「義認」という、キリスト教的恵みの教理をめぐる解釈の見地から考えるなら、おそらく確定できるであろう。

ルネサンスは、キリスト教教理の視点から考えるなら、原理的に「聖化主義者」である。ルネサンスにあっては、預言者的でキリスト教的な意識において表現されている、生の成就とその最高度の可能性の実現への希望に対するあらゆる留保は無視される。カトリックの教理が、「義認」の概念に象徴されるキリスト教真理の要素を過度に低く位置づけているとすれば、ルネサンスは義認を全面的に退けている。なぜなら、義認は、ルネサンスの経験におけるいかなる現実とも一致しないからである。この問題に関して、ルネサンスは近代人の精神性にとって決定的であったと付け加えることもできよう。というのは、典型的な近代人は、キリスト教の教理に含まれているような生と歴史についての真理を一切認めないからである。

しかし、ルネサンスはさらに先を行く。ルネサンスは「義認」と「聖化」の逆説を破壊するだけでなく、「恵み」の概念をまるごと退ける。というのは、ルネサンスは、善についての知識と、善を行う力との隔たりを一切認識しないからである。その問題において、ルネサンスは、人間の状況についての古典的概念に意識的に回帰する。ルネサンスは、人間はその内部に、生の最も超越的な目標を成就するに充分な（合理的または神秘的な）能力を有していると信じるのである。[34] この点において、ルネサンスは、現代精神にとって古典的概念と同様に決定的である。この一般的傾向に対する唯一の例外は、「セクト的」プロテスタンティズムの中に見られる。宗教改革的セクトは、本質的に、宗教改革の用語よりもルネサンスと「完全主義者」の用語で救いを定義するにもかかわらず、恵みについてのキリスト教的概念を維持しているのは確かである。敬虔主義的セクトは、恵みが個人的完全の実現のために必要とされていると信じる。また、黙示主義的セクトは、歴史的過程全体が理想社会において頂点に達するために、神の摂理の介入を当てにする。[35]

ルネサンスの完全主義が、意識的には人間の状況についての古典的解釈に拠っていたのに対し、無意識的にはその世界観にキリスト教的で聖書的な要素を加味していたことが観察されるに違いない。ルネサンスは、この要素を抜きにして歴史的過程全体に対する楽観的態度をとることはできなかったであろう。歴史は意味ある過程であり、より高度な実現へと向かっていくとするその歴史観は、聖書的でキリスト教的な終末論に由来するものである。しかしルネサンスは、近代文化全体と共に、二つの点において聖書の歴史観を変えた。まず、ルネサンスは、歴史を超越し、それによって歴史の「終末」を示すものとしての歴史の成就に思い至らなかった。そして、究極的な「審判」を、聖書的終末論における「終末」の一部として考えなかった。言い換えれば、ルネサンスは、歴史における曖昧で悲劇的な要素を意識しなかった。あるいは少なくとも、歴史的過程自体によって徐々に取り除くことができないものについて知らなかったのである。こうして、近代のユートピア主義全体がルネサンスの精神に潜在している。近代人の信条において最も特徴的にまた堅く保たれている条項である「進歩の概念」は、ルネサンスから必然的に立ち現れた歴史哲学である。この結果、人間に対する古典的信頼と、歴史の有意味性に対する聖書的信頼とが結びつけられることになった。しかしながら、注意すべきは、歴史には、預言者的で聖書的な見方において思い描かれていたものよりも単純な意味が与えられているということである。

今日、人間の状況を再評価するにあたってわれわれが直面する課題の一つは、ルネサンスの世界観における偽りなるものを排除し、真実なるものを受け入れることである。実際に人間の歴史は、さまざまな無限の可能性によって満たされている。このことを、ルネサンスは、古典主義やカトリシズムや宗教改革以上にはっきり見ていた。しかし、歴史は善と悪の無限の可能性によって満たされていることをルネサンスは認識しなかった。ルネサンスは、知の累積と、理性の伸展と、自然が次第に征服されることと、（その後に発展する）社会結合の技術的伸展とを信じていた。歴史の「進歩」に内在するそれらのことはすべて、理性と秩序の力が混乱と悪を段階的に征服することを保証するものであった。ルネサンスは、あらゆる新たな人間的潜在力は秩序のみならず混乱の手段となりうること、またそれゆえに歴史は自身の問題についての解決策を持たないことを認識しなかった。

ルネサンスがやや無関心な歴史のこの悲劇的側面こそまさに、宗教改革が最も十全に把握した歴史の側面であった。この把握は、カトリックであろうが、世俗であろうが、また、セクト的キリスト的であろうが、それらのあらゆる聖化の教理に対する宗教改革の論争に包含されている。宗教改革はそれらに、歴史の可能性に対するあまりにも単純な信頼があることを嗅ぎつけるのである。宗教改革の「信仰による義認」という教理は、歴史についての適切な解釈に資する重要な意味を内包しているが、およそこの教理が十分に評価されたり用いられたりすることはなかった。というのは、おそらく、歴史的問題に関心を持つプロテスタント神学の大部分は、その発想を、宗教改革ではなくルネサンスから引き出してきたからである。

しかしながら、留意すべきは、歴史上の存在をめぐる究極的問題についての宗教改革の理解は、道徳的文化的敗北主義への傾向なしに練り上げられることがなかった（また、おそらくそうできなかった）ということである。宗教改革は、すべての人間の企てが直面する究極的な挫折を意識することによって、あらゆる究極以前の問題を扱う場合には、無関心へと傾いていった。これらの諸問題に直面するとき、すべての道徳的状況は、それが充分に分析されるとき、個人的であろうが集団的であろうが、より高度な成就への際限ない可能性を実際には明らかにする。個人的生における聖化にも、集団的生における社会的完全にも、文化的生における真理の発見にも限界はない。無論、新たな達成の水準においても徳や真理の欠如と堕落がありうるという、一つの限界を除いてのことであることは言うまでもない。

宗教改革におけるこの道徳的悲観主義と文化的無関心は、ルネサンスの力に宗教改革が敗れたことの一因であった。近代の精神的生は、主としてこの敗北によって規定されていることが認識されなければならない。しかしながら、宗教改革が、人間存在の究極以前の問題と当面の可能性に無関心であったことは、この敗北の原因の一つにすぎなかった。もう一つの原因は、科学や社会的技術、自然の征服、近代における人間の可能性の全般的な伸展などの驚異的な発展はすべて、ルネサンスによる生の評価において、真実なものを強調し、偽りのものを隠すことにならざるをえなかったということである。

近代の状況についてのこの解釈を証明するためには、ルネサンスと宗教改革をさらに充分に考察する必要があるであろう。人間の本性と運命についての真理の諸側面においてルネサンスと宗教改革とは相反しているが、なぜ、そしていかに、その諸側面が人間の本性と運命についての貴重な洞察を示しているかを理解することは特に重要である。もっともその洞察には、ルネサンスと宗教改革の両者が含まれていた中世的総合において鈍らされ曖昧にされた部分もある。問題は、両者が相反したり互いに打ち負かしたりすることがないように構想され定められうるかどうかということである。もしそれが可能であったとすれば、中世的総合以上の高みと深みへと達する、人間の本性と運命についての哲学が現れていたかもしれない。なおかつ、まさに現代文化の今日の傾向である、シニシズムと感傷主義、また悲観主義と楽観主義とが入れ替わり立ち替わり現れることにも動じない哲学が現れていたかもしれないのである。

第六章　近代文化における人間の運命をめぐる論争——ルネサンス

I　序

われわれは、キリスト教信仰の光に照らして人間の状況を分析してきたが、それによって次のような確信を得た。すなわち、ルネサンスと宗教改革とは、いずれも、人間の歴史的存在の可能性と限界について、適切な再定義を始めることを必要とするさまざまな洞察を具体的に示しているということである。この再定義を効果的に進めるためには、近代文化において、ルネサンスが宗教改革にほぼ完全に勝利したことによって未熟な結論に終わってしまった議論を再開する必要がある。この勝利はあまりにも大きかったため、宗教改革の最も特徴的な洞察が、大部分のプロテスタント・キリスト教にさえも意識されなくなってしまった。近代プロテスタンティズムはしばしば、信仰義認の教理がその答えとなるような究極の問題に対して、カトリック・キリスト教や世俗文化よりもはなはだしい無関心と無知を露呈している。カトリックはこの問題を簡単に解決し過ぎてしまったかもしれないが、その問題を決して忘れることはなかった。一方、世俗精神は、しばしば健全な常識によって、避けることのできない歴史の相対性や挫折を、多くの近代プロテスタンティズムの完全主義的前提よりも寛大に認識するようになってきた。世俗精神は、時に、世俗化された義認の教理を発展させて、歴史の挫折の問題と取り組むこともある。ところが、リベラル・プロテスタンティズムは依然として、感傷的で実体のない歴史の希望に陥っているのである[1]。人間の運命をめぐる論争では、リベラル・プロテスタンティズムは、おおむね宗教改革よりもルネサンスの側に属している。

アングリカン教会［イングランド教会］の精神状況は、他のルネサンス型の教会とも宗教改革型の教会とも一致しない。アングリカン教会の三九箇条と『祈禱書』は宗教改革の神学と敬虔によって特徴づけられているが、宗教改革の特徴的洞察はしばしば曖昧にされている。ここ数世紀にわたるアングリカン・コミュニオン［イングランド教会の緩やかな世界的連合体］の精神的な緊張は、カトリック的強調とルネサンス以前のリベラリズムとの間のものであり、後者は少なくとも、アングリカン教会の教父学へのこだわりに由来するところがある。イギリスの古い大学においては古典学が重視され、アングリカン教会の聖職者は、特殊な神学研究よりも一般的な大学教育に依存した。そのことによって、アングリカン教会の思想においては、古典学の要素が増大し、聖書の視点と古典の視点の対立を含む問題は曖昧にされがちになった。

このように、アングリカン教会内の論争は、アウグスティヌス以前の神学とアウグスティヌス以後のカトリシズムとの間の論争である。この論争では両陣営とも強い完全主義的傾向を示している。前者は近代のリベラリズムとの親和性があるが、『祈禱書』の敬虔とキリスト教の歴史の感化によって、この半ペラギウス主義は世俗化を免れている。一方、『祈禱書』の宗教改革的な要素は、さまざまな仕方で教会の考え方に継続的に影響を与える源となっている。「わたしたちの中に健やかさはありません」と敬虔な信徒に告白させる「一般の告白」の祈りの精神に、どれほど多くの説教が挑戦し、どれほど多くの説教が鼓舞されてきたか計り知れない。

アングリカン思想の最も悪いところは、それが、リベラルな道徳主義と伝統的敬虔との混合になっているところである。その最も良いところは、恵みについてのキリスト教教理のあらゆる面を、他の諸教会よりも誠実にともかくも結びつけているところである。

ルネサンスと宗教改革との論争が再開される必要があるという確信は、人間の状況を明確にする際に、ルネサンスが全面的に誤りで、宗教改革が全面的に正しかったということを意味するものではない。ただ、両者の争いの結果が暗示するほど、ルネサンスが正しく、宗教改革が誤っていたわけではないということである。この論争は、実は、「弁証法神学」の登場とともにすでに再開されていた。この神学は、近代文化に対してなされたさまざまな反抗の一部であった。その頃、第一次世界大戦によって、人々は、当時の歴史上の事実が、当時の文化における自分たちの解釈と食い違っているのではないかとの疑念に駆られるようになっていた。しかし、残念なことに、この神学運動は、ルネサンスが全面的に誤りで、宗教改革が全面的に正しいという前提から出発した。この確信を詳しく説明するにあたって、この運動は、宗教改革が保持してきた生の聖化と成就の強調を抑制するほどに、宗教改革思想の最も悲観的な消極的側面を強調した。[2] その結果、カール・バルトによって始められたこの神学運動は、教会の考えに多大な影響を及ぼしたが、それは消極的なものでしかなかったし、およそ教会外の思想に挑戦することもなかった。また、この神学運動は、ルネサンス文化の正しい面をあまりにも徹底して無視したので、その誤った面に異議を申し立てることもできなかった。

それゆえ、必要なことは、この神学運動とは異なる方法で、ルネサンスと宗教改革との論争を再開することであり、また、ルネサンスの誤りを宣告する前に、生と歴史とに関するルネサンスの解釈において、何がキリスト教的で、何が真実であるのかを見極めることであろう。

II　ルネサンスの意味

精神運動としてのルネサンスは、人間存在の無限の可能性へのこの上ない肯定として、また、歴史には意味があるという感覚の再発見として、最もよく理解される。この肯定は多くのかたちをとるが、そのすべてがこの運動の基本的衝動と同等に一致しているわけではない。しかし、ルネサンスには総じて、歴史家が、多様な哲学的、宗教的、社会的運動をルネサンスという一つの歴史区分の中に置いていることを正当化する十分な一貫性がある。それらの多様な運動とは、初期イタリアのルネサンス、デカルト的合理主義、フランス啓蒙主義、進歩というリベラルな思想やマルクス主義的社会変革、セクト的完全主義や世俗的ユートピアニズムなどである。これら多種多様な表現のすべてに統一原理がある。それは、歴史における生の成就への衝動である。生が、聖書的な宗教改革的思想が施した留保や限定なしに成就されうるという考えは、二つの異なる源泉から生じる。一つは、人間の可能性への古典的な信頼であり、一つは、生の聖化と成就への聖書的キリスト教的衝動、特に歴史自体の成就への聖書的終末論的希望である。

これら二つの源泉は、まさにルネサンスという言葉の二重の意味を特定する。ルネサンスが、古典学への、また、人間の状況についての古典的概念への意識的な回帰であるように、「ルネサンス」という言葉が意味するものは、学問一般、特に古典学の「再生」にすぎないことは一層明らかである。「再生」は、ほとんどの近代文化史において認識されている唯一の意味合いであるとはいえ、この表現はそれより重大なことも意味した。それは、被造世界全体と人間社会の再生ということをも意味したのである。それは、キリスト教的終末論の希望の表現でもあった。このはるかに深遠な意味は、古典学の再生という意味ほど意識されてこなかったかもしれない。しかし、少なくとも初期ルネサンスにおいては、「ルネサンス」のさらに深遠で広範な意味合いは、その言葉と運動の意味についての後世のさまざまな理論が暗示するよりも一層明らかであったことに気づかなければならない(3)。

個人と歴史の成就というルネサンス的概念は、一部、カトリック時代の資源を利用したものであった。個人の生には無限の可能性があるというルネサンスの思想は表向き古典概念に基づいていたが、そうした概念がカトリック的合理主義の中で全面的に失われることはなかった。また、この概念は、カトリックの神秘主義と修道生活の完全主義の中で、それ特有の力によって表現された。途切れることのない線が中世の神秘主義者からプロテスタントの敬虔主義者へと続いている。歴史の成就というルネサンス的考えは、最終的に、十七世紀と十八世紀における進歩の思想にまで練り上げられたが、少なくともその一部はフランシスコ会の急進主義に由来するものであった。

フランシスコ会の敬虔は十三世紀に起こったが、その敬虔は、修道的完全主義の最盛期の最後を飾るものであるとともに、歴史の成就という新たな感覚の始まりでもあるという特質を備えている。フランシスコ会の個人的完全主義の魅力は、福音的倫理の絶対主義に由来するものであって、伝統的な中世の修道生活を一部特徴づけたような、世俗を否定する二元論や神秘主義によるものではない。フランシスコ会には、歴史は力動的で有意味なものであるという感覚があり、それは地上における神の国の設立へと向かう。そのような感覚は、フィオーレのヨアキムの終末論と、フランシスコ会の聖化の思想とが融合した結果であった。フィオーレのヨアキムは、カトリックの教理が教会と神の国とを同一視したことに由来する静態的歴史概念に異議申し立てをした最初の中世思想家であると見てよいであろう。ヨアキムによれば、世界の歴史は三つの時代、つまり、父なる神の時代、子なるキリストの時代、聖霊の時代に区分される。子なるキリストの時代は教会の時代であり、フィオーレのヨアキム自身が生きた時代でもあったが、その時代は終わりに近づいていた。しかしかれは聖霊の時代を待ち望んでいた。それは、カトリックのサクラメントの中にただ約束として含まれているにすぎないキリストの法が心の中で成就される時であった。

フランシスコ会の急進派は、ヨアキムの黙示的希望はフランチェスコ［アッシジのフランチェスコ］の生の完成において実現していたとし、また、その希望は、フランシスコ会の修道院生活が確立する理想的秩序において成就されるであろうと主張した。フランシスコ会士ペトルス・ヨアニス・オリーヴィは、キリスト教教義のほかならぬキリスト中心性に異議を申し立てたフランチェスコの霊的卓越性をたびたび主張した。このオリーヴィのような「霊的指導者たち」の思想は、神秘主義の無歴史的かつ非歴史的敬虔から姿を現した真の歴史意識と見なされてよいであろう。中世的総合における古典的要素と教会的要素とによって長く隠されてきた聖書的終末思想が再度真価を発揮したのは、まさにここにおいてである。しかしながら、新たな近代的要素が、キリスト教的終末論の中に微妙に混ぜ合わせられていることは重要である。オリーヴィによれば、歴史自体が「救済史」（Heilsgeschichte）である。歴史的過程自体に救済力があるという近代的確信は、フランシスコ会の霊的指導者たちの思想の中に、萌芽の形で歴然としているのである。[4]

フランシスコ会の神学者たちは、個人的完全主義への衝迫と歴史の成就への希望をルネサンスにもたらした。フランシスコ会の最も偉大な神学者であるボナヴェントゥーラは個人的完全主義の、また、ロジャー・ベーコンは歴史の成就の、それぞれルネサンスへの優れた仲介者であった。「完全なる愛を込めて神を愛する人は、神へと変えられる」というボナヴェントゥーラの野心的な言葉は、しばしば世俗化されて、ルネサンスの「反逆心」へとこだました。ボナヴェントゥーラは、人間が恵みに依存することを変わらず意識し続けたが、ルネサンスのほうは、人間の本性に備わった驚くべき知的能力を、ルネサンス文学が称賛したような人間の生のあらゆる無限の可能性の源泉と見なしたのである。それにもかかわらず、フランシスコ会の完全主義とルネサンスの希望との間に関係があったことは疑いえない。

ロジャー・ベーコンは学問への情熱を持っていたが、そのことによって、近代の歴史家はしばしば、ベーコンを、中世の冬における新たな時代の春の先駆者として、すなわち「最初の近代人」として称賛してきた。しかし、ベーコンが学問を正当化するのは、主として、時が満ちて現れる反キリストの危険に立ち向かう武器を供給する最善の手段としてのことであるということは、必ずしも理解されているわけではない。このように、フランシスコ会的終末論と学問への新たな情熱が、ベーコンの思想の中で融合されているのである。それゆえ、当然のことながら、歴史が力動的で、現在においても未来においても成就へと向かっているという感覚は、もっぱらキリスト教的かつフランシスコ会＝ヨアキム的なものを起源としているわけではない。ルネサンスという覚醒一般と、新たな力と潜在力についてのその感覚とが、歴史の成就という感覚の自然な発生を促したのである。それにもかかわらず、キリスト教終末論の前提がなければ、ルネサンスが表向き回帰した古典的諸概念が、ルネサンスの傾向を適切に伝えることとはなかっただろう。

実際に、個人の再生と政治の再生双方についてのダンテの展望や、眠りからの覚醒というペトラルカの象徴や、後期ルネサンスにおけるさまざまなユートピアの描写、すなわち、フランシス・ベーコンの『ニュー・アトランティス』、トマス・モアの『ユートピア』、カンパネラの『太陽の都』などには、新しいものと古いものとが奇妙に入り混じっている。フランシスコ会的終末論の響きは、ローマの統一者コーラ・ディ・リエンツォ［リエンツィとも］の政治的メシア気取りや、(5)神聖ローマ帝国皇帝フリードリヒ二世のばかげたメシア意識にさえ見られる。(6)その見せかけの意識のゆえに、教会当局は、フリードリヒ二世を反キリストとして告発したのであった。

ルネサンス精神における個人についての高められた感覚と、個人の生の最高度の可能性をめぐる成就の衝動については、別な関連で考えてきた(7)［「ルネサンスにおける個人の概念」についての議論（第一巻第三章）］。それゆえここでは、キリスト教的終末論の概念が、それによって進歩という近代的思想に変質してゆく歴史理論の展開の概略を説明することによって、ルネサンス思想の見取り図を完成させる必要がある。

この展開を主としてもたらしたのが、理性の発展と、知識と経験の蓄積と、自然の合理的な征服への新たな信頼であったことに疑いはない。このような歴史的動向において、合理的人間への古典的な信頼は、古典文化の歴史的悲観主義から切り離され、歴史的楽観主義の手段とされた。(8)デカルトの場合のように、歴史の意味をめぐる問題が意識的に明確に考えられなかったときでさえ、科学への情熱は歴史的楽観主義と微妙に結びついている。(9)

歴史を進歩させる力としての理性へのこの信頼がいかなる形をとろうとも、そのすべての形態は、統一された哲学的傾向を表している。進歩の概念の基礎となる哲学を導く原理は、内在する「ロゴス」（logos）の原理である。そのロゴスは、永遠的な形式として、歴史を超越するものとはもはや見られていないが、歴史の中で働き、その混沌を徐々に理性の支配下に置くものと考えられている。フィヒテやヘーゲルの思想のように、ロゴスは、完全な形而上学的体系の一部として深遠に捉えられることもある。フィヒテの思想にあっては、歴史は、理性的自由という遡行的目標［注（15）文献参照］への不確定な接近となり、ヘーゲルの思想にあっては、歴史は、絶対精神の自己意識の段階的発展である。時に、フランス啓蒙主義のように、歴史的楽観主義は、ただ、理性が、個人の徳を生み、社会の進歩を妨げる迷信を終わらせ[10]、愚かな政府よりも賢い政府を生じさせるといった確信を当てにするにすぎない[11]。また、特に、歴史における希望は、つまるところ、ルネサンスよりも深遠とは言えないルネサンスの第二章にあたる十八世紀の啓蒙主義のように、合理的に自然を征服することが物質的な安寧を高め、物理的な快適さを増すという考え方に依存することもある[12]。

近代という信条の最も支配的で特徴的な条項である進歩の概念は、多様性に富んだ哲学をその道具として用いることができるほど強力であるとはいえ、内在するロゴスの原理に対するその基本的な信頼は、実際には決して変わることがない。十九世紀に、ダーウィニズムが歴史的楽観主義の雰囲気を表現するために用いられ、適者生存という生物学的概念が歴史的楽観主義の担い手となるときでさえ、ロゴス原理のまさに自然主義版は働いているのである。なぜなら、自然における生存法則は調和と進歩の力として考えられ、その力は、歴史の最も悲劇的な争いでさえも歴史を前進させる手段へと変える力だからである。

十九世紀と二十世紀は、いずれも、初期ルネサンスから十八世紀までに考えられていたような進歩の教義全般に何一つ重要なものを付け加えていない。近代の大部分の社会学的歴史哲学は、この進歩の概念を当然のことと見なし、それを、コントやスペンサーの思想に由来するか、少なくともそれに類似していると説明している。

進歩というこれらの近代的概念がキリスト教的終末論と関わるのは、どちらの場合も、歴史が、静態的もしくは後退的にではなく、力動的に表現されているということにおいてである[13]。両者の違いは二通りある。第一の違いは、ルネサンスが、個人についてであれ、歴史全体に関してであれ、生の成就を「恵み」なしに考えていることである。ルネサンスは、個人の生を成就させるための力が注入されることや、歴史の成就に「摂理」が働くことを、必要ともしないし期待もしない。ルネサンスにあっては、自然の「法則」と理性の「法則」が摂理の代わりとなる。そうした法則は、歴史の発展を保証するゆえに、歴史全体に意味をもたらす。ルネサンスは権力の問題とは取り組まない。なぜならルネサンスは、ロゴス、理性、法などの生の形成原理が歴史のさまざまな活力を生み出すのは、権力の支配のもとであるという古典的命題を受け入れるからである。

第二の違いはさらに重要である。ルネサンスは歴史を力動的なものと見なす。しかしほとんどの場合、歴史の中にある二重の原動力を無視する。ルネサンスは、すべての発展が善の向上を意味すると考え、人間存在のあらゆる高められた潜在能力が、悪の可能性を示す場合もあることを認めない。この違いは、キリスト教終末論では、歴史の終わりが審判でもあり成就でもあるということによって象徴されている。近代的概念は、終わりを成就とのみ見なす[14]。その概念は、時に、純粋にユートピア的で、自然と歴史の制約内に無制約の善が実現することを期待することもある。しかし、たとえばフィヒテの思想のように[15]、無限に遡行する目標という概念があるときでさえ、歴史的なものと永遠的なものとの関係は、主として、「生成」と「存在」との関係であると見なされる。そこには、歴史的な存在は、達成のあらゆる段階で永遠的なものとの矛盾に巻き込まれているという意識はない。この悲劇的な見方は、キリスト教信仰では、全歴史がそのもとにさらされる「最後の審判」の教理として表現されている。

歴史的なものと神的なものとの矛盾は、歴史の意味についてのあらゆる個人や集団の理解と認識に伴う避けがたい傾向から生じる。それは、個人としての自己であれ集団としての自己であれ、自己を意味の体系の未熟な中心や源泉や目的とすることによって、その意味の体系を不当に完結させようとする傾向である。特定の時代や文化や哲学が、その見通しの有限性や力の限界を理解できないときはいつでも、自らの究極性を厚かましく主張することになる。

近代の歴史解釈が、偶発的な誤りや誤算の中でこのような傾向をほとんど露呈せざるをえないという事実には奇妙な悲哀がある。近代の歴史解釈は、自らの時代や文化を、さらには自らの哲学さえも、生と真理と歴史の最終的成就と同一視する。これはまさに、近代的歴史解釈が、その解釈の基本原理の中で考慮しなかった、もしくは軽視した誤りである。いかなる哲学もこの誤りを完全に回避することはできない。しかし、次のようなことを理解する信仰に根ざした哲学ないし少なくとも神学を持つことはできる。すなわち、その誤りは今後も犯されること、また、その誤りは、神の尊厳を否定する歴史のあらゆる前提に類似していることを理解する哲学や神学である。[16]

一六八七年、フランスの歴史家シャルル・ペローは次のように言った。「われわれの時代はある意味で完全のまさに頂点に到達した。そしてここ数年は進歩の速度が遅くなり、もはやほとんど進歩を感じないほどである。それは、夏至が近づくと日がもはや伸びなくなるようなものである。それゆえ、将来の世代を羨む必要があるような事柄はおそらくそれほど多くないだろうと思うと愉快である[17]」。

歴史の成就は、いつも現在のこととして主張されるわけではない。近代の歴史哲学は、そのさらなる深みにおいて、現在ではなく未来を神の代理人とし、現在を裁き、現在を救う神的な役割を未来が引き受けるよう要求する。このようなかたちで歴史哲学が表現するのは、ひとえに総体としての人間の傲慢であって、特定の時代や文化の傲慢ではない。しかし、そのようなかたちにおいてさえ、未来は、通常ただ現在の延長としか見なされず、現在の達成とは反対のさらなる歴史的発展は期待されていないのである。

要するに、歴史の近代的解釈によく見られる最も嘆かわしい誤りは、歴史の進歩についての単純すぎる理解である。近代的解釈は、歴史を力動的に考える点で正しい。個人としても集団としても人間存在の不確定な可能性についてのその理解は、カトリックや宗教改革の概念より深みのあるものである。そしてその洞察は、人間の運命の問題についての考え方を再構築する際には考慮されるべきである。しかし、近代の解釈は、歴史の力動的側面を単純化しすぎて考える点で間違っている。その解釈は、あらゆる歴史の活力を支配する「形式」と「秩序」が常に増大していくことを期待するが、次のことからは目を背ける。すなわち、歴史は、秩序を強化するまさにその力によって混沌の可能性を増大させずには、秩序の増進に向かって進むことができないということである。

III　セクト的プロテスタンティズムとルネサンス

ルネサンスの精神についての議論を、プロテスタンティズムのある形態を考慮せずに締めくくることはできない。それは、歴史に対するルネサンスの基本姿勢と驚くべき親和性を示すプロテスタンティズム、すなわち、セクト的プロテスタンティズムである。プロテスタントの諸セクトは宗教改革と同時期に起こったが、カトリシズムに対して、宗教改革の理由とはほぼ正反対の理由で批判的である。かれらは、カトリシズムが主張する完全主義には異を唱えない。通常、かれら自身が過剰な完全主義者だからである。プロテスタント諸セクトのカトリシズムとの争いの主要な原因は、サクラメント主義が、疑似的な完全を達成し、恵みを、罪人の魂にあまりにも安易に注入するため、新たな生に向かう真正の変化をもたらすことができていないということへの諸セクトの疑念にある[18]。

セクト的プロテスタンティズムは、その霊感を、ルネサンスよりも聖書の源泉から引き出す。もっとも、中には、中世の神秘主義と起源を共有する諸派もある。しかし、セクト的プロテスタンティズム諸派には、生と歴史との完成に向かう共通の衝動が見られる。

セクト主義の特質をより詳細に探求するために、セクト主義を、次のように二つの型ないし少なくとも二つの衝動に区別することは有益であろう。（a）敬虔主義的セクトにおいて示される個人の生の完全への衝動。（b）特に再洗礼派や社会的に過激なセクトにおいて示される歴史の成就への衝動。

a　敬虔主義的セクト

敬虔で神秘主義的なセクトは、神秘主義的要素と聖書的要素をさまざまな割合で組み合わせている。そのうち、神秘主義的要素が最も濃厚なセクトでは、救いは、生の何らかの原初的な統一性の回復と考えられ、それは黙想によって達成される。聖書的要素が最も強力なセクトでは、回心は「恵み」による。恵みの強調は、福音主義的セクトにおいて最も強力である。そこでは、回心の経験は、何らかの自己の内なる力の発達ではなく、むしろ、古い罪深い自己の崩壊と、聖霊による自己の復興と見なされる。時代的にやや遅れて起こった敬虔主義的な福音主義的セクトであるメソディズムは、最も一貫して、魂がキリストの霊と向き合うことによって回心という危機的局面を作り出すという方策を主張した。この危機的局面は、自己全体に影響を及ぼし、聖霊の「力」が自己をさらに高い水準において復興することを可能とする「神の御心に適った悲しみ」〔IIコリント七・一〇〕というあの創造的な絶望を生み出すのである。

セクト的キリスト教に見られる完全主義的衝動は、アウグスティヌス以前のキリスト教から学んできたのと同じ論理によって知ることができる。それは、ジョージ・フォックス〔イギリスのフレンド派の創設者〕の言葉にあるように、大げさに表現されることもある。「わたしが語り合ったキリスト教世界のあらゆるセクトには、アダムの完全と神の似像、すなわち、アダムが堕落以前にその中にいた義と聖に達し、それになるべきであるとか、アダムがそうであったように、罪が無く、純粋で純潔であるべきであるとかいうことを嫌がらずに学ぶことができた者はだれ一人見出せなかった。それゆえ、いかなる人も、地上にいる間に、預言者や使徒たちが与っていたような力や霊を受け継ぐことになるということを進んで学ぶことができないとしたら、それらの人々は、キリストの完全な水準まで成長するようにとの教えを、どのようにして進んで学ぶことができるだろうか[19]」。

セクト的完全主義者は常に、聖書の宗教における聖化と義認の逆説を破壊する危険に瀕している。それらの完全主義者たちの恵みの経験はひたすら「われわれの内なるキリスト」(Christus in nobis) として考えられているのであって、「われわれのためのキリスト」(Christus pro nobis) ではない。ジョージ・フォックスと同様に、セクト的完全主義者の多くは次のように推測する。すなわち、正統的キリスト者は、カトリックであろうとプロテスタントであろうと、完全を達成することができない。それはひとえに、努力不足だからであり、あるいは、完全がキリスト者の目標であることを、十分厳密に、一貫して明確にしていないからである[20]。

セクト的教理の根底にある人間本性の諸概念を検討し、そこに表現されている神秘主義的、合理主義的、聖書的な要素をそれぞれ区分してみると、完全主義的な救済概念は、人間の本性についての過去の概念と密接に関係し、またそれに左右されていることが相当明らかになる。こうした概念は、聖書の思想からさまざまな度合いの影響を受けているとはいえ、本質的には、神秘主義的か、合理主義的か、そのどちらかである。敬虔主義は、古典主義や中世神秘主義と共通して、時間的なものから自由でありうるような、人間本性のうちにある普遍的で神的な資質の存在を信じている。そこでは、罪が、その資質の結果であり、精神の自由においてのみ起こりうるという逆説についての理解はほとんどない。というのも、精神を人間の中にある神的資質と見なすからである[21]。キリスト教教理における象徴の観点から言えば、この誤りは、人間における神の似像と神自身とを取り違えたことであると考えられる。敬虔主義的セクト主義と黙示信仰的セクト主義双方の生みの親であるハンス・デンクはこう主張する。「神の国はあなたがたの中にある。神の国を自分自身の外に探し求める者は、決して見つけられないであろう。というのは、神から離れては、誰も神を探すことも見つけることもできないからであり、神を探し求める者は、実はすでに神を自分のものとしているからである[22]」。

「内なる光」や「隠された種子」という概念はいつも、人間の生における神的要素が、意識の最も深い層もしくは精神の最も高い層で見出されうることを示唆している。この概念は、神秘主義的な要素が強い場合もあれば、合理主義的な要素が強い場合もある。セバスティアン・フランクは、純粋に神秘主義的な意味合いをこの言葉に託している。フランクはこう主張する。「この内なる光は、神の言葉すなわち神ご自身以外の何ものでもない。この神によってすべてのものは創造され、この神によってすべての人間は目を開かれた。……誰も、自分自身の外で、すなわち、自分自身を基盤として自己を知るような領域の外で、神を知ることはできない[23]」。

「根源への旅」は、内面に目を向ける典型的な神秘主義的方法であるが、それは救いの道として繰り返し称揚されている。オランダのセクトの「コレギア」運動〔一六二〇年から一六九〇年にかけて活動した神秘主義〕の指導者ペーテル・バリンは、どの神秘主義の形態でも理解できるような内面に向かう方法を定義した。バリンはこう記している。「われわれはあなたを、あなた自身の中へと導く。あなたは、あなたの内にあるものへと向かい、それに耳を傾け、それを考慮すべきである。そして、この世に入り来てあらゆる人間を照らす真の光すなわち真理の光を知るべきである[24]」。クロムウェル陣営のチャプレンのひとりであるピーター・ステリは、人間の意識の奥深くにある神的要素と似た考え方を持っている。それは内面を深く探ることによって見出される。ステリは次のように記した。「地下の種子のごとくに、生来の人間の内奥に潜んでいる霊的な人がいる。……もしあなたが生来の人を超えて自己自身へと分け入って行くなら、あなたは神の霊に出会うであろう。魂のその深みまで知る者はみな神を知るであろう[25]」。

オランダの敬虔主義者で人文主義者のコールンヘルト〔ディルク・ヴォルケルツゾーン・コールンヘルト〕の思想では、人間における神的原理は、一層純粋に合理主義的な言葉で解釈されている。コールンヘルトは次のように信じた。「人は、理性によって、理性そのものである、啓示され語られた神の言葉を分かち合う。それゆえ、人は、われわれが外的なことについて抱く低い知識をはるかに超える確信を持って、自らの救いを知ることができるであろう[26]」。

クエーカーのジョン・ノリスは、「内なる光」を、聖書的な言葉と合理主義的な言葉の混乱した組み合わせによって定義した。ノリスは次のように書いている。「わたしは次のように思う。（a）人の中には光がある。そうでなければ、どうやって人は何かを知ったり、理解したりすることができるのだろうか。（b）人は、自分自身の光ではなく、自分を照らす光でもない。（c）神が人の光である。人は、その神の光に指導を求めるべきであり、その答えに注意深く聞くべきである[27]」。

その混乱はクエーカーの思想に繰り返し現れる。クエーカー関係の諸論考は、「キリスト」と「聖霊」が、聖書的な意味なのか、それとも神秘主義的意味なのか、必ずしも明確にはしていない。「キリスト」と「聖霊」は、単に魂の生来の能力を指し示すために用いられることもある。また、たとえばクエーカーの体系的論説の中で最も優れたものの一つである、バークレー〔ロバート・バークレー〕の『真のキリスト教神学の弁明』の場合ように曖昧に用いられることもある。バークレーは次のように記している。「この種子によって、われわれは、父と子と聖霊なる神が住まう、霊的で天的で目には見えない原理を理解している。その神的で輝かしい命の基準は、種子としてすべての人間に内在し、その種子自体の働きによってわれわれを神へと引き寄せ、神へと誘う。そしてこの種子を、われわれは『神の媒介者』(vehiculum Dei) またはキリストの霊的な体と呼ぶ。なぜなら、それは神からもキリストからも決して切り離されることはないからである。……したがって、この種子に抵抗することは、神に抵抗するのと同じである。反対に、種子が心の中に受け入れられ、適切で自然な効果を生み出すように努力するならば、キリストは、形づくられ育てられるためにこの世に来られるのである」[28]。

さまざまなセクト的完全主義者の思想の中で、ウェスレー［ジョン・ウェスレー］の概念では、聖書的要素が最も大きな位置を占めている。たとえ、トマス・ア・ケンピス、ウィリアム・ロウ、『テオロギア・ゲルマニカ』［十四世紀後半。匿名著者による書］、タウラー［ヨハネス・タウラー］といった神秘主義者や神秘主義的著作に負うところがあるとはいえそうなのである。ウェスレーにおいて、人間が救い出されるのは罪からであって、有限性からでないことは全く明白である。ウェスレーは、その過程を、単なる観想的な観点からでなく、実存的な観点から考えている。それ以上に、ウェスレーの思想は、新約聖書の赦しと義認の教理に根ざしている。しかしながらウェスレーは、基本的にアウグスティヌス的視点に立って、義認を過去の罪に対する赦しと見なし、聖化を義認よりも救いの高い段階と考えている。

ウェスレーは、義認と聖化の教理に関して、ドイツの敬虔主義者たちとりわけモラヴィア兄弟団と論争を続けた。モラヴィア兄弟団、特にツィンツェンドルフ［ニコラウス・ルートヴィヒ・ツィンツェンドルフ］は、宗教改革思想の影響を強く受けていた。ウェスレーは日記に、ツィンツェンドルフとの討論を次のように記録している。

ツィンツェンドルフ「わたしは、この世に生来の完全さがあるなどと認めません。これは最悪の誤謬です。わたしは、そのような完全を、火と剣をたずさえて世界を経めぐって探し出しましょう。［そして、それを蹴散らし、壊滅させてやります。］キリストこそがわたしたちの唯一の完全です。生来の完全さなどというものにこだわる者はキリストを否定しているのです」。

ウェスレー「しかし、キリストの霊が真のキリスト者の中にこの完全をもたらすとわたしは信じています」。

ツィンツェンドルフ「それは全く違います。わたしたちの完全はすべてキリストの内にあるのです。キリスト者の完全は、キリストの血を信じることです。キリスト者の完全はすべて、転嫁されるものであって生来のものではありません。わたしたちはキリストにあって完全なのです。わたしたち自身においては、決して完全ではありません」。

ウェスレー「わたしたちの論争は、言葉上のことにすぎません(29)」。

ウェスレーとモラヴィア兄弟団とのこの討論において、宗教改革と完全主義者の精神との間にあるあらゆる重要な問題が浮かび上がってくる。ウェスレーは、主として宗教改革思想における無律法主義を警戒しようとする。ウェスレーは、「新約聖書には、ただ一つのこと、すなわち『信じること』以外に戒めはない」というかれらの教えに異議を唱え、そのような主張を次のように見なした。「それは、新約聖書全体の趣旨とは、目に余るほど明らかに食い違っている。聖書には、マタイによる福音書からヨハネの黙示録に至るまで、戒めが満ちあふれているのだから(30)」。ヘルンフートの教会に宛てた手紙の中で、ウェスレーはこう書いている。「わたしはあなた方の中に、救いは神の戒めからの解放を意味するので、信仰によって救われた者は戒めに従う義務がないと主張する者がいると聞いています」。セクト的キリスト教の道徳的緊張を、宗教改革の思想が陥りがちな無律法主義に正しく対抗させている同じ手紙において、ウェスレーはまた、宗教改革の思想における真理を誤って攻撃し、次のように述べている。「わたしは、あなた方の中にこう主張する者がいると聞いたことがあります。救いとは、われわれの罪をすっかり取り去ることを意味するものではない。それは、すべての罪からわれわれの魂を清めるのではなく、ただ、罪の体系を細切れにするだけのことである(31)」。

両者ともある点で正しく、ある点で誤っているこの論争は、ルネサンスと宗教改革の論争全体の縮図と捉えることができよう。[32] ルネサンスは、福音の道徳的命令を正しく維持しているが、それが完全に実現されうるという誤った思い込みをし、宗教改革は、歴史的存在の限界を正しく理解しているが、間違って無律法主義への誘惑に駆られ、「恵みが増し加わるために、罪の中にとどまる」〔ローマ六・一（口語訳）〕ことを許容するのである。

聖書的前提と神秘主義的前提との融合を示すセクト的敬虔主義は、ルネサンスに端を発するさまざまな世俗的精神運動のように、生の成就を具体化することは決してない。それにもかかわらず、セクト的敬虔主義が、世俗的ユートピア主義と同じくらい効果的に、歴史的存在の現実を曖昧にする完全主義的な主張をし、時に、それ以上に有害な感傷主義に没頭することもあるということは重要である。セクト的完全主義の誤りの根源は、世俗的完全主義者の誤りに論理的かつ歴史的に関係する概念の中に見出される。「隠された種子」や「内なる光」は、内在するキリストであり、ルネサンス思想の主流をなす、内在する「ロゴス」に相当する。内在するキリストは、内在する「ロゴス」よりも力動的なものとして考えられているかもしれない。したがって、「回心」と「救い」は、さまざまな世俗的ロゴスの原理よりも人格全体に大きく関わるかもしれない。しかし、人間に内在するキリストという考えは、歴史に完全に内在するロゴスと全く同じように、歴史的なものと永遠的なものとの間にある本質的な弁証法を曖昧にする。内在するキリストという考えは、それが合理的な観点に立とうが神秘主義的な観点に立とうが、歴史における人間の自由の善悪双方の可能性を認識することができないのである。

b 終末論的セクト

宗教改革諸セクトの完全主義的衝動は、敬虔主義的で個人主義的なセクトにおける個人の聖化への希望に限定されなかった。その衝動はまた、特に大陸における再洗礼派や十七世紀イギリスのクロムウェル派のセクトなどの社会的で急進的なセクトにおいて、歴史の成就と完全な社会の実現への終末論的希望に示された。トレルチの区分を用いれば、その中には「苦しむ」セクトもあれば、「戦う」セクトもあった［トレルチ「ストア的＝キリスト教的自然法と近代的世俗的自然法」、住谷一彦・小林純訳、『トレルチ著作集』第７巻、ヨルダン社、一九八一年、二六四頁参照］。つまり、「キリストの国」を迎え入れるべく神を待ち望む純粋に黙示主義的なセクトもあれば、地上に神の国をもたらすために敵を迎え撃とうとしているセクトもあった。両者の違いが何であれ、これらのセクトはみな、生と歴史の成就への衝動を示しているが、その衝動はルネサンス精神に属するものなのである。

敬虔主義的セクトが、「恵み」と「力」による個人的回心という概念によってその思想と活動の聖書的要素を明らかにしたとするなら、終末論的セクトは、歴史的過程を、善が悪に勝利する漸進的な過程としてではなく、キリストと反キリストとの決定的な戦いへと向かう過程と受け止めることによって聖書的思想世界との関わりを示した。(33)十六世紀の大陸の再洗礼派と十七世紀イギリスの「第五王国派」の人々の概念は、明らかに黙示主義的であった。(34)大陸では、それが、地上に神の国を実現しようとするさまざまな荒唐無稽な試みを生むことになった。最も知られているのはミュンスターにおける試みであるが、そこでは、ヤン・ブーケルゾーンが、ついに自身を「全地の王」であると宣言したのである。(35)不幸なことに、あるいはおそらく幸運なことに、イギリスの黙示主義者が神の国の実現を主張することができたことは一度もなかった。その結果、かれらは、クロムウェル時代のイギリスで始められた、あらゆる民主的で平等主義的な運動とはるかに創造的な関係を築いた。大陸の黙示主義者とイギリスの黙示主義者とのこの違いは次のような見方を促す。すなわち、完全主義的衝動の正当的な要素は、常に「希望において」(in spe) 最も完璧に表現されているという見方である。地上に神の国を求めるのは結構なことであるが、それを見出したと主張するのはきわめて胡散臭いことである。そのような主張においては、何らかの歴史の新たな相対性と新たな利己主義的な力とが神聖さを偽装する。それは、滑稽にすぎないが、最悪の場合、新たな狂暴さと狂信を招く。それゆえ、スターリン主義として実現したマルクス主義よりも、歴史におけるパン種としてのマルクス主義のほうがよほどましなのである。

黙示的雰囲気がセクトの活動に明白でなかったときでさえ、クロムウェル軍の左翼を構成していたイギリスのセクトの大部分は間違いなく終末論的であった。かれらには、自分たちが悩まされてきた政治経済制度を歴史的悪の最終形態と見なし、それゆえ、その悪への勝利が社会的完全の最終段階をもたらすことを期待する傾向があった。

このように、イギリスのセクトは、聖書的終末論によって、歴史が最後の危機に向かっているという歴史観を持っていたにもかかわらず、歴史的楽観主義の一般的な雰囲気に鼓舞されて、神の国を留保なしに歴史の中に求めるようになった。これらのセクトは、あらゆる歴史的な達成の可能性を超える「最後の」審判と「最終的な」成就という聖書の思想を無視したのである。

イギリスのセクトとルネサンスとの親和性は、神と「聖霊」を理性と同一視し、理性を正義の「自然法」と同一視する傾向においてさらに明らかにされる。自然法は、歴史上の不正形態に対する批判原理としてかれらが用いたものであった。ディガーズ〔真正水平派〕の指導者であったジェラード・ウィンスタンリーは次のように記している。「人間を浄化する霊は純粋な理性である。……人は、この理性という言葉を、父なる神を説明するにはあまりにもみすぼらしいものと見なすが、それは神に献げうる最も高貴な名である。……なぜならすべてのものを造ったのが理性であり、すべての被造物を支配するのが理性だからである」[36]。

ウィンスタンリーは、クロムウェル派のセクトの中で最も過激であると同時におそらく最も深遠な人物であるが、その思想において、聖書的概念と近代的概念とのもう一つのきわめて重要な対立を明らかにした。ウィンスタンリーは一方で堕落についての聖書的概念を持っていた。それによると、堕落は、「普遍的愛」の原理に抗する「個別的愛」の始まりのことである。ウィンスタンリーは、そのもう一つの見解によって、マルクス主義的歴史解釈の真の創始者になった。それは、所有が始まることによって罪がこの世に侵入したという思想である。なぜなら、「『われのもの』と『汝のもの』というこの特殊な正当性［私的所有の正当性］が人々にあらゆる悲惨をもたらしてきたからである。というのも、第一に、その正当性が、人々に、互いに盗みを働くようにさせてきたからであり、第二に、その正当性が、盗んだ者を絞首刑にする法律を作らせてきたからである」[37]。この理論によれば、歴史の始めに存在した「共有資産」の状態に戻すことによって罪を終わらせることは可能となる[38]。ウィンスタンリーの後者の解釈には、歴史的悪についての最初の近代的解釈の一つがある。それは、悪の起源を、特定の歴史上の「場所」(locus)と特殊な歴史上の「堕落」に求める解釈である。ウィンスタンリーは、マルクス主義的歴史解釈を先取りしているのである。

クロムウェル時代の急進的なセクトはみな理想社会を待ち望んでいたが、その社会についての一致した見解は見られなかった。レヴェラーズは特に自由を重んじ、ディガーズは特に平等を重んじた。この二つの見解の間で、両者は、自由についての近代的ブルジョアの理想と、平等についてのプロレタリアの理想を先取りしていた。

神の国はあらゆる歴史的社会的問題に妥当し、兄弟愛は歴史の可能性であるとするセクト的キリスト教の主張は、確かにキリスト教の福音の一部である。宗教改革的セクトと宗教改革それ自体との論争は、聖書的キリスト教の中心で、ルネサンスと宗教改革との間にある問題と交差する。セクトは、神の意志を成就し、歴史における人間の可能性を実現するその衝動が、どれほど徹底してキリスト教的であるかを明らかにしている。これらの衝動は、少なくとも福音の一部を表している。しかし、生のキリスト教的解釈にはセクトが理解していない部分があり、まさに真理のその部分こそ、宗教改革が再発見したものであった。その真理を、宗教改革は、諸セクトが体現し表現した真理に気がつかなくなるほど献身的な熱意をもって擁護したのである。

神の律法を歴史の中で成就しようとし、歴史の現実を神の国とさらに深く調和させようとする衝動は、セクト的キリスト教を政治的また経済的な民主主義の歴史全体と実り豊かに結びつけた。カルヴァン主義は、トレルチが正しく見ているように、その多くの特徴が半セクト的であるが、民主主義の理念にも貢献した。それは、アングリカン教会において統合されるようになったカトリック思想とルネサンス思想の組み合わせが民主主義に貢献したのと同様であった。その一方で、ルター派の宗教改革は社会的反動の手に落ちた。

しかし、セクト的急進主義は、近代文化のあらゆるユートピア的幻想をも表現したが、その結果、福音の真理全体がそこに見出されるわけではないことが判明した。終末論的セクトは、歴史の課題と可能性とについて一層社会的で急進的な解釈を有することでは、ルネサンス思想の主流よりも優れていた。その社会的で急進的な基調は、紛れもなく聖書の預言者思想に由来していた。しかし、セクトはこの預言者思想の最も深遠な要素の意味を理解しそこなった。セクトは、あらゆる歴史とあらゆる歴史的達成が依然として神の審判のもとにあることを理解しなかった。また、歴史においてわれわれが達成する「神の国」と、われわれが祈り求める神の国とは決して同じではないことを理解しなかった。セクト主義者は、愛の律法に反するあらゆるものが取り除かれる理想社会を探し求めた。しかし、そのような社会が歴史に起こりえないのは、心の中にある法則と戦う法則を五体の中に持たない人間〔ローマ七・二三参照〕が聖化されることがありえないのと同じである。

IV　ルネサンスの勝利

宗教改革の思想をさらに注意深く考察するまでもなく、過去三世紀にわたる、ルネサンスの宗教改革に対する驚くべき勝利の原因を一つ立証することは可能である。たとえ、ルネサンスが光を当てた歴史の諸局面を、宗教改革が完全に正しく評価しなかったとしても、近代史の特殊な状況のゆえに、ルネサンスはおそらく勝利を収めていたことであろう。近代という歴史の夜明け以来、科学の進歩、応用科学が可能にした富や快適さの驚異的な増大、政治や産業における革命的な変化、新大陸の発見と定住、地球を取り巻くほどに拡張した交易といった発展はすべて、歴史的楽観主義の精神を支えることに貢献した。以下のことを理解するのは難しい。すなわち、人間の生の諸条件の変化があまりにも顕著であるゆえに、新たな状況と達成とが歴史における人間存在をめぐる永続的な問題を除去したという幻想を生み出すような時代には、歴史の永続的な問題が、歴史的達成のあらゆる段階で再び姿を現すであろうということである。

ブルジョワ階級が現在の民主的な資本主義社会を確立する過程にあった間、封建制が克服されればすべての不正はなくなる、あるいはなくなるだろうと思い込んだのは当然であった。同様に、十七世紀、十八世紀に民主主義の理想であったものが、十九世紀、二十世紀に悲しい現実に変わってしまったとき、ブルジョワ階級の不正が取り除かれさえすれば、完全な正義を実現できるだろうと想像する新たな革命家や理想主義者が台頭したことも当然であった。もっとも、この特殊なプロレタリア階級の理想は、たとえ、マルクス主義の希望とロシアの現実との矛盾によってその理想の幻滅過程が始まったのが確かだとしても、歴史的に全面的な幻滅をこうむることはなかった。

われわれの文化の楽観主義は全体として、若者の快活な精神と同じくらい自然なものである。若者は、知性と想像力とが喚起され、身体能力が発達し、責任が増すことで、人生の成功の実現が保証されると思っている。若者に、人生の新たな力と可能性のいずれもが独自の新たな問題を生み出すことを十分に理解することができることを期待するのは無理であろう。

近代技術が社会的連携の強度と規模を拡大させ、ますます広がりを増す分野に兄弟愛のようなものを確立したとき、人々が、この達成に心を奪われるあまりその全体像の別の面を識別しようとしてもできなかったのは当然のことであった。国際社会にその営みを組織化するための適切な政治手段が欠けているとしたら、将来性のある国際社会を生み出すその同じ技術が国際的な混沌をも生み出しかねないということは認識されなかった。誰も次のようなことを予測する者はいなかった。すなわち、そのような国際社会が創出されうる前に、人類が破滅の瀬戸際まで追いやられるかもしれないこと、近代技術をひたすら破壊的で帝国主義的な目的に利用しようとする努力もなされうること、諸国家が、技術社会のそうした破壊的可能性を利用して専制的な仕方で世界を統一しようとするかもしれないこと、それが危険なほど成功に近づくかもしれないこと、その成功には、安全保障についての偽りの感覚と、文明世界の残滓の中で技術社会が創出した快適さに寄生的に依存する部分がありうることなどである。

われわれはいまだに、こうした悲劇的な歴史的現実の中にあまりにも深く沈んでいるため、そこから抜け出す進路を示すことさえできないでいる。われわれが知ることができるのは、二十世紀が、それに先立つ数世紀にわたる近代の夢に最も悲劇的なかたちで異議を申し立ててきたということと、この異議申し立てのゆえに近代文化は痛しい混乱に陥っているということだけである。混乱がそれほどまでに大きい理由の一端は、近代文化には、昨日までの確実さが今日の現実によって失われたことに気づいたときに向かうことができるような、生と歴史についての代替案がないことである。

そのような代替案が見つからないのは、ルネサンスの勝利があまりにも完璧であったためにキリスト教の特定の解釈が破壊されただけでなく、いかなる意味においても近代文化の強力な力としてのキリスト教の宗教それ自体が覆い隠されてしまったからである。カトリック的形態のキリスト教は、近代的生のあらゆる自由と、社会的政治的正義のあらゆる達成が、自らの封建社会を神の国の神聖さと中途半端に同一視したカトリシズムに逆らって確立されたという事実によってその信用を落としてしまった。一方、宗教改革的形態のキリスト教は、信用を失ったどころか、そのものが失われてしまったのである。もちろん、宗教改革は曲がりなりに生き続けている。およそ歴史には完全に死に絶えたように見えるものはないからである。宗教改革が、カトリシズムが誇りにしているような生命力の痕跡のようなものによって生きているわけでないことも言うまでもない。

宗教改革の特徴的な洞察がこれほどまで完全に近代人から失われた理由を尋ねるとすれば、宗教改革の真理の部分が、近代史固有の錯覚ゆえに生じたルネサンスの偽りの部分によってどの程度凌駕されたのかを究明しなければならない。というのは、こうした錯覚に対する現代の論駁もまた、宗教改革の真理に現代的妥当性をもたらすかもしれないからである。

しかし、われわれが示唆してきたのは、宗教改革がその真理を誤ることなく提示したわけではないということであり、恵みについての逆説的な聖書的概念と歴史的成就の二つの相を、ルネサンスが別の方向からしたように、宗教改革も一つの方向から破壊しがちであったということでもある。このゆえに、われわれの探求は、宗教改革の主張ととりわけ注意深く批判的に取り組むことでなければならない。さもなければ、過去数十年が、その特徴である楽観主義的錯覚を歴史的ユートピア主義に奉仕させたのとは逆に、われわれは、現代の幻滅感を歴史的敗北主義に結びつけるだけになってしまいかねない。そうだとしたら、われわれが自分たちの経験全体から学ぶことは何もないであろう。そして、栄枯盛衰する歴史が入れ替わり立ち替わり邪まな希望や不当な絶望を引き起こすのを、われわれはただ拱手傍観するしかないであろう。

第七章
近代文化における人間の運命をめぐる論争——宗教改革

I　序

宗教改革と同時代の宗教状況の分析において、宗教改革をめぐるいくつかの評価や批判を先取り的に指摘してきたが、それについて、ここでさらに詳細に検討しておかなければならない。われわれは、宗教改革が、キリスト教の思想と活動の歴史において一般に認識されているよりはるかに重要な位置を占めると考えてきた。宗教改革は、救われた者の生につきまとう罪の執拗さを、キリスト者の良心がとりわけ明白に自覚するようになった歴史的な「場所」(locus) であった。この認識と、その結果として生じる、次々に現れるさらに楽観主義的な諸概念への反論が、生の最終的な完成は神の憐れみの中にあるとする福音のその部分への新たな評価をもたらしたのである。

われわれは次のように示唆してきた。「われわれの内なるキリスト」(Christus in nobis) と「われわれのためのキリスト」(Christus pro nobis)、すなわち、われわれに内在する力としての恵みとわれわれに対する外からの力としての恵みとの聖書的な逆説を、宗教改革はしばしば一方の方向から破壊する誘惑に駆られ、セクト的キリスト教は他の方向から破壊したということである。この批判はさらに詳細に考察する必要がある。

そのような批判をする際、恵みの二つの要素からなる聖書的概念に忠実であろうとした宗教改革の努力を十分に評価しないとしたら、それは思い上がった態度であろう。それどころか、この中心的な問題へのルター派の取り組みとカルヴァン主義の取り組みを注意深く区別しないとしたら、その批判は成り立ちさえしない。というのは、宗教改革のこの二つの陣営は、この問題について同じ結論には至らなかったからである。それゆえ、それぞれの立場を順を追って検討することが求められていよう。

II　ルター派宗教改革

キリスト者の生をめぐる究極的な問題に対するルターの取り組みには、二つの考慮すべき事柄が影響を与えていた。第一は、義を達成する努力によっては最終的な平安を見出すことはできないという、苦い経験を経て明確になった確信である。ルターは修道的完全主義の方法を試みたが挫折した。その結果、「正しい者は信仰によって生きる」〔ローマ一・一七〕とのパウロの言葉についての確信が、ルターに、「律法」の縄目からの、また、不安な良心の耐えがたい葛藤からの喜ばしい解放をもたらしたのである。その葛藤は、絶望に近づけば近づくほど一層完全への要求が良心に強く迫ってくるようなものであった。第二は、内的経験というよりむしろ歴史的な観察の結果である。ルターが確信したのは、教会における究極性と完全性の偽装が、霊的傲慢と自己義認の根であるということであった。ルターは、完全を目指す神秘主義的禁欲の試みが無意味であるとの信念に促されて修道主義批判を展開し、究極性を偽装することが危険であるとの確信に動機づけられて教会至上主義に反論したのである。

ルターは、恵みとキリスト者の生き方とに関する自らの見解を詳しく述べる際には、新たな生すなわち「愛、喜び、平和」〔ガラテヤ五・二二参照〕の源泉である恵みの逆説の側面を排除することは決してしなかった。ルターは、神秘主義的伝統と独自の関係を持ち、[1] 神との合一に取り組む古典的な神秘主義的努力を「キリスト神秘主義」に転換させようとする人々に倣った。ルターの主張によれば、信仰者の魂はキリストとあまりにも強く結びつけられているゆえに、キリストの徳はすべて魂の中に流れ込んでいるのである。「なぜなら、神のこの約束は、聖、真、義、自由、平和、普遍的な善に満ちた言葉であるから、堅い信仰をもってこの言葉に固着する魂が、ただ、言葉のいっさいの力に与るのみでなくその力に飽きたらせ酔わせるというように、言葉に融合させられる、否、完全に言葉に呑みこまれるということが起こるからである[2]」。

ルターは、義の力を主として愛の動機また神への感謝として心理学的に解釈する。この動機は、隣人の感謝や忘恩あるいは賞賛や非難を考慮に入れることを必要としない。「このように、信仰から主における愛と喜びが流れいで、愛から隣人に仕えようとする快活で喜ばしく自由な精神が流れでる。というのは、彼け人々に恩義を施して自分のものにするために、そのようなことをするのではないし、また、友と敵とを区別したりもしない……むしろ、たとえそれらを忘恩によって失おうと、あるいはもうけようと、自分と自分のものを、きわめて自由にかつ喜んで分け与えるのである[3]」。このように、ルターは、キリスト教的アガペーの美しさと力強さとの全体、とりわけ通常の倫理的態度による周到な判断を超越するアガペーの自由を受け止めているのである。

言い換えれば、ルターは、新たな生が新たな義をなしうることを否定してはいない。ただ、行いによって義とされないと主張しているだけである。「信仰によって聖別されたキリスト者も、よい行いをして、その行いによって、一層よく、あるいは、一層多く聖別されて、キリスト者となるというのではない。これが信仰のみということの結果である[4]」。

ルターの思想における恵みの優位性への多くの強調は、恵みにおける赦しの位置の新たな強調を、カトリック教会と宗教改革によって共有された古典的なキリスト教の教理と結びつけている。魂は「貧しい哀れな娼婦」であって、霊的な結婚に「一袋の罪」以外に何の益ももたらさないが、魂の「豊かな新郎であるキリスト」はすべての善きものをもたらす。あるいは、魂は「干からびた大地」であって、「天からの雨」である恵みが注がれなければ何の実も結ぶことができない。しかしこの雨によって、キリスト者は「良い木として、良い実を結ぶようになるであろう。というのは、信じる者には聖霊が与えられるからである。すなわち、聖霊が臨在するところでは、聖霊はわたしが無為に過ごすことを許さず、かえってわたしを駆り立てて、敬虔なわざを実践し、神を愛し、苦痛に耐え、祈り、感謝し、すべての人々に愛を示すことへと向かわせるであろう[5]」。

ルターは、すべての人々に対するこの愛のさまざまな可能性を描写しながら、キリスト教的アガペーの意味、とりわけその完全に非利己的な動機についてきわめて深遠な理解を示した。また、山上の説教の倫理を、個人的な態度や関係を論じるところでは常にキリスト者にとって決定的なものと見なしている[6]。

こうした偉大な功績にもかかわらず、ルターの立場には静寂主義への傾向がある。それは、ルターが、個人の信仰心の複雑さを分析するという全体として聖書の逆説にきわめて忠実な作業をしているときでさえそうである。ルターは、神秘主義的な受動性の教理に陥ることもあれば、静寂主義を義の転嫁についての律法主義的理解に結びつけることもある。「行いによる義」を非難するあまり、「行い〔功績〕なしに」が「行動なしに」に退化してしまうのである。ルターは次のように書いている。「この最も卓越した信仰の義……すなわち、神がキリストをとおして、行いなしにわれわれに転嫁された義は、政治的なものでもなければ礼典的なものでもない。また、神の律法の義でもなければ、行いの中にあるのでもない。それとは全く反対である。つまり、全く受動的な義なのである……というのも、その義において、われわれは、神に向かって働きかけるのではなく、ただ、われわれの内に働く別のもの、すなわち、神を受け入れ、受け止めるだけである。それゆえ、この信仰の義すなわちキリスト教的義を、受動的義と呼ぶのがよいと思う[7]」。

神秘主義は、あらゆる行動が罪に汚れているという理由から行動することを恐れるが、それに対応するものが、行動することを恐れるルター的な立場にもある。なぜなら、行動は新たな傲慢を引き起こすかもしれないからである。同様に、エーミル・ブルンナーは次のように警告する。「あらゆる精力的な倫理行動には大きな危険が伴う。そのような行動は、それによって悪からの解放が成し遂げられるとの見方を引き起こしかねない[8]」。この危険は否定できない。しかし、この理由で道徳的な行動への意欲が削がれるとしたら、宗教改革の神学者［ルター］の立場は、特定の道徳的社会的責任をそれに付随する罪の汚れのゆえに拒否する修道的完全主義者の立場と変わらないものになる。理想から言えば、信仰義認の教理は魂を行動へと解放するものである。ところが、その教理が怠慢を奨励するものと誤って解釈されることもある。十七世紀のルター主義の不毛な正統主義では、「信仰による義認」の経験が「信条の義」に頽落してしまったが、それは、キリスト者の生の道徳的意義の不可避的ではないにしても当然の崩壊であった。その一定の責任はルター自身の思想の中にあったのである。

おそらく、恵みについてのルターの分析のさらに大きな弱点は、恵みと律法との関係に関する思想にある。そこでのルターの問題は、義認論ではなくむしろ聖化の思想に起因する。キリストにあって救われた魂が有する「愛、喜び、平和」〔ガラテヤ五・二二参照〕についてルターが思い浮かべたのは、「当為」すなわち道徳的義務意識の内的矛盾を含むあらゆる歴史の矛盾を、脱自的に超越するという見通しである。律法の成就としてのアガペーは、律法への義務意識を完全に消滅させ、その結果、広義における「律法」に属する正義の慎重な識別をすべて無にしてしまうのである。(9)

エーミル・ブルンナーの宗教改革の倫理についての説明は、これとまさに同じ結果となる。ブルンナーはこう書いている。「聖書の倫理の主たる強調は、無律法状態の克服にあるのではなく律法主義との戦いにある。……自分は正しいことをすべきだと思うとしたら、それは、正しいことをすることができないというしるしである。……自分から進んでする服従は、決して『義務』意識の結果ではなく、純然たる愛の結果である。……自由は、『義務』意識からの、すなわち律法の縄目からの解放である(10)」。

聖化についてのこのようなきわめて個人的かつ内面的な説明によって、宗教改革は、義認の教理に本来備わっている知恵を曖昧にしてしまう。というのは、義認の教理によれば、魂の内的矛盾は決して完全に癒やされることがないからである。自己愛と神の愛との間にある矛盾、また良心と自我との切実な生存衝動の間にある矛盾が乗り越えられるような脱自的瞬間があることは確かである。しかし、こうした瞬間は、生の最終的な成就の「しるし」にすぎない。したがってそれらは、救われた者の生の状況全般を説明するものではない。救われた者の生の状況にあっては、律法と恵みとの関係ははるかに複雑である。というのは、恵みの霊感によって、律法は克服されるだけでなく拡張されもするからである。悔い改めと信仰とは生のさらに広い領域に対する義務感を鼓舞する。今日の時点では気づいていないような、この隣人が陥っている困窮、あの社会状況が求める切実な要請、生の営みが自分に負わせるさまざまな要求といったものも、明日には認識され、良心を不安な思いへとかき立てるであろう。絶えず増大する社会的義務意識というものは存在する。それは恵みによる生の不可欠の部分である。それを否定することは、ルネサンスがきわめて適切に理解した歴史的存在の一面に気づかないことである。すなわち、生は、さまざまな不確定な可能性を示すが、それゆえそれらを成就する義務を表す。完全な成就がありえないのはまさにそのゆえである。というのも、「人間は自分の限界を超えたところを目指すべきもの」（ブラウニング〔ロバート・ブラウニング〕）だからである。恵みと律法との関係に関するルターの思想は、時折非難されるように、必ずしも無律法主義になるわけではないが、相対的な道徳的識別には無関心である。ルターの思想は、道徳的経験の究極地点に存在する道徳的な緊張を緩めることはない。なぜなら、道徳的緊張がその究極地点で要求するのは、律法の否定ではなく律法の成就たる愛であるからである。しかし、その緊張は、あらゆる中間的な時点においては弛緩し、人間がその不安な良心によって鼓舞されざるをえない正義についてのあらゆる拡張可能な領域については真摯に取り組まないのである。[11]

律法と恵みの問題を扱う際に見られるルター派宗教改革の弱点は、問題を、人間の内面から文化と文明の複雑さや集団としての人間の営みの特徴に移してみるとさらに明らかになる。そこで一層浮き彫りになるのは宗教改革の「敗北主義」である。歴史的存在の究極的な問題に関する宗教改革の理解は、相対的問題についての理解をすべて締め出しているように見える。宗教改革は、考えられうる知識と知恵のどのような伸展も神を知る知識には届かないと考える。また、「世が自分の知恵で神を知ることはない」〔Iコリント一・二一参照〕と自覚し、すべての人間の知識の罪深い自己中心性を克服する、信仰によって把握される恵みを享受する。しかし、宗教改革が、科学や哲学などあらゆる人間の真理探究を構成する、真理と虚偽との混合に見られる無限の陰影や多様性に関心を向けることはない。ルネサンスが、最終的な真理は、文化の歴史が積み上げられていく過程によって発見されうると想定したことは明らかに間違っていた。ルネサンスは、知恵の新たな局面にはそれぞれ新たな誤りの危険があることを認識しなかった。とりわけ、それに先立つすべての時代に優る有利な立場を占める時代が、それによって最終的な真理に到達すると思い込んでしまう誤りの危険があることを認めなかったのである。

しかし、宗教改革と比較して、ルネサンスが、真理に対する義務を真摯に受け止めたことは正しくなかったのだろうか。宗教改革は、文化の歴史においてきわめて重要な、真理と虚偽との相対的な区別への無関心によって反啓蒙主義の罪に陥ることはなかったのだろうか。宗教改革は基本的に、自らを、［イエスのたとえ話に出てくる］利益を出さずに次のように主張した僕の立場に置いたのではなかっただろうか。「御主人様、あなたは蒔かない所から刈り取り、散らさない所からかき集められる厳しい方だと知っていましたので、恐ろしくなり、出かけて行って、あなたのタラントンを地の中に隠しておきました。御覧ください。これがあなたのお金です」[12]。

人間の集団的な営みにおいて正義を実現するという問題に直面した時、ルターの宗教改革は一層明白に敗北主義的であった。人間社会は、無限の多様性を有する組織や制度を示しているが、その中で人間は、ある種の正義の観点から自分たちの日常の生活を組織しようとする。さらに高い正義が実現する可能性は定かではない。歴史的社会的達成には、安らかな良心に頼ることができるような地点はない。あらゆる正義の諸構造は、確かに人間の罪深さを前提にしているが、それらはすべて意志や利害の争いが全くの混乱状態に陥ることをある程度阻止するための抑制の制度でもある。しかし同時に、それはすべて人間が、直接的個人的な関係における可能性を超えて同胞への義務を果たす仕組みでもある。それゆえ、神の国と完全な愛の要求は、あらゆる政治制度に妥当し、自己が他者の主張と折り合いをつけようとするあらゆる社会状況に影響を与えるのである。

ルターはこの妥当性を明白に否定した。ルターは次のように主張する。「［福音と律法との］違いを区別する方法は、福音を天に位置づけ、律法を地に位置づけることである。すなわち、福音の義を天的なものと呼び、律法の義を地上的なものと呼び、神が天と地を造られたように福音と律法を相互に非常に異なるものとして分けることである。もし、信仰と良心の問題が問われるなら、律法を徹底的に排除し、それを地に放置しよう……反対に市民の政治が問われるときには、律法への服従が厳密に要求されなければならない。そこでは、良心、福音、恵み、罪の赦し、天的な義といったことや、キリストご自身について、何も知る必要はない。律法と行いが問題になるときに知るべきはむしろモーセのみである[13]」。

このルターの主張に見られるのは、恵みの究極的な経験と、歴史において達成されるべき自由と正義に接近するあらゆる可能性との間の徹底的な断絶である。この分離の原則は、キリスト者にとって、自由には「神の永遠の怒り」からの自由以上の何か別の意味がありうる、との見方を否定することにつながる。「というのは、キリストは、われわれを、政治的現世的にではなく、宗教的に自由にしてくださったからである。すなわち、われわれの良心は今や、来るべき神の怒りを恐れることなく、自由で平穏にされているのである」。社会的無律法主義は、次のような強制的な命令によって警戒されている。「それゆえ、人は、その召しにおいて義務を忠実に果たし、力の限り隣人を助けることに努めなければならない[14]」。しかし、ここでは、その兄弟愛の要求にさらに厳密に従うことができるように社会構造を変革する責任がキリスト者に課せられていないことは明白である。ルターは、農民戦争に対し、「霊的王国」と「この世の」王国とのこの分離を厳格に適用し、さらに大きな社会正義を要求する農民たちは二つの王国を混同していると非難した[15]。ルターは、封建制度の社会的不平等に関心を示さず、この世には常に主人と奴隷が存在し続けると考えた。ルターは、「内的」王国と「外的」王国との違いを強調することによって、この社会倫理に屈折した要素を加えたため、事実上、公共道徳と個人道徳とを区別するようになった。公共道徳の管理者である支配者たちには、反逆者を扱う際は「打ち、突き刺し、殺す」よう勧めた。というのは、ルターは、無政府状態を病的なまでに恐れ、「お上」(Obrigkeit) がその状態を抑圧するためには手段を選ばないことも認めるにやぶさかでなかったからである。他方で農民たちには、市民個人として、山上の説教の倫理に調和して生きるように勧めた。正義への農民たちの要求は、新約聖書の無抵抗の倫理に違反するものだとされたのである[16]。

以上のように、ルターは、「内的」倫理を私的な倫理に入れ替え、「外的」ないし「この世の」倫理を統治にとって権威あるものにすることによって、奇妙に屈折した道徳規範を打ち立てた。完全主義的個人倫理と、シニカルと言わないまでも現実的で公的な倫理とを並置するのである。国家には、正義に対する過剰な厳密さを持たずに秩序を維持するよう要求し、個人には、社会正義の構成要素となる種々の意見に加わることを許さず、受苦的で無抵抗の愛を求める。当然、そのような倫理は、結果として専制政治を助長することになる。というのは、統治への抵抗は、統治の維持と同じほど重要な正義の原理だからである。

無政府状態に対するルターの過度の恐れは、ルターの悲観主義とそれに伴う専制政治の不正義とに対する無関心によって引き起こされたものであるが、それはドイツの文明史に致命的な結果をもたらした。近現代史のさまざまな悲劇的な出来事はそれと無関係ではない。社会的政治的問題に関するルターの一面的な解釈は、次のようなパウロの命令に由来する過剰な強調の影響でもあった。「人は皆、上に立つ権威に従うべきです。神に由来しない権威はなく、今ある権威はすべて神によって立てられたものだからです……実際、支配者は、善を行う者にはそうではないが、悪を行う者には恐ろしい存在です[17]」。

たとえこの特定の誤りがなかったとしても、ルターの政治倫理は、社会的政治的領域に敗北主義をもたらしたであろう。「天上の」「霊的な」王国と「地上の」王国との絶対的な区別は、良心に対する神の最終的な要求と歴史の中で善を達成する相対的な可能性との緊張を失わせる。正義の多様な漸進的達成の宗教的道徳的重要性は、二つの方向から否定される。ルターの倫理は、現実主義に与して、すべての歴史的達成は一様に罪に汚れており、それゆえそれらの間の道徳的な区別は重要ではないと考える。また、その倫理は、福音的完全主義に与して、歴史的達成のすべては一様に神の国のその完全な愛には届かないと考える。ルターにとっては、完全な愛だけが救いの保証なのである[18]。

このように、ルターの宗教改革は常に、宗教的緊張を高めるあまり、あらゆる品位ある行動を生み出す道徳的緊張を台無しにする危険の中にある。良心は、人間のすべての活動における罪の汚れについて不安を覚える。しかし、ある一連の行動の代わりとなるいかなる行動も同等に汚れているとの確信や、神の赦しは、実際には汚れているものをどのような場合にも崇め聖化するという確信[19]は、良心の不安を中途半端に緩和する。したがって、聖徒が、恵みが増すために罪にとどまり続けるほうがよいとの誘惑に駆られる一方、罪人は、人間関係を少しだけ許容しうるもの、少しだけ正しいものに変えるために血と汗を流すのである。

社会倫理の分野におけるルターの立場のこの弱点は、相対的な正義達成のための一貫した基準を定める能力がないということによってさらに際立たせられる。しかし、あらゆる法を超える脱自的愛としての聖化の概念や、善を完全に実現できない無力さにおける良心をなだめる義認の教理にもかかわらず、相対的な善や悪について、何らかの基準はどうしても見出さなければならない。ルターが、罪に汚染されていない理性の性格を、カトリシズムほど信頼していないゆえに、社会的義務の理性的な分析である「自然法」を不十分な指針として追放しているのは適切である。しかし、ルターが「自然法」の代わりに用いるのは秩序の雑多な体系にすぎない。そうした体系は主として二つの概念からなっている。一つは、どの国家でも確立されることがある秩序と正義の概念である。この秩序は、所与の国家を批判することができるような正義の原則が欠けているゆえに無批判に受容される。もう一つは、「創造の秩序」の概念である。それは、創造された世界の構造そのものにおける神によって与えられた指示と考えられている。この概念には、人間の自由が創造の「所与の」事実をあまりにも多く改変してしまうため、「創造」という固定された原則の基準だけで裁くことのできる人間の制度はないという困難が伴う。

たとえば、性関係の領域では、生物学的区別と不変に結びついている二つの性と父母の役割だけは、「創造の秩序」の範疇に入れて当然であろう。しかし、一夫一婦制を「創造の秩序」の範疇に入れることはできないし、さらに言えば、他のいかなる結婚形態についても、またいかなる性関係の基準についても同様である。政治的な関係では、ルターは、統治を「創造の秩序」に属するものと見なすこともあれば、統治の権威が、聖書的にとりわけローマの信徒への手紙一三章によって有効とされる特殊な「神の命令」に由来すると考えているように見えることもある。しかしながら、統治が「創造」に属すると見なすことができるのは、人間の自由および自由の濫用が共に、動物の自然な連帯性を超える団結の絆を人間社会に要求している、という意味においてだけである。しかし、「創造の秩序」に由来する特定の統治形態はありえないし、ルターが要求した、統治への無批判な服従もまたそのような「秩序」が求めていることではない。

III　カルヴァン主義宗教改革

宗教改革が直面した問題の複雑さは、宗教改革のルター派側が常に、無律法主義とまでは言わないまでも超道徳主義の危険の境界を歩む一方、カルヴァン主義宗教改革が、新たな道徳主義と律法主義という正反対の危険に瀕している、ということころに表れている。ピューリタニズムは、カルヴァンの宗教改革が持つ危険への歴史的な屈服と見られよう。宗教改革思想に、一方の危険であるスキラと他方の危険であるカリブディスの間を完璧に航行する能力がなかったということは、宗教改革が関わった究極的問題と取り組む際には、抑制と謙遜さとが求められるということでもある。歴史における善と悪の区別と、歴史における善を達成する可能性と義務とを正当に扱うことはたやすい仕事ではない。また、こうしたすべての相対的な判断や達成よりも、福音の中に告知されている生と歴史についての最終的な真理を優先させることも簡単ではない。そのような努力はすべて、歴史の性格についての、すなわち一方では歴史の有意味性と、他方では歴史の意味が神の審判と憐れみにおいて初めて完成するということとについての、聖書信仰における逆説的な概念の総体に関わっているのである。

カルヴァンは、ローマ教会〔カトリック教会〕の教理と取り組む場合、ルターの見解とほとんど区別がつかない表現で宗教改革の思想を説明する。カルヴァンは、「敬虔な者の行いも神の正義の注意深い目によって検討される時、断罪されないものはない」と主張する。そして次のように考える。「この点が教皇絶対主義者とわれわれの論争の主要な分かれ道である」。というのは、「『義とされること』〔ユスティフィカティオ〕の端緒に関しては、われわれとスコラ学者の内の健全な人々との間に争いはない」からである。しかし、カトリックはこう信じる。「人はひとたびキリストを信じる信仰によって神と和解した後は、善き行いによって神の前に義と見られ、自らの功績によって受け入れられる」。ところが「主がそれと反対に、『アブラハムにはその信仰が義と認められる』と宣言したもう」のである。[20]

カルヴァンはこう信じる。「再生した人の内にも悪の『火口』が残り、ここから絶え間なく貪りが湧き出し……

聖徒たちも……死すべき肉体を脱ぎ捨てるまでは常に罪がある」[21]。おそらく、完全と罪の複雑さについてのカルヴァンの最も優れた洞察は以下の文章であろう。「われわれは聖徒の徳を完全と称する時、この完全には、真理についても、謙遜についても不完全だという認識もまた属しているのである」[22]。

ところが、カルヴァンが自らの聖化の教理を展開する場合には、カトリックの教理とほとんど区別できない結論に達している。「キリストの内に義を得ようと願うのか、それならまずキリストを所有しなければならないし、しかもキリストを分割することはできないのであるから、その聖性に与る者とならない限り、キリストを所有することはできない……われわれが義とされるキリストとの結びつきには、義認と同様聖化が含まれているからである」[23]。カルヴァンは、行いによる義を否定することは、「善い行いがなされないためでも、なされたことが善でないためでもなく、われわれがこれに信頼せず、これを誇らず、これに救いを帰さないため」である[24]、と考えている。

カルヴァンは、時に、むしろカトリック的な小罪と大罪の区別に近づくことがある。たとえば、聖化の状態とは次のことを指すと断言する場合である。「われわれの肉の欲を日に日に死に渡して、われわれは聖化される。つまり、われわれは、主と、真に純粋な生き方へと献げられるのである。それは、われわれの心が律法を守り行うように整えられ、そのようにして、われわれの支配的な傾向は主の意志に従うことによってなされるのである」[25]。

おそらく、ここに問題の最も重要な点がある。心の内部で罪が「原則として」破壊されているキリスト者が、なお残っているさまざまな罪を偶然的な「肉欲」にすぎないと主張し、自己愛の罪がより基本的な形態で存在することを認識しないとしたら、その時はいつでもそれに伴って「打ち砕かれた霊」や「悔いる心」〔詩編五一・一九〕は失われる。そこでは生の成就はもはや《持っているが持っていない》という逆説のもとにはない。カルヴァンは、時にアウグスティヌス的な用語でその逆説を定義し、たとえ完全を最終的に達成することができないとしても聖徒は本質的に義人であると信じる。「義人というのは聖なる生活から名づけられたものである……しかし、それは義そのものを満たしているからでなく、義の精進に心を向けているからであって、この義がどの程度のものであれ信仰の義認に通じるというのが正当である。そこからこの義が由来するのである」[26]。

義認と聖化をめぐるキリスト教的逆説が、カルヴァンの『キリスト教綱要』において、他のいかなる思想体系よりも注意深く定義されていることはおそらく確かであろう。もし、カルヴァンが、結果的に行き過ぎた主張の誤りに陥っているとしたら、それは、正反対の誤りを犯さずに修正することが難しいような誤りである。しかし、カルヴァンが、キリスト者の聖化に安心し過ぎる誤りを犯しているのは、他の著作でいつも注意深い限定や留保をしていないということによってだけでなく、かれ自身の行動によっても裏付けられることである。

罪を主として自己愛ではなく肉欲として定義しがちなカルヴァンの傾向は、新たな自己義認の一因となっている。というのは、すべての欲求を主要な目的に従わせる完璧に訓練された生という意味での聖人性のほうが、主要な目的から自己中心的な要素をすべて排除した完全よりも単純な可能性だからである。この点で、ピューリタン的自己義認の歴史はカルヴァン主義の弱さを露呈している。カルヴァンは愛の律法が最終的な律法であることを十分に理解してない。このことは、カルヴァンが次のような姿勢をとった少なくとも一つの理由であることは確かである。すなわち、カルヴァンは、救いを聖徒の善行に帰すことはしないと断言したにもかかわらず、いささか自信過剰気味に、自身を、罪深い矛盾を抱えた存在の対極に立つと見なしたのである。カルヴァンの解釈によれば、愛が、信仰、希望、愛の三つの徳のうち最も大いなるものであるとのパウロの主張〔Ｉコリント一三・一三〕には次のような意味しかない。「ほんのわずかな者しか信仰によって義とされないゆえに、愛は多くの人々に役に立つものである」[27]。カルヴァンは、自身の徳の序列の中で、愛を、単に信仰のもとにではなく、「信仰の純粋さ」のもとに位置づけた。

この秩序づけの目的は、異端に対するカルヴァンの過酷さを正当化することである。とはいえ、カルヴァンが憐れみの欠如という自己義認的な人間固有の罪を露呈するのは、まさに異端に対するかれの無慈悲な態度においてである。カルヴァンの考えによれば、異端は、「神の威厳を侮辱する」罪を犯すことであって、「無実の人間を殺したり、客人を毒殺したり、自分の父親を手にかけること」よりも凶悪な罪である。(28) 自己義認的な人間は、自身が、かれらが告発する者たちとある意味で同じように非難の対象になっていることを知らない。(29)「選ばれたもの」における謙遜という純粋な精神と「打ち砕かれた霊」の最終的な証拠は、人々を憐れみ、赦す能力である。「善い」人々は、およそ、自らの赦しの必要を意識せずに「悪しき」人々に憐れみを示すことはない。

恵みと律法との関係に関するカルヴァンの考え方とルター派の教理との違いは、両神学間の次のような全般的な違いに対応している。カルヴァンは超道徳主義よりも律法主義になりがちである。カルヴァンは、ルターのように恵みが律法を廃棄するとは信じていない。というのは、聖化を、律法をすべて超える脱自的愛の経験と考えてはいないからである。むしろ、聖化を律法への厳格な服従と見なす。しかし、罪深い状態にある魂は、それ自体完全な律法を知りえないゆえに、聖書に詳細に啓示されている「神の律法」によって導かれることが必要なのである。

カルヴァンはこう述べている。「われわれの内に神の形を回復するこの新しい生を律法そのものが含んでいるとはいえ、われわれの愚鈍さは多くの刺激と多くの補助手段を必要とするから、心の中で悔い改める者が精進の道で迷うことがないようにするため、聖書のさまざまの箇所から生活を整える方式を集めることは有益である(30)」。

ここには、カルヴァンがそこにあらゆる道徳的社会的問題の答えを見出す「神の律法」が的確に定義されている。なぜなら、「神の律法」は、聖なる正典に収められている歴史上のさまざまな相対的な事柄を顧慮せずに「聖書のいろいろな個所」から集められた要諦だからである。これは、カルヴァンの体系における、聖書崇拝と言わないまでも聖書主義全般から出てくる当然の倫理的帰結である。ルターは、聖書を主として「キリストの揺籃」と見なし、それゆえ、聖書それ自体を批判する原理を聖書のキリストの内に見る。したがって、愛の律法が聖書における他のすべての律法を超越するとも理解する。それによって、ルターは神学においても倫理においても聖書主義の誤りから救われるが、カルヴァンは神学においても倫理においても誤りを犯す。

カルヴァンの「神の律法」の概念には、一貫性の点で、社会や政治の領域におけるルターの大雑把な指示よりも利点がある。しかし、それにもかかわらず、カルヴァンの考え方には、反啓蒙主義と偽装の誤りが併存する。反啓蒙主義的なのは、隣人との関係において何が正しく、何が正しくないかを決定するにあたって人間の理性的な能力を十分に用いないからである。カルヴァンは、想定されるあらゆる道徳的社会的問題への答えを求めて中途半端に聖書の権威に訴えがちである。カトリックの社会倫理は、正義の規範を決定する普遍的理性の能力への不当な信頼によって形成されているとはいえ、カルヴァンの「神の律法」への直訴よりも適切な識別力を持つことがある。カルヴァンの倫理体系には反啓蒙主義と同様に偽装もある。というのは、この体系は、キリスト者に、聖書から引き出した道徳規準の超越的な完全性を不当に信頼させようとするからであり、聖書の基準を特定の状況にあてはめる際には、判断の無限の相対性だけでなく聖書の基準そのものに内在する歴史的な相対性をも曖昧にしてしまうからである。

もっとも、このあと直ちに検討するように、カルヴァン主義が民主主義的正義の進展に一定の真正な貢献をしたことは事実である。とはいえ、最近数世紀におけるそれより高次の正義へのおそらくはもっと大きな貢献が、セクト主義とルネサンス運動の多様な型からもたらされたということは驚くにあたらない。そうした多様な運動は、歴史上存在したあらゆる正義の体系における利己主義的な堕落については、カトリシズムより理解が不足していたかもしれない。しかし、そうした運動が、理性的人間が同胞の必要を推し量ることにおいて、また「わたしのもの」と「あなたのもの」とを分ける〔列王上三・一六参照〕ことができる程度の正義の基準を定めることにおいて、自らの理性を用いる可能性と義務とを共に理解していたことは確かである。他方、宗教改革の二つの陣営は、正義の問題を人間の罪深さのゆえに解決不可能と見なすか、あるいは、人間の罪深さに汚されていないと想定する正義の超越的な基準にあまりにも安易に訴えることによって解決しようとするか、そのどちらかであった。しかし、そうした基準に訴えることは、歴史の両義性と矛盾とを超えたところに不安の全くない安全な立場を見出そうとする人間的努力を、もう一つ重ねるだけのことである。

宗教改革の思想と活動のこうしたさまざまな特徴を概観してみると次のような結論に達する。すなわち、宗教改革は、歴史に対するカトリシズムの中途半端な超越理解に反論したにもかかわらず、異なる偽装の手段を用いてではあるが、カトリシズムと同様の誤りを犯しがちであった。しかもそれは、カトリシズムが正反対の誤りを犯しがちであったのと同じほど頻繁であった、ということである。

この事実が暗示しているのは、宗教改革の諸洞察は、人間の経験の全領域に対して、宗教改革が果したよりももっと「弁証法的に」関わっているに違いないということである。宗教改革の弁証法的な主張の「然り」と「否」は次のとおりである。キリスト者は「義人にして罪人」(justus et peccator)、すなわち「罪人でもあり義人でもある」。歴史は神の国を成就するとともに否定もする。恵みは自然と連続しているが対立もしている。キリストは、われわれがそうあるべき存在であるが、そうなりえない存在でもある。審判と憐れみにおいて、神の力はわれわれに内在するとともにわれわれと対立もする。以上の主張はすべて、福音と歴史の関係をめぐる一つの中心的な逆説の多様な現れにすぎないが、それらは生のあらゆる経験に適用されなければならない。「恵み」が働かないような生の領域はない。神の国の愛が意味を持たないような複雑な社会正義の関係もない。一方、歴史的な不安定や不安が完全に克服される領域や経験も実際にはない。人間は確かに、祈りの瞬間や、おそらくは脱自的なアガペー達成の中で、「至福の思い」に引き上げられるかもしれない。しかし、そうした瞬間は、生の成就の「しるし」にすぎず、それを所有していると主張することはできない。最後に、信仰による、歴史と罪とに対する人間の超越ということがある。しかし、それさえも「しるし」であり、確実な所有物として蓄えようとすると、荒野におけるマナのように腐敗してしまうのである〔出エジプト一六章参照〕。

Ⅳ　宗教改革とルネサンスの総合

宗教改革におけるルター派の敗北主義とカルヴァン主義者の反啓蒙主義的傾向は、宗教改革がルネサンスに敗北したその一因と見なされなければならない。宗教改革は、罪責の問題に対する究極的な答えである恵みを、生の直接的中間的な諸問題に関連づけることに失敗した。それゆえ、宗教改革は、考えうるあらゆる歴史的社会的状況における、増大しつつある真理と善の実現について、その可能性と限界に光を当てることをしなかったのである。

この敗北主義は、宗教改革に敗北をもたらした一つの要因にすぎない。なぜなら、過去数世紀にわたって一般に蔓延していた歴史的楽観主義の雰囲気は、宗教改革の真理面さえも否定したように見えるからである。それは、その雰囲気が、ルネサンスにおける真理と偽りを共に正当化したように見えたのと同様である。それゆえ、そこには、宗教改革における正しい強調と誤った強調とを区別すること、また、生と歴史に関する宗教改革の究極的な見解のうちにある真理と、その真理を文化と社会機構に伴う中間的な問題とに有効に関係づけることに失敗したこととを区別しようする意欲が欠けていた。

ところが、今日、文化を新しく方向づけるという課題を前にしたとき、それぞれの運動のうちにある真理と偽りを注意深く識別することが重要になる。もちろん、そのような判断をしようとする際、そこには憶測の要素が色濃く伴う。そのような判断は、それに同意しない者には耐えがたいものであろう。また、同時代の歴史に照らして、少なくとも部分的にはその判断が妥当であると見なす者にとっては、その判断が「恐れおののいて」〔IIコリント七・一五、エフェソ六・五、フィリピ二・一二〕なされたと認められる限りにおいて、受け入れられうるものである。

われわれの理解が仮にも正しいとしたら、近代史の流れは近代の多様な宗教的文化的運動に含まれる力動的解釈を正当とし、楽観主義的解釈を否定してきた。そしてそのすべては、われわれが「ルネサンス」と広く定義してきたものにおいて内的に相互に関連しあっている。同様に、ルネサンスは、宗教改革の基本的な真理を有効と見なしたが、生のあらゆる直接的中間的問題に対するその反啓蒙主義と敗北主義には異議を申し立ててきた。

このようにやや誇張した主張を生み出した近代史の「論理」については、以下のようにわかりやすく明確にすることができよう。まず、あらゆる知の形態の進展、機械的社会的技術の巧妙化、人間の力と歴史の潜在力の同様の発展、その結果としての人間共同体の規模や複雑さの増大といったことは、個人的な形態においても集団的総体的形態においても、生が成長のもとにあることを間違いなく証明してきた。しかしその一方で、歴史の流れは、とりわけ過去二世紀にわたって成長と進歩の同一視が誤りであったことも証明してきた。われわれは、特にこの時代のさまざまな悲劇から以下のことを学んできたし、学ばなければならなかった。すなわち、生のそれぞれの新たな展開は、個人的にも社会的にも、歴史における善を実現する新たな可能性を示しているということである。つまり、われわれは、こうした新たなさまざまな可能性に応じる義務を有すると同時に、それぞれの新たな段階において新たな危険にも遭遇する。それに、歴史的達成の新たな段階は、歴史における生がすべて服している矛盾や両義性からわれわれを解放してくれるわけではない。言い換えれば、われわれは、歴史がそれ自体の救済者ではないということを学んできたのである。究極的には、歴史の「短期」より「長期」に救済の力があるわけではない。宗教改革的キリスト教信仰に新たな妥当性を与えるのは、近代史のこの最近の展開である。歴史の教訓に、非常に大きな教育技術上の意義があるということは言うまでもない。福音に込められている真理は人間の知恵にはない。とはいえ、人間の知恵と人間の善とは、それ自体の限界を認識するなら福音の真理を見出すこともできる。創造的な失望は信仰を生み出す。ひとたび信仰が生み出されると、信仰は真に、それによらなければ無意味のままである生と歴史の「意味」とを明らかにする知恵となる。これは、歴史状況がどうあれ、どの時代の個人にも起こりうることである。

しかし、歴史状況が、多かれ少なかれ悔い改めを引き起こす「神の御心に適った悲しみ」［IIコリント七・一〇］という動機を醸成するということがあることは否めない。歴史には、キリスト教信仰と無関係であるように見える希望の時代がある。なぜなら、歴史はそれ自体、キリスト教信仰がキリストにおいて啓示された神の内に見出す審判と贖いの双方を提供しているように見えるからである。そのような希望の空しさがいやというほど現れ出る幻滅の時代もある。われわれは希望の幾世紀かを生きてきたが、今は幻滅の時代である。歴史上の希望の世紀は、近代の文化と文明における潜在力の一つであるキリスト教信仰をほとんど破壊してきた。われわれは、自分たちが今そこにいることに気づいている幻滅の時代が、キリスト教信仰を必ず復興させると考えているわけではない。幻滅の時代は、キリスト教信仰の妥当性を取り戻してきたにすぎない。現在あるのは、新たな信仰を引き起こす創造的な絶望とは別の可能性、すなわち「世の悲しみ」［IIコリント七・一〇］という絶望なのである。

しかしながら、現代の世代が、単なる歴史的成長に空しい確信を置くことなく生が有意義であることに気づく手助けをするために、福音の真理をこの世代に伝える人々に課せられている責任は次のようなことである。すなわち、生と歴史についての真理がどのようなものであれ、これまでの一部背教的な数世紀の間に学んだことを拒否せずに受け容れることである。このことは、これまで学んできた教訓が、聖書的預言者的歴史観全体の中に暗示されているゆえに、さらに重要である。その歴史観は、純粋な形態においては、歴史を常に力動的なもの、すなわち終わりに向かって動いているものと見なしてきたのである。

それゆえ、新たな総合が求められる。それは、聖書の宗教の恵みの二つの相を組み入れ、それに、近代史と、ルネサンスおよび宗教改革の歴史解釈が恵みの逆説に投げかける光を加えた総合でなければならない。簡潔に言えば、それは、一方において、歴史における生が予測を超える可能性に満ちていることを認めることを意味する。人間が新たなさまざまな善の可能性やそれを実現する義務に直面しないような、個人的内的な精神状況、文化的科学的責務、社会的政治的問題といったものはない。他方、その総合は次のことも意味する。すなわち、生を完結させようとするあらゆる努力や偽装、すなわち、集団の場合であれ個人の場合であれ、歴史の矛盾を克服し歴史の最終的な堕落を除去しようとするあらゆる願望は、否定されなければならないということである。

ルネサンスと宗教改革は共に、キリスト教の逆説の二つの側面の意味についての洞察を際立たせてきたゆえに、古い総合つまり中世の総合に戻ることは不可能である。たとえ、そこに戻ろうとする努力が明らかに活発になるように見えることがあるとしてもそうである。

中世カトリックの総合が不十分なのは、恵みの二つの相の妥協に依存していたからである。その総合は、この二つの相それぞれを十全に展開させることはなかった。生の成就についての恵みの概念は、恵みの力を人間的歴史的制度に閉じ込めてしまうことによって損なわれてしまったのである。それは、宗教的道徳的生の領域では、恵みがサクラメントに結びつけられ、制度によって支配され媒介されることを意味した。これは、「恵み」がすべての人間的可能性を超える力と可能性を表すゆえに、神の自由を人間の限界に閉じ込めるという、許しがたいわざとなる。「風は思いのままに吹く[31]」とイエスはニコデモに言った。それは、司祭や教会の「許可」を得ずに奇跡を行うような、歴史における神の恵みの自由についての生き生きとした描写である。社会道徳の分野におけるいくつかの重要な展開は、近代になって、社会正義を封建制の本質的な状況に無意識に限定していたサクラメント的教会を無視して起こった。それゆえ、近代文化は今もそのような教会の偽装に対する強い嫌悪によって特徴づけられるべきだということは理解できないことではない。

文化の分野においても、カトリック的総合が有効でないのは同様である。福音の真理に優ってわれわれを導きうるような精緻な哲学や科学がないと信じることと、科学や哲学が福音の権威をないがしろにすることのないように、文化的過程のすべてを人間の制度が制御するようにすることとは別である。このように、人間の文化に対する福音の最終的な権威が歴史的人間的制度の権威に変えられるとき、司祭たちの傲慢が、あらゆる人間的状況や達成を超えるときにのみ究極的になりうる権威と混合してしまうのは、避けがたいことである。もし、真理探究が行われる条件を人間的な権威が限界づけ規定するとしたら、信仰によって理解されるような生と歴史についての究極的真理の範囲内に真理探求を保つという建前によって、重要な真理が抑圧され、価値ある文化的熱意が中途半端に阻まれることが全く避けがたくなる。

実際には、人間の知性は、文化のさまざまな領域で、それが地理的ないし生物学的、社会的ないし心理学的、歴史的ないし哲学的な段階のいずれであれ、存在のあらゆる段階における相互の関係を分析することによって、意味や一貫性について予想を超える多様な体系を発見し、それを精緻にすることができる。もし、こうした下位の意味領域が、ただそれだけのものでしかないということならば、それらは、存在の性格についての理解や実在への洞察の富を豊かにすることになろう。それらは、自然の搾取、社会的力の操作、個人の生の訓練のいずれの中にあろうと、行為と行動へのさらに価値ある手引きである。ところが、もし、こうした下位に属する意味領域のいずれかを、全体の意味への手掛かりとして打ち立てようとするなら、文化的探求は偶像崇拝を引き起こすことになる。また、生の意味の源泉や目的が未成熟のまま取り入れられることになる。言い換えれば、真に神ではないような神が認められ、真に最終的ではない最後の審判の原理が発見され、最終的な贖いではない救済の過程や生の成就が真の救いであると主張されてしまうのである。

知の自由な探究がそのようなさまざまな偶像崇拝の形態につながるのは、おそらく避けがたいことであろう。キリスト教信仰が見出す悲劇的で逆説的な意味に優る意味の体系において世界を把握したと主張する哲学が現れるであろう。歴史における完全な兄弟愛を達成する道を見出したと確信する社会哲学が現れるであろう。人間存在のすべての不安を克服し、それゆえそのすべての頽落状況を克服したかのように偽装する精神医学的技術が現れるであろう。さらには、単に快楽を増大させることによって生を充実させようとする工学的企てさえ出現するであろう。

福音の真理を、こうした偽装に対抗して維持することはいかなる人間的権威の介入によっても不可能である。このように、真理は、誤謬を禁止することによってかえって抑圧されるものであるゆえに、文化の偶像崇拝化を抑える試みは賢明ではない。この点で、麦と毒麦のたとえにおける次のような命令には意味がある。「刈り入れまで、両方とも育つままにしておきなさい。刈り入れの時、『まず毒麦を集め、焼くために束にし、麦の方は集めて倉に入れなさい』と、刈り取る者に言いつけよう(32)」。

その試みもまた実を結ばないで終わらざるをえない。というのは、人々が、自ら奉じる最終的な真理に生じる誤りを発見するまでは、また、極度に思い上がった意味づけの企てが瀬戸際に追い込まれて、無意味の深淵に脅かされるようになるまでは、福音の真理の正当性を立証する道はないからである。言い換えれば、キリスト教信仰は、中世教会が確立したあの文化と信仰の総合において許されていたよりもはるかに自由に、人間の文化的営みの力や情熱を受け止めるはずなのである。

しかし、他方、宗教改革の次のような傾向もまた許容できるものではない。すなわち、最終的な知恵がそこに見出されないとの理由ですべての中間的な文化的責務を否定し、兄弟愛の達成が救いをもたらすものではないとの理由で歴史におけるある程度の兄弟愛を達成するための義務に関心を払わないといった傾向である。今日のルネサンス精神の持ち主は、かれらがカトリック教会とプロテスタント教会の文化的社会的反啓蒙主義と見なすものを漠然と同等に扱っている。そのような人々が、キリスト教の二つの形態の戦略がどれほど異なっているかを理解したためしはない。カトリックが反啓蒙主義者であるとしたら、それは、知の探求と社会制度の発展に中途半端な制約を課し、それらを不当に抑圧するからである。プロテスタントが反啓蒙主義であるとしたら、以下のどちらかである。すなわち、［ルターのように］救いの究極的問題に届かないとしてもすべての人が考慮しなければならない思想と生の諸問題に無関心であるか、あるいは、［カルヴァンのように］福音に込められた生の究極的意味をすべての下位の意味領域の代わりとする仕方で、もしくはそうした下位の意味領域を確立する必要性を排除する仕方で、新たな権威である聖書の権威を導入するか、そのどちらかである。

文化とキリスト教信仰の有効な総合は恵みの二つの相の総合でもあるが、どのようなものであれ究極的な人間の状況を、直接的中間的な人間の状況から取り除いてはならない。一方において善の一層高い可能性を実現することへと、他方において歴史における善の限界を暴くことへと人々を駆り立てないような社会的道徳的義務はない。生の秘義を捉えようとする知性の探究心を振るい立たせないような、また、注意深い探求に基づいてそれを超える秘義を指し示さないような、生の秘義や複雑な因果関係はない。したがって、究極以前の答えや解決を勤勉に探求しようとしないところに、人間存在の究極的な問題を理解する道はない。また、究極的な解決をすべて究極以前の可能性に絶えず関連づけることなしに、究極的解決を有効にするいかなる道もない。この問題では、ルネサンスの視点のほうが、カトリックや宗教改革の視点よりも当を得ている。

宗教改革がその総合に第一義的に貢献すべき一つの要点は、恵み、または、人間本性や歴史的過程に内在する自然の能力のいずれかによって生と歴史を成就すると主張するカトリックとルネサンス双方の偽装に、異議を申し立てることの中にある。宗教改革が、旧約聖書の預言者宗教に暗示され新約聖書で明らかにされた生と歴史についての最終的な真理を再発見したのはそこにおいてであった。その意味で、宗教改革には、カトリックの総合に具現化された真理を凌駕する洞察と、その総合が達成したヘレニズムと預言者主義の妥協では表現できない洞察がある。

恵みの二つの相、すなわち、生の可能性を成就すべき義務と、すべての歴史的達成における限界および堕落とに対する二重の強調は次のことを意味する。すなわち、歴史は、意味のある過程であるが、歴史自体を成就することができず、したがって、歴史自体を超えて、歴史を成就する神の審判と憐れみとを指し示しているということである。それゆえ、神の怒りと憐れみとの関係という逆説的な概念を伴うキリスト教の贖罪論は、キリスト教の歴史解釈の最終的な鍵である。神の怒りと審判とは歴史の重大さの象徴である。善と悪との区別は重要であり、それには究極的な意味がある。善の実現は真摯に受け取る必要がある。それは麦であって、毒麦から分けられ、「倉に」集められる。言い換えれば、有限な変動の中にある善には、その変動を超える意味があるのである。

一方、永遠の憐れみがなければ、神の審判を不思議なかたちで成就すると同時にそれと矛盾もする神の憐れみは、すべての歴史的善の不完全さとすべての歴史的達成の内にある悪の堕落と、あらゆる歴史的意味の体系の不完全さとを指摘する。永遠の憐れみは悪を自ら引き受けることによって悪を滅ぼし変革することを知っているのである。

したがって、キリスト教の贖罪論は、不可解な迷信の残滓でもなければ、理解不可能な信仰箇条でもない。贖罪論は人間の知恵のまさに反対側にある。それは、世界を自信にあふれて眺め、世界のすべての秘義が人間の知性によって理解可能であると確信するような人間の知恵には全く理解できないという意味においてである。それにもかかわらず、贖罪論は知恵の始まりである。それは、人間がなすべきこととなしえないこと、すなわち人間の義務とそれを果たす最終的な無力さと、歴史における決断と達成の重要性とその最終的な無意味さとについてキリスト教信仰が主張するすべてがそこに象徴的に含まれているという意味においてである。

第八章

真理を持っているが、持っていない

I　序

恵みについてのキリスト教的な見解が真理であるとしたら、歴史はすべて、歴史の意味の開示と成就の間の「中間時」にとどまる。この中間時は、生の意味の明らかな堕落によって特徴づけられるだけでなく、生の意味の部分的な実現とそれへの接近によっても特徴づけられる。贖いは、罪深い堕落が消し去られることを保証するものではない。それどころか、堕落は、救われた者が堕落から全面的に解放されたと主張するようなときにはいつでも増大する。しかし、あらゆる歴史的な達成に伴う罪の痕跡が、歴史における達成や真理と善を実現する義務感まで破壊するわけではない。実のところ、歴史におけるさまざまな意味の成就が、歴史に純粋さを中途半端に要求することがなければ、それらの成就が汚染されることは少なくなるであろう。歴史的な活動はすべて、この恵みの逆説のもとにあるのである。

こうした歴史的な活動は、大雑把に二つの範疇に分けることができるであろう。真理の探究と、同胞との適切な友好関係の達成である。歴史の文化的社会道徳的諸問題はこの二つの範疇のもとにある。そうした歴史的活動の各形態を順を追って研究することは、次のことを理解するために役に立つであろう。すなわち、歴史における真理であれ正義であれ、《持っている》にもかかわらず《持っていない》という逆説が、いかにさまざまな事実と一致しているか、また、この逆説を理解することがどれほどわれわれの行動に影響を及ぼすのか、あるいは及ぼす可能性があるのか、ということである。

II　真理の問題

文化の領域における理想的な可能性と罪の現実についてはすでに論じてきた[1]。われわれの理解によれば、自然と歴史の変動を超越する人間精神の自由が、われわれが見出した真理を真理そのものとして受け入れることを不可能にする。理性的な自己超越の能力は、より包括的な真理の光に照らしてわれわれの有限な視点を絶えず評価する新たなまた一層高い有利な視点を切り開く。他方、われわれが自然と歴史の変動に巻き込まれていることは、われわれの真理探究を最終的に限界づけ、たとえ文化の最高地点にあっても部分的で特殊な性格が伴うことを確証する。このようにして、人間の文化は、有限性と自由、制約と無制約の緊張関係のもとにあるのである。

この緊張関係に次のような二つの入り組んだ要素を加える必要がある。一つは、人間の人格性は人間の生命力と理性の能力との有機的な統合体であるゆえに、その理性的理解は、単に有限な知性の限界のもとにあるだけでなく、人間の生命力がその過程に取り入れる非理性的感情と利害意識の働きのもとにもあるということである。こうして真理の認識は、利害の「イデオロギー的」痕跡の影響を絶えず受けることになり、それによって、われわれの真理理解は、真理そのものより低次元の真理認識となり、その真理をわれわれの真理に変えてしまうのである。二つは、文化的探求が、人間が自らの有限な視点を絶えず究極的な視点に変える中途半端な究極性の主張によって混乱させられるということである。この偽装は文化における罪の要素である。その偽装には、単にわれわれの視点の有限性を否定しようとする努力だけでなく、われわれの認識における利害意識と非理性的感情の痕跡を隠蔽し曖昧にしようとする努力も含まれている。この傲慢は「イデオロギー」が持つ現実的な力である。この傲慢がなければ、人間の認識の部分的性格はすべて無害であり、人は、他の部分的な視点から自分たちの不完全な認識を補い充たすように促されるであろう。罪が人間の理性の能力を破壊してしまっていない限り、また、破壊しえない限り、あるいは、罪が人間の理性の能力を全的堕落の状態に変えてしまっていない限り、また変ええない限り、そのような補充は文化の過程に絶えず存在する要素である。

われわれの認識が有限であることを否定し、その認識を究極的であると偽って主張することは、いつもある程度、われわれの無知に対する無知である。それは自己超越の能力が機能不全に陥った状態である。しかし、この自己超越の能力は人間に生まれつき備わっている能力であるゆえに、究極性を法外に主張することは、常にある程度、われわれの真理認識の不完全で利害に動かされた性格を覆い隠そうとする意識的ないし半ば意識的努力である。われわれは、単に自分の無知に対して無知であるだけでなく、「不義によって真理の働きを妨げ」る［ローマ一・一八］のである。

この問題に対するキリスト教の答えは、「キリストにある」真理［ローマ九・一等参照］を把握することである。この

「キリストにある」真理は、生と歴史についての真理であり、われわれの真理認識の有効な部分を完全にし、罪深い部分を拒否する。この真理が有効な部分を完全にするのは、人間が自らの自己超越によって、自身を超えたところに中心と源泉を持つ意味が明らかになるのを望み、またそれを求めることができるからである。この真理が罪深い部分を拒否するのは、あらゆる人間的な希望と期待のうちには、個人であれ集団であれ、意味の領域の不適切な中心としての自己の周辺で生の意味を達成しようする罪深さがつきまとっているが、キリストにある真理はその期待を裏切るからである。このように、真のキリストは期待されていると同時に拒否されてもいる。ロゴスが受肉したとき、ロゴスは、「暗闇の中で輝」き、「暗闇」が「理解しなかった」光であった[2]。しかし、この真理が、あらゆる罪深い真理と矛盾するにもかかわらず、また矛盾するゆえに、この真理を受け入れることは可能である。「言［ロゴス］は、自分を受け入れた人、その名を信じる人々には神の子となる資格を与えた[3]」と記されているように、信じる者は、原理的には、そのような真理の受容によって歴史における真理の利己主義的堕落から引き上げられるのである。

われわれはすでに、歴史において啓示され、歴史における虚偽の暗闇を克服するロゴス（「暗闇の中で輝いている」光）についてのこのキリスト教的概念と、特に古典文化のロゴス論との相違を検討してきた。古典文化によれば、真理は、人間におけるロゴスが歴史における有限性の諸条件から解放されることによって達成されるのである。

ここで、聖書の教理を、生に関するキリスト教的解釈の土壌に現れた別の二つの思想と対比させる必要がある。一つは、古典的なロゴス論である。それは、人間における永遠的で神的な要素が歴史における有限性の諸条件から切り離されてしまっているようなキリスト教神秘主義の諸形態においてのみ、聖書の教理にとって代わるのである。もう一つは、それより有力な近代のロゴス論である。そのロゴス論は、真理問題をめぐるキリスト教的解釈と微妙に組み合わされている。古典的なロゴス論によれば、真理は、キリストを受け入れた者の心の中で、原理的にだけでなく事実においても確立される。キリスト教を受け入れた者たちは、真理を把握しているゆえにもはや罪人ではない。近代ロゴス論によれば、一層完全な真理は、歴史における文化の累積的な過程によって把握されているのである。

古典的ロゴス論が文化の領域における「聖化」のカトリック的解釈であることは、きわめて明白である。もっとも、ここで付け加えておかなければならないことがある。それは、「カトリック」と公平に定義することができるのは、次のように理解される場合だけであるということである。すなわち、罪深い堕落に汚染されていない真理を歴史の中で達成するというこの偽装は、カトリック性が最も正確に特徴づけられてきた制度〔カトリック教会〕に限定されないという理解である。そうした偽装はあらゆる形態のキリスト教において繰り返される誤りなのである。

近代ロゴス論が文化的問題への解答の「ルネサンス」的解釈であることも、きわめて明白である。そこには古典的概念とキリスト教概念とが組み合わさっている。それは、歴史意識によって変革されたロゴス論である。このロゴスはもはや歴史からの解放によって純化されるものではない。それは、歴史それ自体の過程によって純化されるのである。それどころか、歴史はロゴスの漸進的な発現であり純化である。ある意味でヘーゲル主義は、歴史における真理の問題についてのこの「ルネサンス」的解釈の最も完璧な声明である。たとえ、歴史における知恵と真理の蓄積については、さまざまな自然主義的理解があり、それらもまた、その「観念論」拒否にもかかわらず、「ルネサンス」的解釈の表現であるとしてもそうなのである。

以上のような古典的ロゴス論と近代的ロゴス論を「聖書的」教理と対比させる場合、「聖書的」という語は、キリスト教史とりわけ宗教改革における、恵みについての聖書的逆説の解釈を取り入れるためにあると理解しておかなければならない。キリスト教史には、キリスト者たちが真理の利己主義的な堕落を完全に克服していると主張するあらゆる種類の偽装だけが満ちているわけではない。キリスト教史には、また、一部そうした偽装への反動として、その明瞭さに濃淡はあるものの、文化と真理の領域における「贖い」は、真理を《持っている》が《持っていない》ことであるということや、真理を持っていると自負することが新たな虚偽を引き起こすということを自覚しているさまざまな形態もある。これは、真理に適用された恵みの逆説である。キリスト教の啓示に明らかなように、真理には、人間は、真理を十全に知ることもできなければ、真理を十全に知っていると自負する誤りを避けることもできない、という認識も盛り込まれている。「恵み」は常に「自然」と矛盾し続ける部分があり、単に「自然」の成就ではないと理解されているのである。

このような逆説の理解こそ、ほかならぬ恵みの二つの相についての表現である。それは、あらゆる人間的な思想を超える思想であって、人間の思考に影響を与える可能性は間接的であるにすぎない。というのは、われわれは、思想と行動において真理の確立と進展を求めるにもかかわらず、真理における利己主義的な堕落を十分に意識し続けることはできないからである。しかし、その堕落を意識することは、利害に動かされた思想と行動の領域を祈りによって超越する瞬間には可能である。また、この洞察を、われわれの利害に動かされた思想と行動の中に持ち込むことも可能であり、それによって、われわれが保持する真理に戦いを挑み、われわれの行動に反対する人々に対して、何ほどかの同情と赦しの感覚が生み出される。しかし、恵みと「自然」(この場合、堕落した真理)との矛盾が理解されさえするなら、「恵み」は、われわれの思想と行動の中に入り込み、それらを完全に純化する。ここに赦しの秘密がある。敵への憐れみは、自らが罪人であることを知る者たちにのみ可能なのである。(4)

しかし、対立する「真理」の主唱者に対して同情と赦しを促し、自らが罪人であると認めるその不安は同時に、魂を、真理を純化する熱意にあふれた可能性のあるわざへと駆り立てもする。魂はそのような純化に努め、それによって行動するのである。このように、文化の分野や真理の探究において、「聖化」と「義認」として伝統的に定義される恵みの二つの相が相互に矛盾しないことは、どのような分野であれ、他の分野におけるのと同様である。

もし、真理の問題へのこの取り組みの方法が聖書的であると規定され、恵みの聖書的逆説が、宗教改革において頂点に達するキリスト教史の光に照らして把握されるとしたら、直ちにこう付け加える必要がある。すなわち、真理と文化の問題を取り扱うにあたって、ある特定の歴史上の運動である宗教改革が成功だったと主張することはありえない、ということである。この福音の逆説がいかによく捉えられるか、またそれがいかに純粋に人間経験の中に入ってきたかの判断の基準となるのは、それぞれの死活的な確信を異にする者に対するキリスト者の態度である。言い換えれば、その基準は寛容の問題にある。その評価基準を満たすために必要なのは、われわれ自身のものとは異なる信条を奉じる人々に対する寛容な態度を単に維持することだけではない。評価の基準は二重であって、そこには、行動の源となる死活的な確信を保持し続ける能力と、われわれにとって真理ではないと見える確信に固執することによってわれわれを不快にさせる人々に対する赦しの精神との二つがある。この基準によって判断すると、宗教改革には他のキリスト教信仰の型と比べて利点はほとんどない。それだけでなく、キリスト教史全体が、他のさまざまな文化の偶像崇拝と同じほど嘆かわしい熱狂主義をしばしば産み出してきたことを認めなければならない。

キリスト教史は、キリスト者の生活に明示されるような恵みが、人々を知性の有限性を超えて向上させることも、有限性を克服してきたと主張する罪から救うこともないことを示している。教会の分裂は、地理的気候的条件、階級の違いや経済的状況、民族的人種的特殊性、あらゆる種類の歴史的制約などに起因しているが、どれも、恵みによって生きる人々にとっても継続している有限性の証拠である。[5] 宗教論争の熱狂の激しさ、神学論争に生じる憎しみ、教会的な敵愾心、教会的支配の尊大な主張などはすべて、「救われた者」の生活にも持続する罪の力と、罪が利用する見せかけの信仰深さを暴露しているのである。

それどころか、キリスト教の敵対者がしばしば、キリスト教を、すべての偽装が原理的に打ち破られる宗教としてではなく、罪深い歴史的主張と偽装の道具と見なし、熱狂主義から人類を解放する唯一の方法として、宗教が破壊されることを切望していることは驚くにあたらない。もちろん、宗教の敵対者たちは次のようなことを理解していない。すなわち、かれらは、あれやこれやの宗教によって作り出されたいかなるものよりも根本的な課題と取り組んでいること、その根本的な課題は、歴史における相対的なものと絶対的なものについての問題であること、その問題は「原理上」キリスト教信仰によって解決されること、キリスト教信仰は自らがそれ以上のものであると主張する場合には問題を悪化させるであろうこと、しかし、敵対者たちが世俗文化において展開しているようなキリスト教に代わる解決は、懐疑主義の淵か、新たな熱狂主義か、そのいずれかをもたらす、といったことなどを理解していないのである。

Ⅲ　寛容の評価基準

もし、キリスト教信仰の多様な形態が福音の知恵にどれほど接近しているかを判断するために、それらの形態に寛容の評価基準を適用とするとしたら、われわれは、一目瞭然の結果にも、あるいは、詳細に調査するまでは驚くべきことのように思われる結果にも遭遇する。予測できる結果は、カトリック・キリスト教の信仰は原理的に不寛容であるということである。これは驚くにあたらない。なぜなら、真理の問題に関するカトリックの聖化観は、恵みに関するカトリックの諸理論と首尾一貫しているからである。寛容についての歴史研究から生じる驚くべき結果は、宗教改革の神学が、知的論争の分野においては、その恵みの理論や義認の教理と調和するであろう悔い改めの精神や砕けた心〔詩五一・一九参照〕という成果を実際にはもたらしてこなかったということである。この失敗の理由は、部分的にはわれわれの全般的な研究においてすでに予想されていたが、寛容の評価基準の光に照らして詳細に検討されなければならない。近代史における寛容の主たる源泉は、セクト的および世俗的形態の双方を含むルネサンス運動のさまざまな力の中にあった。しかし、「リベラル」精神の寛容な態度が、寛容の評価基準の二つの局面の双方と調和するのか、それともその一方とだけ調和するのかについて、検討することが必要である。ルネサンスの寛容な態度は、正反対の矛盾する見解や意見に耐える姿勢は達成しているにしても、はたして、思想と行動の間の生命力にあふれた有機的な関係まで維持しているだろうか。

1　カトリシズムと寛容

カトリシズムは、その歴史全体と恵みに関する特有の教理によって、真理の無制約な所有を主張せざるをえないようにされている。文化の領域におけるその主張において、カトリシズムが恵みに関する聖書的逆説を破壊していることは明らかである。カトリシズムは、所有しえないものを単純に所有していると自負している。カトリシズムは、時に応じて、他の形態のキリスト教信仰に向かってその姿勢をわずかに変化させることもあるが、カトリックだけが真理と真理の全体を所有しているとの確信においては完全に一貫し、揺らぐことはない。

現代カトリシズムにおけるアウグスティヌス思想の卓越した解釈者であるエーリヒ・プシュヴァラは、異端審問についてこう書いている。「ドミニコ会は、好むと好まざるとにかかわらず、異端審問の奉仕者となったが、それは、熱狂主義の類いのゆえではなく（偉大なドミニコ会士たちはみな、子どものような謙遜と繊細な感受性の持ち主であった）、永遠の真理に仕えるためにすべての個人主義を完全に放棄したゆえである。……神のみが真理そのもの（真正なアウグスティヌス的表現）であって、この真理に仕えることが神に仕えることである。……ドミニコ会士は、自らを、世界のただ中にあって計り知れない摂理によって唯一の真理の聖なる後見人を託されている者と見なした。世界の中に立つのはそのような人である。……しかし、それにもかかわらず、世界の中にありながらも、世界をこの一つの永遠の真理の支配に……服従させるというただ一つの責務を委ねられて立っている。真理は、個人性や存在に起因するあらゆる変動から独立して存在するのである」[6]。異端審問についてのこの本質的に高邁な正当化の問題点は、次の点にある。すなわち、普通の人間は、「個人性や存在に起因するあらゆる変動と無縁の」この真理を手にすることができない、という洞察が、唯一の永遠の真理である福音には含まれていることを理解していないことである。この誤りがすべての異端審問の根である。

プシュヴァラが断言するように、カトリック教徒は、個人的には確かに謙遜で罪を深く悔いる人たちであろう。それゆえ、かれらは、自分自身の個人的な真理解釈への熱狂的な情熱を持つプロテスタントの個人主義者より優れているかもしれない。しかし、カトリシズムは、集団として、また公式には不寛容である。その不寛容は、自らの真理解釈ではなく他の解釈に含まれていると考えられる真理契機に対する無知によって不寛容を表すだけではない。他のキリスト教派の信仰表明も含む他宗教の信仰表明を抑圧することを図ってでも不寛容の立場を表すのである。

エリザベス朝時代のイギリスにおける不寛容の擁護者であるイエズス会士ロバート・パーソンズは、カトリック的立場の論理を厳格な首尾一貫性をもって次のように明らかにした。「もし、いずれかの宗教を持ち、その宗教に定められている人々がみな、この唯一の真理が自分自身の宗教の中にあるべきだと考えなければならないとしたら、そこから必然的に生じるのは、その人は、自分自身の宗教以外のすべての宗教が偽りであり間違っていると確信する、ということである。その結果、その宗教の公会議や秘密集会や公の活動はすべて邪悪なものであり、神を冒瀆するものであると見なさなければならない」。パーソンズはこの論理を次のように主張するところまで突き詰めている。すなわち、たとえ、他の宗教が実際に正しいものであったとしても、「もし、私がこうした宗教に同調したために、それも、私だけがそれによって裁かれるような私の見解や判断や良心において同調したために、断罪されるとしたら、そうした他の宗教は神への敵と見なされなければならない」というのである。(7)

教会が、国家における公的宗教を独占することを模索させるカトリック教理は、公式には、教皇レオ十三世の回勅「インモルターレ・デイ」〔一八八五〕において確立された。「神に帰すべき奉仕において不注意であることはだれにも許されていないゆえに、また、すべての人間の主な責務は、その教えにおいても実践においても、宗教から離れないことであるゆえに……人々が好む宗教ではなく神が命じる宗教、すなわち、確実な最も明瞭なしるしが唯一の真の神であることを示している宗教から離れないことであるゆえに……あたかも神がいないかのように行動することは公的な犯罪である。それと同じように、国家において宗教を大事にしないことも、……あるいは、多くの形態の宗教から自分に合う宗教を空想によって選ぶことも罪である」。というのは、われわれは、神がその意志として示されてきた仕方で神を礼拝しなければならないからである」。現代のあるカトリック神学者は、こうした公式の言葉を注釈しながら、その趣旨を次のように強調している。「国家が、宗教を奉じ推進する道徳的な衝動のもとにあるとしたら、国家には、真の宗教だけを推進し奉じる責任があることは明白である。というのは、いかなる個人も、いかなる個人の集まりも、いかなる社会も、いかなる国家も、真理に対するのと同じように、誤謬を支持することにおいて、すなわち、真理に対するのと同じ承認を誤謬に与えることによって、正当化されることはないからである[8]」。

カトリックの教えにおいて、「真理」と「誤謬」との単純な区別は、「正義」と「不正義」との単純な区別に対応しているが、この区別は、次のような恐ろしく哀れむべき幻想の都合のよい道具である。すなわち、「自分たちの」真理は、敵対する信条の「虚偽」を打ち破り終わらせるために、説得力はもちろんあらゆる強制の道具を用いなければならないという幻想である。というのは、区別は、歴史におけるあらゆる認識の両義的性格を無視し、最も純粋な真理の中にさえある誤りの残滓や最も明白な誤りの中にさえある救いの真理を曖昧にしてしまうからである。区別は、「神の敵」や「キリストの敵」に対する憤怒によってカトリシズムを擁護する。また、教会は次のことを理解していない。すなわち教会の権威に対する抵抗や革命は、神やキリストへの憎しみによってではなく、教会がたまたま関わった文化や文明の歴史的相対性を「隠す」ためにキリストを不当に用いることへの嫌悪によって引き起こされるということを[9]。この憤怒を引き起こすのは、実在のキリストではなく、「わたしの」キリストである。

このカトリック的誤りのギリシア正教会版は、ローマ・カトリックの場合とわずかだが異なっている。違いは、東方教会における、時間と有限性に対する永遠の勝利と見なされる、「恵み」ついての一層神秘的な概念にある。それゆえ、ある正教会の神学者は、教会が所有する無制約的真理を時間における永遠の達成として、次のように定義する。「教会の公同性は、教会の経験がすべての時間に属するという事実にきわめて鮮やかに見られる。教会の営みと経験において、時間は神秘的に克服され支配される。いわば、時間が静止するのである。時間が静止するのは、時間の過程によって建てられた壁によって分かたれるようになった生を公同的な統合に収斂する恵みの力のゆえである」[10]。

アングロ・カトリシズム［アングリカンないしイングランド教会］は、ローマ教会が誇りうるような現実的な歴史的普遍性を持たないため、ローマ教会のような徹底した偽装を免れている。しかし、教会が所有する真理における偶然的で罪深い要素を認めることにおいては同じ問題が見られる。その誤りのゆえに、アングロ・カトリシズムは、エキュメニカルな一致の基礎には、共通の信仰と共通の「職制」の双方が盛り込まれなければならないと主張し、それによって、非ローマ諸教会のエキュメニカル運動に混乱をもたらしてきた。しかし、礼典や教会政治形態といった教会の「職制」が、歴史的に不確かな領域に属していることは明白である。この事実を認めることができなかったゆえに、非ローマ諸教会のうちのカトリック的要素を持つ集団は当然、自分たちの職制がエキュメニカルな教会の唯一可能な職制であると主張することになった。この法外な精神的帝国主義の論理は、通常、罪の論理と同じである。それは、自らの視点の有限性についての無意識的な無知であり、意識的な拒絶である。この罪を露呈しているのはアングロ・カトリシズムだけではない。しかしアングロ・カトリシズムは、「恵み」の領域における有限な視点にとりわけ目をふさいできた。それゆえ、この教会は特に、自らの持つ聖化主義的解釈を、自分自身の行動によって否定しがちである[11]。

2　宗教改革と寛容

われわれはこう主張してきた。宗教改革の「信仰義認」の教理は、その「聖化」の教理との関係において、聖書宗教の説く恵みの二つの相についてのキリスト教信仰の最終的な認識を示していると。論理的には、《持っている》が《持っていない》という恵みの逆説は、他のあらゆる生の領域に対するのと同様の妥当性をもって文化と真理の領域に適用されなければならない。しかし、宗教改革は、この領域にその逆説を適用することに失敗した。そのさまざまな熱狂形態は、カトリックの不寛容に劣らず、教会と市民社会の平和を乱した。宗教改革は、自らの福音解釈と異なる人々の取り扱いにおいて、「打ち砕かれ悔いる心」［詩篇五一・一九］を示す謙遜という「悔い改めにふさわしい実」［マタイ三・八］を著しく欠いていた。宗教改革は、自らが持つ真理にはまさにこの逆説についての認識が含まれていたにもかかわらず、かれらが持つ真理に誤りが混入しているという自覚をほとんど示さなかったのである。[12]

マルティン・ルターは、異端者に死刑を適用することについて、一五二六年になってようやく若干の懸念を持つようになり、「わたしは決して、誤った教師が死刑に処せられるべきであると認めることはできない。追放するだけで十分である」と述べた。しかし、わずか一年後、再洗礼派に対する闘争心が良心の呵責を蹴散らし、ルターは、かれらを抑圧するために剣を用いることを強く勧めるようなった。セクト主義の神秘主義的形態と急進的黙示主義的形態の双方に対処するに際して、ルターとカルヴァンは等しく冷酷であった。また、スイスの宗教改革者ツヴィングリも再洗礼派に対して同様の態度をとった。カルヴァンは、サマセット公（幼少時のエドワード六世の摂政）に書簡を送り、市民軍によって異端を弾圧するよう求めて、こう述べた。「王に対して蜂起した反逆者には二種類あります。一つは、すべてを混乱に陥れようとする、福音でうわべを飾った狂信的輩です。もう一つは、ローマ・カトリックの反キリスト者たちの迷信に固執する者どもです。いずれも同様に、あなたと堅く結ばれている武力によって抑え込まねばなりません。なぜなら、かれらは王を攻撃するのみならず、王位を与えた神に立ち向かっているからです」。

エリザベスの統治からクロムウェルの統治に至るイングランドにおける宗教的対立の長い歴史において、長老主義はカトリックときわめてよく似た政策を遂行していた。長老主義は、自らが迫害の危険にあるときは良心の自由を訴え、権威を獲得すると、他の教派を弾圧によって脅かした。当時のあるアングリカンの長老主義批判者は、長老主義をこう非難した。「これらの人々は、良心の自由を叫び求め、かれらに課された抑圧は、自分たち自身の聖性を保証するものだと大言壮語している。しかし、部分的にすぎない権威を手にするやいなや、かつての良心の優しさを捨て、迫害の情熱が勧めるあらゆる手段をもって教会を完全に破壊した(13)」。

公平な歴史家は、この長い宗教的対立におけるカトリックとピューリタン双方の立場について、以下のように要約している。「これまで、ピューリタンとカトリックは良心の自由のために戦っていたと言われてきた。しかし、そのように表現することは、全く誤りではないとしても誤解を招くように思われる。かれらは、自分自身の良心の自由のために戦ったのであって、他の人々の自由のために戦ったのではなかった。……かれらが主張したのは、支配する自由である。かれらに関する限り、自分たちを自由にするための努力が人間全体の自由を拡大する一助となったのは、事態の膨大な過程における偶然にすぎなかった(14)」。

正統的宗教改革の神学者たちの不寛容はさらに非難されるべきものであった。というのは、セクト主義者たちは、まさに宗教改革の洞察を補完する真理を強調したのに、正統的宗教改革の神学者たちはその熱狂による攻撃の矛先をセクト主義者たちに向けたからである。宗教改革とセクト主義との相違について、単純に経済的な解釈を施すことは誤りかもしれないが、ある程度、神学的相違は社会的経済的対立によって引き起こされ、また、そのような対立の表現でもあったことは否定できない。セクト主義は総じて貧困者の宗教であった。自分たちの持つさまざまな経済的社会的障害に迫られて、セクト主義者たちは、宗教的理念には社会的意味があると主張するようになった。一方、正統的宗教改革はしばしば、中流階層上位の人々の経済的利害を宗教的に反映するものとなった。それは、カトリシズムが旧来の封建主義的階級に政治的にも経済的にも取り込まれていったのと同様に一般的なことであった。神学的視点と経済的視点を混合させることについては、神学者は否定しがちであるが、経済決定論者は宗教を単なる経済の道具とするまでに強調する。しかしその混合は、宗教的であれ世俗的であれ、純粋な理想主義者たちのうぬぼれを否定する歴史的現実の一つの側面である。最も抽象的な神学的議論も、一見最も客観的な科学的論争と同様に、利害や欲望によってその論争に密かに入り込むさまざまな要素から全く自由ではない。留意すべきは、これらの利害は、マルクス主義が想定するよりもはるかに複雑で、決して純粋に経済的なものではないということである。

宗教改革は、自らが巻き込まれていた論争や対立を、あらゆる人間の野望や達成は不完全であるという究極的洞察の光の中で見ていたなら、同時代の経験を用いて宗教改革の教理を論証し、その教理を擁護する際の激烈さを和らげることができたはずである。

このことに宗教改革が失敗した固有の原因を探索することは無駄なことかもしれない。というのは、われわれはすでに、罪深い傲慢が、傲慢を原理的に克服しようとするまさにその教理をも手段として用いうることに着目してきたからである。それにもかかわらず、このような失敗の固有の原因を探すことは必要である。なぜなら、世俗的であれ宗教的であれ、実際に、赦しというキリスト教的精神と調和する寛容に確かに近づいた他の精神運動もあったからである。たとえ、それらの運動が、歴史の偶然性や文化の罪深い堕落について、宗教改革ほど厳密な教理的洞察を持っていなかったとしてもそうなのである。

文化の領域における宗教改革の失敗の一因は、明らかに、全体として逆説性の強いその恵みの概念にもかかわらず、宗教改革の聖書崇拝が、文化と真理の領域において「聖化主義」的原理を暗示していたことである。トマス・ホッブズは、多くの教会批判者の一人であったが、宗教改革におけるこの影響について次のように述べている。「聖書が英語に訳されてこのかた、およそ英語を解する大人は、いや、それどころか小童どもまでがみな、自分は全能なる神と語り合うことができると思うようになった。……そしてあらゆる者が宗教の審判者となり、聖書の勝手な解釈者となった[15]」。このようにして、聖書はあらゆる有限な視点と罪深い堕落を超えて自分たちに最終的な真理を与えてくれるという、信仰者が持つ一定の確信は、個人における霊的尊大さの原因となった。それは、かつての教会の集団的尊大さと変わらない不寛容であった。この傲慢は、次のような事実にもかかわらず生じた。すなわち、尊大さがその攻撃の矛先を向けた、聖書のさまざまな相容れない解釈が、実は、絶対的に正当な解釈を装うような主張を否定していたという事実である。というのは、聖書の相容れないさまざまな解釈は、人々が、聖書への個々の取り組みを生む多様な社会的歴史的視点に従って聖書をさまざまに解釈していることを示していたからである。

このようにして、宗教改革的聖書崇拝（すでに見たように、カルヴァン主義のほうがルター主義よりもその傾向に陥りやすい）は、宗教改革者たちとその弟子たちが熱狂に陥るその一つの説明となるのであるが、その説明は、それ自体さらに明らかにされなければならない。

おそらく、宗教改革にとって、歴史の相対性と曖昧さから単純に抜け出すことは可能であったであろう。なぜなら、宗教改革は、人間的知恵の可能性と限界が見出され明らかにされる場である人間文化の究極的問題に十分な熱心さと真剣さをもって取り組まなかったからである。この取り組みがなされていれば、人間的知恵を否定も成就もする福音の真理が、単純に人間が所有するようなものとして主張されることはありえない。というのは、人は、次のような悔恨の情を伴う認識へと促されるからである。すなわち、人間的知恵によってこの真理を詳細に説明しようとする努力（これは神学の課題である）は、歴史的偶然のもとに置かれ、利己主義的情熱に影響され、罪深いうぬぼれによって堕落させられているということ、つまり、神学も哲学と同様に審判のもとに置かれているということである。

神学は、文化における自己中心性の原理を「原理的に」捨てたという点において、哲学とは異なるかもしれない。原理的にそのようにしたのは、神学が、「世は自分の知恵で神を知ることができませんでした」［Iコリント一・二一］ということ、つまり、何らかの偏った人間的視点から、もしくは、意味の中心と源泉としての有限な価値によって、意味の構築を完成させるのは不可能であることを認識しているからである。しかし、神学の歴史はおしなべて、この「原理的に」は、「実際に」を意味しないことを示してきた。あらゆる部分的で偏った視点を超えた真理が歴史と文化の真理に関連づけられるとき（これは、その危険にもかかわらず、神学が遂行しなければならない課題である）、これらの適用は、哲学の歴史が露呈するのと同じ不確かな要素にさらされている。したがって、哲学に対するルターの軽蔑的態度に正当な理由はない。もっと詳しく言えば、実際には、哲学のほうがしばしば、神学よりも偉大な謙遜の精神に達することがあるゆえにそうなのである。哲学は、あらゆる人間的認識の明白な限界から手っ取り早く逃れる手段を何ら持たないゆえに、ヒュブリス（hybris）［傲慢］から免れている。哲学は、恵みの天使が過たずに昇り降りする「ヤコブの階段」を持たない。しかし、神学におけるヤコブが、その階段を、天へ昇る手段であると勘違いするなら、ヤコブの階段の使用は不当である。(16)

要するに、宗教改革の不寛容は、自らの教理的立場を侵害したことの結果である。その信仰義認の教理は、救われた者でも完全ではないことを前提としている。論理上は、この教理には、「救われた」知識や知恵の不完全さが盛り込まれている。宗教改革の不寛容な熱狂は、この洞察を文化の問題に適用し人間の精神的傲慢を軽減することに失敗したことから生じた。このようにして、宗教改革の活動は、その理論が正しいことを証明したが、同時に、その理論が無力であることをも露呈したのであった。信仰義認は、単に頭で理解されるだけではなく、心にまで沁み入ってその傲慢を打ち破るべき理論であった。聖書の権威が、教会の思い上がった権威を打ち砕くために用いられるや否や、聖書は、人間の傲慢のもう一つの手段となった。世俗主義者なら、この奇妙なドラマを目にして、「両者に災いあれ」［シェイクスピア『ロミオとジュリエット』の台詞］と叫んでも、また、天へ昇る階段はみな危険であるという結論に達しても、許されるかもしれない。しかし、この階段は、世俗主義者たちが想像するほど簡単には否定されなかったことに留意しなければならない。恵みが降りてくるためのものであったはずの階段を傲慢が昇ることもできるということは、人間の文化的企てのすべてに内在する危険である。世俗主義者は、自分自身の階段をつくって終わるかもしれないし、「自分の」真実を、真実「そのもの」と区別できる視点を持たない虚無主義的な文化にとらわれることになるかもしれない。

3　ルネサンスと寛容

寛容は、宗教的な争いにおいてであれ、社会的経済的争いにおいてであれ、近代世界における文化的社会的複雑さのただ中で、生を許容しうるものにしてきたし、近代社会が、専制主義的抑圧という対価を支払わずに内部の平穏をある程度達成することを可能にしてきた。そのような寛容は、第一に、われわれが広く「ルネサンス」と規定してきた運動の成果であることは明らかである。宗教的権威に反抗し、中途半端にしか解決されなかった問題を再び取り上げた学問の英雄たちはこの伝統の中にあった。ルネサンスは、懐疑主義という、人間の傲慢が人間の確実性の限界を超えるあらゆるところで健全さを保つのに有益な態度を生み出した。近代文化における寛容の達成は、しばしば、宗教それ自体が崩壊することによる宗教的熱狂の崩壊に起因するものと見なされた[17]。このような場合、近代文化は、対立があからさまに宗教的であるときだけは寛容の問題を解決できるが、表向き世俗的な政治的社会的運動に生まれる密かな宗教的熱狂には対抗手段を提供しえないのである。

しかしながら、留意すべきは、セクト的プロテスタンティズムは、すでに指摘してきたように、ルネサンス精神と密接に関係しているが、同時に自由と寛容の精神にもきわめて本質的な貢献をしたということである。ルネサンスの合理主義的で人間主義的な立場は、理性が持つとされるさまざまな普遍性によって個別の偏見に挑戦することで寛容に貢献した。また同じ貢献は、あらゆる文化の歴史的形態の広範な多様性と相対性を示す経験的観察の力によって独善的な宗教の誤った普遍性を断ち切ることによってもなされた。その二つの戦略はしばしば並行して実行され、ルネサンス的人間主義における寛容の代表的な擁護者たちは、さまざまなかたちでそれらを強調した。ブルーノは一方の攻撃形態に、モンテーニュはもう一方の形態に傾き、デカルトは前者の形態に、ロックとヴォルテールは後者の形態に頼った。

その一方で、セクト的キリスト教は、キリスト教信仰の前提の範囲内でキリスト教的熱狂に異議を申し立てた。セクト的キリスト教の神秘主義的確実性は、歴史的に条件づけられた教義的信仰の確実性を超えた。その個人主義は、宗教的画一性を目指す正統主義の情熱に挑んだ。その社会的急進主義は、宗教的権威が中途半端に是認した社会的妥協に反対し、福音による絶対的で倫理的な要求を突きつけた。宗教改革における敬虔主義の父ハンス・デンクの思想には、神秘主義的で敬虔主義的な、また、急進的で黙示的なセクト主義の萌芽があったが、かれは、シュヴェンクフェルト［カスパル・フォン・シュヴェンクフェルト］と同様に寛容の擁護者であった[18]。

独立派とレヴェラーズが、十七世紀のイングランドの諸セクトにおける寛容の特別な擁護者であったのに対し、イングランドの諸セクトはみな自由の理念に対して何らかの貢献をした。リルバーン［ジョン・リルバーン］、ウォルウィン［ウィリアム・ウォルウィン］、ウィンスタンリー［ジェラード・ウィンスタンリー］、ロジャー・ウィリアムズといった人々や、それほど知られていない多くの自由の擁護者たちは、イングランドの寛容の歴史において、ルネサンスの人間主義的立場における自由の擁護者と同じ程度に、もしくはそれ以上に重要である。

あらゆる寛容の擁護者の中で最も抜きん出た寛容の擁護者であるジョン・ミルトンは、ルネサンスの人間主義とセクト的キリスト教を優れた統合へともたらした。ミルトンほど深くはないが、トマス・ジェファソンもまたこの統合を成し遂げた。とはいえ、その思想には合理主義的要素が比較的目立ち、キリスト教的内容は最小限にとどまっていた[19]。

もちろんセクト主義が例外なく寛容であったわけではない。セクト主義には、熱狂的激しさを生み出す固有の源泉があった。その単純な完全主義は、敵対者たちが巻き込まれているように見えた「妥協」もまた不可避であることが理解できなかった。それゆえ、セクト主義は、敵対者に激しい独善的嘲笑を浴びせた。完全主義者たちが端的に否定した敵対者の妥協の姿勢は、責任を引き受けることの補完であることをセクト主義は認識しなかったのである[20]。セクト主義の個人主義は、その寛容の訴えをあまりにも陳腐に表現することもあった（これは世俗的なリバタリアニズムにも同様にあてはまる）。というのは、その個人主義は、社会の平和と秩序への責任も、その必要性への理解も持ち合わせていなかったからである。それゆえセクト主義は、最も自由な社会においても最小限の強制力が必要であることを認識しなかった[21]。

しかし、このようなセクト的熱狂にもかかわらず、セクト主義の歴史は総じて、西洋世界における寛容の発展において、世俗的な運動であるルネサンスと同様に重要である。

この問題についての世俗主義者とセクト主義者の合意は、真理の問題への二つの共通する取り組みに基づいている。それは、他の相違が乗り越えられているような取り組みである。両者は、真理の強制的な受容における真理への危険を認識していた。また、真理の探求における完璧な合意を不可能にするような、人間の見通しの有限性と人間の視点の多様性にも気づいていた。

第一に、世俗主義者たちは、強制力によって真理を擁護することの不毛さを強調する。ジョン・ロックは言う。「真理は確かに、自らが働きをなすことによって十分うまく進んでゆくものなのです。真理は、偉い人間から多くの助力を受けたことなどめったにないし、これからも決して受けることはないだろう、と思われます。……もし、真理が、自らの光によって知性に入っていくのでなければ、暴力に借りた力によっては、かえって弱いものとなってしまうでしょう[22]」。セクト的キリスト者は、同じ考え方に、多少道徳的で宗教的な内容を加味する。かれらは、強要されて真理を受け入れることがいかにして魂を救うのかについては考えない。エリザベス朝のイングランドにおいて迫害下にあった、あるフランドル人バプテストの書簡は、その考え方を感動的に表現している。「私たちは、いかなることがあっても王とは反対のことを考え、認めざるをえないときは、それを心から喜んで受け止め告白することを、神と陛下の前で証しします。私たちはこのことを心から喜んで受け止め告白します。なぜなら、私たちにおいて、偽りの信仰のうちに死ぬことよりも正しい信仰を実践して生きることをよしとしないのはきわめて愚かなことだからです。……善かれ悪しかれ好き勝手にやる悪党たちとは違って、私たちが何かを信じることは自分自身の力によるのではありません。しかし、真の信仰は神より私たちの心に植え付けられているに違いないのであり、その神に向けて、私たちは、神の言葉と福音を理解できるように聖霊が与えられることを日々祈るのです(23)」。

寛容について世俗的見解とセクト的見解とが合意を見る第二の点は、歴史的過程としての文化的課題についてのルネサンスの評価と理解に由来する。ルネサンスは、歴史におけるあらゆる知の不確実性を理解し、歴史や自然や地理や気候が人間の文化にもたらす広範な多様性をよく認識している(24)。この点においてルネサンスは、他のさらに正統主義的なキリスト教教理よりも、人間は「被造物」であるという聖書的理解と、歴史における人間の知識には限界があるというキリスト教的評価とに完全に合致している。ルネサンスは、この歴史的相対性を克服する独自の方法を持っていたが、それについては追って考察しなければならない。多くのルネサンス人たちは、その歴史的相対性によって新たな誤りに追い込まれた。しかし、ルネサンスは、歴史的相対性についてのその暫定的な理解によって、キリスト教正統主義よりもはるかに有利な立場を得たのである。

真理に関するあらゆる歴史的理解の断片的な性格についてのこの認識は、ミルトンの『アレオパジティカ』において見事に表現されている。もっとも、その象徴の用い方は概して、近代文化の場合よりも聖書的ではある。「確かに、真理はその聖なる主［キリスト］と共にこの世界にかつて到来したものであり、その完全なかたちは、仰ぎ見るにこの上もなく輝いていました。しかし、キリストが昇天し、後を追って使徒たちが死の眠りにつくや、邪悪な詐欺師の連中が現れて、手付かずの真理を取り上げ、その美しいかたちを粉々に打ち砕いて四方八方にまき散らしました。それ以来あえて真理の味方としてこの世に出た人たちは、悲しみながら、イシス神がオシリス神のずたずたにされた体を探して歩いた故事にならって、真理の手足を一つ一つ見つけては拾い、野を越え山を越えて行きました。上院・下院議員諸氏、われわれはまだ全部を見つけてはいません。それは、主の再臨までかなわぬことでしょう[25]」。

同様の考え方は、セクト主義者と独立派の思想でもしばしば前提とされている。ジョン・ソルトマーシュは、「お互いに、何らかの無謬な権力があるなどと思い込まないようにしようではないか。……なぜなら、何かを証拠立てようとしても、それは互いに曖昧なものだからである。……主が両者を同様に教え導いて分別を与え給うまでは」と記している[26]。

このような、宗教的啓示についてのさまざまな解釈の相対性をも含む、人間的知の相対性についてのこの暫定的理解は、ルネサンスの思想における歴史的感覚の回復にとって不可欠の部分である。それは、ルネサンスが、寛容の問題に関する二つの評価基準のうちの一つを満たすことを可能にする主要な要因、すなわち、憎悪や抑圧に割く労力を捨てて、自らの意見と反対の意見にも進んで耳を傾けようとする意欲である。

ルネサンスは、寛容に関するもう一つの評価基準も満たしている。それは、自らの最高の信念に忠実であり続け、それに基づいて行動するということである。それは、近代文化が最も頻繁に失敗することである。ルネサンスは、一方で無責任と懐疑主義を避け、他方で新たな狂信を避けることがいかに困難であるかに気づいている。

近代的立場が、意見交換の過程においてより高次の真理が立ち現れることを希求しつつ意見の自由な交換を擁護しようとする限りにおいて、その立場が幻想に陥る心配はない。ジョン・スチュワート・ミルにこのような言葉がある。「沈黙させられた意見が誤謬であるとしても、それは真理の一部分を包含しているかもしれないし、通常は、実際に包含していることがしばしばである。そして、いかなる問題についても、一般的または支配的な意見が完全な真理であることは稀であるか絶無なのであるから、真理の残りの部分の補充されうる機会は、相反する意見が衝突することによってのみ与えられるのである[27]」。

真理の断片部分がつなぎ合わされて最終的に真理の全体像を形成するという希望や、知的交流とはある種の競技であり、そこにおいて真理は最終的に虚偽に打ち勝つという信念は、寛容へと向かわせるすばらしい暫定的な動機である。さらには、その断片部分もまた、暫定的にかつ相対的に真理なのである。人類の知的営みは、絶え間なく虚偽が真理へと移行する過程である。そして、真理が歴史において最終的に勝利を得るというその確信は、虚偽に伴う外見上の差し迫った危険を取り除き、「自分たちの」真理を擁護する不安な狂信を鎮めるのである。

この解決に伴う困難は、この解決が、歴史における真理の断片と「真理全体」との関係についての問いへの暫定的な答えにすぎず、最終的なものではないということである。明らかにこの問題は、時間と永遠とをめぐる問題全体の一部分である。歴史が真理全体の開示に向かっているという信念は、時間と永遠との関係についての概念全体の一部である。この信念では、歴史はそれ自体を永遠へと変化させ、その固有の有限性を徐々に打ち崩していくと考えられている。これは、ルネサンスにおいて古典的視点と歴史的な視点とが結合した典型である。ルネサンスによれば、歴史におけるロゴスは、有限性や歴史から解放されるのではなく、歴史の内部で段階的に勝利していくのである[28]。

近代的寛容は、それが宗教を否定することによって達成されてきた限りにおいて、宗教が関わる生と歴史についての究極的問いへの無関心に基づくものにすぎないであろう。宗教的問いは特に狂信と対立の肥沃な源泉であっただけに、暫定的な寛容がもたらした益は大きかった。しかし、近代的立場の弱点もまたきわめて明白である。近代的立場は、究極的な問いに対し無責任な態度をとるか、生についての表面上暫定的で実用的にすぎない見解の中に新たな偽りの究極性を密かに忍び込ませるか、そのどちらかによって寛容を達成する。ここに、懐疑主義と新たな狂信という双子の危険がある。

重要なことは、近代的寛容の大半が宗教の領域にだけ適用されていること、また、宗教の領域における寛容の擁護者がまさに政治的狂信の主導者になりうるということである。死活に関わるほど重要でないと思われる問題について寛容であることは至極簡単である[29]。寛容が真に試されるのは、われわれにとって重要と思われる真理に反対する人々に対する、また、われわれが責任的に関わりをもつ生や意味の領域に挑戦してくる人々に対する態度である。したがって、宗教における寛容はしばしば、真理についての究極的問題に対して無責任な態度をとるということになる。そこには特に、真理そのものと、歴史における真理の断片との関係をめぐる問題も含まれる。同様に、政治的な戦いにおける寛容は、政治的正義の問題に対する無責任と無関心を露呈するだけであろう。

このような無責任な態度は、全面的な懐疑主義に陥る恐れがある。たとえこの世に一貫した懐疑論者などほとんどいないとしてもそうである。絶対的懐疑主義は滅多にない。なぜなら、ある確実な真理が歴史において達成される可能性を確信できないのは、あらゆる断片的真理に欠けがあることを示す何らかの真理の基準があるからである。それにもかかわらず、寛容の精神において全面的な懐疑主義に陥る恐れは常にある。というのは、いかなる寛容も、われわれが抱く真理へのある程度の暫定的な懐疑なしには不可能だからである[30]。「われわれの」真理に関わる悔い改めというキリスト教的立場、すなわち、そこにある自己中心的堕落が含まれているという謙遜な認識は、われわれが抱く真理からその自己中心的堕落を取り除く義務を否定するや否や無責任に陥る。もしわれわれが、歴史には部分的な見通しと断片的な視点以外何もないゆえに、偽りから真理を見分けることは不可能であるという結論に至るとしたら、無責任は一層全面的な懐疑主義に退化する。全面的な懐疑主義は無意味性の深淵と同じである。無意味性は、近代文化を常に脅かし、時折、近代文化が転がり落ちる落とし穴である。また、全面的な懐疑主義はしばしば、ナチス以前のドイツ文化におけるように、真理が政治権力に服従する前触れである。このようにして懐疑主義はシニシズムの前兆となるのである。

しかし、新たな狂信のほうが、全面的な懐疑主義よりも、近代的見方の帰結として現れる可能性がはるかに大きい。新たな狂信では、究極的な立場や最終的真理といったものが、部分的で断片的な真理の領域として暫定的に見なされていたものの中に、陰に陽に巧みに入り込む。こうして、新たな宗教が、表向き非宗教的な文化において立ち現れるのである。

ルネサンスの主流思想では、真理の断片相互の交流が真理の全体像の実現をもたらすという信念は、それが、断片的真理を扱う当座の問題に対する単なる暫定的で一時的な態度から、真理と虚偽についての究極的な問題への答えへと変質するや否や、それ自体宗教的立場となってしまう。そのような宗教は、その基本的前提に異議を申し立てるような宗教を除くあらゆる宗教に対して寛容を維持することができるし、実際維持している。進歩の概念は、広く「リベラル」な文化と定義されるものの基本的前提である。もし、その前提に異議が申し立てられるとしたら、リベラルな世界における意味体系全体が危機に瀕する。このため、リベラルな世界は、その信条のこの進歩の条項については不寛容である。リベラルな世界は、進歩の妥当性について議論することはない。それは、リベラルな世界が、進歩に関して、いかなる度合の懐疑主義も失ってきたからにほかならない。

それにもかかわらず、この信条はかなり疑わしい。あらゆる歴史的過程が、知的また文化的過程も含めて、意味があり、成就へと向かっているという限り、進歩の信条は正しい。しかし、あらゆる歴史的過程が両義的である限り、進歩という信条は誤りである。このことは、文化の領域では、より高度な真理を理解することが新たな虚偽につながることもありうるということになる。たとえば、自然の神秘を洞察しようとすると、自然と歴史についての誤った類比に至るかもしれない。あるいは、歴史の動的性格を見出そうとすると、「成長」がすなわち「進歩」であると思い込む誤りに陥るかもしれない。

歴史はそれ自身で成就するという誤った信念については、すでに検討してきた。人間の精神の仕組みそのものには、歴史への信頼全般を否定するのと同様に、文化における完成への過程としての歴史を否定するところがあることは確かである。歴史的過程を超越すると同時にそれに巻き込まれてもいる被造物としての人間は、その過程において完全な成就を見出すことはできない。その過程に対する人間の自由は、どの段階においても、真理の発見に新たな誤りを持ち込むために用いられうる。しかし、たとえそのようなことがないとしても、人間は歴史を超越しているゆえに、その意味体系を歴史の限界の中で完結させることはできない。人間は、歴史における真理がいかにして究極的真理すなわち「永遠の」真理と関係するのかを問わずにはいられないのである。そして、もし、歴史における真理が不完全であるのみならず、堕落したものでもあることを知るならば、人間は、歴史的なものから堕落を取り除き、その不完全なところを完全にする神の憐れみ以外に答えのない問いに直面することになる。

しかし、「進歩」という宗教における軽度の狂信よりも厄介な別の狂信が、近代的立場ゆえにはびこってくる。それらにはさまざまなものがあるが、すべて、政治的宗教から生まれる政治的狂信と定義できるであろう。トマス・ホッブズと、フランスにおける専制政治の主唱者であるジャン・ボダンは、近代文化におけるこの傾向の最も典型的な歴史における実例と見てよいであろう。この傾向は、最終的には人種と国家についてのナチスの信条において最高潮に達した。専制政治への傾向は、宗教問題に対する懐疑的で無責任な態度と、宗教的対立に対する反感から始まった。なぜなら、宗教問題は国民国家の平穏を危うくしたからである。ボダンの場合、かれは、フランスにおける同胞相争う宗教的対立のゆえに、ユグノー的信仰を放棄し、習合的宗教へと向かった。ボダンの新たな宗教的立場は、懐疑主義の危険を見事に露呈している。というのは、あらゆる宗教における真理を発見しようというボダンの崇高な努力は、「あらゆる宗教は等しく真理であり、等しく誤っている」[31]という、懐疑主義をうまく隠しおおせない確信に終わってしまったからである。しかし、ボダンの真の関心はフランスの統一にあった。そしてその問題の解決を、国家の統一を危うくするようなあらゆる意見や活動を抑圧する権力と権利を持つ専制政治を構想することによって図った。ホッブズとボダン両者の思想において、国家への無条件の忠誠を要求するというこのことは、あからさまにというより密かに宗教的である。それが密かに宗教的であるのは、無条件の忠誠を要求するからである。しかしそれがあからさまに宗教的でないのは、その要求が、生と実存の意味全体が個人と国家共同体の関係の中で完成されると公然と主張することはないからである。歴史において考えられうるある種の進歩を、この国家絶対主義の論理を展開させてその究極的な結論に達することによって示して見せることは、ナチスの手に委ねられた。こうしてナチスは、宗教への懐疑という土壌の上に、シニシズムの堕落の最終形態をもたらしたのである。

ルネサンス期の国家主義者であったトマス・モアは、イングランドを支配していたヘンリー八世が教皇の政策に追随することで国益を危機にさらした時期を生きた。カトリック普遍主義者であったモアは、王が宗教的事柄に関して国王至上権を確立しようとしていたとき、この新たな政治的狂信に対抗する手段として、キリスト教的立場の妥当性と有用性を示した。カトリックのキリスト教信仰は、それ自体の堕落にもかかわらず、少なくとも、政治的国家的絶対主義という偶像崇拝に対する防壁であった。王が、自らの政治的のみならず宗教的権威に従うように挑んできたことを受けて、また、他のイングランドの指導者たちがすべて王に屈服していることから反抗することが無駄であることが明らかになったことを受けて、モアは、まだ王に屈服していなかった普公的教会［カトリック教会］の権威に訴えた。かれは言う。「なぜなら、木の枝が木から落ちるようにいくつかの国が離脱するとしても、また、たとえ、木に残っている枝よりも落ちる枝のほうが多いとしても、それがまさに木であることは間違いない。たとえ、落とされた枝が別の場所に植えられ、もとの木よりも大きく育つとしてもそうである」[32]。

　このようなキリスト教普遍主義は、プロテスタントとカトリック双方におけるキリスト教信仰の腐敗にもかかわらず、ヘンリー八世の時代のみならず、今日においても示唆に富んでいる。このキリスト教普遍主義は、他のいかなる立場よりも、文化的問題に対するシニカルな解決策を拒否することに成功しているのである。

　真理問題についてのマルクス主義的な解決は、文化がすべて国家権力に屈服する事態より優れたものである。それにもかかわらず、マルクス主義は政治的宗教であり、ルネサンス思想という土壌から実った後代の果実の一つと見なすべきである。その信仰によれば、労働者階級の特別な視点は相対的なものではなく、真理把握における超越的で有利な視点である。それゆえ、マルクス主義そのものの真理を除くあらゆる真理には、利害をめぐる「イデオロギー的」汚染があると主張する。しかし、自分たちのみが人間的認識の有限性を免れ、熱情や利害による堕落を免れているというのは、いかなる文化や文明であっても、またいかなる階級や民族であっても、思い上がりであり、それは、明らかに、あらゆる真理探求を混乱させる傲慢の汚染にすぎない。それは、完結した聖化の偽装の世俗版でもある。このマルクス主義の主張の必然的な結果は、狂信という果実である。

　いかにもがいても、また、いかなる手法や偽装を用いても、自分たちが真理を保持しているという主張を立証することは不可能である。真理が恵みの逆説のもとにあることに変わりはない。われわれは、真理を《持っている》かもしれない。だがそれにもかかわらず、われわれは、真理を《持っていない》。また、もし、われわれが真理を原理的にしか手にしていないことを自覚しているならば、実際には、より純粋なかたちで真理を手にするであろう。われわれが告白するものに反対するさまざまな真理への寛容は、文化の領域では、赦しの精神の表現となる。それが可能となるのは、あらゆる赦しと同様に、自分自身の徳を過剰に確信しないときである。

真理への忠誠は、真理が実現する可能性に信頼することを要求し、他者への寛容は、自らの真理が最終的なものであるという確信が打ち砕かれることを要求する。しかし、もし、われわれが答えを持ち合わせていない問題に対して何の答えもないとしたら、われわれの打ち砕かれた確信は、敗北感（文化の領域では懐疑主義）を生み出すか、われわれの困惑を確信の背後に押し隠そうとする、より一層大規模な偽装（文化の領域では狂信）を引き起こすか、そのどちらかとなる。

第九章
神の国と正義を求める闘い

Ⅰ　序

正義を求める闘いは、真理の探求と同様に、歴史的経験の可能性と限界を徹底して明らかにするものである。その闘いは、いくつかの点で、知的探求よりも明白に人間のあらゆる生命力と権力に関わるゆえに、さらに一層、歴史的経験の可能性と限界を浮き彫りにしている。

共同生活を築き完成するという義務は、単に、実に無数の人々と折り合いをつける必要によってわれわれに強制されているのではない。その人々をこの小さな地球上のわれわれの傍らに置くことを全能の創造主が喜びとしてきたとしてもそうである。共同体は、社会にとって必要であるとともに個人にとっても必要である。というのは、個人は、その同胞との親密で有機的な関係において初めて自らを実現できるからである。したがって、愛とは人間本性の第一の律法であり、兄弟愛は個人の社会的実存における根本的要請なのである。

人間は生命力と理性との統一体であるゆえに、生の社会的調和は、決して、純粋に合理的なものではありえない。そこには、合理的であると同時に情緒的で意志的でもあるあらゆる力や潜在力の相互浸透がある。しかし、合理的自由の力は、人間の共同体に、自然的な共同体よりも高い次元をもたらす。不確定に退行する自然の限界を超える人間の自由は、兄弟愛の純粋さや広がりの限界を固定することができないことを意味する。人間は、歴史の中で、そのような兄弟愛を求めて奮闘努力しているのである。兄弟愛についてのいかなる伝統的達成も、それらより高次の歴史的視点からの批判を免れるわけではなく、また、それぞれの新たな達成段階において堕落を免れているわけでもない。

社会的また政治的関連におけるこれらの善と悪の双方に開かれた可能性の漠然とした特徴は、社会的過程を力動的に解釈することを正当なものとする。歴史の事実は、歴史的過程が社会的諸関連を継続的に純化し完成したという結論を支持することはできないかもしれない。しかし、歴史の事実は、歴史的共同体の広がりと度合いは絶えず増大してきたことを確かに証明することができる。あらゆる時代、特に科学技術の時代は、人間の生がより多くの同胞と関係しなければならないという問題を人間に突きつけてきた。共同体を形成し無政府状態を避けるという課題は、一層広範な地平へと絶えず向かっている。

これらの事実は、社会的課題における進歩史観的見方の動かぬ証拠と見なされるものを近代文化に提供してきた。「神の国」は、兄弟愛と正義による普遍的社会において頂点に達する、歴史に内在する力となったかのように思われた。この前提に立った世俗的でリベラルなプロテスタントによる社会的道徳的問題への取り組みの例は枚挙にいとまがない。近代の社会学的諸論考は、この進歩史観を前提としていることにおいて事実上一致している。歴史についてのマルクス主義の解釈はそこから逸脱したものである。しかし、その逸脱は一時的に急進的であるにすぎない。マルクス主義の社会変動は最終的には、進歩的でユートピア的な歴史概念に従属している。リベラルなプロテスタントは、その解釈に信仰的言い回しをつけ加えただけである。

すでに述べたような、人間の運命についてのキリスト教的観点からの定義は、部分的に矛盾する別の結論へとつながるはずである。その結論は歴史の力動性を否定しないゆえに、あるいは、歴史が継続的に課題や義務を拡張することの重要性を否定しないゆえに、完全に矛盾するわけではない。しかしながら、その結論は、歴史の発展と道徳的進歩とを同一視することに異議を申し立てる。われわれの解釈によれば、「恵み」は、「自然」に対して、それを完成するものとしても否定するものとしても関係する。もし、「自然」と「恵み」との矛盾が認識されず、また、「恵み」の領域においてもなお存続する「自然」の力が不本意ながらも認められなければ、罪は段階的に除去されたという見せかけの主張によって、新たな罪が歴史に持ち込まれることになる。

II　正義と愛との関係

もし、われわれが生についてのキリスト教的解釈のこの基本原則を人間の社会に適用するとすれば、その用語を、社会的道徳的問題にふさわしいものへと翻訳することから始めるのがよいであろう。この場合、「自然」は、正義の歴史的可能性を意味する。(1)「恵み」は、理想的な可能性である完全な愛に相当する。完全な愛においては、自己における あらゆる内的矛盾や、自己と他者とのあらゆる葛藤や緊張が、すべての意志が神の意志に完全に従うことによって克服されるのである。

こうした用語に翻訳されるとき、歴史における正義と神の国における愛との関係についてのキリスト教的理解は弁証法的なものとなる。愛は、歴史における正義のあらゆる達成の成就でもあれば否定でもある。逆の観点から言えば、歴史における正義の達成は不確定な度合いで始まり、より完全な愛と兄弟愛にその成就を見出す。しかし、それぞれの成就の新たな段階にも、完全な愛と矛盾する要素がある。それゆえ、不確定な度合いで、正義を実現する義務がある。しかし、その実現はいずれも、完全な成就がもたらす平静さを保証することはできない。もしわれわれが、この基本原則によって歴史の現実を分析するなら、そのようにしなければ曖昧で理解しがたい歴史の側面に光を当てることになろう。また、他の解釈では犯さざるをえない誤りを未然に防ぐことができると思われる。歴史における正義のさらに高次の実現は、次のことがこれまで以上に充分に理解されるならば可能であろう。つまり、そのような正義の実現にはすべて、愛の理想への接近のみならず矛盾も含まれているということである。社会的関係の領域における聖化は、完全な聖化が不可能であることを認めるよう求めているのである。

正義と愛との逆説的関係は、さまざまな段階において表現される。犠牲愛と相互愛との関係についてはすでに検討した。[2]そこでの分析では以下のことが明らかになった。すなわち、相互愛(この相互愛において、他者への公平無私な関心は、それに見合った応答を引き出す)は、そのような愛のみが最後は歴史によって正当なものとされるという意味において歴史の最高の可能性である。しかし、そのような愛は、歴史による正当化を必要としないある種の公平無私(犠牲愛)によってのみ始められるという意味においても、歴史の最高の可能性である。このようにして、道徳的理想の頂点は歴史の中と外の両方に立つ。愛が、それに見合った応答を引き出して人間関係を変化させる限りにおいては、それは歴史の中にある。また愛は、［現実には］公平無私性を失わずに相互に応答することを望みえない限りにおいて、歴史を超えている。したがって、愛の命令は単純な歴史的可能性ではない。その命令の十全な意味は、歴史と永遠との弁証法的な関係を示しているのである。

Ⅲ　正義の法と原理

正義と愛との関係には、相互愛と犠牲愛との弁証法的関係と似た複雑さがある。この複雑さは、それを二つの次元において考察することによって明らかにされるであろう。第一は、正義についての規則と法の次元である。第二は、兄弟愛との関係における正義ならびに社会的政治的組織の構造の次元である。第一と第二の次元の相違は明らかに、第一の次元である正義の法と原理が抽象的に思い描かれるのに対し、第二の次元である構造と組織が歴史の生命力を具現しているという事実にある。現実の社会制度や取り決めと兄弟愛の理想との間の矛盾は、明らかに、愛と、正義の規則および法との間の矛盾よりも大きい。

社会的関係を統治するあらゆる制度や規則や法は、一方では相互性と共同体の手段である。他方、それらには、兄弟愛の理念に類似しているにすぎないものと、兄弟愛の理念と明確に矛盾するものとが含まれる。正義の規則の性格のこうした側面が、ここで検討されなければならない。

正義の体系と原理とは、それが他者への義務感を拡張するものである限りにおいて、兄弟愛の手段であり、また兄弟愛に仕えるものである。それは以下のような範囲にわたる。（a）明白な必要に促されて直接的に感じられる義務から、相互の支援についての決められた原則において表現される継続的な義務まで。（b）自己と一人の「他者」との単純な関係から、自己と「他者たち」との複雑な関係まで。そして最後に、（c）個人的な自己によって見定められる義務から、共同体がその一層公平中立な視点から規定する、一層広い義務まで。これらの共同体的な規定は、慣習と法においてゆっくりと発達する。その諸規定は、個人的な自己には不可能な、何らかの一層高い公平無私の要素を含んでいる。

これら三つの範囲において、正義の規則と法は、愛の掟との積極的な関係にある。重要なのは、いずれの範囲においても、合理的要素がその構造をなしていることである。明白な必要に対して直接的に感じられる義務は、憐憫の情によって促されるものであろう。しかし、継続的な義務感は、われわれ自身の利害と比較衡量した他者の必要を合理的に見積ることに左右され、またそこにおいて明らかにされる。自己と一人の他者との関係は、忘我的にもなりうるが、いずれにしても、関連する利害についての見積もりは最小限に抑えられるであろう。しかし、その関係の中に第三者が入ってくるや否や、最高度に完璧な愛であっても、対立する欲求や利害についての合理的見積もりが必要になってくる。家族内の愛でさえも、家族の個々の成員間でなされる調整を定型化する慣習や慣用を利用し、そのようにして、それぞれの行為が、競合する利害をその都度の新たな見積りに左右されなくともよいようにしているのである。

所与の共同体において達した正義の規定は、社会的関心の所産である。共通の問題についてのさまざまな問いは融合され、共同体におけるある個人や階級や集団が達するのとは異なった結果に達してきた。共通の問題の適切な解決策についてのさまざまな考え方が最終的に共通の解答に統合されうるという事実は、各個人もしくは集団の態度が徹頭徹尾自己中心的であるという考えが誤りであることを証明している。もし各個人もしくは集団の態度が徹頭徹尾自己中心的であるとしたら、上からの力で鎮圧でもしない限り、社会は競合する諸利害による無秩序に陥っていたであろう。

なるほど、どのような調停も不可能なまでに利害が衝突するということはあるかもしれない。その場合、対立は、一方が相手に勝利するか、両者がそれより上位の強制的な力に服従することによって終わる。マルティン・ルターやトマス・ホッブズの政治観は、あらゆる利害の対立は本来そのようなものであるという信念に導かれている。

民主主義社会が達成してきたことは、この悲観主義を否定し、それによって、兄弟愛の理念と正義の統治と秩序との関係についてのひたすら否定的な考え方に異議を唱えることである。歴史は、広い範囲において上位の強制的な力の介入がなくても利害を調整できることを示してきた。共同体が、共通の問題に対するさまざまな取り組みを統合し、それなりに適切な解決策に至る能力を有するということは、人間が、自分自身よりも他者の利害を考慮することができることを示している。それにもかかわらず、対立する利害と立場を統合することは簡単ではなく、ある条件のもとでは不可能になるかもしれないという事実は、理性の公平性をあまりに単純に信頼することへの反駁となる。集団的経験において徐々に練り上げられる正義の規則と原理を、単なる社会的義務感の手段と見なすのは、それを単なる利己主義的利害の道具と見なすのと同様に誤りである。

たとえば、失業者に対する共同体の義務感のような、現代における何らかの社会問題に対する社会的良心の発展を分析してみるなら、この発展の中にある複雑な諸要素が明らかになるであろう。仕事のない失業者に共同体が支出する失業手当給付金は、共同体における恵まれた成員の、恵まれない成員に対する義務感の表現でもある。恵まれた者たちは、恵まれない人々に対するあれこれの一時的な憐憫の情によるよりも、固定された原則によってこの義務を達成するほうが効果的であると考えている。さらに、相対的な要求についての自分たちの知識が全く不適切であることを知っている。また、共同体の確かな機関によって機能する、共同体全体についての一層偏りのない包括的な見通しが必要とされることも知っている。このような失業者支援の原則の機能は、具体的な規則と兄弟愛の感覚との最も積極的な関係を提起するものである。

他方、失業者に支払われる手当は、ほとんどいつでも、恵まれた者たちが支払おうとする額より高額になる。それが、たとえ貧しい者たちが望む額より低くてもそうなのである。現代の共同体における恵まれた階級の中には、あらゆるイデオロギーの中でも最も明白であからさまなかたちで、この問題に関わる正義の問題を事実上曖昧にしている者もいる。そうした者たちは、失業者たちは自らの怠惰の餌食になっているのであって、複雑な産業過程の気まぐれの犠牲者などではなく、飢えへの恐怖が怠惰を矯正するだろうと主張したがる。共同体が最終的に決定する実際の給付計画は、いかなる個人的関心でもなく、社会的関心に基づく結論を示している。そしてそれは、その問題について何度も繰り返される議論の末の結論である。それはおそらく、対立する視点や利害の妥協の産物である。それが、関連する社会問題についての無条件に「正しい」解決でないことは言うまでもない。現実には、恵まれた階級には、貧しい者たちの反乱を恐れるがゆえにそれを受け入れるという以上の理由はないと思われる。貧しい者への給付状況をめぐるこの面は、権利や利害についての合理的見積もりの水面下において示される「正義の原理」の概念を、現実の共同体における希望や恐怖、圧力やそれへの反抗といったことと完全に区別することができないことを示している。

それにもかかわらず、その解決は、一般的に受け入れられる社会的基準となるであろう。また、共同体の恵まれた成員の中にはそのことを歓迎する者もいるであろう。というのは、そのことは、社会的義務についてのかれらの熟慮された判断を示すからである。共同体の恵まれた成員は、憐憫という一時的な力よりは、この熟慮された判断に依拠することを好むであろう。総じて、貧しい者は、これらの社会的基準による援助から、慈悲深い金持ちに個人的に泣きついて確保するものよりも多くを得ることはできないかもしれない。しかし、明白な欠乏によって目覚めさせられない限りまどろんでいるような、方向の定まらない一時的で気まぐれな憐憫の衝動にのみ依存するより多くを得ることは確かである。

正義の規則と愛の法とのこの積極的関係は、愛の命令の感傷的なかたちに反対して強調されなければならない。その愛の命令に従えば、社会的義務の最も人格的で個人的で直接的な表現だけがキリスト教的アガペーの表明である。愛と正義の関係についてのセクト的またルター派の分析は、愛の領域から正義の規則を除外する誤りに陥りやすいのである。(3)

しかしながら、正義の法と体系が、相互的愛ならびに兄弟愛に対して、積極的だけでなく消極的にも関連することは確かである。正義の法と体系には、兄弟愛と類似する面と矛盾する面の両方がある。正義の法と体系が有する性格のこの面は、あらゆる社会的現実における罪の要素に由来する。正義の法と体系が兄弟愛に近いものであるのは、共同体のさまざまな成員が、互いを利用し合う傾向や、他者の幸福よりも自身の幸福に関心を持つ傾向があると正義が仮定している限りにおいてであるにすぎない。この傾向のゆえに、あらゆる正義の体系は、共同体のさまざまな成員の権利と利害とを注意深く区別する。囲い線と境界線は正義の精神の象徴である。それは、誰かが他者を利用することを防ぐために、それぞれの人間の利害に制限を課す。それゆえ、正義によって達成される調和は、兄弟愛に類似したものにすぎない。それは、人間の利己主義によって作り出される諸条件の範囲内において実現しうる最高の調和なのである。このような正義の消極的側面は、先に述べたように、その唯一の特徴ではない。たとえ完全な愛を前提するとしても、二人以上の人間を巻き込む複雑な関係では、さまざまな権利を見積もることが求められている。それにもかかわらず、消極的側面は重要である。

あらゆる正義の構想における、兄弟愛との一層明白な矛盾は、権利と利害を合理的に見積もろうとすることが不確かで有限であることと、他者の権利を勘案することにつきまとう欲望や自己利益という汚染によってもたらされる。歴史には、普遍的理性もなければ、互いに競合したり扶助したりする重大な利害の関わる分野すべてに対する公平な視点もない。法制度によって注意深く守られる客観性において表現されるような、社会全体についての比較的公平な視点でさえも、あらゆる人間的視点の不確かさの中にある。

われわれが歴史において知っているような正義の規則は、さまざまな偏りのある視点が、より包括的な視点に統合されていく社会的過程によって達せられたものである。しかし、包括的視点さえも時と場所に左右される。正義のあらゆる法と規則が道徳的純粋さを見せかけていることに対するマルクス主義者のシニカルな態度はもっともなことである。さらに、法と規則とはそもそも、社会の支配者側の利害を正当化したものであるとマルクス主義が見なしているのも正しい。中世における「自然法」という前提条件は、明らかに封建社会において思い描かれたものである。それはまさに、十八世紀の自然法において絶対で「自明」のものと見なされた要求が、元来はブルジョア的なものであったのと同様である。

こうした正義の理念と規則の相対的で不確かな性格は、カトリック、リベラル、マルクス主義の社会理論家たちが一様に主張するような、正義の理念と規則の無制約的性格を拒絶する。(4) カトリックとリベラルの社会理論家(ついでに両者が根ざすストア派の理論)は、「自然法」と、「実定」法ないし「市民」法とを区別する。後者は、特定の歴史的共同体における正義の規則の現実的で不完全な体現を示す。その不確かで相対的な性格が認識され、究極のものは前者の「自然法」であるとされる。しかし、この基本的区別には異議を申し立てる必要がある。その区別は、理性は純粋であるという受け入れがたい信念に基づくものである。そしてそれもまた、歴史における無制約で有利な地点を見出そうとして人間が払う数多くの努力の一つにすぎない。「自然法」についてのこの偽りの究極性の及ぼす影響は明らかである。それは「イデオロギー」を一層高い偽りへと引き上げるものであり、無罪性の主張において罪の力を示す歴史上の多くの事例にさらに一つを増し加えるものである。[5]

無論、正義の理念と、歴史におけるその体現もしくは「市民」法との間に、受け入れることが可能な区別はある。後者は、現実の共同体における圧力とその反動の結果である。それゆえ、それは、「自然法」よりも、歴史におけるさらに大きな相対性の段階に従う。思想が行為よりも純正なものであるとされる限りにおいては、「自然法」は「市民法」よりも純正である。さらに、現実の共同体において歴史的に達成された正義に対する批判の源泉として合理的に発想された正義の原理の妥当性を認めることは重要である。自然法についての中世と近代の世俗的な理論が、正義についてのこれらの合理的原理を過度に主張する場合は、世俗と宗教改革の相対主義者たちが、しばしばそれを不適切で危険なものとして退ける。「十戒」が啓示によってそのような原則をもたらさなかったとしたら、人間の道徳的生は、適切な指導原理を何も持たなかったであろう、というカール・バルトの信念は馬鹿げているし非聖書的でもある。[6]

たとえば、人類の道徳律において、殺人禁止が事実上普遍的であるのは、一般的な禁止の実際的適用の中に現れる際限のない相対性と同様に重要である。さらに、正義をめぐる特定の規則と体系の形成がそれによって方向づけられる、本質的に普遍的な正義の「原理」がある。「平等」も「自由」も、自然法についてのストア派や中世そして近代の理論において、正義についての超越的な原理として認識されている。しかし、近代の理論は（ブルジョアもマルクス主義者も）、「平等」と「自由」を超越的原理というよりも実現可能なものと誤って見なした。その一つである平等の原理を分析するなら、それは、正義の超越的原理としての平等と自由双方の有効性を明らかにするのに役立つであろう。

社会理論における、平等の原理へ絶えず立ち戻ろうとする要素は、世俗的であろうが宗教的であろうが、全く悲観主義的な人間本性概念に対する反駁でもある。その反駁が影響力を持つということは、人間は単に自らの利害を正当化するためだけに社会理論を用いるのではないことを示す。正義の理念の一つの頂点としての平等は、正義の究極的規範としての愛を暗に指し示す。というのは、平等としての正義は、罪という状況において兄弟愛に似たものだからである。より高い正義はいつでも、より平等な正義を意味する。特権は、それに与っている人々よりも、それを欲する人々から一層厳しい目で見られるであろう。しかし、特権に与っている人々は、特権に与っていることに良心の呵責を感じる。不平等に苛まれる人々が、必要や社会的役割の相違が社会における完全な平等の実現を不可能にすることを認識しないまま、平等の原理を正義の決定的原理にまで引き上げるとき、平等についての議論にイデオロギー的な汚染が入り込む[7]。一方、特権の受益者は、社会的役割の不平等が、それに付随する特権の不平等を正当化すると強調する。かれらはまた、ある控えめな言い訳として、報酬が不平等であることは、社会的役割を適切に遂行するために必要な誘因であると主張するであろう。しかしそうした人々は、以下のような歴史上の事実を覆い隠そうとする。すなわち、共同体の特権階級は常に、自らの高度な社会的力を利用して、その役割が要求するものでもなければ、需要の相違にも全く合致していないような過度の特権を独占しているという事実である。

一方における平等の原理の妥当性と、他方におけるその完全な実現の不可能性は、正義の絶対的規範と歴史の相対性との関係を明らかにする。ある階級には、規範の絶対性を過度に強調する傾向があり、それに対して他の階級には、それを完全に達成することの不可能性を強調する傾向があるという事実は、一般に妥当する原理を適用する際の避けがたい「イデオロギー的汚点」を例証している。たとえ原理自体が、部分的な利害を超えた高い超越的基準を達成しているとしてもそうなのである[8]。

このようにして、正義についてのあらゆる歴史的理解の複雑な性格は、以下の二つの立場を拒絶する。すなわち、正義の妥当な原理を見出すことは不可能であると考える相対主義者と、特殊な利害と歴史上の妄執という汚点から離れて完全に妥当な原理に達することができると想像する合理主義者や楽観主義者である。

正義の原理と兄弟愛の理念との積極的関係は、正義の領域における愛の限りない接近を可能にする。消極的関係は、正義についてのあらゆる歴史的概念が、愛の掟に反するいくつかの要素を体現するであろうことを意味する。階級の利害、国家の立場、世代的な偏見、文化の幻想といったことは、意識的また無意識のうちに、人間がその共同的生を律する諸規範の中に入り込む。そのような諸規範は、ある集団が他の集団に対して有利になるように用いられる。仮にそのつもりがないとしても、少なくとも結果的にそのようになるのは必定である。

Ⅳ　正義の構造

もし、理想的に構想され、曖昧で両義的な実社会の社会的現実をさらに超える正義の規則と原理が、兄弟愛の理想とどちらつかずの関わりを持つとしたら、［正義の妥当性と、その完全な実現の不可能性という］この二重の性格は、社会における構造や体系、組織や機構において一層疑いの余地なく明らかとなる。この社会において、これらの原理と規則は不完全に具現され、歴史的に具体化される。われわれはすでに、正義の原理についての合理的表明としての「自然法」と、現実の共同体において歴史的に制定された法律を指す「実定法」との区別について述べた。しかし、正義の「構造」の曖昧な性格についての分析には、単なる「市民」法や「実定」法についての考察以上のことが含まれるはずである。分析するにあたっては、法の制定を超えて、歴史における共同体の構造と組織全体を見なければならない。この構造は決して、単なる法体系の秩序ではない。共同体の調和は、法の権威によって簡単に得られるものではない。規範（ノモス）は、生命の活力に秩序を強制するものではない。現実の共同体の社会的調和は、道徳性と法についての規範的概念と、共同体に現存し発展する勢力と活力との相互作用によって達せられる。法の規範は通常、いかにあるべきかについての合理的で道徳的な理念と、生命力の所与の諸均衡によって決定される状況の可能性との妥協の産物である。一方において、具体的な法の制定は共同体の良心を実現する手段であり、諸勢力と諸利害が無秩序に陥る可能性を抑制して、それなりの調和を実現しようとするものである。他方、具体的な法制定は、社会的生の無意識の相互作用によって成り立つ、生と力についての所与の緊張と均衡の単なる明白な定式化にすぎない。

要するに、いかなる人間の共同体も、単に良心や理性によって構築されるものではない。あらゆる共同体は、多かれ少なかれ、人間の生の能力の安定したもしくは不安定な調和なのである。それらは権力によって統制される。その秩序と調和の質を決定する権力は、統治の単なる強制力や組織力ではない。それは社会的力の二つの面の一つにすぎない。もう一つは、何らかの所与の社会的状況における生命力と強制力の均衡という面である。共同体的な生における二つの要素である、《中心的な原理と力の組織化》と《力の平衡》とは、共同体を組織する際の本質的で永続的な要素である。社会がいかに道徳的ないし社会的に進歩しても、この二つの原理への依存から逃れることはできない。

なしうる最高の正義が達せられるための管理や平衡のあり方にはさまざまな可能性がある。また、共同体における原理と力の組織化も無限に洗練される可能性のもとにある。それゆえ、共同体の秩序や正義は、さまざまな程度において、より完全な兄弟愛へと近づくことができる。しかし、力の組織化と力の均衡という共同体組織の各原理には、兄弟愛の掟に反する可能性がある。原理と力の組織化は容易に専制政治に陥りやすい。それは、社会の強制的統一を生み出し、そこにおいてすべての成員個人の自由と生命力が損なわれるかもしれない。そのような生の専制的統一化は兄弟愛のまがい物である。さらに、力の均衡の原理は、常に無政府状態に陥る可能性をはらんでいる。専制と無政府状態という双子の悪は、社会的正義というか弱い帆船がその間を通り抜けなければならないスキラとカリブディスである。もしその船が、一方の側の岩のみを危険と見なす過ちを犯すならば、もう一方の岩にぶつかって沈むのはほぼ確実である。

社会的力と政治的調和がいかに洗練されようとも、兄弟愛の二つの政治的手段である《力の組織化》と《力の均衡》の中に隠れている、兄弟愛との潜在的な矛盾を取り除くことはできない。社会的生の領域におけるこの逆説的状況は、生の他の領域において認識されるような、歴史の逆説についてのキリスト教的概念に似ている。その逆説をより十全に探求するためには、共同体的生における「力」の本質と意味についての分析から始めるのがよいであろう。

1　生命力と理性の統一

社会的組織における力の永続的な重要性は、人間本性の二つの特性に基づく。一つは、生命力と理性の統一、すなわち、体と魂の統一である。もう一つは、人間の罪の力である。罪の力とは、自分自身を他者よりも重要なものと見なす一貫した傾向であり、共通の問題を自分自身の利害の立場から見るということである。第二の特性である罪の力は、きわめて頑強であるため、単なる道徳的もしくは合理的勧告では、ある者が他者を利用することを抑制するには不十分である。法的権威によるものであれば、それよりましかもしれない。しかし、手に負えない反抗に対して、強制的な行為による制裁や威嚇を含まないような法的権威はない。第一の特性である、人間の本性における生命力と理性の統一は、個人や集団の意志が制御することのできる生命力が持つあらゆる手段によって利己主義的目的が追求されることを保証する。それゆえ、一方で、利用可能なあらゆる手段を用いて、こうした反社会的目的に対する社会的抑制を備えておかなければならない。

無論、そのような手段すべてに訴えることなく紛争が収拾され、対立が解決されることもあろう。良心は良心に訴え、理性は理性に訴えることができる。実際に、対立が物理的なものとなったとしても、良心や理性による訴えかけがなされないような対立はない。しかし、あらゆる利害対立において、用いうる手段をすべて動員する可能性はどちらの側にもある。大抵の人間的対立は、あからさまな力への訴えや、暴力的または非暴力的な力の実際の行使なしに、上位の権威や権力によって収拾もしくは制圧される。しかし、それぞれの側が、用いることのできる手段を勘案することは、その闘いの結果を確定することにおいて、それより純粋に合理的ないし道徳的に考慮することと変わらない決定要因である(9)。

力による威嚇は、それが共同体の公式の政府の代表によるものであれ、共同体における紛争の当事者によるものであれ、あらゆる共同体的関係において用いられうる手段である。それは、安定して秩序だった共同体においては頻繁に用いられることはないであろう。しかし、もし政府もしくは紛争の当事者が、あからさまにあらゆる紛争処理の手段を否認するならば、そのとき存在していた社会の平衡はいかなるものであれ壊されることになりかねない。それによって、あらゆる手段を用いようと準備している集団もしくは利害関係者による反抗や抵抗が成功する可能性が高まるであろう。抵抗が成功する見込みはまた当然、抵抗において冒険的企てがなされる可能性を大きくする。[10]それゆえ、社会的状況の中にある勢力と生命力とを合理的に勘案することは、社会的で道徳的な問題の中に含まれる権利と利害とを合理的に勘案することに必然的に伴う。この両者の不変の関連は、あらゆる社会的存在における生命力と理性の統一の恰好の象徴なのである。

2　社会的生における権力の諸類型

人間の精神的身体的能力は、両者の統一と相互関連において、純粋な理性から純粋な身体的力まで、際限なくさまざまな権力の型や組み合わせを作り出す。たとえ理性が、一般的に不公平であるよりは超越的なものとされているとしても、理性が自分自身の主張を他者に押し付けるための自我の手段となりうることは、ここで証明する必要もないであろう。理性がそのように用いられるとき、それは一方の生の主張をもう一方の生の主張に対抗して後押しする「権力」となる。こうして狡猾な者が迂闊な者を利用することになる。もし比較的賢い者がそれより知的に弱い者を「圧迫」していたとしたら、対立の合理的解決はきわめて不公平なものであろう。しかし、同じ目的に奉仕するかもしれない別の精神的能力がある。人は純粋に「魂」の力によって他者を隷属状態にしておくことができる。[11]そのような魂の力は、さまざまな種類の精神的活力、心理的また情緒的エネルギー、徳の占有や見せかけ、英雄的な生き方や高貴な出自による名声などによって構成されるであろう。純粋に物理的な力はいつでも、個人的な関係においては最終的手段である。それは、原始的段階にある個人的関係においてのみ決定的であるにすぎない。あらゆる文明関係は、権力の物理的側面よりも精神的側面によって統制される。しかし、だからと言って、精神的側面のほうが当然正しいわけではないことは重要である。

集団的に発展する権力のかたちは、より広範なさまざまな諸類型を示す。全体的に、社会的権力は社会的機能の差別化に基づく。進歩した社会において、軍人は物理的力の担い手であるが、それは、軍人が物理的に強いからではなく、物理的な対立に用いる武器を持ち、またそのための技術を会得しているからである。祭司は社会的権力を持っているが（特に古代の帝国の組織では有力である）、それは、祭司がある究極的な威光を権力者にもたらし、既成事実としての寡頭政治の権力者に神聖さを賦与するからである。財産と経済過程を支配し統制するということは、物理的権力と精神的権力とを示すものでもある。経済過程によって生み出される富が物質的なものである限りそれは物理的である。この物理的力を用い統制する権利が、法や慣習や職務の権威やその他の考慮すべき事柄に由来する限りにおいては精神的である。経済力が最も基礎的形態で、他のあらゆる形態はこの経済力に由来するという現代的信念は誤っている。最初の領主は、土地を所有し獲得するために社会的力の軍事的宗教的形態を用いた軍人であり祭司であった。近代以前において、経済力は、主要なものではなく派生的なものであった。それは、社会の独裁者たちの快楽を高めるために、また、その社会的地位が代々永続することを確実にするために用いられた。しかし、経済力は、そうした独裁者たちにかれらが当初持っていた卓越性をもたらすことはなかった。現代のドイツでは、ナチスの政治的独裁者たちが政治力を経済力に変えた。中産階級の時代には、経済力は、まさに一層根本的なものになり、他の諸形態を経済力の目指す方向に向かわせようとしがちであった。しかしながら、民主主義社会では、経済力は、常に、参政権という普遍的権利に内在する、一層広く行き渡った一般市民の政治的力から生じるある抑制のもとにあった(12)。

あらゆる正義と不正義の歴史的形態は、純粋な合理主義者や理想主義者の理解をはるかに超えて、それぞれの力の形態における所与の均衡や不均衡によって、また、所与の共同体におけるさまざまな力の形態の平衡によって決定される。力の大きな不均衡は、それをどれほど緩和しようと努力しても、不正義へとつながることは自明であろう。このようにして、近代の技術社会における経済的力の集中が不正義を助長する一方、政治的力の拡散が正義を助長した。近代の民主主義的で資本主義的な社会の歴史は総じて、この二つの力の形態の緊張によって決定される。この歴史において、経済的寡頭支配は、政治的力をその目的に従わせようとしたが、およそそれに完全に成功することはなかった。他方、一般市民の政治的力は、政治的経済的正義の手段であり続けた。しかしそれもまた、経済的不正義のはなはだしい形態を取り除くことに完全に成功することはできなかった。この緊張は未解決であり、完全に解決されることは決してないであろう。同時に、資本主義世界では、この緊張によって達成された正義は、ナチスの寡頭制における政治的、経済的、宗教的力の結合や、多かれ少なかれ古い軍事的寡頭制との親密な連携によって作り出された専制政治から攻撃を受けているのである。

　政治的力は、特別な範疇に置くに値する。なぜならそれは、共同体を組織し支配するという固有の目的のために他の社会的力を用い操作する能力に依拠するからである。政治的寡頭制は常に、少なくとも二つの重要な社会的力を所有する。あらゆる古代の帝国において、それは祭司の力と軍人の力であった。それらは一つの階級に合併するか、もしくは軍人階級と祭司階級との親密な協力を通して結合した。近代の民主主義は、政治的力を特別な社会的機能から引き離したこともあって、さらなる平等としての正義へと向かう傾向にある。民主主義は、指導者たちの政策を評価する権利を与えることによって、あらゆる人々に民主主義を評価する基準を授けた。この民主主義の原理は、社会における寡頭制の形成を未然に防ぐことはしない。しかし、その形成と権力の行使を監視する。しかしながら、以下のことに注意すべきである。すなわち、目下、民主主義世界に挑戦している専制的寡頭政治［ナチス］

は、最初は政治的力を用い（大衆を煽動して操る）、そして次第に、経済的過程の統制、宗教的聖性の僭称、そして軍事的力の統制もしくはそれとの協力といった、他の形態の権力を獲得することで抜きん出た地位に達したということである。

人間社会における権力のさまざまな型の相互関係の移り変わりは、社会的存在の技術的段階から宗教的段階への多種多様な歴史的発展によって決定される。そのようにして、近代的商業の発展は、中産階級に新たな経済的力をもたらした。かれらはその経済的力を、封建社会の祭司と軍人の寡頭制への挑戦のために用いた。また、銀行株の所有という、より力動的な経済的力によって土地所有者の力を弱体化した。近代の工業技術の発展は二重の影響をもたらした。それは、経済過程の所有者と操り手の経済力と富を増大させ、工場労働者に、農耕社会の一般人にはなかった権力の形（たとえば、相互に関係する経済過程において協働することを拒否することによって行使される権力［ストライキ権］）を付与した。権力関係の変化は一層精神的な起源を持つこともある。預言者宗教の発展が、神の尊厳の名によって、政治的権威を支持するよりはそれに挑戦し、祭司と軍人の寡頭制を破壊して民主的社会を作ることを手助けしたことを誰が否定できるだろうか。このようにして、キリスト教における預言者的要素は近代民主主義社会の台頭に貢献した。一方、キリスト教の伝統における保守的要素は、神的権威と政治的権力とを無批判に同一視したことによって、寡頭制のまやかしを増長させたのであった。

近代民主主義の台頭に貢献した技術的、合理的、預言者宗教的要素が複雑であることは、歴史的過程全体においてこれらすべての要素が複雑で密接な関わりを持っていることを示す。これらのさまざまな構成要素が、歴史における発展という織物全体に織り込まれていることは、社会的過程を、単に、生命力の混沌状態にすぎないとする生命論者と、理性が力を次第に克服する単純な進歩として解釈しようとする合理主義者の両者を否定する。「理性」

と「力」は、人間の精神性と生命力についての「大概念・小概念」〔三段論法の用語〕であろう。しかし、両者をはっきりと区別することは決してできない。また、歴史が際限なくさまざまにこしらえる、人間の生命力についてのあらゆる媒介的表現を絶対的に区別するものもない。それは無限の多様性として歴史が作り上げるものである。いかなる形態であれ、一片の物理的な力もなければ、生命力相互の対立や緊張を超越する「精神」という狭い尖塔も持たないような個人的ないし社会的力は存在しない。しかし、あらゆる所与の社会におけるそのような力の緊張と均衡には、人間存在全体における精神と自然、理性と力の複雑な統一を明らかにする生命力と力とが含まれているのである。

3　権力の組織と均衡

われわれの第一の関心は、正義の構造もしくは共同体の組織のさまざまな形態と、兄弟愛の原理との二重の関係にある。われわれの分析によれば、これらの構造には必ず、愛の理想に近いものとそれに反するものの両方が含まれている。この主張は今や、以下のような結論を踏まえてさらに詳細に吟味されねばならない。すなわち、あらゆる社会的生は生命力の領域を意味しており、相互扶助と潜在的対立の両方の観点から、相互に関連する多くの形態に作り上げられてきたということである。人間の歴史は、自然が課している相互の依存と対立についての制限を守るのではなくそれに反抗する。それゆえに、対立を軽減し、社会的存在の相互性を増進する手段を考案することが、人間の歴史における意識的な政治的仕組みの課題となっている。

人間の兄弟愛は、二つ、場合によっては三つの堕落形態の危機にさらされている。意志は意志を支配しようとする。それによって帝国主義と奴隷制が歴史に導入された。利害は利害と対立するようになり、相互依存の関係は破壊される。自己や個人や集団が共同体から離れて孤立し、共同体の責任を否定しようとすることもある。しかしながら、この孤立主義という悪は、対立という悪の消極的形態であるゆえに、特別な範疇を立てるほどのものではない。

他者による生の支配は、権力と生命力の平衡によって最もうまく回避され、そのことによって弱者は強者への隷属を招かずに済む。許容しうる程度の平衡もなくしては、いかなる道徳的また社会的抑制も、不正義や奴隷化を完全に防ぐことに成功することはない。この意味において、人間の利己心によって限界づけられている条件のもとでは、生命力の平衡は兄弟愛に近いものとなる。しかし、権力の平衡は兄弟愛とは異なる。共同体のある成員による権力への意志は他の成員の対抗圧力によって抑制されるが、それはある緊張状況をもたらす。あらゆる緊張は、隠れた対立もしくは潜在的な対立である。このようにして、権力の平衡という原理は、それが支配や奴隷化を防ぐ限りにおいては正義の原理である。しかし、その緊張が解決されずにあからさまな対立となるならば、無政府状態と対立の原理となる。さらに、社会的生は、それが意識的に運営され操作されなければ、完全な権力の平衡を発展させることはない。そこにおける権力の予測しがたい不均衡は、あらゆる支配と奴隷化の形態を生み出す。したがって、人間社会は、その中にあるさまざまな平衡を意識的に統制し操作することを必要とする。そして、所与の社会的生命力の領域のうちには組織化の中心がなければならない。この中心は、対立当事者のどの側にも与しない不偏不党な視点から対立を調停しなければならない。また、相互扶助の過程を運営操作して、内在する緊張が対立に突入しないようにしなければならない。さらに、対立を調停し収拾する手段が充分でない場合はいつでも、上位の権力によって社会的過程に従うように強制しなければならない。そして最後に、権力の不均衡が不正義へと突入しようとするときはいつでも、均衡を意識的に変化させることによってそれを是正すべく努めなければならない[13]。

社会的生命力の領域全体を統治もしくは組織する原理が、勢力均衡の原理よりも高い道徳的承認と社会的必要の地平に立っていることは明白である。勢力均衡の原理は、統治と組織の高い原理がなければ無政府状態へと堕落する。加えて、より高い原理は、勢力均衡の原理よりも一層意図的に正義に到達すべく努力する。勢力均衡の原理は歴史的な秩序に属し、一方、より高い原理は全体として自然的な秩序に属する[14]。

それにもかかわらず、統治が道徳的に曖昧でもあることを認めることは重要である。それは兄弟愛の掟に反する要素を含んでいる。統治者の権力は二通りの濫用に陥りがちである。それは現実には、共同体のある一部分が共同体全体に影響力を行使するという統治のかたちになるであろう。実際、ごく最近まで、大部分の統治はまさにそうであった。それは、外国の寡頭制による征服の結果であった[15]。しかし、たとえ、共同体におけるある階級や集団の帝国主義的衝動が政府においてはっきりと示されないとしても、その野心が阻止されないならば、政府はいつの間にか、共同体に向けられる帝国主義的衝動を引き起こすであろう。それは「秩序」の名のもとに、共同体における構成要素である生命力や自由を破壊する誘惑に駆られるであろう。その帝国主義的衝動は、自らの特殊な秩序の形態を秩序の原理それ自体と同一化し、支配者に対するあらゆる反抗を、秩序それ自体に対する反抗という道徳的損失のもとに置くことになるであろう。これは偶像崇拝とうぬぼれの罪であるが、あらゆる統治はこれに巻き込まれる可能性を伴う。この悪は以下のことを認識して初めて充分に理解することができる。すなわち、あらゆる統治と統治者は、その権力の一部を、支配権による物理的強制の手段のみならず、「至高の権威」の事実とその偽装から得ているということである。統治者が達成する非強制的服従とは、それなしには統治が成り立たないものであるが（というのは、強制的服従というのはわずかな事例にのみあてはまるのであって、統治というものは、統治者の権威が強制されずに大多数に受け入れられることを前提としているからである）、それは決して純粋に「合理的」な合意ではない。それは常に、陰に陽に「至高の権威」に対する宗教的畏怖を含んでいる。国家の尊厳は、国家がその成員に対する共同体全体の権威と権力を、また、無政府状態の危険に対抗できるような秩序と正義の原理を体現し表現している限りにおいて正統とされる。統治の尊厳の正統性は、キリスト教的統治論では、神の命令として認識され認証されている。

しかし、至高の権威と神聖さの非正統的偽りとが混入していないような、国家と政府の至高の権威についての歴史的表現はない。それは以下のように最も簡単に定義できる。すなわち、国家と政府には、統治における偶然的で偏った性格を隠して曖昧にし、無制約的な正当性を有すると主張する傾向があるということである。

人間社会における民主主義的正義の発展全体は、統治と勢力均衡原理の両者に内在する道徳的曖昧さについてのある理解に依拠してきた。統治の原則それ自体の範囲における政府への抵抗の原則を含んでいることが、民主主義社会における最高の達成である。こうして市民は「合憲的」権力で武装して政府の不法な要求に抵抗する。統治者に対する批判は、よりよい政府のための手段であって、統治自体に対する脅威ではないと政府が考えるならば、市民は共同体に無政府状態を招くことなくこの抵抗ができる(16)。

民主主義の発展は人間の歴史において歪められたかたちでなされてきた。それは、宗教思想や政治思想のさまざまな学派が、権力の組織化と権力の均衡という正義の手段のいずれかにおける正義の危機を充分に把握することに大きな困難を覚えたからでもある。通常、統治の道徳的曖昧さを把握する学派は、統制されない社会的生に内在する無政府状態の危機を理解しなかった。一方、この無政府状態を恐れる学派は、政府の主張と偽りに無批判であった。歴史は、問題の一面しか理解しなかった理想主義者と現実主義者の幻想に抗して無政府状態と専制政治を回避する固有の技術を、歪められた過程によって偶然に見出すしかなかった。この過程において、キリスト教の伝統自体は、政治的秩序への二重の取り組みについて充分に真理を述べて政治的社会的生の複雑さにおける指針を与えることがほとんどできなかった。政治的側面における逆説を把握することにおける誤りは、われわれがすでに他の側面において検討したさまざまなキリスト教的そして世俗的伝統の限界に合致している。それゆえに、その誤りについてはかなり手短に述べることができる。

V　統治に対するキリスト教的考え方

政治についてのキリスト教的理論と近代の世俗的理論の発展は、政治的秩序の本質への一つの古典的取り組みと二つの聖書的取り組みとの相互作用によって決定される。聖書には、両者相俟って均衡し、統治の道徳的曖昧さを正統に取り扱う二つの取り組み方が含まれている。その一つによれば、統治は神の命令であって、その権威は神の大権を反映している。もう一つによれば、国家の「統治者」と「裁判官」は、貧しい者を抑圧し神の大権に逆らうゆえに、特に神の審判と怒りのもとにある。これら二つの取り組みは統治の二つの側面を正しく評価している。統治は秩序の原理であり、その権力は無政府状態を防ぐ。しかし、その力は神の力と同一ではない。統治権力が行使されるのは部分的で個別的な場所からであり、神の力を特徴づける完全な善と力の統一を達成することもできない。統治権力が完全に道徳的であるという欺瞞は、その標榜する「至高の権威」なるものが虚偽であることを示している。このような主張は、歴史の中で、敬虔な服従と恨みに満ちた反抗を交互に引き起こす。[17]

キリスト教思想の急進派と保守派は、「預言者的批判」と「祭司による王室や国家の神聖化」という二つの行き方をめぐって、それぞれの立場を、それにあてはまりそうな聖句で武装した。それぞれの立場において真理が正しく認められるのはごくまれであった。不幸なことに、パウロの一つの記述が聖書的逆説の力を破壊することに大きく関わった。ローマの信徒への手紙第一三章における、政治についてのパウロのきわめて「非弁証法的」な評価は、特に宗教改革においてキリスト教思想に決定的な影響を与えた[18]。しかし幸いにも、その影響が、キリスト教史において、統治の悪に対する預言者的批判の力を削ぐことはおよそありえなかった。

聖書における政治的秩序へのこれら二つの取り組みに対して、古典的世界は、より単純で合理的な条件において政治を考察した。統治とはそもそも、人間の社会的本性の手段であった。無政府状態を防ぐという、キリスト教思想が非常に強調し、宗教改革が過度に重点を置いた統治の機能は、間接的に評価されたにすぎなかった。アリストテレスにとって、統治の目的は友愛（コイノニア）であった。また、プラトンは『国家』において、国家を、個人の魂という小宇宙に、より大きな枠組みで対応するあらゆる調和の法則を開示する大宇宙として探求した。

アリストテレスとプラトンの両者において、社会の調和は事実上、それによって統治がなされる原理である国制の構造と同一視されている。その取り組みは、現代哲学の専門用語で言えば「非実存的」である[19]。両者は常に、正義についての形態と原則を、また、粗野な生の生命力をロゴスの支配のもとに置くための政体と制度を探し求める。無論、両者は、その探求にあたって、単なる法の力を信頼していたわけではない。しかし、両者が、法の原理を解釈し、適用し、実行し、そこから統治機構が個別の利害の対立（アリストテレスの場合、特に、富める者と貧しい者の対立）に対処できるようなある超越的で見晴らしのきく地点の構築を試みるために最適な代表者を探し求めたとき、有徳で合理的な人間が属する階級の中にそれを見出したのであった。そのような人間に公平無私という徳を与えるのは、卓越した理性や、統治に関わる事柄における特別な知識である。つまり、ギリシアの政治理論はエリート階級に信を置いているのである。古典的思想によれば、無政府状態の危険はまず、共同体の全体的要求を把握できない一般市民の無知から生まれる。プラトンは、理性的な卓越とともに半禁欲的な訓練によって統治者の公平無私を養おうとする。いずれの場合も、生命力の場また権力の争いとしての政治の領域の把握は不適切である。ストア派は、特に絶対的な自然法と相対的な自然法との区別において政治の現実に接近する。しかし、ストア派、とりわけローマ時代のストア派は、政治的秩序についてあまりにも楽観的な考えを持っている。キケロは、政治一般を、また特にローマの帝政を道徳的に高いものとした。かれは国家を正義の契約と見なしたが、そのもとにある権力の現実についてはほとんど理解しなかった。

初代教会における終末論的希望とそれに伴う政治的無責任が消失した後、キリスト教の各時代は、福音的完全主義と聖書的現実主義が古典的（特にストア派の）楽観主義と結び合わされた政治倫理を編み出した。アウグスティヌスは、この政治思想の領域に、新たな、また、一層パウロ的な調子を導き入れた最初の人物であり、また他の多くの領域でも同じようにした。アウグスティヌスは、キケロ的な合理主義と楽観主義への批判を出発点とし、国家が正義の契約であるということを否定して、こう主張する。「真の正義は、あの国家、すなわちキリストが創設者であり統治者である国家においてのみ存在するのである」[20]。アウグスティヌスは、この世の平和を、競合する社会諸勢力の不安定な停戦と見なしていた。それは「対立に基づいている」。それは、「愛の対象を共通とする和合」によって結合されているもの[21]とは異なる正義である。そのような道徳的にはっきりしない結合に関して、アウグスティヌスは、国家の調和と盗賊が自分たちの間で維持する調和とを比較し、国家と盗賊団との間には、規模を除けばほとんど違いはないと述べている[22]。

アウグスティヌスは、人間の社会的生は常に、不安定な平衡において保たれるしかない競合する力の対立か、「仲間にくびきをかける」支配的力の専制政治のどちらかに脅かされていると見る。このような解釈は、歴史におけるローマ帝国や国家社会（res publica）や共和制における秩序の建設的要素を十分に評価していないかもしれない。アウグスティヌスは、健全ではなく衰退していたローマ帝国の状況を決定的なものと理解し、「神の国」（civitas Dei）と「地の国」（civitas terrena）との対照を明確にすることによって、神の愛と自己愛とを完全に正反対のものとしようとしたのかもしれない。しかし、これらの過度の強調による誤りにもかかわらず、政治的秩序についてのアウグスティヌスの概念は、政治的生における生命力に満ちた、しかし無秩序な要素について、古典的な政治理論よりも真実に近い見取り図を提供している。

アウグスティヌスの偉大な権威にもかかわらず、その政治的現実主義は、中世の政治理論の進展においてわずかな影響を及ぼしただけであった。中世の政治理論は、アウグスティヌスの思想に見られたものよりもはるかに大きな古典的要素を包含するようになったのである。実際、中世のカトリシズムは、他の思想的分野におけるのと同様、政治理論の領域においても統合を創出し強制することに成功した。その統合が崩壊した後に発展した他の多くの体系よりも、この統合は依然として優れている。しかし、その統合が、さらに大きな統合の原理のもとではさまざまな限界を伴うことは言うまでもない。

中世の政治理論は、聖書的思想の両方の立場をうまく古典的見方に組み込んだ。不正義と統治者の傲慢に対する預言者的で聖書的な批判がなくなることは決してなかった。しかし、不幸なことに、それは、教皇的教会が支配を主張する道具となった。政治とは相対的に必要なもので、絶対的な自然法の必要によるものではないというストア派的キリスト教の考えは、政治の不平等や強制の必要が究極的な規範と見なされることを防いだ。この区別は、政治に対して最小限ではあれ批判の態度を保った。このようにして、統治者が自然法と市民法の双方に従うようにする穏健な中世的立憲主義が存在した[23]。

統治者の権威と、統治の必要性の思想は、不完全な世界に不可欠なものとして、聖書的権威とストア的統治思想双方から同時に支持された。中世の政治思想における一層古典的な要素が、政治的問題に対する本質的に合理的な取り組みの中で明らかになるにつれ、あらゆる社会的生における永続的要因としての生命力と利害の緊張が曖昧にされるようになった。国家権力に固有の専制政治の危険は、権力の中心としてのその性質や、国家権力も含めた権力が行き過ぎたものになるというその本性的傾向から必然的に生じるものとは見なされていなかった。その代わりに、中世理論は、正義と統治者による専制政治との間に、道徳主義的で、絶対的過ぎる明確な区別を設けた[24]。その理論は、国家権力が達成する正義と平和が、この権力の法外な性格のゆえに、また統治者の特定の利害のゆえに、ある程度の堕落に常にさらされていることを理解していなかった。

中世の立憲主義には、専制政治に抵抗するための十分な道徳的理由が含まれていたが、その思想が政治的に実行に移されたわけではない。それゆえ、アクトン卿［ジョン・E・E・D・アクトン］が、トマス・アクィナスを民主主義理論の源泉と見なしたのはやや誇張し過ぎである[25]。中世理論は、政治的秩序が、相互に依存しまた対立する、力と利害の広大な領域であることを把握できなかった。また、ある特定の時に統治権力によって達成され、また、その時に存在する特別な力の均衡によって達成されるあらゆる「正義」の偶然的で相対的な性格を十分に理解できなかった。この失敗もあって、中世理論は、新たな力と、その結果としての商業の発達によって中世の政治経済が招いた不均衡を現実的に取り扱うことができなかった[26]。

中世的総合の崩壊とともに、政治思想の複合におけるさまざまな要素は、他の思想領域の場合と同様に、それぞれの道を一層一貫して進めた。多くの新たな政治理論は、政治秩序についてのより包括的な中世的解釈よりも真実味に乏しく、また、調和に欠けていたことは確かである。しかし、そうした新たな理論には、その大半に、中世的総合がなしえたよりも、政治秩序の最も高い可能性と最も暗い現実とを正しく評価する真理契機が含まれていた。

その世俗的な思想の潮流におけるルネサンスは、二つの基礎的傾向を発展させた。その一つは、問題への合理的で楽観的な取り組みを具体化した。その傾向について委細を尽くしてたどることはできない。それは、多くの多様な政治への「リベラル」な取り組みの中に表現されているが、なかでも「レッセ・フェール」の主張は際立っている。その思想では、統治の過度の権力さえ排除されれば、社会的利害の安定した平衡が達せられるのは簡単な事柄であると信じられている。もう一つのルネサンスの基礎的傾向は、統治権力が、合理的人間を支配する純粋に合理的な権威であり、それは、理性が進展するにつれて一層正しく一層普遍的なものになるはずであると考えられている点である。

ルネサンス思想のこの潮流の現代における成果の一つは、世界政府の理論にある。それによれば、国家の主権から法的尊厳を剝奪するという単純な手段によって、国家の頑迷さや道徳的自律を破壊することができるというのである。[27] 他の世界政府論者は、多少現実主義的で、国際的政府は卓越した権力によって支持されなければならないと考える。しかし、こうした世界政府論者は、歴史における権力の平衡と権力の集中は、実際には有機的で生命力のある過程を通して達成されるものであるにもかかわらず、それを全く考慮に入れずに、国家間のある種の社会契約によって中心となる権力の共同施設を抽象的に創出しようとしているのである。

しかしながら、ルネサンスの運動は、キリスト教的現実主義と悲観主義の洞察のある部分を用いた、もう一つの思想の潮流を発展させた。その思想は、社会的実存の力動的要素における対立の危険を認識していた。しかし、それは、その洞察の刺激を受けて、国家の絶対王政的理論を作り上げることになった。言い換えれば、この立場は、キリスト教の伝統における預言者的で批判的な要素を何ら正しく評価できなかったのである。大雑把に言えば、この思想の系統にあてはまるのは、マキャヴェリ、トマス・ホッブズ、ジャン・ボダン、また、ある面ではヘーゲルとボーザンケトといった人々であるが、それに、他に多くのそれほど重要でない人々にもあてはまるのは言うまでもない。マキャヴェリの場合のように、政治的悲観主義が道徳的シニシズムに陥ることもある。マルクス主義は、近代における唯一の悲観的で現実主義的思想として際立っている。その現実主義は、統治機構が軽減しようとする社会的無政府状態の危機に向けられているのではなく、統治権力の道徳的曖昧さに対抗するものである。

セクト的急進主義の強力な聖書的根拠については、それを、ルネサンス運動との関係においてではなく正統的な宗教改革と並置させ、その文脈において考えることが賢明である。そのようにして捉えられるプロテスタント・キリスト教の政治理論が描き出すのは、全体として、次のような範囲にわたっている。すなわち、ルター的宗教改革の極端な悲観主義からより急進的なセクトの極端な楽観主義まで、ルターが統治機構を無批判に神聖化したことから、無政府主義的セクトにおけるように統治機構を無批判に拒否したことまで、ルターが不平等を罪の結果また救済措置として無批判に受け入れたことから、共産主義的セクトが純粋な歴史的可能性として平等を無批判に信じたことまで、といった範囲である。このような広範囲にわたる多様な思想において、民主主義的正義に最も偉大な貢献をしたのは、統治の悪徳と必要、また、社会的力の自由な相互作用の危険と必要の双方を理解することに最も近づいた、それらプロテスタントの集団であった。なかでも、このような理解に最も近づいたのは、以下の思想である。まず、カトリックとルネサンスの立場を結合した穏健なアングリカンであり、その政治思想はリチャード・フッカー［原書ではトマス・フッカーとなっているが、リチャードの誤りかと思われる。］の思想において最も体系的に示されている。

次に、イギリスの独立派のような半セクト的運動、最後に、カルヴァン主義を初期の一貫し過ぎた悲観主義から救った後期カルヴァン主義である。

このような幾分大雑把な判断は歴史的実証を必要とするが、この説明の限界が厖大な歴史的資料の分析を必ずしも妨げるわけではない。

ルターが無批判に統治権力を道徳的宗教的に神聖化した（特にローマの信徒への手紙一三章に基づいて）ことについてはすでに考察した。そのことは、ルター主義が近代世界における民主主義的正義の発展と何らかの生きた関係を持つことを妨げた。もっとも、スカンジナビア諸国は例外であるかもしれない(28)。現代の急進的宗教改革における政治理論の展開は示唆的である。なぜなら、バルトは、その政治的問題との取り組みにおいて、全体としてカルヴァン的というよりはルター的だからである。バルトは、ルターが無批判に政治的権威を受け入れたことには決して与しないものの、少なくとも政治的正義の問題に総じて無関心である点においてルター的であった。しかしながら、ナチスの専制に対するバルトの強い感情的な反応は、かれの強調点を変更することを余儀なくさせた。現在バルトは、宗教改革が、統治機構について、それを神の審判のもとに置かないまま、それをただ神の摂理が命ずるものと見なしたとして批判する。それにもかかわらず、バルトの思想の中では、宗教改革的視点の影響が非常に強力であるため、ナチス専制への反対についての教理的正当化は、反対の説明としてはほとんど不十分である(29)。

セクト的プロテスタンティズムは、ルター主義が既存の政治的権威を無批判に神聖化し、強制や不平等や対立を、罪深い世界における必要条件として悲観的に受け入れることに反対して、その多くの形態において、キリスト教思想における批判的で預言者的系統のあらゆる多様な側面を表現することに腐心している。

より極端なセクトでは、このことは、真理の他の面を曖昧にするほどにまでなされている。統治の危険性は正しく認識されているが、その必要性は認識されない。統治機構の権威と神の権威との対立は強調されるが、統治機構の合法的権威は理解されていない[30]。統治機構の必要性を正しく認識できないことは、常に人間本性と人間社会に関する完全主義者的幻想に由来する[31]。統治機構が受け入れられることもある。しかし、リバタリアン的強調が非常に強いため、統治機構のあらゆる強制的行為は道徳的に拒絶される[32]。

自由と平等の理念である絶対的な自然法への要求が、歴史におけるあらゆる相対的な正義と不正義に対する批判と最後の審判の原理として正しく回復されることもあった。しかし、歴史において相対的区別を避けるわけにいかないことについては通常理解されなかった。十八世紀における単純な「自然法」としての世俗的な平等理論は、十七世紀のセクト的理論に基づいている[33]。セクトの「ディガーズ」は、統治機構が特権階級の道具であるというマルクス主義の理論を先取りし、また、そのような発想を与えてきたとも言えよう[34]。

より極端な諸セクトは、常に、宗教改革の悲観主義やカトリック理論の用心深さに異議申し立てすることにおいて行き過ぎたとはいえ、それらがまさに近代民主主義の発展に多くのパン種を提供したことは確かである。しかし、政治的生についてのより包括的で総合的な概念は、半セクト的分離派（ロジャー・ウィリアムズ）や、独立派（ジョン・ミルトン）や、後期カルヴァン主義者たちによって発展したのである。

カルヴァン主義的思想は、政治的権威を保守的に正当化することから、民主主義的正義との生きた関係へと展開したが、そのことは特別な考慮に値する。なぜなら、カルヴァン主義的理論は、その最終形態において、政治的正義のあらゆる複雑さを十分に把握することにおそらく最も接近したからである。

初期のカルヴァンは、ルターとほとんど同様に、国家の権威を無批判に神聖化し、それに対する反抗を禁じた[35]。幸いにも、カルヴァンはその立場に対するいくつかの例外を認めていた。カルヴァン自身、歴史の圧力のもとに、ある程度までその例外を拡張し、後期カルヴァン主義はそれを十全な民主主義的見通しに発展させた。カルヴァンは、もし政治的権威が良心への神の命令に反するようになった場合は、反抗ではなく不服従を許した。[36] また、カルヴァンは、統治者の権威に対する公的ではなく私的な反抗に反対しただけであった。「下級行政官」は王の専制に反抗することを許されていたのみならず、そのことを命じられてもいた。後期カルヴァン主義者にとって、選ばれた民衆の代表者はみな専制政治に私的ではなく公的に反抗する下級行政官であると考えるのは当然なことであった。

オランダ、フランス、スコットランドにおける後期カルヴァン主義者は、神の摂理の命ずる統治と、ある特定の時に確立する統治とを区別した。このようにしてかれらは、一方では統治の原理に対する宗教的敬意を保持しながら、宗教的良心をあらゆる特定の統治に対する過度の崇拝から解放し、統治に対する批判的態度を確立した。世俗的社会契約説の提唱者たちが認識しなかったことであるが、カルヴァン主義者は、統治機構を作り上げることは人間の自覚的な意志の力の中にあることではないことを理解していた。統治機構や国家の形成は、各時代のゆっくりとした過程に属することであり、その根源はいかなる人間的決断にも先立つものである。統治機構に敬意を表すべきであるのは、それが必要であるだけではなく、人間が意図的に企てたものではない上よりの賜物でもあるからである。しかし、カルヴァンと違って、後期カルヴァン主義者たちが、特定の統治形態における人間的行為の重要性と、正義の達成に対する人間の責任を理解していたことは確かである。[37]

カルヴァンは、王は正しく統治するように、また、人民は服従するように神との契約が与えられていると信じていた。しかしかれは、この二重の契約には統治者と人民との契約が含まれていることを否定した。後期カルヴァン主義者が以下のように主張したのは当然のことである。すなわち、この契約は統治者と人民と神の三者関係によるものであること、また、それは正義に基づく契約であること、そして、もし統治者が不正義によって契約を破った場合、人民は服従しなくてもよいということである。[38]このように、単なる秩序や平和ではない正義が統治の基準となり、民主主義的批判が正義の手段となった。[39]後期カルヴァン主義における民主主義的傾向と、ルター派もカルヴァン主義も含めた宗教改革初期における政治的権威に対する過度の無批判な崇敬の念との相違は、ジョン・ノックスのローマの信徒への手紙一三章についての解釈がよく示している。王の権威に対する反抗と、ローマの信徒への手紙一三章において聖書が反抗を禁じていることとの折り合いをどのようにつけることができるのか問われて、ノックスはこう答えた。「聖書のその箇所における権力について、それを、人間による不当な命令と理解してはならない。それは正当な権力であり、神は、罪を罰するためにそこに正副治安判事を備えたのである」。また、この解釈は、臣民が統治者を統制し裁きうることを暗に含むと忠告されてノックスはこう応じた。「もし、暗愚な統治者の堕落した偏愛が神の臣下の知恵と分別によってなだめられ抑制されて、統治者がいかなる者をも害しないとしたら、国家はいったい何の損失を被るというのか[40]」。

アングロ・サクソン世界における民主主義的正義の確立に関して、後期カルヴァン主義や独立派にあまり多くのことを求めてはならない。自治権の正当性の主張や、権利を表現するために有効な立憲的形態の精緻化は、宗教的運動のみならず、多くの世俗的運動の成果でもあった。しかし、世俗の運動は、統治機構の悪への反動としてリバタリアニズムに傾きがちであった。あるいは、その民主主義理論は性善説に基づく傾向があった。さらに、その結果として、専制政治の危険に注意を向けたが、他方、無政府状態の危険を低く見積もりがちであった。[41]

政治的秩序の問題についてのわれわれの洞察の源泉が何であれ、重要なことは、あらゆる歴史的状況における一層高度の正義の可能性を認識することと、いかなる政治的達成においても専制政治と無政府状態という双子の危険を完全に克服することは決してできないことを認識することである。これらの危険は、対立と支配という罪深い要素の表出であり、共同体組織のあらゆる段階における兄弟愛の理想に反するものである。死活的な利害を原因とする対立（戦争）もしくはそのような利害関係の対立を防ごうとする権力の濫用（専制政治）から歴史を完全に免れさせることは不可能である。このことを理解することは、信仰による義認の経験という観点から一層高度の正義を得ようと努力することである。正義の領域における信仰義認とは以下のことを意味する。すなわち、われわれは、それによって正義が達成され保持される抑圧やそれに対する対抗、緊張、公然のもしくは暗黙の対立を、絶対的な意味における規範と見なさないということである。また、それらに巻き込まれることから逃れようとしたところで、われわれの良心がなだめられることもないということである。われわれは、正義を創造する可能性への責任を否定せずに、政治の道徳的両義性によってわれわれが巻き込まれている罪や罪責を自分自身から取り除くことができないことを知るであろう。

VI　正義と世界共同体

われわれが立たされている世界史の危機の中に、あらゆる歴史における政治的課題と達成における二重の性質についての特に鮮明な事例がある。世界における経済的相互依存は、われわれに、人間共同体を拡大することを義務づけ、そのようにして、秩序と正義の原則が、国家共同体と同様に国際的共同体を統治する可能性をもたらす。われわれは、希望に刺激されるだけでなく、恐怖に鞭打たれて、この新たな課題へと駆り立てられているのである。というのは、諸国家が置かれている無政府状態を克服できなければわれわれの文明は破滅するからである。この新たなそして切実な課題は、歴史の発展の積極的側面を表し、歴史における善の開かれた可能性を浮き彫りにしているのである。

しかしながら、不幸なことに、この新たな責任を認識する多くの理想主義者たちは、政治的秩序における永続的問題を否定することによって最もよくこの責任を完遂できると考える。そうした理想主義者たちは、世界政府が、暗に覇権を握る強い権力なしに可能であると考える。この覇権を避けることはできないし、そこに内在する新たな帝国主義の危険も避けることはできない。この危険は、大きな国家も小さな国家も含むあらゆる国家が、それによって支配的権力の強要に抵抗できる立憲的権力を備えることによって最もよく克服されうる。つまり、勢力均衡の原則が立憲的正義の理念の中に含まれるのである。しかし、権力を中心的に組織する原則があまりにも恐れられて中心的権威が弱体化されるならば、政治的均衡は再び組織化されない勢力均衡に堕してしまう。そして、未組織の勢力均衡は潜在的な無政府状態なのである。

このようにしてわれわれは、国際的共同体の可能性の新たな段階において、政治組織のあらゆる古い問題に直面する。新たな国際的共同体は、国家相互の関係における勢力均衡の原理を超えることなど不可能であると信じる悲観主義者によって建設されるのでもなく、恣意的で無責任な権力から必然的に発生する不正義に目をつぶって帝国主義的な権威を強制することによって世界を組織しようとするシニック〔冷笑主義者〕によって建設されるのでもない。また、歴史的発展の新たな段階が、歴史を厄介な諸問題から解放するだろうという甘い幻想を抱く理想主義者によって建設されるのでもない。

新たな世界は、「希望するすべもなかったときに、なおも望みを抱いて、信じ」る〔ローマ四・一八〕堅固な意志を持つ人々によって建設されるはずである。そのような人々は、歴史の罪から中途半端に逃れようとはせず、あらゆる達成を傷つける悪を善と呼んだりはしない。歴史と神の国の逆説的関係から逃れる道はない。歴史は神の国の実現に向かって進む。しかし、いかなる新たな実現の上にも神の審判は下るのである。

第一〇章
歴史の終わり

I　序

人間の生と歴史におけるあらゆるものは、終わりに向かって進んでいる。人間は自然と有限性のもとにあるゆえに、この「終わり」は、存在するものが存在することを止める一時点である。すなわち、「フィニス」（finis）〔終焉〕である。一方、人間には理性的な自由があるゆえに、「終わり」は別の意味も持つ。それは、人間の生と活動の目的であり目標である。すなわち、「テロス」（telos）〔目的〕である。フィニスでもありテロスでもあるという、終わりについてのこの二重の意味合いは、ある意味で、人間の歴史の性格全体を表すとともに人間存在の根本的な問題をも明らかにする。歴史におけるあらゆるものは、成就と崩壊の双方に向かって、また歴史の本質的性格の一層の具現化と死とに向かって動いているのである。

問題は、フィニスとしての終わりが、テロスとしての終わりにとって脅威であるということである。生は無意味の危険にさらされている。なぜなら、フィニスは、生の展開がその真の終わりであるテロスに到達する前に、一見、不意に気紛れに訪れる生の終了であるからである。キリスト教信仰は人間状況のこの特徴を受け止める。また、時間と永遠との緊張関係に関する理解を他のすべての宗教と共有する。しかし、キリスト教信仰は、時間の絶え間ない変化に服していると同時にそこからある程度自由でもあるという、人間の悩ましい問題を解決する力が人間にはないと主張する。さらに、悪が歴史の中に取り込まれたのは、この問題を人間自身の力量によって解決しようとする人間の努力そのものによるとも考えている。

このように人間の傲慢という「偽りの永遠的なもの」によって取り込まれた悪は、歴史の成就の問題を複雑にする。歴史の頂点は、ただ人間の不完全さを神が完全なものにするだけでなく、神の審判と憐れみによって人間の悪と罪とを追放することでもある。

われわれはすでに、歴史の解釈に対して、キリストにおける神の啓示がどのようなことを意味しているかについて検討してきた。また、キリストにおいてすでに来た神の国は、歴史の意味の開示を指しているが、その完全な実現を意味するものではないことを立証しようとしてきた。完全な実現が期待されるのは、来るべき神の国すなわち歴史の頂点においてである。忘れてならないのは、キリスト教的啓示の観点から生と歴史の意味を把握することには、歴史が絶えず巻き込まれている、生と歴史の意味に対するさまざまな矛盾を理解することも含まれているということである。

そのような信仰による理解は、世界がある意味ですでに「克服されている」ことを示す。というのは、信仰者が、歴史の堕落、その熱狂や紛争、その帝国主義的欲望や野心、その破滅的状況や悲劇などによって完全に不意を突かれる、ということはありえないからである。[1] 生の意味を照らす啓示の光は、歴史の自己矛盾や歴史の意味の断片的な実現や歴史の中途半端な偽りの完成の暗闇をも照らし出す。しかし、そのような信仰が、歴史の不完全性と堕落が最終的に克服される終わりを指し示していることも明らかである。こうして、歴史は、周知のように、歴史の意味の開示と成就の間の「中間時」と見なされる。このことは新約聖書において、象徴的に、苦難のメシアが、再び「大いなる力と栄光を帯びて……来る」との希望で表現されている。[2] 人々は、「人の子が全能の神の右に座り、天の雲に乗って来るのを見る」ことになるのである。[3]

II　新約聖書の終末思想

新約思想におけるこの「再臨」(parousia) の希望は、ユダヤ教的黙示思想における同様の要素、すなわち、キリストの初臨がそれに合致しなかった要素の投影の一つにすぎないと片付けられることがある。その要素を満足させるために「再臨」は創作されなければならなかったというのである。他方、そうした要素は、しばしば字義通りに受け取られ、教会の考え方を混乱させてきた。キリストの再臨の象徴は、決して、字義通りに受け取ることもできなければ、取るに足らないこととして片付けることもできない。この象徴は、時間と永遠との関係に関わる聖書のさまざまな象徴とその一般的な特徴を共有し、被制約者の観点から究極的なものを指し示そうとしているのである。この象徴が字義通りに受け取られると、時間と永遠との弁証法的な概念が歪められ、歴史に対する神の究極的な擁護が歴史上の一点に還元されてしまう。この歪曲の結果は、千年王国的希望に明らかである。そのような千年王国の時代には、ユートピアの時代と同様に、有限性という条件がどこまでもつきまとうにもかかわらず歴史は成就されると見なされる。一方、この象徴が、取るに足らないものとして、歴史的なものと永遠的なものとの関係を理解するための風変わりな未熟な方法にすぎないものとして片付けられるとしたら、聖書の弁証法は、別の方向に向かって曖昧にされてしまう。厳密に分析するなら、これらの象徴を真剣に受け取らないすべての神学は、歴史を真剣に受け止めていないことが明らかになるであろう。そのような神学が前提としているのは、歴史的過程を成就せずに無効にしてしまうような永遠の概念である。

聖書の象徴を字義通りに受け止めることはできない。有限な知性では、歴史を超越し成就するものを理解することは不可能だからである。有限な知性が用いることができるのは、永遠的なものの性格を表す象徴や示唆だけである。それにもかかわらず、そうした示唆は、歴史的存在の自己超越的性格を表し、その永遠的な根拠を指し示すものであるゆえ、重く受け止める必要がある。時間の絶え間ない変化の中でその究極的完成を指し示す象徴は、語の科学的な意味において厳密ではありえない。それらの象徴は、歴史の神的永遠的根拠を、単なる時間的なものとの対比において明らかにするような場合でさえ厳密さを欠く。象徴を理解するのがさらに困難になるのは、時間的なものに巻き込まれるとともにそれを超越する永遠をめぐる聖書の思想を象徴が表現しようとする場合である。

新約聖書の象徴における「エスカタ」(eschata) すなわち「最後の事物」は、キリストの再臨、最後の審判、復活という三つの基本的な象徴で説明されている。それらを順次検討してみよう。

1　再臨

勝利のキリストが再臨するとの思想は、他の二つの象徴に対して優位にある。審判と復活は、キリストの再臨における神の正当性の擁護の一部である。苦難のメシアが勝利の審判者また救済者として歴史の終わりに戻って来ると信じることは、存在はそれ自体の規範に究極的に逆らうことができないという信仰の表明である。愛は、歴史の中では、受苦愛として耐え忍ばざるをえないかもしれない。罪の力が、愛が単純に勝利することを許さないからである。しかし、この状況が究極的なものであるとしたら、罪の力を世界における最後の力として崇拝してしまうか、あるいは、罪の力を、勝利することはできないまでも敗北を避けることができるだけの力は持つ第二の神のようなものと見なしてしまうか、そのどちらかにならざるをえないであろう(4)。

したがって、キリストとその勝利の再臨の正当性を擁護することは、世界と歴史に対する神の主権の十全性に対する信仰と、愛の究極的な至上性に対する信仰とを表明することである。その愛は、神の意志のもとにある万物の包括的な調和に一時的に反抗するあらゆる自己愛の力に優るものである。

このキリストの再臨は、時に、歴史における勝利であり、贖われた時間的歴史的過程を意味するように見える仕方で、歴史の「終わり」に位置する。しかし、もう一つの、通常は後代の解釈によれば、歴史的な過程の成就もまた、数量的な意味において歴史の終わりであり、歴史の救済はその頂点であるようにも見える。キリストの正当性を最終的に擁護することをめぐるこの二重の解釈は、聖書の信仰において、ユートピアニズムと行き過ぎた彼岸志向が共に否定されていることを意味する。ユートピアニズムに反対して、キリスト教信仰は、歴史の最後の究極的完成が時間的過程の諸条件を超越すると主張する。彼岸志向に反対して、キリスト教信仰は、歴史の究極的完成が歴史的過程を無効にするのではなく成就すると主張する。この弁証法的な概念を、その概念の解消の危険を冒さずに表現する方法はない。実際、この解消は、キリスト教史上繰り返し起こっている。歴史の単純な成就を信じる者はこぞって、歴史的存在は最後の究極的完成時に歴史の意味が奪われると信じる者に反対してきた。論争では、両陣営とも、自らの未成熟なキリスト教的確信を表現するためにさまざまなキリスト教的象徴を用いた。

再臨に従属する「最後の審判」と復活という二つの象徴の意味を分析するなら、次の点が明らかになるであろう。すなわち、聖書の信仰に従えば、他の歴史概念の場合よりも、歴史のいくつかの面が否定されることは確かであるが、歴史的存在の意味それ自体は一層明白に確認されるという点である。

2　最後の審判

新約聖書の終末論における最後の審判の象徴[5]には、生と歴史に関するキリスト教的な見方について、三つの重要な相がある。第一の相は、歴史の審判者となるのはキリストであるという理解である。審判者としてのキリストが意味するのは、歴史的なものが永遠的なものに直面するとき、歴史的なものは、それ自体の理想的な可能性によって裁かれるのであって、有限性と神の永遠性との違いによって裁かれるのではない、ということである。[6]審判は、罪に下されるのであって、有限性に下されるのではない。この考えは、生と歴史に関する聖書の概念全体と論理的に調和しているが、それによれば、悪いのは、人間存在の部分的で特殊な性格ではなく、自己愛である。人間は、自己愛によって、すべての被造物が神の意志に従っていたら存在したであろう創造の調和を乱しているのである。

最後の審判の象徴における第二の相は、歴史における善と悪との違いの強調である。歴史が神に出会うとき、善と悪との違いが差異なき永遠に飲み込まれることはない。もちろん、あらゆる歴史的現実は両義的である。したがって、その現実において、善と悪とを絶対的に区別することはできない。[7]しかしこのことは、善と悪に対する最終的な審判の必要性と可能性を排除するものではない。なるほど、義人は、最後の審判を前にして自分が義であるとは確信していない。(8) しかし、そのような状況に不安を覚える義人の良心は、歴史の究極的な問題が、神の前に「だれ一人として義とされない」［ガラテヤ二・一六］ことであることを証ししている。この究極的な問題の解決は、神の憐れみと「罪の赦し」をおいてほかにない。われわれはすでにキリスト教の贖罪論の重要性を指摘してきた。この教理は、究極的な憐れみが善と悪との違いを払拭しないことを確認する。なぜなら、神は、悪を自らの上に負う以外に悪を滅ぼすことはできないからである。このように、歴史におけるあらゆる審判はついには最終的な審判に至るというその厳しさこそ、善と悪とのあらゆる歴史的な戦いには意味があるということの表れである。それにもかかわらず、あらゆる歴史上の審判に対する「最後の」審判の必要性は、善と悪との歴史的な戦いの両義性に由来するのである。

最後の審判の象徴における第三の相は、審判が歴史の「終わり」にあるその位置に見られる。歴史の中には、人間がそれによって最終的な審判から逃れることができるような、いかなる達成や部分的な実現も、意味の成就や徳の達成もない。「最後の」審判の思想は、キリスト教が次のような歴史概念をすべて拒否していることの表明である。すなわち、歴史はそれ自体の救済者であり、歴史の成長と発展の過程によって、人間は、その存在の害悪と罪から解放され、審判を免れることができるといった歴史概念である。

絶滅の恐怖と審判の恐怖とが死の恐怖において複合されているという事実以上に、人間存在の不安定さと不安感を深遠に表現しているものはない。絶滅の恐怖は無意味性の恐怖である。生が、明白に完結する前に「断ち切られる」とき、また、フィニスが、テロス達成の可能性をあまりにも気紛れに挫折させるとき、ほかならぬ生の無意味性が問題として浮上する。しかし、われわれの不完全さを完全にし、その罪を赦す神の憐れみを信仰が捉える前に、生は、神の審判に直面しなければならない。その直面において現実的な危険として認められるのは、死ではなく、

「死のとげ」［Ⅰコリント一五・五五］としての罪である。なぜなら、われわれが偽って自らを生の意味の中心に据えなかったとしたら、生の終了がわれわれを恐怖に陥れることもなかったからである。(9)

永遠に続くとされてきた地獄の火についての字義通りの概念は、しばしば、近代のキリスト者の考え方において、最終の審判の思想への信頼を失わせてきた。しかし、たとえ、字義通り解釈する正統主義が、その信頼喪失を是認しないように見えたとしても、近代キリスト教における道徳的感傷性は、審判の思想の重要性を否定したことであろう。天国の調度品や地獄の温度についての知識がどのようなものであれ、それらを主張することや、歴史の究極的完成である神の国の詳細がどのようなものであれ、それらを過剰に確信することは、キリスト者にとって愚かなことである。しかし、審判の恐怖を認める心の証しを受け入れることは賢明である。人間が歴史を超越し、歴史の中で創造的でもあるのは自由によるが、その人間の自由のゆえに、あらゆる歴史的な審判を超える審判の恐怖は避けがたいものとなる。世が下す多くの審判は、「忠実な良い僕だ。よくやった」［マタイ二五・二一］という言葉でわれわれを免責するかもしれない。しかし、世が下す多くの審判が最終であると信じるとしたら、われわれは、自分自身を欺くことになろう。もし、人々が、世が下す多くの審判が最終ではないことを十分に意識するなら、その人々は、死の恐怖における審判の恐怖の特徴を理解するであろう。死の恐怖は、すべての歴史的存在に潜む《有限性と自由の両義性》から生じるものにすぎないが、審判の恐怖は、歴史の本質そのものである《罪と創造性の混合》を意識することによって引き起こされるのである。

3　復活

からだの復活の思想は、近代の知性が最も不快を覚える聖書の象徴であり、ほとんどの近代的キリスト教信仰が、霊魂不滅の思想に入れ替えて久しい思想である。霊魂不滅の思想は、永遠の命の希望について、復活の思想よりも説得力を持つ表現と見なされている。もちろん、復活の思想が考えうる限界を超えていることは確かであるが、霊魂不滅思想についても同じように理解されているとは限らない。実のところ、統合体としての歴史的存在にとって、それが自然に巻き込まれているとともに自然を超越しているにもかかわらず、永遠の究極的完成へと変えられた自然的条件〔復活〕よりも、自然的条件から完全に自由にされた超越的精神〔霊魂不滅〕のほうが理解しやすいわけではない。他のあらゆる思想と同様に、どちらの思想も、歴史を超えた究極的完成を指し示し、論理的概念を超えている。それにもかかわらず、復活の希望は、歴史的なものについてのキリスト教思想の特質そのものの具現化である。復活の希望は、永遠が、時間的過程が作り上げてきた豊かさや多様性を成就し、無効にはしないことを示唆する一方で、歴史的存在の基盤をなす有限性と自由との状況が、いかなる人間の力によっても解決が見出せないような問題であることを示唆する。この問題を解くことができるのは神のみである。人間的な視点から言えば、それを解くことができるのは信仰のみである。人間の理性が構築するすべての意味の構造や一貫性の領域は、さまざまな意味の片鱗が存在の限界を超えていることを見出すとき、無意味性の深淵に直面する。この問題への答えを持つのは信仰のみである。キリスト教的答えとは、キリストにおいて啓示され、生も死もキリストの愛からわれわれを引き離すことができない神への信仰〔ローマ八・三五―三九参照〕である。

この信仰の答えにおいて、歴史に意味があることは一層確実に認められる。なぜなら、人間的な可能性としての歴史の究極的完成が否定されるからである。復活は、霊魂不滅が人間的な可能性であると考えられるという意味での人間的な可能性ではない。霊魂不滅を支持するもっともらしい証拠もそうでない証拠もすべて、生の究極的完成を究め支配しようとする人間の知性における努力である。それらはみな、人間本性における永遠的要素が、死を超えて生き延びる価値と能力を有していることを、どうにかして証明しようとする努力である。しかし、永遠的要素を確保しようとするあらゆる神秘的ないし理性的手法は、からだと霊魂とを統合させてきた歴史に意味があることを否定しがちであり、それに伴って、その統合を限りなく豊かに展開させてきた歴史過程全体の意味をも否定しがちである。[10] このような霊魂不滅による生の究極的完成が、個人であれ集団であれ、歴史における人間の生の中に何か意味あるものを保持するわけではない。

死に逆らう人間の能力を自らの力によって確認するために、歴史における生の意味を否定するという、こうした究極的完成の構想に対して、キリスト教信仰は次のことを知っている。すなわち、人間存在における自然的なものと永遠的なものとの一致と緊張の状況を超越することは、人間にとっても、人間のいかなる歴史的業績にとっても不可能である、ということである。それにもかかわらず、キリスト教信仰は、歴史を完結へともたらす力を持つ神への信仰の視点から、この歴史的存在に永続的な意義を認めるのである。

からだの復活の象徴において、「からだ」は、自然が、人間の個別性やあらゆる歴史的実現に寄与しているということを示している。すでに述べてきたように、人間の個別性は、精神の自己意識と有限な自然的有機体という特殊性の所産である。[11] 同じように、歴史におけるあらゆる文化的精神的業績やあらゆる社会的政治的組織は、自然的条件と規範的概念の具現化であり、それらが展開する場である特定の独自な状況を超越しまた否定する。気候や地理的限界、貧困と豊かさ、生存意欲、性的欲望等、あらゆる自然的条件は、歴史の精神的な構造の上に消しがたい影響を与えている。それにもかかわらず、歴史的業績は、程度の差はあれ、自由において自然的条件による限界を超越する。霊魂不滅の教理が示唆するのは、永続的な意義が、有限な状況を超越する歴史的総合における永遠的な要素にのみ帰せられうるということである。もし、この意味合いを論理的結論にまで突き詰めるとしたら、特殊性や差異が全くない未分化の統一体以外に、永遠に残るものは何もないであろう。われわれはすでに、この結論が、とりわけ仏教や新プラトン主義において、どのように厳密に引き出されているかを考察してきた。

からだの復活の教理は次のことを示唆する。すなわち、歴史的成就という統合の全体があらゆる特殊なものを全体との調和へともたらす限り、永遠的な意義はその全体に属しているということである。このようにして、究極的完成は、神的なものへの吸収としてではなく、神との愛の交わりとして受け止められる。そのような神との完全な関係は、人間的可能性ではないゆえに、神の憐れみと力とによる。罪の反抗と取り組むためにキリスト教信仰ができるのは、ただ神の憐れみに信頼することだけである。と同時に、キリスト教信仰は、人間の有限性と自由の両義性を克服するために神の力に信頼するのである。

重要なことは、復活の教理においてわれわれが直面する論理上の困難がすべて、この教理を字義通りに解釈するという逸脱した解釈から出てきたわけではないということを認めることである。したがって、字義通りの解釈を否定しさえすれば、それでこの論理上の困難が克服されるわけではない。たとえ、「このとき地は、預かったものを返し、黄泉《よみ》は預かりものとして受け取ったものを返し、地獄は借りたものを返すであろう」[12]とまで信じないとしても、われわれはなお、論理上ありえないと思われる次のような主張に見られる非常な困難さに直面する。すなわち、永遠は、有限性を無効にするのではなく具現化するという主張、あるいは、フォン・ヒューゲル［フリードリヒ・フォン・ヒューゲル］の言葉を用いれば、「神の絶対的な不変性」は人間の「相対的な不変性」を破壊しない、という主張である〔Baron Friedrich von Hügel, *Eternal Life: A Study of Its Implications and Applications* (Edinburgh: T. & T. Clark, 1912), 365. を参照〕。
この論理上の困難の原因は、一部、新約聖書の諸概念の背景となっているユダヤ教黙示文書の非一貫性にある。それらの文書は、歴史の究極的完成を「時の終わり」の手前で起こるものとして表現することもあった。その場合、「義人の復活」は、この地上の千年王国の前触れとされている。また、特に後期黙示文書では、歴史の成就と終わりは、復活と同時に起こると受け止められることもあった。すなわち、自然と時間の限界はすべて、究極的完成において乗り越えられると考えられたのである。(13)

もちろん、後期黙示文書の思想のほうが、それ以前の思想よりも説得力がある。しかし、もし、〔復活が終わりに先立つという〕前者の思想が、〔終わりと復活が同時に起こるとする〕後者の思想に先立って主張されず、その足跡を後者の思想に残さなかったとしたら、終わりと復活が同時に起こるという後者の思想は、ギリシア的霊魂不滅の概念と区別がつかなかったであろう。後期ユダヤ教の知性は、からだと霊魂は統合されており、歴史的過程には意味があるという旧約聖書が有する概念全体のゆえに、この解きがたい問題とこのように取り組むことにならざるをえなかった。新約聖書の思想もまたその問題と取り組んだ。パウロはこう確信した。「肉と血は神の国を受け継ぐことはできず、朽ちるものが朽ちないものを受け継ぐことはできません」(14)。しかし、この確信が、パウロを、永遠の命が、「からだ」がその象徴となっている歴史的現実のすべてを無効にするという結論に追い込むことはなかった。パウロはむしろ、「自然の命の体が蒔かれて、霊の体が復活する」こと、また、究極的完成が「脱ぎすてる」ことではなく、「着る」ことを意味していると信じた。(15)この簡潔な表現において、究極的完成は、歴史過程の全体を無効にするのではなく純化することであるとの聖書の希望が、完璧に表現されているのである。生の成就について、キリスト教的希望に意味されていることを、これ以上十分に納得のいく説明をすることはできない。それどころか、有限性の条件下では、究極的完成についてこれよりも明白な説明は不可能であることを十分に覚えておくべきである。したがって、キリスト教的希望について表現する場合には、品位を持ったある程度の抑制を維持することが重要である。信仰は、「自分がどのようになるかは、まだ示されていない」ことを認めなければならない。しかし、それと等しく重要なことがある。それは、そのように抑制することは、次の言葉にあるような希望の確かさに疑念を持つこととは違うということである。「御子が現れるとき、御子に似た者となるということを知っています。なぜなら、そのとき御子をありのままに見るからです」[16]。生と歴史の究極的完成についてのキリスト教的希望は、人間と歴史に内在する何らかの力や能力によって生の完成を理解し達成しようとする他のさまざまな信条よりも不条理ではない。この希望は、生の意味に関する聖書の概念全体にとって不可欠の部分である。意味とその成就はいずれも、われわれ自身を超えた中心と源泉に属するものと見なされる。その意味を傲慢のあまり自分の確実な所有物にし、その成就を自らの力によって達成しようとするようなことさえなければ、われわれは、意味の成就に与ることができるのである。

Ⅲ　歴史の終わりと歴史の意味

歴史の中には、意味の腐敗と歪曲だけでなく、意味の部分的な具現化もあるとしたら、それらは、真の終わりという観点から見分けることができるはずである。そうだとすれば、人間の運命をめぐるキリスト教的解釈は、究極的完成の特徴についてのその解釈が信じていることを踏まえると、歴史の意味をめぐるさらにもう一つの見方を必要とする。すなわち、もし、最終的な究極的完成が、歴史的な意味を無効にするのではなく成就するとしたら、歴史の意味の真の内実は、信仰の観点から明らかにされなければならない、という見解である。さらには、意味の罪深い腐敗の特徴についても何らかの洞察を得ることができるはずである。というのは、特に、そうした腐敗のほとんどは、部分的な具現化を究極的成就と見なす誤りに起因しているからである。

そのように、歴史を、終わりについてのキリスト教的解釈を踏まえて検討するには、永遠と時間との関係における二つの次元の区別から始めなければならない。永遠は、一方において、時間の上に位置するが、他方において、時間の終わりに位置する。永遠が時間の上に位置するのは、永遠が、どこからか派生し何者かに依拠するあらゆる存在の究極的源泉であり力であるという意味においてである。永遠は、存在から分離した秩序ではない。このゆえに、「超自然的」という概念に含まれる伝統的な理解は誤りである。永遠的なものは、時間的なものの根拠であり源泉なのである。神的意識は、自然の出来事を同時的に把握することによって、出来事の連続にすぎないそれらのものに意味を賦与する。それは、人間的意識が、自然の連続の断片を記憶と先見において同時的に把握することによって、それらの断片に意味を賦与するのと同じである。

永遠は、時間的過程がフィニスなしには考えられないという意味で、時間の終わりに位置するが、永遠の中にフィニスがあると考えることはできない。たとえ、われわれが、世界の突然の終焉や世界の自然エネルギーの段階的な枯渇のいずれについても何も知らないとしても、永遠は時間より長く続く。永遠と時間との関係を空間的に描こうとすると、その努力は、常にわれわれに方向を見失わせ、われわれを駆り立てて、未来の時間の中に特定の時点を推定させようとする。しかしその時点もまた時間の終わりとなる。時間の過程の内部から時間の終わりを捉えようとするこの努力の大半は、キリスト教的概念を字義通りに受け止める逸脱した解釈から生じるものである。

時間に対する永遠の関係についての以上の二つの次元は、歴史の意味について二つの見方をもたらす。その一つの見方からすると、われわれは、歴史の連続性とは無関係に、絶対的な重要性を持つように見える歴史の資質や意味を識別する。殉教や完全な犠牲のような行為は、識別可能な歴史的結果を伴うかもしれないし、伴わないかもしれない。また、そのような行為は、その結果と無関係に評価されるかもしれない。地上で明白なかたちで記録されずに、「天に書き記され」る〔ルカ一〇・二〇〕のかもしれない。また、「最後の」審判を待たずに、ということは、すべての悪の歴史的結果が記録されるまで留保されずに、歴史における特定の悪に対する「最終的な」審判もあるかもしれない。他方歴史についてのもう一つの見方からすると、どのようなものであれ歴史的な事柄についての「最終的な」審判は、歴史における特定の出来事や行為や資質を、それらの歴史における結果を踏まえて把握しようとするような審判である。もちろん、有限な知性が、どちらかの見方に立って、最終的な審判を下すことができるような有利な地点に到達することはできない。しかし、そうしようとする努力は、永遠的なものとの関係における歴史の二つの次元を説明するには役立つものである。[17]

歴史の中で創造的であるべき人間の自由が、歴史それ自体を覆う自由を意味する限り、歴史には、永遠と直接関わる自由の片鱗がある。歴史のこの次元は、時間と歴史の各瞬間は永遠から等距離のところにあるとのレオポルド・フォン・ランケの有名な格言[18]を生み出し、また、証明しているように見受けられる。しかし、この格言は、部分的にあてはまるにすぎない。というのは、歴史の他の次元を考慮に入れていないからである。歴史は、何らかの「最後の審判」からその全体を理解することを必要とする過程の総体でもある。[19]あらゆる行為や出来事、また、あらゆる人格や歴史的構造が、歴史的な連続の中に置かれている限り、それらの意味は、連続する過程全体からもたらされる。もし、歴史を「上」からだけ見るとしたら、歴史が「自己自身を超越しつつ成長する」〔B・クローチェの表現。注18を参照〕ことの意味は曖昧になる。歴史を、空間的に象徴される「終わり」からだけ見るとしたら、歴史の多くの部分に表現されているその豊かさと多様性はすべて曖昧にされてしまうであろう。

Ⅳ　歴史の多様性と統一性

キリスト教信仰の視点から歴史の意味を把握する努力には、歴史の三つの面が含まれるはずである。すなわち、（1）文明と文化の興亡に見られる部分的な成就と実現、（2）個人の生、（3）総体としての歴史的過程、の三つである。こうした三つの面を検討する際に明らかになってくるのは、最初の二つの面を検討する場合、「上から」の視点が、唯一ではありえないにしても支配的であるということである。歴史を総体として見る場合、「終わり」からの視点は、唯一ではないにしても支配的でなければならない。

1　文化と文明の興亡

歴史は多くの達成や構築に満ちているが、それらには、「全盛の時があり、滅ぶ時もある」〔英国の詩人アルフレッド・テニスンの詩句〕。帝国や文明の興亡は、歴史の多元的な面を最も明白に示す実例ではあるが、決して、この面の唯一の現れではない。ある文明における特定の統治や寡頭政体の興亡、特定の文化的伝統、共同体における名望家の家系、さまざまな形態の自発的結社、はるかに小さな歴史上の具体的な事物といったものの盛衰もまた、同様に歴史の多元性を例示している。

生と死を繰り返すこの歴史絵巻に見出される意味はどのようなものであれ、すべてではないにしても、主として「上から」見分けられなければならない。それぞれの歴史形態はそれ自体でまとまった意味の領域と見なされるかもしれない。というのは、それぞれの歴史形態の歴史過程全体への関係は、最小限にとどまるか、あるいは、いずれにしても曖昧だからである。

歴史の多元的解釈は、近年、オスヴァルト・シュペングラーや、最近では、アーノルド・トインビーの文明の興亡についての記念碑的な探究によって、新たな刺激を受けてきた[20]。これに類する多元的解釈は、あらゆる時間的出来事は永遠的なものから等距離にあるとの概念に要約されるランケの歴史解釈原理に一致する。しかし、歴史的多元主義でさえ、包括的な意味の問いから逃れることはできない。歴史的多元主義は、多様な文明の興亡に何らかの一貫性の原理を見出そうとする。シュペングラーは、自然の過程が、多様な世界の文化の盛衰の意味への唯一の手掛かりであると信じている。その命題によれば、歴史にあるのは統一性ではなく、多様で不均等な文明という共通の宿命である。この共通の宿命は自然のさまざまな法則によって支配されている。すべての文明は春夏秋冬に類似した時代を通り抜ける。ということは、歴史的有機体は自然的有機体と同じであるということである。このようにして、歴史の自由は、全くの幻想か、あるいは少なくとも、全面的に自然に従属するものと見なされる。しかし、歴史の自由は、自然の必然性に基づいて生じるものであるゆえに、次の点は否定できない。すなわち、歴史の運命は、常に、ある程度、どの歴史的達成にも内在する、自然的諸要因の生命力と衰退によって決定されている、という点である。帝国や文化は、「老いる」であろうし、若い時に克服できた危険を老年には乗り切れないこともあろう。

とはいえ、トインビーが指摘するように、文明の失敗は、常に、時代の単なる弱さ以上のものに関係する。文明が滅びるのは、文明が、歴史の新たな挑戦や歴史の複雑さへの対応を誤ったからである。あらゆる文明は何らかの致命的な誤りを犯して滅びる。しかしそうした誤りは、自然的必然性の法則のもとにあるのではない。個人の生と異なり、歴史の集団的社会的有機体は、理想的には、新たな命と力によって絶えず活性化されうる。しかし、この世界は、そうした社会的有機体が絶えず新たな歴史的状況に適応していくことを求めるであろう。社会的有機体がその適応に最終的に失敗するのは、常に、有機体がそれ自身の自由に唆されて陥る宿命によるのであって、自然の必然性によるのではない[21]。集団的社会的有機体は、権力の傲慢によって人間的可能性の限界を超えて自らを拡大させるよう駆り立てられて滅びることもある。また、社会を組織する手段となった寡頭政体が、もっぱら抑圧的になり、自ら作り上げてきたものを破壊することもある。過去の戦略や技術が、それが適合しない新たな状況や問題に誤って適用されることもある。この誤りは、歴史における偶然的な要素を、偽りの絶対的なものの卓越さへと不当に引き上げる知的傲慢の一形態と見なされるであろう[22]。文明は、「超然」の哲学によって騙され、滅びることもある。文明の精神的指導者たちは、早まって、歴史を超えた平静さや沈着さといった幻想の領域へと逃れ、歴史における責任に背を向けてしまう[23]。近代の技術文明は、技術革新を究極的な善として不当に崇拝することによって滅びるかもしれない。技術社会のある部分は、技術を使って破壊の目的を果たし、その猛威を文明の他の部分に向けるかもしれない。そしてその猛威は、多大な豊かさの中で、技術時代によって生み出される快適さを究極的善と見なすことによって、ひそかに少しずつ増大しているのである。

もし、衰退のさまざまな可能性や腐敗の原因のすべてを十分公平に評価しようとしたとしたら、われわれは、人間の罪の多様な型をただ繰り返しているにすぎないことに気がつくであろう[24]。そうした型は、肉欲の罪と傲慢の罪という二つの一般的な範疇に分類されるであろう。肉欲の罪では、歴史の自由が否定され、人間はいつの間にか自然の無責任性に戻る。傲慢の罪では、人間の自由が過大に評価される。人間は、文化や文明について、個人であれ集団であれ、自己の偶然的で有限な性格を考慮に入れずに歴史を完結させようとする。人間は、そのような文明や文化を、自分たちの偽装の基礎に据える。これは帝国主義的な罪である。あるいは、人間は人間の自由を歴史から抜き取ろうとする。神秘的彼岸性というこの傲慢は、人間の精神を歴史の支配者にするのではなく、人間の精神自体を歴史から自由にする手段にしてしまうのである。

こうした歴史的衰退と破滅の多様な型のすべてに共通する一つの特徴がある。それは、そのような衰退や破滅が単なる生物学的死ではないということである。「われわれは、死によって罪を犯すのではなく、罪によって死ぬ」とのアウグスティヌスの格言は、個人の生にあてはめた場合、全面的には正しくないであろう。というのは、個人の存在は、有限性の条件に服する自然の有機体に根ざしているからである。[25] しかし、この格言は、文明の死についてはきわめて適切な説明である。「文明が死ぬのは罪による」のである。絶対的な自然の必然性によって決定されるのではない。文明の過誤は、文明の創造性がそこから生じるその同じ自由において引き起こされるのであって、決して単なる無知によるのではない。罪の「むなしい思い」〔ローマ一・二一〕が文明の過誤に内在しているのである。

しかしながら、世界の多くの文化と文明の歴史を、衰退の視点からだけ見ることは不適切であろう。文化や文明は最後には死ぬ。しかし、文化や文明は生きもする。文化や文明の営みは歴史の創造性の証しである。そのことは、文化や文明の死が歴史における罪の証拠であるのと同じである。歴史的有機体の巨大な多様性、人間の潜在力が作り上げたものの豊かさ、多くの文化形態や社会形態の富といったことは、文化や文明がそのもとで発展してきた神の摂理の証しであることは確かである。それは、文化や文明の死が永遠の審判の裏付けであることと同様であり、文化や文明が、何の罰も受けることなく、永遠の審判に楯突くことはできない。文化や文明は、生のあらゆる危険に逆らって歴史の中を前進するとはいえ、文化や文明は、その弱さと若さにおいて、「地位のある者を無力なものとするため、世の無に等しい者……を選ばれた[26]」神の力の啓示である。悪の崩壊がその営みの中にすでに見えているにもかかわらず、究極的な破滅がなお長く先に延ばされる時、文化や文明の運命は、その壮観さにおいて、神の憐れみの「忍耐」［Ⅱペトロ三・九］を明らかにする。というのは、神の審判は決して突発的なものではなく、悔い改めと悪の道からの転向の可能性が多くあるからである。文化と文明は、そうした再生の可能性を受け入れる度合いに応じて、その活動を不確定に拡大する。しかし、文化と文明は、どこかの時点で、致命的な過ちや多くの重大な過ちを犯す。その時、文化と文明は滅び、その滅びにおいて神の尊厳が擁護されるのである[27]。

文明における創造性の時期と衰退の時期を単純に区別することはできない。なぜなら、あらゆる文明と文化、あらゆる帝国と国家は、衰退期にも創造的な要素があるのと同じように、その創造期にも破壊的要素を示しているからである[28]。しかし、われわれは、創造性が支配的な時期があり、堕落と破滅が支配的な時代があることも知っている。

もし、歴史全体を、創造の時代の内側から見たとしたら、歴史には偽りの意味が与えられる。なぜなら、歴史の過程全体は、誤って特定の文化の特定の時代におけるある意味の片鱗と同一視されてしまうからである。もし、歴史の全体を、衰退の時代の視点から見たとしたら、歴史は無意味性に脅かされることになる。というのは、歴史の経過そのものが、誤って特定の文明の破滅と同一視されるからである。文明の興亡における意味がどのようなものであれ、意味は「信仰によって」初めて知られうるのである。なぜなら、文明の盛衰は、歴史を超える永遠という見晴らしの利く地点から見なければならないからである。その地点を所有する者はいない。それは、ただ信仰によってのみ得られるのである。そのような地点から見るなら、たとえ歴史の継続的な過程に何らかの統一性を見分けることができないとしても、歴史には意味がある。歴史に意味があるのは、興隆する文明における死を克服する生においても、死にゆく文明における傲慢な生を襲う死においても、永遠的な諸原理が擁護されるからである。[29]

2　個人と歴史

歴史的過程全体との関係における個人の窮境は、歴史的過程と個人との二重の関係に由来する。個人の創造性は、歴史的共同体の確立と持続と完成に向けられている。したがって、個人の生の意味は、歴史的過程と個人との関係に由来する。しかし、この創造性を可能にする自由は、あらゆる共同体の絆を超越するだけでなく歴史それ自体さえ超越する。各個人は永遠と直接的な関係の中にある。というのは、個人は、たまたま生きて死ぬその過程のどの時点においても識別可能な、意味の断片的な実現を超えて、自らの生の意味の完結を探求するものだからである。ある個人の生の終わりは、その人にとっては歴史の終わりであり、あらゆる個人は、約束の地の外で死ぬモーセ〔申命記三四・四、五参照〕のようである。しかし各個人は永遠と間接的な関係も持っている。個人は、歴史的な責任を真摯に受け止める限り、成就の問題を、究極的な最後の「終わり」の視点から見なければならない。[30]

もし、個人の生の永遠の成就が単に「上から」だけ受け止められるとしたら、生の社会的歴史的意味は破壊される。そして、個人の生それ自体が目的と見なされる。そのような受け止め方は、まさに、成就についての神秘主義的教説だけでなく、多くの正統的プロテスタントの終末論の特徴そのものでもある。そのような終末論では、「終わり」はただ歴史の上にあるものであって、「終わり」についての聖書の思想は曖昧にされている。[31]

他方、こうしたキリスト教的（時には非キリスト教的）形態の「彼岸性」に反対する近現代の抗議は、生の意味を、歴史的過程それ自体の中で実現させようとする誤りを犯す。その結果、そうした抗議は、個人の自由が歴史を超える超越のうちにあるという現実を曖昧にするだけでなく、歴史的過程の有限的な性格を否定することにもなる。

こうした抗議の最も露骨な形態では、生に関するもっぱら社会的で歴史的な解釈が、個人に対し、その生を共同体の中で成就させるように迫る。建前としては、共同生活の広がりやそれが持つ力の尊厳が、個人の部分的な関心や不十分な力を完成し成就すると言えよう。共同体が持つ相対的な不滅性には、個人の生のはかなさを埋め合わせようとするところがある。共同体において個人の生を成就するというこの答えに伴う困難は、個人一人ひとりは、共同体よりはるかに劣るとはいえ、実は共同体よりはるかに優っているということにある。個人の年月はその共同体よりも短いが、個人の記憶と予測はいずれも共同体より長い幅を持っている。共同体が知っているのはそれ自体の始まりだけであるが、個人は、自らの文明以前の諸文明の興亡のことも知っている。共同体は、勝利を予想し、歴史の敗北を恐れる。しかし、個人は、その先の最後の審判を見分ける。仮に国家もまたその最後の審判の前に立つことがあるとすれば、それは、国家が、個人の鋭敏な良心と精神においてそうする、ということである。共同体の兄弟愛は確かに、個人が倫理的に実現されるその基盤である。しかし、共同体は、個人の生の実現であると同時に挫折でもある。共同体の集団的利己主義は、個人の良心を不愉快にする。共同体の組織的不正は、正義の理想を否定する。共同体が達成する兄弟愛は、民族的地理的境界によって限定される。要するに、個人が、時間の過程を超越し、その終わりにある永遠と絶えず対峙しているのと比べ、歴史的共同体は、自然と時間により深く巻き込まれているのである。

以上の形態よりも洗練された社会的歴史的贖いの構想によれば、個人は、特定の歴史的共同体との関係ではなく歴史的過程それ自体との関係によって、生を成就し、人生のはかなさを埋め合わせようとする。[32]

われわれはすでに、なぜ歴史を救済的なものと見なすことができないのか、また、なぜ歴史の過程における個人の生についての適正な審判と十分な成就の希望がとりわけ哀れな幻滅に至らざるをえないのか、その理由について考えてきた。ここでは、この問題について、先になされた分析を次のように簡潔に例を挙げて説明し要約しておけば十分であろう。すなわち、われわれ自身を、十八世紀が期待した「後世の人々」であると想像し、われわれが、「献身した信心深い」者で「抑圧されている者の支持者」と見なされること［ディドロの表現。注三一を参照］、つまり、われわれ自身を、われわれの前に死んだ人々の最終的な審判者ないし救済者に値するか、あるいはそうなりうると見なされることがいかに不条理であるか、ということに留意することである。加えて、われわれは、自分自身の困惑にあまりにも深く巻き込まれそれに気を取られすぎているため、自分が無価値であるように感じられ、神の代理者として積極的に行動することができないのである。

それにもかかわらず、生の成就としての歴史に訴えるそのような単純な見方にも、常に幾分かの真理がある。というのは、生の意味の幾分かは、歴史的な責任や義務への人間の関わりの中に見出されるものだからである。

個人をめぐる問題への新約聖書の答えは、歴史の「上」にある永遠と歴史の「終わり」にある永遠の双方の観点からなされている。歴史が成就する前に滅びたすべての人間が最後の勝利に与るために復活させられるという「万人の復活」［Iテサロニケ四・一六参照］は、個人の生の価値と、個人にとっての歴史の過程全体の意味とを共に正当に評価するものである。個人の生なしに歴史の成就は不完全になり、歴史の過程なしに個人の生は成就されえないからである。[33]

からだの復活の象徴は、たとえ歴史の終わりに起こる万人の復活という概念がなかったとしても、その意味合いにおいて、他の可能性である霊魂不滅の思想よりも個人的でもあり、社会的でもある。からだの復活の象徴が霊魂不滅よりも個人的であるのは、現実の自己に真に関わらない何らかの非人格的「ヌース」(nous)［英知］においてではなく、からだにおいて存在する自己にとって永遠的な重要性を主張しているからである。この自己は、一方において、有限な存在であることから生じる不安感と不安定感を自らの内部で担い、他方において、永遠の領域に触れる能力を持つ。復活の希望は、有限性が究極的に不安から解放され、自己がありのままの自己自身を知るようになることを証ししているのである。

復活の思想が霊魂不滅よりも社会的であるのは、人間存在の構造、文化と文明、帝国と国家など、最終的には歴史の全過程が、個人の生と同じように、自然の諸条件と自然を超える自由との間の緊張の所産だからである。復活の思想は、豊かな創造のための歴史的労苦が、そのあらゆる多様性において歴史の究極的完成に参与していることを意味する。復活の思想は、人間が文明を維持し、歴史において善を成就することに従事する際の苦闘を、変わることなく意味づけるものであって、人間を、永遠の中に何の反響も起こさないような無意味の絶え間ない変化に追いやるものではない[34]。

ユートピア的な成就の概念も、純粋に彼岸的な成就の概念も、いずれも、個人と歴史過程との逆説的な関係を正当に扱っていない。個人は、自らの生のあらゆる瞬間とあらゆる行動において永遠的なものと対峙し、自らの死によって歴史の終わりに直面する。個人の自由の次元はあらゆる社会的現実を超越する。個人の精神は歴史の最高の達成においても成就されない。個人の良心の呵責は、歴史上の法廷における最も明確な無罪判決によってもなだめられないが、歴史上の有罪宣告によって良心が最終的に脅かされる必要もない。他方、個人の生は、歴史的な共同体や責任や義務に対する有機的な関係において初めて意味づけられる。

親であることと生の意味との関係は、個人の生のこの二重の次元を表すささやかな格好の例である。どの親も、子どもたちとの関係の中で自分の生の意味を完全に満たすことはない。親であることの召命にあまり関連しない意味の相は無数にある。しかし他方において、生の意味を親であることの召命から引き離すことはできない。両親は、その子どもたちの生において「義とされる」に違いない。しかし、子どもたちは、未来にとらわれている人質である。両親の生の成就は、その子どもたちにおける人格の実現次第である。このように、親は、その最終的な成就のためには将来を待たなければならないのである。

3　歴史の統一性

「上から」、すなわち意味の永遠的な源泉や目的との直接的な関係の視点から正当に評価されるような個人や集団の形態において、生の営みにどれほど意味があろうと、歴史それ自体は、その究極的な「テロス」の視点から把握されることを要求する一貫した領域の総体である。

たとえ、いかなる明白な認識原理も適切な歴史哲学や歴史神学もないような最もいい加減な歴史評価でさえ、何らかの一貫性の片鱗を生み出すであろうし、統一性との最小限の関わりを明らかにするであろう。徹底した多元的歴史概念は支持できないし妥当でもない。アリストテレスが指摘したように、歴史の経過の中で、技術は、繰り返し失われては見出されるであろう。ローマ文明のような文明は、バビロニアやエジプトにおける社会的基準の達成を参考にしたりそれらに頼ったりすることなく、一定の社会的基準を全く「新たに」（de novo）実現しているかのように見える。しかし他方で、一つの文明によって蓄積され他の文明によって使用された、社会的文化的経験の最小限の残滓というものは常にある。科学は、エジプトの祭司たちの数学と天文学から始めずにその歴史をたどることはできない。西洋文明の科学と哲学がギリシアを土台としているのは明らかであるし、西洋の政治世界は、そのローマ時代のストア哲学の前提なしに説明することはできない。われわれが本書で解明しようとしてきた、歴史のヘブライ的キリスト教的解釈の源泉は、バビロニア、エジプト、ペルシア等の形態のメシア信仰にある。要するに、歴史には累積的影響があるということである。シュペングラーでさえ、新たな文明が古い文明の廃墟の上に立てられるとき、その文明の特徴は部分的には新たな命が古い廃墟を吸収し、それに適応し、その周辺で発展するというかたちによって決定されることを認めざるをえない。

継続する諸文明の内的相互関係は、「長さの一致」すなわち時間における一致と表現できる。同時代における諸文明の内的相互関係は、「広さの一致」すなわち空間における一致と表現できよう。「長さの一致」は「広さの一致」よりも明白である。たとえば、西洋文明の歴史は、それと同時代の中国との関係より、ギリシアやローマとの関係のほうがはるかに明白である。それにもかかわらず、「広さ」においても、最小限の相互依存は存在する。西洋世界は、科学や技術を東洋世界よりもはるかに発展させてきたが、東洋の種々の科学的発見が西洋の科学的発展に果たした貢献を理解しないで、われわれ西洋の発展を捉えることはできないであろう[35]。

おそらく、われわれのこの時代の最も重要な展開は、歴史の「長さの一致」の蓄積された効果がその「広さの一致」を絶えず増大させているということである。近代の技術文明は、あらゆる文明と文化およびあらゆる帝国と国家の間に、相互の一層密接な並置関係をもたらした。この一層大きな親密性と近接性が、文化の何らかの単純で緩やかな相互浸透ではなく、むしろ二度にわたる悲劇的な「世界戦争」を引き起こしたという事実のゆえに、「普遍的な文化」や「世界政府」を、歴史的過程全体を意味づける自然で不可避的な「テロス」と見なすことは断念しなければならない。

しかし、他方、明らかなことは、近代世界の技術的相互依存によって、われわれには、そのような新たな親密性と相互依存とを耐えうるものにすることができるような政治的手段を入念に作り上げる義務が課せられるようになったということである。この新たな差し迫った責務はそれ自体、歴史の蓄積された効果の証拠である。その責務によって、われわれは、徐々に困難さを増すさまざまな責務と直面させられ、われわれが生き残りうるかどうかは、まさにそうした責務の解決にかかってくることになる。このように、「広さの一致」は、歴史における「長さの一致」の一側面なのである。

こうした事実は十分に明らかであるゆえに、たとえそれらの解釈に影響を与えている前提が多様であるとしても、そこには何らかの合意があるように見える。歴史が成長を意味するということには、合意があるに違いない。たとえ、その成長の型が文明の興亡によってどれほど曖昧にされているとしてもそうである。一つの時代が、以前の時代が知りまた忘れてしまったことを再利用しなければならないかもしれないとしても、歴史は明らかに、より包括的な終わりに向かって、また、より複雑な人間関係に向かって、さらに、人間の力の技術的な強化と知識の蓄積に向かって動いていることは明白である。

しかし、「成長」の概念の持つ多様な意味がさらに明確になるとき、人間の運命をめぐって、キリスト教的解釈と近代的解釈との間には決定的な相違が明らかとなる。すでに指摘してきたように、近代世俗文化（およびそれに依拠する近代キリスト教文化）は全体として、成長が進歩を意味するということを前提とする。この文化は、成長の概念に道徳的意味を賦与する。この文化は、歴史がそれに内在する力によってカオス［混沌］からコスモス［秩序］へと動くものであると信じている。われわれは、この結論が歴史によって支持されていないことを証明しようとしてきた。自然の調和と安全に基づいて人間の自由が構築する一層高度で複雑な秩序の陰には、それだけ明白な無秩序の危険が潜んでいる。「文明的な」闘争における精神的憎悪と致死効力は、部族間の武力衝突や動物世界の闘争と比べて、新たな成熟段階に生じる多くの新たな悪の一例である。

歴史のこうした局面について、他に二つの例が挙げられよう。成熟した個人の健全性は、精神的な複雑さや緊張を、幼児の単純な統一性より豊かで洗練された許容しうる統一性の中に取り入れている。しかしその健全性は、子どもには及ばないようなさまざまな異常にもさらされている。子どもは正常でない場合もあるが、通常狂気に支配されることはない。大きな国家や帝国といった共同体の政治的な団結には、原始部族の団結を超えた広がりや規模がある。その上、そのような共同体は、部族共同体が知らないような社会的な複雑さを抱えている。この複雑さの内部における統一性の達成は、「成熟」への成長を意味する。しかし、政治的秩序の統一性の領域はすべて、注意深く「管理され」なければあからさまな闘争になりかねない緊張関係に満ちている。歴史のさまざまな共同体は政治の所産である。それらは、自然の保証がなく、人間的な過ちと人間の自由の逸脱とにさらされている。したがって、考えうるいかなる歴史的発展も、将来の世界政府を国家共同体の秩序のように安定した安全なものとすることはできない。それは、いかなる国家共同体も、家族や部族の場合のように無秩序を免れることがありえないのと同じである。

歴史的現実のこの側面、すなわち、善のあらゆる新たな段階における悪のこの新たな危険を表す新約聖書の象徴は、《反キリスト》という象徴である。反キリストは、歴史の終わりを告げる「エスカタ」(eschata) すなわち「最後の事物」に属する。歴史の規範についての最もあからさまな拒絶は、歴史の最も究極的な展開の中に予期されるはずである。[36] 歴史の終わりにおける最終的な悪についてのこの概念と密接に関係しているのは、歴史の過程に一般的に見られる悪の予測である。信仰者はこの予測を理解するが、世界はそれによって不意を突かれる。

反キリストという新約聖書の象徴は、カトリシズムによって、主として、教会の強力な反対者を指し示すために用いられた。この象徴をそのように論争に用いたことは、究極的な悪が究極的な真理の拒否ではなくその堕落であるという事実を曖昧にした。この点は、プロテスタント宗教改革が、教会それ自体に逆らう反キリストであるとの非難を浴びせられたとき、その非難に反論する際に主張したことである。しかし、カトリック教会も宗教改革も、反キリストの象徴を一般的な歴史解釈の原理として効果的に用いることはなかった。また、近代プロテスタンティズムが、この象徴の意義を理解してこなかったのは自明のことである。それゆえ、この象徴は、主として聖書を字義通り解釈する者たちによって用いられ、誤用されてきた。かれらは、ナポレオンやヒトラーやカエサルのような当代人気の人物が反キリストの預言と一致していることや、それらの人物が、六百六十六の数字を無理に引き出すことができるような文字をその名に持っていることを証明しようとしてきたのである。[37]

何らかの悪の化身を反キリストと見なす、千年王国を信じる、聖書を字義通り解釈する立場の現代の傾向は、あらゆる黙示文書において繰り返されている傾向と軌を一にしている。一つの時代が、その時代に戦っている悪のことを悪の最終形態と考えるのは、おそらく、ある時代が具現化する善を究極的な善と見なす間違いを犯すことと同様に自然なことであろう。[38] 一つの時代が歴史の終わりに到達していると確信することは、理解できるとはいえ哀れである。もし、われわれがそのような幻想を持たなければならないとしたら、その黙示的な説明に少なくとも次のような利点はある。すなわち、歴史を、頂点に向かって動いているものとして描き、単にその究極的完成を悪に対する善の勝利として明示するだけでなく、善と悪の間には死に物狂いの戦いがあると見なすという利点である。

しかし、適正なキリスト教的歴史哲学は、反キリストの象徴を、聖書を字義通り解釈する立場の幻想の中に見られるような、同時代の敵に対する論争の武器、もしくは不用意な洞察の担い手として受け止めるより、もっと有効に活用することを要求している。新約聖書において、反キリストの象徴は、総体的で一貫した歴史観にとって不可欠である。この歴史観によれば、未来は、およそ、現在よりはるかに安全な領域や高い徳を保証するものではない。反キリストが歴史の終わりに立つのは、歴史が、人間存在の本質的問題を解決するのではなく、それを積み重ねるものであることを示すためである。

このことは、悪が、反キリストという最終的な偶像崇拝や神聖冒瀆において頂点に達するというような、悪独自の歴史を持つことを意味するものではない。アウグスティヌスが述べているように、「神の国」(civitas Dei) と「地の国」(civitas terrena) は、双方共に歴史の中で増大するのである。しかし、それらがそれぞれ別の歴史を持つわけではない。歴史の終わりに現れる悪は、最終的善の堕落か、それとも、《善そのもの》と並置して初めてなしうるある善についての公然たる否定と無視か、そのどちらかである。ということは、悪は、たとえその影響が確かで、その力が惰性的な抵抗以上のものであるとしても、元来、善に対して陰画的で寄生的であるということである。近代の専制政治は、古代の悪を現代の徹底した悪へと意図的に練り上げていった専制政治の歴史の最終産物ではない。むしろ近代の専制政治は、産業技術の手段が、その体制の目的を果たすための道具として一層効果を表してきた成熟した文明に特有の堕落である。自分自身への宗教的礼拝を要求する「獣」[黙示一三章]や、「選ばれた人々をも惑わそうとする」「偽メシア」[マタイ二四・二四等]といった象徴と完全に一致する近代の偶像崇拝的な宗教は、偶像崇拝独自の歴史の最終的な結果ではない。それらは、自分より高い宗教的道徳的規範に故意に挑戦することによって自らの権力を獲得する自己崇拝のあからさまな形態である。現代の国際的な無政府状態は、無政府状態の長い歴史の結果ではない。むしろ、秩序の制度が堕落し崩壊した姿である。現代のそうした混乱は、かつての諸文明において達成されたものよりはるかに大規模な潜在的ないし現実的な相互関係を前提しているゆえに、きわめて恐ろしい状態となっている[39]。

このように、最終的な悪は、最終的な善に左右されているのである。最終的な悪は、故意にまたあからさまにキリストを拒否するか、それとも、自らを究極的な存在と主張するより劣った善であるか、そのどちらかである。前者の場合、キリストを引き立て役として要請し、後者の場合、キリストを口実として要請する。一方は、罪人たちの反キリストであり、他方は、義人たちの反キリストである。しかし、どちらの場合も、反キリストの力は、元来、寄生的で消極的であるにもかかわらず、あまりにも明白な効果とあまりにも頑迷な目的を持つため、それを打倒することができるような、歴史に内在する力はない。歴史の終わりに現れる反キリストは、歴史を終わらせるキリストによって初めて打倒されうるのである。

歴史の周知の事実はすべて、新約聖書の終末論に示唆されている人間の運命の解釈を立証している。それにもかかわらず、ほとんどの歴史哲学は、古代も近代も、聖書の終末論が明らかにしている歴史の特徴のどちらか一方を曖昧にしようとしてきた。古代の歴史哲学は、歴史に意味があることを全面的に否定するか、それとも、反復するとされる歴史の循環に一定の限定された意味だけを見るか、そのどちらかである。近代のさまざまな歴史哲学は、歴史の統一性とそれが累積されていく傾向を強調してきた。しかし、そうした哲学は、歴史の累積における危険と悪を曖昧にし、否定しようとした。それは、それらの哲学が、歴史それ自体を救済神と見なすためであった。

なぜこのような誤りを犯したのか、その理由をさらに綿密に尋ねるとしたら、人間の運命の終わりについての考察は、われわれを最初の問題［人間本性の問題（第一巻）］へと引き戻す。というのは、その最も妥当な説明が、そうした誤りは、人間の運命を完結させる道すなわち人間の終わりを人間自らの支配と力のもとに置く道を見出そうとする欲求によって引き起こされた、ということだからである。古代世界は、その欲求を、人間の精神を有限性の過程から解放するか、あるいは人間の自由をその過程に従属させるか、そのどちらかによって満たそうとした。一方、近代世界は、歴史それ自体の過程を人間の生の成就の保証人と見なすことによって、救済を探求してきたのである。

いずれの場合も、人間の傲慢の「むなしい思い」〔ローマ一・二一〕が古代世界や近代世界が抱いた予測に入り込み、その結果を決定した。「素朴な」誤りが何らかの混乱の原因となることもある。人間の自由は、精神を自然という外皮から完全に切断するという希望を無理もない幻想と見なすことで、自然の流動性を超越するのである。さらに、近代の誤り、すなわち、歴史におけるさまざまな成長過程があまりにも明瞭であるゆえに、成長を進歩と混同してしまう誤りも、同様に不可避的な誤りと見なされることもある。それにもかかわらず、そうした誤りはいずれも、いくつかの明白な証拠を意図的に無視することにも依存しているのである。明白なことは、人間には、古代の理想主義者や神秘主義者さらには近代世界が信じたような、自分自身を流動性や有限性から解放する力などはないということである。同様に明白なことは、歴史は、人間存在の基本的な問題を解決するのではなく、むしろその問題を新たな水準において徐々に顕わにするということである。人間は自らの問題を、歴史からの逃避か、歴史的過程それ自体か、そのいずれかによって解決できるという信念は、あらゆる「イデオロギー的」汚染の中で最も普遍的な汚染によって、すなわち、特定の人間や文化の傲慢によってではなく、人間そのものの傲慢によって引き起こされる誤りである。

このゆえに、人間の傲慢を原理的に否定する宗教的信仰に基づいて、人間の運命をより正確に分析することは可能である。もっとも、どの特定のキリスト教的分析も、原理的に否定してきた傲慢を実際の場で表に出すことはないなどと考えてはならない。しかし、もし、キリスト教信仰が、歴史のあらゆる安全や不安を超える歴史の究極的な安全を真に見出すことができるとしたら、また、キリスト教信仰が真に、「死も、命も、天使も、支配するものも、現在のものも、未来のものも、力あるものも、高い所にいるものも、低い所にいるものも、他のどんな被造物も、わたしたちの主キリスト・イエスによって示された神の愛から、わたしを引き離すことはできない」と「確信」するとしたら、[40]キリスト教信仰は、人々に、生と歴史における誤った安全や救済への偶像崇拝的な探究を断念させることができよう。それでもなお、このキリスト教信仰は、人間と共に人間のために苦しむまさにその地点を目指す人間の歴史的な努力に深く関与する《存在の永遠的根拠》への確信によって、自らの歴史的責任を喜んで受け入れるように人々を鼓舞することができるのである。このような信仰の視点から見ると、歴史は、歴史それ自体を完結することができないからといって無意味ではない。たとえ、人間がいつも中途半端に歴史を完結させようとするゆえに、歴史が悲劇的であることは否定できないとしてもそうなのである。

こうして、われわれの運命についての知恵は、われわれが自らの知識と力の限界を謙虚に認めることができるかどうかにかかっている。われわれの最も信頼できる知性は、「恵み」の果実である。この恵みにおいて、信仰は、その確かな根拠を知識として所有していると偽ることなくわれわれの無知を満たし、この恵みにおいて、悔い改めは、われわれの希望を損なうことなくわれわれの傲慢を軽減するのである。

フィニス

注記

第一章

（1）Cf. Paul Tillich, *The Interpretation of History*, Part IV, Ch. 2.

（2）Plotinus, *Enneads*, III, ii: I.［プロティノス「エネアデス」、『プロティノス全集』第二巻、水地宗明、田之頭安彦訳、中央公論社、一九八七年、一八五頁参照。］

（3）自然主義の現代的形態においては、歴史の道徳的価値が「無意識的力という横暴な行軍」（バートランド・ラッセル）に対する悲劇的抵抗のうちにあるものとして捉えられ、古典主義のより一貫した自然主義との決定的な決別を表現している。

（4）コヘレト三・二〇。

（5）同上三・一九。

（6）Lucretius, *De rerum natura*, Book III, 955-80.［ルクレーティウス『物の本質について』、樋口勝彦訳、岩波書店、一九六一年、一五二―一五三頁参照。］ルクレティウスの思想には一貫しない部分が含まれている。歴史を、再生の過程（第二巻）もしくは進歩を表すもの（第五巻）と見なすことによって、歴史に最小限の有意味性が付されているのである。

（7）*Ibid.*, Book III, 925-55.［同上、一五一頁参照。］

（8）Epicurus, Letter of Epicurus to Menæceus in Diogenes Laertius, *Lives and Opinions of Eminent Philosophers*, Yonge's translation, p. 468.［エピクロス『エピクロス――教説と手紙』、出隆、岩崎允胤訳、岩波書店、一九五九年、六七―六八頁参照。］

（9）Arthur Hugh Clough, "Easter."

（10）ウェルギリウスは、しばしば、たとえば以下の言葉のように、死の恐怖における本質的要素としての罰の恐怖について証ししている。「ついに命が去って冷たい死んだ体が残されるが、その時でさえ肉の苦痛に満ちた遺産が消え去ることはない。長い間にこびりついたあまたの染みは、必ず布目に深く染み込む。それゆえ、過去の悪行のゆえに罰の苦しみを耐え忍び浄化される。ある者は虚空に吊られ、突き刺すような風に容赦なくさらされる。またある者は、圧倒的な炎のうねりの中で罪の遺骸を処分する。われわれはそれぞれ自分自身のために、霊的な苦痛という監獄に耐える」。Virgil, *Aeneid*, Book VI.［ウェルギリウス『アエネーイス』、岡道男、高橋宏幸訳、京都大学学術出版会、二〇〇一年、二八五頁参照。］

（11）Plato, *Republic*, 490-505.［プラトン『国家』（下）、藤沢令夫訳、岩波書店、一九七九年、三三頁参照。］同様に、「雑多な個々の現象」が主知主義的に否定されるところが多くある。概して、『国家』の狙いは、歴史的具体性に相反する傾向にあるが、「雑多な個々の現象」はプラトンにおいてまさに歴史の本質である。プラトンにも、また、いかなる哲学や宗教にも、完全に一貫した歴史の否定はない。ヒンドゥー教においては、バラモン階級は歴史を超越するという優れた能力という威信を行使し、歴史を社会的政治的権力へと変え、それによって歴史的社会を支配する。歴史から逃れることにおけるその祭司的技能は、社会を支配する権力の基礎となる。

（12）*Republic*, 518.［同上、一〇四頁参照。］

（13）*Republic*, 532 B.［同上、一四二頁参照。］引用はすべて『国家』からである。というのは、『国家』は、すでに言及したような歴史的具体性へと向かう有力な傾向を示しているからである。それゆえ、プラトン主義的論理から幾分逸脱するような著作においても、プラトン主義における主要な基調が曖昧になっていないという事実は重要である。

（14）第一巻第五章における、「精神」と「理性」の関係についての議論を参照。

（15）*Enneads*, Book III, 10.［前掲水地他訳、四七三―四七四頁参照。］

（16）*Ibid.*, Book II, 4.

（17）*Ibid.*, Book IV, 8.

（18）最も一貫して歴史に無関心な仏教においてさえ、歴史からの解放という主要な思想と一貫しない諸要素がある。歴史への傾向は特に大乗仏教に明らかである。そこでは、菩薩は、歴史における救いをもたらすために、最終的な歴史からの解放を断念する。

（19）引用は以下による。Charles Norris Cochrane, *Christianity and Classical Culture*, p. 167. この著作は、古典精神が、自然や理性とは対照的に、歴史固有の諸現実と折り合いをつけることにおいて不適切であったことについての深い分析である。

（20）ローマの文学において最も重要なメシア的響きは、ウェルギリウスの『牧歌』第四歌のよく知られた節にある。［ウェルギリウス『牧歌／農耕詩』、小川正廣訳、京都大学学術出版会、二〇〇四年、二八―二九頁参照。］

彼を祝福せよ。この子とともに／鉄の時代は終わる。／彼を祝福せよ。この子とともに／黄金に輝く種族が立ち現れるであろう。／清らかなルキナよ、この子を祝福せよ。／今や、あなたの兄アポロの世が始まる。

このウェルギリウスのメシア的展望は、変革された自然への希望を含んでいる。

山羊は乳房を乳でいっぱいに満たして／ひとりでに家に帰り、／家畜はもはや／大きな恐ろしい獅子を怖がらない。／そして蛇は死に絶え、／毒を持つ草も消え失せる。

世界を統治するであろう神の如き皇帝という概念は、エジプトにおける、聖なる羊飼いとしての王の統治への希望に類似している。

しかしあの子は神々と生を分かち合い、／神々と交わり、あらゆる英雄たちと交わるであろう。／そして自ら神々の眼差しを浴び、／父親譲りの徳で、世界を平和のうちに統治するだろう。

ローマにおけるメシア信仰と、それがどれほど他のメシア的文学に負うものであるかについての十全な議論としては、以下を参照。Eduard Norden, *Die Geburt des Kindes: Geschichte einer Religioesen Idee.*

(21) イザヤ四〇・一一「主は羊飼いとして群れを養い、御腕をもって集め、小羊をふところに抱き、その母を導いて行かれる」。同様に、エゼキエル三七・二四「わたしの僕ダビデは彼らの王となり、一人の牧者が彼らすべての牧者となる。彼らはわたしの裁きに従って歩み、わたしの掟を守り行う」。エジプトのメシア的文書「イプエルの訓戒」には、理想の王が以下のように記されている。「彼は炎を冷やす。彼は人類の牧者であると言われる。その心に悪意はない。その群れがわずかなとき、彼は群れを集めて一日を過ごし、人々の心は熱くされる」。J. H. Breasted, *The Dawn of Conscience*, p. 198.［屋形禎亮、杉勇訳「イプエルの訓戒」、『古代オリエント集』、筑摩書房、一九七八年、四六〇頁参照］。

　初期の帝国のメシア信仰において、ペルシアのそれは、この利己主義的・帝国主義的要素を超えることに、また、その歴史解釈において、真の普遍性に達することに最も近づいている。しかし、十全に形成されたペルシアのメシア信仰はゾロアスター教であり、また、ゾロアスター主義は、パールシー教における預言者的改革運動であったがゆえに、この普遍性は、前預言者的というよりは預言者的と見なされなければならない。それは、ヘブライズム以外で唯一の預言者的メシア信仰である。

(22) イザヤ一一・三―四［口語訳］。

(23) Breasted, *op. cit.*, p. 189.［屋形禎亮、杉勇訳「雄弁な農夫の物語」、『古代オリエント集』、筑摩書房、一九七八年、四四六頁参照。］

(24) 最近では、「ブックマン主義」として知られる宗教的運動［米国のフランク・N・D・ブックマンを中心として唱導された道徳再武装運動とも呼ばれる運動］におけるものがある。

(25) 当時のメシア信仰に対するアモスの非難は、このような言葉の中にある。「災いだ、主の日を待ち望む者は。主の日はお前たちにとって何か。それは闇であって、光ではない」（アモス五・一八）。

(26) ダマスコについては一・三―五、ガザについては一・六―八、アンモンについては一・一三―一五、モアブについては二・一―三に記されている。

(27) アモス九・七

(28) アモス三・二「地上の全部族の中からわたしが選んだのはお前たちだけだ。それゆえ、わたしはお前たちをすべての罪のゆえに罰する」。

(29) アモス七・一二―一三「アマツヤはアモスに言った。『先見者よ、行け。ユダの国へ逃れ、そこで糧を得よ。そこで預言するがよい。だが、ベテルでは二度と預言するな。ここは王の聖所、王国の神殿だから』」。

（30）とりわけ以下を参照。W. O. E. Oesterley, *The Evolution of the Messianic Idea*, Ch. 16.

（31）ほとんどの旧約本文批判がそう考えるように、アモス九・一一—一五における希望の言葉が、後の挿入によるとするならばそうである。

（32）もちろん、「啓示」の始まりも含めて、歴史において何事にも絶対的始まりなどはない。ヘブライの預言者宗教において、神の超越という観念がどれほどはっきりと規定されようとも、マルティン・ブーバーは以下の書において、神の超越についてのこの預言者的観念は、はじめからイスラエルの一神教に含まれていたと説得力をもって主張する。Martin Buber, *Koenigtum Gottes.*［マルティン・ブーバー『神の王国』、木田献一、北博訳、日本キリスト教団出版局、二〇〇三年］。ブーバーによれば、イザヤ四五・五—一〇における、超越的威厳についての高度に発達した概念は、十戒において神が「わたしはあなたの神、主であって、あなたをエジプトの地、奴隷の家から導き出した者である。あなたはわたしのほかに何ものをも神としてはならない」（申命記五・六—七）と宣言したときに暗に示された考え方と何ら変わりがない。ブーバーは、こう書いている。「何一つ、足されも引かれもしなかった。最初は秘められていた無制約の性質が、今や明らかに示されたのだ」（*Ibid.*, p. 89［同上、一三三頁参照］）。

もちろん、イエスラエルの歴史において預言者的概念がどこまで遡るのか確定することはできない。しかし一方、ブーバーが以下のように見ていることは正しい。すなわち、預言者的概念にははじめから隠されていたものがあったか、もしくは、十分に発達した考えが信用を得ることができなかったということである。

この問題全体が重要である。なぜなら、それは、「自然」宗教と「啓示」宗教とのまさに弁証法的関係を明らかにしているからである。その関係全体が、まさに人間の自己超越の性質によって決定される。人間は、人間が自分自身の存在の中心にはなりえないこと、また、その民族や文化や文明が歴史の目的にはなりえないことを知るに十分なほど自らを超える。これが啓示の「自然の」基礎である。しかし、人間は存在の目的を述べることができるほどに自身を超えることはない。ただ、信仰によって、神が人間に対して、また人間に「反して」語りかける神の声を理解する場合は別である。

（33）イザヤは、異邦人と不道徳なイスラエルに最後の裁きを予告するとともに（イザヤ一七・九—一四）、異邦人には裁きを、イスラエルには擁護を告げもする（イザヤ一三・九—一四・二）。同様の曖昧さは、マラキ書（三・一八、四・三）とゼカリヤ書（第一二章）にも見出される。

（34）エノク書、十二族長の遺訓、バルク書、第四エズラ書など。

（35）マカバイ記二、モーセの遺訓、エノク書のいくつかの部分など。

（36）ルカ四・五—七。

（37）アモス五・一二。

（38）アモス八・四。

（39）とりわけイザヤ三・一六、五・八、六一・八、ミカ二・一—二、ホセア一〇・一三参照。他にも言及しきれないほど多くの箇所がある。
(40)メシア的統治は、イザヤ書のような初期の形態においてさえも自然の限界を超えるものである。イザヤ書によれば、「狼は小羊と共に宿り／豹は子山羊と共に伏」す（イザヤ一一・六）。エゼキエルの形態においては、平和と正義への希望は、自然における変化への期待を伴っている。「わたしはわが群れを救い、二度と略奪にさらされないようにする。そして、羊と羊との間を裁く。わたしは彼らのために一人の牧者を起こし、彼らを牧させる。……わたしは彼らと平和の契約を結ぶ。悪い獣をこの土地から断ち、彼らが荒れ野においても安んじて住み、森の中でも眠れるようにする」（エゼキエル三四・二二―二五）。
(41)ミカ三・一一―一二。
(42)第一巻、第五章および第七章参照。
(43)エレミヤは、かれの悲観主義をこのような言葉で表現する。「クシュ人は皮膚を／豹はまだらの皮を変ええようか。それなら、悪に馴らされたお前たちも／正しい者となりえよう」（エレミヤ一三・二三）。ましてイザヤは、イスラエルに下される神の言葉の影響について、一層深く悲観主義的な概念を持つ。神の言葉の結果は、「この民の心をかたくなにし／耳を鈍く、目を暗く」することである。そして、この霊的鈍感さは、「町々が崩れ去って、住む者もな」いという審判以外の何ものにも屈することはないだろう。（イザヤ六・九―一一）
(44)特に、エゼキエル書における、国家への一連の裁きを参照。エゼキエル第二六章―第三四章。
(45)イザヤ六四・一―九［口語訳］。
(46)われわれの世代も、民主主義的文明に対する専制政治の勝利という出来事の中で、この同様の困惑に直面してきた。疑いもなく、そのような勝利は民主主義的文明のあらゆる弱さと悪徳とを暴き出す。その意味において、そうした事態は、文明の罪に対する神の審判として正当化されるのかもしれない。しかし疑問は残る。なぜ暴君が勝利するのか。なぜ、われわれよりも悪い者たちが審判の執行者になるのか。こうした困惑に迫られて、生命力にあふれたあらゆる宗教は、歴史の究極の問題だけでなく、究極以前の問題とも取り組むことになる。生と歴史の究極の問いについてのそうした洞察がいかなるものであろうと、宗教は、歴史の中間的な目標としての専制政治の崩壊を望むであろう。
(47)本書第五章―第七章参照。
(48)ヘブライ的黙示文書が、メシア的希望の論理的頂点ではなく堕落であるという考えは、黙示文書が関心を持つ、時間と永遠、また歴史と超歴史をめぐる問題の基本的重要性を理解しない、世俗化された批判集団において広まった。
(49)「エノクのたとえ」では、隠されたメシアは以下のように表現されている。「太陽と徴が創造される以前、空の星が作られる以前から、彼の名は霊魂の主の前で呼ばれた。……世界が創造される前から、彼は選ばれ、霊魂の主の前に隠された」。［村岡崇光訳「エチオピア語エノク書」、『聖書外典偽典4 旧約偽典II』、教文館、一九七五年、二一二頁参照。］
(50)エノク書において、審判と同様に憐れみの必要性を説く挿入部がある。「ソロモンの詩篇」においても「エノクのたとえ」においても、裁きと憐れみとの関係についての最終的問いがほのめかされている。以下を参照。J. Wicks, *The Doctrine of God in Jewish Apocryphal and Apocalyptic Literature.*

（51）以下を参照。第四エズラ書七・四七「私は今分かりました。来るべき世に喜びを受けるのはごくわずかな人々であり、多くの人々は懲らしめを受けるのです。なぜなら、私たちの中には悪い心が増大し、神から私たちを引き離し、腐敗へと導くからです。……しかもそれは少数の人ではなく、造られた人ほとんどすべてなのです」。［強調はニーバーによる。］同七・一一八―一二〇「ああ、アダムよ、あなたはいったい何ということをしたのか。あなたが罪を犯したとき、あなただけが堕落したのではなく、あなたから生まれた私たちも堕落したのである。私たちに不死の世が約束されていても、いったい何の役に立つでしょう。私たちが死をもたらす悪行をしているのですから。永遠の希望が約束されているとしても、私たちは最悪なことに、むなしい存在になっているではありませんか」。［新共同訳旧約聖書続編エズラ記（ラテン語）参照。また、八木誠一、八木綾子訳「第四エズラ書」、『聖書外典偽典5 旧約偽典Ⅲ』、教文館、一九七六年、一八六、一九一頁参照。］

第二章

（1）ルカ四・二一。

（2）パウロはその主張の不条理さを認める。ギリシア人には「愚かなもの」であり、ユダヤ人には「つまずかせるもの」である。それは「人よりも賢い」「神の愚かさ」である。Ⅰコリント一・二五。

（3）もちろん、新約聖書において、ヘレニズムとヘブライズムが、また、神秘主義的視点と黙示的視点が完全に整合的に融合しているわけではないし、ヘブライズムと黙示的視点が一貫して支配的であるわけでもない。大まかに言って、共観福音書は一貫して黙示論的で、共観福音書の思想を支配する神の国という概念は、生への歴史的・黙示的取り組みを示している。パウロの思想では、黙示的視点と神秘的視点とは相互に不安定な緊張のうちにあるが、黙示的視点のほうが優勢である。一方、ヨハネ福音書も両者の視点の緊張を示しているが、神秘的視点のほうが優勢である。「永遠の命」というヨハネの概念は、共観福音書の「神の国」を幾分ヘレニズム化したものである。しかし、ヨハネ福音書がその前提において、一貫してヘレニズム的ではないことは重要である。ヨハネ福音書が復活の思想を保持していることは、共観福音書的ヘブライ的解釈との本質的な連関を指し示す。

（4）生についての最終的な真理はいつでも不条理ではあるが、完全に不条理ではありえない。それが不条理であるのは、人間の精神が、それ自体を中心に据えて、中途半端に構築するような意味の「体系」を、人間の精神は超えるはずである、という限りにおいてである。しかし、それは、完全に不条理なもの、もしくは、全く信頼できないようなものではありえない。その意味において、次のようなキェルケゴールの主張は度を越している。「ほぼ確からしいこと、確からしいこと、この上なく特別に確からしいこと、そうした線上にあることならほぼ確実に《知る》、しかりこの上なく特別にその真相を知りつくすこともできよう。だがそこで《信じる》ことは、できない相談である。なぜなら、《不条理》としての真理こそが《信仰》の対象であり、《信じる》という次元に対応する唯一のものであるからだ」。Søren A. Kierkegaard, *Concluding Unscientific Postscript*, translated by D. F. Swenson and W. Lowrie, p. 189.［セーレン・キルケゴール「哲学的断片への結びとしての非学問的あとがき」、杉山好、小川圭治訳、『キルケゴール著作集』八、白水社、一九六九年、五〇頁。強調は訳書による。］文化と啓示の関係におけるキルケゴールの見解とバルトの理論との関係は明らかである。Karl Barth, *The Doctrine of the Word of God*, pp. 226ff.［カール・バルト『教会教義学　神の言葉I／1』、吉永正義訳、新教出版社、一九九五年、三九三頁以下参照。］

（5）マタイ一五・六「こうして、あなたたちは、自分の言い伝えのために神の言葉を無にしている」。

（6）マタイ五・二〇。

（7）ガラテヤ五・一。

（8）マタイ五・二七－四八。

（9）マタイ二三・二五。

（10）ファリサイ派と徴税人のたとえ。ルカ一八・九以下。

（11）律法に対するパウロの態度には、これらの批判のほとんどが含まれるが、律法は無力であるという重要な考えがそれに付加されている。律法は、それを成就する力を与えることなしに、規範を提示しているのである。

（12）マタイ一五・二一以下、マルコ七・二四以下。

（13）マタイ四・一以下。

（14）マタイ三・九。

（15）マタイ二五・三一－四六。

（16）マタイ二五・三七－三九。

（17）マタイ二三・一二。

（18）マルコ八・三一。

（19）Rudolf Otto, *The Kingdom of God and the Son of Man*, 1924, p. 255.

（20）ルドルフ・オットーは、「ルトゥロン（lutron）」（身代金）には、商取引的、司法的な意味があるという事実より前に、独特な宗教的含意があるという事実に注意を払う。「ルトゥロン」は、それによって宗教的な罪責が覆われるか取り除かれるような犠牲であった。*Ibid.*, p. 259.

（21）この思想は、旧約聖書の神学に暗示されているとはいえ、ユダヤ教では決して明らかになってはいない。C・G・モンテフィオーレは次のように述べる。「ラビ的ユダヤ教は、その後のすべてのユダヤ教と同様に、『苦難の神』の教理を完全に否定した。おそらくこの否定は、ラビ的ユダヤ教が、旧約聖書を補い、拡大し、あるいはそれを超える、苦難の主題にほとんど言及しないその理由を示しているかもしれない。ラビは喜んで殉教し、またその殉教を称賛した。しかし、苦しみの中で、あるいは苦しみを耐えることの中で、ある種の輝きを知覚するという、今やわれわれのほとんどが知っていることが、ラビたちには欠けている」。C. G. Montefiore, Introduction to *A Rabbinic Anthology*, p. xli.

（22）マタイ一六・二一。

（23）F・D・V・ナーボローは、この問題を深遠に分析して、こう主張する。「主が僕の役割を受け入れたのと同様に……現代において、主は、来るべき時代におけるその役割をある程度指し示すものとして、『人の子』を受け入れたように見受けられる」。F. D. V. Narborough's essay in Ch. 2 of *Essays on the Trinity and Incarnation*, edited by A. E. J. Rawlinson.

（24）W・O・E・エスタリーは次のように述べている。「旧約聖書と黙示文書において、『最後の時』は、常にもしくは必ずしも、すべての事柄の終わりを決して意味しない。最後の時がいつ来るかはおよそ明確に言い表されてはいないが、常に、新たな時代の始まりに続く過程として示される」。W. O. E. Oesterley, *Doctrine of Last Things*, p. 195.

（25）マタイ一六・二七。

（26）「実現した終末論」の概念の説明については以下を参照。C. H. Dodd, *The Gospel and History*.

（27）ルカ一〇・二〇。

（28）マタイ二四・六。イエス自身の終末論におけるこの要素は最終的に、ヨハネの手紙において、歴史の終わりに現れる「反キリスト」という決定的表現に至る。真剣に受け取るならそうすべきであるが、この象徴は、神の国を「進歩」と同一視する、あらゆる近代のリベラルな歴史解釈を拒否する。この問題については第一〇章でさらに詳細に扱う。

（29）マタイ一〇・二三「あなたがたがイスラエルの町を回り終わらないうちに、人の子は来る」。マタイ一六・二八「はっきりと言っておく。ここに一緒にいる人々の中には、人の子がその国と共に来るのを見るまでは、決して死なない者がいる」。

（30）Cf. Albert Schweitzer, *The Quest of the Historical Jesus*.［アルベルト・シュヴァイツァー『イエス伝研究史』中・下、遠藤彰、森田雄三郎訳、白水社、二〇〇二年、参照。］

（31）ローマ八・三五、八・三七―三九。

（32）Iコリント一二・三。

（33）マタイ一六・一七。

（34）Iコリント一・二三―二四。

（35）ヨハネ一・一七。

（36）ヘブライ一・三。

（37）Cf. Gustav Aulen, *Christus Victor*.［グスターフ・アウレン『勝利者キリスト』、佐藤敏夫、内海革訳、教文館、一九八二年、六五―七〇参照。］

（38）Søren Kierkegaard, *Concluding Unscientific Postscript*, p. 201.［前掲遠藤他訳、七二―七三頁。強調はニーバーによる。］

（39）Clement of Alexandria, *Protrepticus* I, 8［アレクサンドリアのクレメンス『プロトレプティコス』、秋山学訳、『文藝言語研究　文藝篇』五七、筑波大学文藝・言語学系、二〇一〇年所収。］

（40）Adolf von Harnack, *History of Dogma*, Vol. II, p. 341.　そのような判断は、オリゲネスの思想に聖書的内実があったことを正しく評価していない。特に、哲学が提示しえなかった、力としての恵み、罪の赦しの必要性、不死といったギリシア的思想に対する復活への希望をオリゲネスが強調したことを正しく評価していない。

それにもかかわらず、オリゲネスやギリシア教父たちには、総じて、キリストを、聖書が明らかにした罪の問題に対する答えとしてよりも、死の問題に対する答えとして考える傾向があった。キリストはしばしば、プラトンや哲学者たちがすでに出した解答の補足のようなものであった。またキリストは、しばしば、ギリシア哲学が示したよりもさらにふさわしい歴史と永遠との架け橋であると見なされた。

エイレナイオスは純粋なギリシア教父ではなかったが、キリストによる救済を「不滅性と不死性」を得る方法として説明した。それは、不滅性と不死性においてキリストに合一する以外の方法では得られないものであった。Irenæus, *Against Heresies*, III, xix, I.［エイレナイオス「異端反駁」、小林稔訳、『キリスト教教父著作集』第三巻I、教文館、一九九九年、九九―一〇一頁。］

ニュッサのグレゴリオスの「教理大講話」（"Great Catechism"）［篠崎榮訳、上智大学中世思想研究所編訳・監修『中世思想原典集成2』平凡社、一九九二年所収］の全体は、実質的に福音に対する二つの典型的なギリシア的異論に反駁することに充てられている。つまり、哲学が、キリストの来臨を不要とし、有限性において永遠が啓示されることは不可能であるとしたことに対する反駁である。

（41）Hastings Rashdall, *The Idea of the Atonement*, p. 206. ラシュドルにとって、キリスト教の啓示における究極的概念はまさに「つまずきの石」である。

（42）この問題に関しては、第四章と第五章でさらに詳しく扱う。

（43）Iコリント第一章、第二章。

（44）第一巻、第一〇章参照。

（45）エーミル・ブルンナーの「自然と恩寵」と、カール・バルトの応答「否」を参照［「自然と恩寵――カール・バルトとの対話のために」、吉永正義訳、『カール・バルト著作集』二、新教出版社、一九八九年、ならびに「自然と恩恵――カール・バルトとの対話のために」、清水正訳、『ブルンナー著作集』第一巻、教文館、一九九七年所収。「ナイン！――エミール・ブルンナーに対する応え」、菅円吉訳、『カール・バルト著作集』二、新教出版社、一九八九年所収］。わたしには、この討論ではブルンナーが正しく、バルトが間違っているように思われる。しかしながら、討論ではバルトが勝っているように見える。なぜなら、ブルンナーは、かれの前提の中にバルトの前提を受け入れすぎたため、ブルンナー自身の立場を説得力と一貫性をもって示すことができていないからである。バルトは、ブルンナーが一貫していないことを示すことができている。しかし、だからといって、ブルンナーが間違っているということには必ずしもならない。

（46）フランシス・H・ブラッドレーの、人格概念におけるこれら擬人化の要素についての厳密な分析を参照。これによってかれは、自身の定義する「絶対者」において人格概念を否定するに至る。Francis H. Bradley, *Appearance and Reality*, particularly pp. 413ff, 531ff.

（47）カール・バルトは、「絶対他者」を論じる際、あらゆる類比的推論の形式を拒否するにもかかわらず、神の人格を定義する際には、人格の概念の類比を利用する。バルトは、人格概念を転倒させることによって自身の類比的論理を隠蔽しようとしているのである。バルトは、人間の人格性の概念が神の人格性に由来すると主張する。バルトによると、「人格的存在は、ただ単に論理的な意味で主体（Subject）であることを意味するだけでなく、また、倫理的な意味で、自由な主体であること、（その主体が個性的存在であることでもって与えられている）その都度のもろもろの制限に相対しても、自由であること、そのもの自身の具体的存在と〔かくかくの姿での〕存在（Sosein）に対しても（それ〔その主体〕が鋳造された〔gepragt〕形を取る場合であれ、生ける展開〔Entwicklung〕の形を取る場合であれ）自由に処理することができること、しかしまた、新しい〔かくかくの姿での〕存在の可能性を選ぶことができることを意味している。そのことが何を意味しているかを明瞭に理解するならば、神の言葉の概念のこの人格化の中に一つの擬人論（Anthropomorphismus）を見てとることは、われわれの心に思い浮びはしないだろう。神が人格であるかどうかが問題的なのではなく、われわれが人格であるかどうかが問題的である。そもそも、われわれは、われわれ人間の間に、この概念の真剣な、全き意味で、人格と呼ぶことができるであろうひとりの者をも見出すであろうか。しかし、神はまことに人格であり、まことに自由な主体であり給う」。Karl Barth, *The Doctrine of Word of God*, p. 157.〔カール・バルト『教会教義学　神の言葉I／1』新教出版社、一九九五年、二七一頁。〕バルトの論理は、次の事実を隠すことができない。すなわち、人間の人格が神の人格と比較していかに不完全であろうとも、バルトは人格という概念を、まさに人間の生から取り出して神へと適用したのである。そうでなければ、かれは、他のいかなる源からその概念を導き出すことができたのであろうか。

第三章

（1）Cf. L. T. Hobhouse, *The Rational Good.*

（2）チャールズ・ハーツホーンの『神に関する人間の展望と有神論の論理』は、この問題をきわめて深く分析し、次のように主張する。すなわち、もし、苦しむ人間との愛の関係に入る神の能力についてのキリスト教教理に何らかの意味があるとしたら、神の完全は、第一義的に全能という伝統的な概念においてではなく、神の自己超越の能力の観点から、あるいはハーツホーンの表現を用いれば、神の「自己卓越性」の性格において確定されなければならない。Charles Hartshorne, *Man's Vision of God and the Logic of Theism.*

（3）このゆえに、山上の説教で教えられた無抵抗の倫理は、十字架において象徴されている愛と完全と一貫した関係にある。しかしながら、近代のキリスト教は、この倫理が広く実践されるならば歴史の中で成功すると主張することにおいて、間違っている。まして、このキリスト教が、歴史における社会生活のすべての要求や反対要求への非暴力的参与が無抵抗の福音的倫理の基本を維持するものと断定するとしたら、なおさら誤っている。Cf. Richard B. Gregg, *The Power of Non-Violence*.

（4）Friedrich Schleiermacher, *The Christian Faith*, pp. 415ff.

（5）第一巻、第七章参照。

（6）コヘレト九・四。

（7）Ⅰコリント一五・二二およびローマ五・一二以下を参照。実際には間接的に表現されている。しかし、新約聖書全体は一貫して、キリストを人間的品性の最終的な規範と見なしている。ヨハネ福音書の序文は、キリストを、全被造物の型である神のロゴスの歴史的な現れと見なしている。

（8）第一巻、第一〇章参照。

（9）エイレナイオスは、キリストが「自分自身のうちにアダムを反復する」という考えを好んだ。かれは、「キリストの資質は神のかたちを喪失していない」こと、キリストはこのかたちを回復したこと、キリストは「最初の人間」であって、「最初から続く長い道のりの最後に」地上を再び歩んだこと、しかし、キリストは、完全が無垢を超越するように、堕落以前のアダムの高潔さを凌駕しているということを信じていた。Irenæus, *Against Heresies*, III, xix and xxiv.［エイレナイオス「異端反駁」、小林稔訳、『キリスト教教父著作集』第三巻Ⅰ、教文館、一九九九年、九九―一〇一頁。］

ニュッサのグレゴリオスはこう説明している。救いは、「純粋なアダムのかたちに回復されることであり、最後の人の水準に到達することであり、それどころかかつての自分よりも高くなることである。人間は神化されるようになるからである」。*The Great Catechism*, par. 37.［ニュッサのグレゴリオス「教理大講話」、篠崎榮訳、『中世思想原典集成』二、平凡社、一九九二年所収。］

トマス・アクィナスは、人間が罪を犯さなかったとしても、やはり神は受肉したであろうかと問い、それに肯定的に答えて、その理由をこう述べた。キリストにおいて、「究極の被造物である人間は、第一根源である神と結合させられた」。人間は神に属し、「何らかの無限の影響力によって神自身を表した」。人間が罪を犯さなかったとしたら、人間は、「終わりに至るまで自然的な形態で神と繋がれていたであろう。しかし、神と直接合一するということは、自然の完成の限界を超えることである」。Thomas Aquinus, *Summa Theologica*, Part III, Q. 1, Art. 3.［トマス・アクィナス『神学大全』第25冊、第三部、第一問、第三項、山田晶訳、創文社、一九九七年、二五―二八頁参照。］この議論はいささか不自然ではある。しかし、そこに見られる、人間の本性の無限の可能性についての基本的な考え方は重要である。

（10）第一巻、第一〇章参照。

(11) Cf. Fritz Kunkel, *Charakter, Einzelmensch und Gruppe*.

(12) アンリ・ベルグソンは、原始共同体の「静的宗教」を、「知性の行使に際して……［個人や社会を］解体させうるようなものに対する、自然の防御的反作用」と見なした。しかし、この宗教が純粋に「自然」の戦略でないことは明白である。この宗教は、人間の自由によって創り出された状況への一部意識的で一部無意識的な反応を示しており、それ自体人間の自由の産物である。ある解釈者たちが祭司を意識的な帝国主義者、すなわち原始共同体の中で社会的権力を獲得する目的で宗教を操作する者と見なすことができたのも、原始宗教の戦略には意識的要素があったからである。See Henri Bergson, *Two Sources of Morality and Religion*, p. 112.［ベルグソン『道徳と宗教の二源泉』、中村雄二郎訳、ベルグソン全集6、白水社、一九六五年、二四八頁参照。］

(13) 本書第二章。

(14) Aristotle, *Nicomachean Ethics*, Bk. X, viii, and ix.［アリストテレス『ニコマコス倫理学』下、高田三郎訳、岩波書店、一九七三年、第一〇巻、第八章、第九章］。

(15) David Hume, *An Inquiry Concerning the Principle of Morals*. See. III, Part I.［デイヴィッド・ヒューム『道徳原理の研究』、渡部峻明訳、哲書房、一九九三年、二一、二二頁参照。］

(16) マタイ五・四六。

(17) その著『アガペーとエロス』［アンダース・ニーグレン『アガペーとエロース』全三巻、岸千年、大内弘助訳、新教出版社、一九五四、一九五五、一九六三年］における、アンダース・ニグレンの深遠な分析は、新約聖書が規範的と見なす純粋で私欲のない愛と、古典思想における愛（エロス）の思想のすべてに暗示されている利己的な要素との対比を明らかにしているという点で価値がある。しかし、ニグレンは、その対比を絶対視し過ぎている。なるほど、非キリスト教的な愛の概念が、愛を、行為者の幸福の視点から正当化しようとしているのは確かである。しかし、人間は自由であるゆえに、自分の幸福の観点から自らを正当化しない愛の徳がどのようなものであるかについて考えることなく生きることはない。重要なことは、イエスが、自然的な人間の愛と神のアガペーの対比を絶対のものと見なしてはいないということである。イエスはこう言明する。「このように、あなたがたは悪い者でありながらも、自分の子供には良い物を与えることを知っている。まして、あなたがたの天の父は、求める者に良い物をくださるにちがいない」（マタイ七・一一）。

　ルドルフ・ブルトマンは、神の国［邦訳では「神の支配」］の要求と歴史の倫理的可能性とをさらに絶対的に対比させている。ブルトマンは、山上の説教の厳格な要求が「倫理の意味での『最高善』」と関係があることを否定する。かれはこう言明する。「神の支配は……何か奇跡的なもの、それも絶対に『奇跡的なもの』なのであり、今・ここにあるすべての対立するもの、『絶対他者』……なのである」。Rudolf Bultmann, *Jesus and the Word*, pp. 35-37.［R・ブルトマン『イエス』川端純四郎、八木誠一訳、未來社、一九六三年、三八―四〇頁。］ブルトマンの主張、すなわち、新約聖書の倫理的禁止命令は、人間の経験の実行可能な倫理的善とは何の関係もなく、ただ信仰によって受け止めるべきだという主張は、行き過ぎたヘブライズムであり、そこには、神と歴史的現実の構造的側面との関係についてのギリシア的感覚が不足しているであろう。ブルトマンの立場は、キリストが歴史の諸構造のまさに基礎であると見なすヨハネ福音書の序文で見事に論破されている。

(18) ガラテヤ三・二八。

(19) W・ヴィーズナーは、オックスフォード会議の報告『キリスト教信仰と日常生活』(*The Christian Faith and the Common Life*)におけるかれが書いた章において、赦しと懲罰的正義の必要性との関係について、極端なルター主義的見方を示し、それら二つは正反対であると断言している。この立場は、報復的正義が歴史においてなされるという目論見によって、裁判官、看守、刑の執行人といった人々を不要とする可能性をにじませるトルストイ的完全主義の場合と同じ程度に、事実に即してもいるが反してもいる。

(20) V. I. Lenin, *The State and Revolution*, Ch. 5, Par. iii and iv. ［V・I・レーニン『国家と革命』、角田安正訳、筑摩書房、二〇〇一年、一七五、一八七頁。］

(21) ルカ一〇・二〇。

(22) ローマ一四・八。

(23) この堕落の永続的で不可避的な性格の問題へのキリスト教の答えについては、本書第八章と第九章で検討する。

(24) Franz Peiffer, *Meister Eckhart*, translated by D. de B. Evans, Vol. I, p. 220. ［強調はニーバーによる。］

(25) Cf. Ernst Benz, *Der Vollkommene Mensch nach Jacob Boehme*, pp. 51-70. ベンツは次のような事実に注意を喚起している。すなわち、生物学的機能に対する神秘主義の嫌悪は、むしろ、人間の腹は、人間が自分の力で神を考えることをやめさせるものであるとのニーチェの指摘を正当化しているという事実である。

(26) Aristotle, *Nicomachean Ethics*, Bk. X, vii, 7 and 9. ［アリストテレス『ニコマコス倫理学』下、高田三郎訳、岩波書店、一九七三年、第十巻、第七章、七、九。］

(27) パウロのグノーシス拒否を示す古典的な聖句は、コリントの信徒への手紙Iの一三章である。「たとえ人々の異言、天使たちの異言を語ろうとも……たとえ、預言する賜物を持ち、あらゆる神秘とあらゆる知識に通じていようとも……愛がなければ、わたしに何の益もない」。この議論は、直接には、おそらく特に秘密の儀式において約束されるグノーシスに向けられたものであろう。しかし、それは同様に、すべての形態の合理主義や神秘主義で約束されている、悪からの解放を含む広義におけるグノーシス主義にもあてはまる。

(28) Iコリント一三・一二。

(29) St. John of the Cross, *Ascent of Mount Carmel*, Bk. I, v. 4. ［十字架の聖ヨハネ『カルメル山登攀』、奥村一郎訳、ドン・ボスコ社、二〇一二年、六二頁。］

(30) St. John of the Cross, *Canticles*, 2d redaction, str. 28. ［十字架の聖ヨハネ『霊の賛歌』第二八の歌、東京女子跣足カルメル会訳、ド

ン・ボスコ社、一九六三年、二八三頁。]

（31）*Canticles*, str. 38. [同上、三五四―三五五頁参照。強調はニーバーによる。]

（32）Jacque Maritain, *Degrees of Knowledge*, p. 394.

（33）エフェソ四・一―一〇。

第四章

（1）Ｉコリント四・二〇「神の国は言葉ではなく力にある」を参照。

（2）ヨハネ一・一七。

（3）パウル・ヴェルンレはきわめて正確にこう述べている。「贖われた者の無罪性を強く主張しあるいは追求するすべてのグノーシス的またメソジスト的諸派は、パウロ的伝統における一つの真の要素を誇張している」。Paul Wernle, *Der Christ und die Sunde bei Paulus*, p. 24.

（4）Adolf Schlatter, *Der Glaube im Neuen Testament*, p. 503.

（5）とりわけ次の箇所を参照。ローマ六・八以下「わたしたちは、キリストと共に死んだのなら、キリストと共に生きることにもなると信じます。そして、死者の中から復活させられたキリストはもはや死ぬことがない、と知っています。死は、もはやキリストを支配しません。キリストが死なれたのは、ただ一度罪に対して死なれたのであり、生きておられるのは、神に対して生きておられるのです。このように、あなたがたも自分は罪に対して死んでいるが、キリスト・イエスに結ばれて、神に対して生きているのだと考えなさい」。パウロの思想において、罪の死と義の新生の復活を象徴するキリストの死と復活が、繰り返される主題である。

ローマ八・六「肉の思いは死であり、霊の思いは命と平和であります」。

ローマ六・二二「あなたがたは、今は罪から解放されて神の奴隷となり、聖なる生活の実を結んでいます。行き着くところは、永遠の命です」。

エフェソ四・二四「神にかたどって造られた新しい人を身に着け、真理に基づいた正しく清い生活を送るようにしなければなりません」。

（6）とりわけ次の箇所を参照。ローマ六・一一―一二「このように、あなたがたも自分は罪に対して死んでいる……あなたがたの死ぬべき体を罪に支配させて、体の欲望に従うようなことがあってはなりません」。[強調はニーバーによる。]

エフェソ四・一七―三二では、キリスト教的生活の論理は次のような要求として言われている。「もはや、異邦人と同じように歩んではなりません。彼らは愚かな考えに従って歩んでいる」[一七節]。キリスト者が原理において罪を断ったという事実が、彼らが事実において罪を捨てるよう要求する。また贖われた者は、非常に明白な罪を克服するよう勧告される。「盗みを働いていた者は、今からは盗んではいけません」［二八節］など。

エフェソ五・八「あなたがたは、以前には暗闇でしたが、今は主に結ばれて、光となっています。光の子として歩みなさい」。

ガラテヤ五・二四―二六「キリスト・イエスのものとなった人たちは、肉を欲情や欲望もろとも十字架につけてしまったのです。わたしたちは、霊の導きに従って生きているなら、霊の導きに従ってまた前進しましょう。うぬぼれて、互いに挑み合ったり、ねたみ合ったりするのはやめましょう」。［強調はニーバーによる。］

（7）ヨハネの手紙は、より限定なしに無罪性の見解を述べる。またそれゆえに、とりわけ東方教会における聖化主義的教理にとって、常に格好の根拠出典として用いられてきた。以下を参照。Iヨハネ三・六「御子の内にいつもいる人は皆、罪を犯しません」。Iヨハネ三・九「神から生まれた人は皆、罪を犯しません。神の種がこの人の内にいつもあるからです。この人は神から生まれたので、罪を犯すことができません」。ヨハネ文書は実際の行動の無罪性を主張する。それは、ヘレニズム思想に影響されたヨハネ文書の新生の理解が、新たな生と古い生の間のほとんど形而上学的な区別を意味するからである。それにもかかわらず、そこでさえも重要な留保が見られる。とりわけ以下を参照。Iヨハネ一・八「自分に罪がないと言うなら、自らを欺いており、真理はわたしたちの内にありません」。

（8）フィリピ三・一二。

（9）とりわけ以下を参照。ローマ五・一「このように、わたしたちは信仰によって義とされたのだから、わたしたちの主イエス・キリストによって神との間に平和を得ており」。
ローマ三・二二以下「すなわち、イエス・キリストを信じることにより、信じる者すべてに与えられる神の義です。そこには何の差別もありません。人は皆、罪を犯して神の栄光を受けられなくなっていますが、ただキリスト・イエスによる贖いの業を通して、神の恵みにより無償で義とされるのです。神はこのキリストを立て、その血によって信じる者のために罪を償う供え物となさいました。それは、今まで人が犯した罪を見逃して、神の義をお示しになるためです。このように神は忍耐してこられた」。
エフェソ二・八―一〇「事実、あなたがたは、恵みにより、信仰によって救われました。このことは、自らの力によるのではなく、神の賜物です。行いによるのではありません。それは、だれも誇ることがないためなのです。なぜなら、わたしたちは神に造られたものであり、しかも、神が前もって準備してくださった善い業のために、キリスト・イエスにおいて造られたからです。わたしたちは、その善い業を行って歩むのです」。
ガラテヤ五・四「律法によって義とされようとするなら、あなたがたはだれであろうと、キリストとは縁もゆかりもない者とされ、いただいた恵みも失います」。
フィリピ三・八―一一「そればかりか、わたしの主キリスト・イエスを知ることのあまりのすばらしさに、今では他の一切を損失とみています。キリストのゆえに、わたしはすべてを失いましたが、それらを塵あくたと見なしています。キリストを得、キリストの内にいる者と認められるためです。わたしには、律法から生じる自分の義ではなく、キリストへの信仰による義、信

仰に基づいて神から与えられる義があります」。［ただし原著での引用は九節で終わっている。］

（10）参照ローマ三・二四―二五「ただキリスト・イエスによる贖いの業を通して、神の恵みにより無償で義とされるのです。神はこのキリストを立て、その血によって信じる者のために罪を償う供え物となさいました。それは、今まで人が犯した罪を見逃して、神の義をお示しになるためです」。［強調はニーバーによる。］

（11）ガラテヤ三・一一「律法によってはだれも神の御前で義とされないことは、明らかです。なぜなら、『正しい者は信仰によって生きる』からです」。

ローマ三・二〇「なぜなら、律法を実行することによっては、だれ一人神の前で義とされないからです。律法によっては、罪の自覚しか生じないのです」。

（12）ローマ二・一四。この議論がローマの信徒への手紙三章における「律法」と「信仰」の関係についての議論に先行していることは重要である。

（13）ガラテヤ二・一九b―二〇。［この部分は、ニーバーの論点を明白にするために、ニーバーが使用している欽定訳から訳した。］

（14）原罪の教理は、第一巻第七章―第九章で再検討に努めてきた。

（15）ローマ七・一八「わたしは、自分の内には、つまりわたしの肉には、善が住んでいないことを知っています。善をなそうという意志はありますが、それを実行できないからです」。

（16）このことは、パウロによって、「その無知な心は暗くなった」（ローマ一・二一［口語訳］）と表現されている。

アウグスティヌスが自己の窮状を「意志の欠陥」と定義したことは、自己を超えたところからの力を受け入れる必要を指摘していることにおいて正しい。しかし、「意志の欠陥」が、自己中心という悪循環の要因として、霊的混乱ではなく単なる弱さを意味するという点に限って言えば、その定義は、間違っているか、少なくとも誤った解釈に陥っている。

（17）もちろん、たった一度の危機が絶対的に必要だということではない。自己が打ち砕かれるということは、永続する過程であり、自己が神の要求に直面し、自己の罪深い、自己中心的な状態に気づくようになるような、あらゆる霊的経験において生じることである。

（18）キリスト者が、そのような霊的経験に必要な真理がすべて、キリストにおける啓示を通してのみもたらされると信じているのは正しい。しかし、キリスト者は、キリストを「肉に従って」［IIコリント五・一六参照］、すなわち、実際の歴史的啓示において知っている者たちだけがそのような回心を経験することができるという思い込みには警戒しなければならない。「隠されたキリスト」は、歴史に働いている。また、歴史的啓示を知らない者が、それを知る者よりも、真の悔い改めと謙遜に到達する可能性は常にある。このことを肝に銘じないならば、キリスト教信仰はたやすく新たな傲慢の手段になってしまう。

（19）Cf. Vol. I, p. 180.

（20）現代のデモーニックな政治において引き起こされている事柄の心理学的議論に関しては、エーリッヒ・フロム『自由からの逃走』〔日高六郎訳、東京創元社、一九六六年〕を参照。国家また他の歴史的共同体への忠誠は、それらが人間の精神に対して最終的で絶対的な要求をしないならば、自由の破壊ではないことは言うまでもない。

(21) 以下を参照。Ⅰヨハネ四・一―二「愛する者たち、どの霊も信じるのではなく、神から出た霊かどうかを確かめなさい。偽預言者が大勢世に出て来ているからです。イエス・キリストが肉となって来られたということを公に言い表す霊は、すべて神から出たものです。このことによって、あなたがたは神の霊が分かります」。

(22) 第一巻、第三章参照。

(23) キリスト教教理と神秘主義とのこの対照は、ジェームズ・デニーの著作『キリスト教的和解論』において詳細に分析され、また「私は神の中に消え去るのではなく、キリストにおいて救われたい」という彼の言葉に要約されている。James Denny, *The Christian Doctrine of Reconciliation.*〔ジェームズ・デニー『キリスト教の和解論』松浦義夫訳、一麦出版社、二〇〇八年。〕

(24) さまざまな理想主義思想や神秘主義思想の学派の中に、自己性が破壊される多くの例が見られる。フランシス・H・ブラッドレーの思想から一つの例を挙げておくことは有用であろう。「有限なものは、完成された状態において、多かれ少なかれ変容し、そのようなものとして消えていく。この一般的な運命が善の終わりであることは確かである。自己主張や自己犠牲によって達成しようとした目的は、いずれも達成不可能である。個人は決して、自分の力で調和的体系にはなりえない。個人自体は、人格が完全に贈与され消去されることで、消えて亡くなるはずである。それによって、善それ自体も克服され、消え失せる。……最大限に強調して言うならば、いかなる自己主張や自己犠牲も、あるいはいかなる善性や道徳性も、絶対的なものの中では、それ自体としては、いかなる実在性も有していないのである」。Francis H. Bradley, *Appearance and Reality*, pp. 419-20.〔強調はニーバーによる。〕

(25) 後の章において、自己性についてのキリスト教的理解が、「からだの復活」という逆説的なキリスト教的希望において、どのように強調され、守られ、表現されているかを検討するつもりである。

(26) アウグスティヌスは、新たな生におけるこの感謝と謙遜の継続した感覚を、次のようなよく知られた文章で言い表した。「なぜあわれむべき人間が自由にされる以前に、〔自己の〕自由意志を大胆にも誇ってみたり、あるいは、すでに自由が与えられているのに自分の力を大胆にも誇ったりしえようか。……もし彼らが罪の奴隷ならば、どうして自由意志を自慢するのか。「なぜならだれでも、それによって征服されたその人に奴隷として引渡されているから」（Ⅱペテロ二・一九）だが、もし彼らが自由とされているならば、なぜそれが自分自身のわざであるかのように自慢するのか」。Ch. 52, in *Nicene and Post-Nicene Fathers, First Series*, Vol. V.〔アウグスティヌス「霊と文字」、金子晴勇訳、『アウグスティヌス著作集』第九巻、教文館、一九七九年、九三頁。文中の聖書引用の訳文は金子による。〕

(27) とりわけ以下を参照。ローマ九・一八「このように、神は御自分が憐れみたいと思う者を憐れみ、かたくなにしたいと思う者をかたくなにされるのです」。

（28）St. Augustine, *De corruption et gratia*, 4-10.［アウグスティヌス「譴責と恩恵」、小池三郎訳、『アウグスティヌス著作集』第一〇巻、教文館、一九八五年、四―一〇節参照。］
（29）フィリピ二・一二―一三。次のような黙示録の聖句にも同じ二重の強調が含まれている。「見よ、わたしは戸口に立って、たたいている。だれかわたしの声を聞いて戸を開ける者があれば、わたしは中に入ってその者と共に食事をし、彼もまた、わたしと共に食事をするであろう」。黙示録三・二〇。［強調はニーバーによる。］
（30）とりわけ第一巻第一〇章における「原初的義」（Justitia Originalis）の議論。
（31）Thomas Aquinas, *Treatise on Grace*, II, Question 109, Art. 6［トマス・アクィナス『神学大全』第14冊、第二―一部、第百九問、第六項、稲垣良典訳、創文社、一九八九年、八七頁。］
（32）以下による引用。Nicholas N. G. Glоubosky, Ch. II in the symposium, *The Doctrine of Grace*, S.C.M. Press, London, p. 78.
（33）ガラテヤ二・二〇［欽定訳］。
（34）この教理についてB・ボーザンケトの見解はこうである。「宗教は宗教的人間を正当化する。宗教は、人間の有限性、弱さ、罪などを無効にするのではない。それらが実在することを否定するのである」。Bernard Bosanquet, *What Is Religion*, p. 49.
　フランシス・H・ブラッドレーの理解も同様である。ブラッドレーはこう述べている。「宗教の信仰にとって、進化の目的はすでに達成されている」。Francis H. Bradley, *Ethical Studies*, p. 279.
　J・ケアドも、次のような表現で、同じ考えを表明している。「宗教は、次の点において、道徳性を超えている。すなわち、道徳性の理念は、漸進的にのみ実現されるが、宗教の理念は今ここで実現するのである」。John Caird, *Introduction to Philosophy of Religion*, p. 284.
（35）Ⅰコリント四・四。
（36）道徳の分析におけるこの「弁証法的」要素は、新トマス主義者モルティマー・アドラーの『道徳の弁証法』では全く理解されない。アドラーはアガペーとエロスの相違を理解できていない。したがってかれは、たとえ完全が幸福への道と見なされても、幸福を探求することが自己中心性からの解放ではないことを理解していない。完全を通して幸福を探求する個人は、依然として自己自身の内部に集中させられているのである。
（37）キリスト教思想、とりわけ宗教改革の思想ではしばしば、われわれが「肉体にある」限り、罪にとどまっていると主張されている。この主張は、罪が有限性の結果であるかのように思わせる。しかし、明白にであれ、暗黙にであれ、キリスト教思想は、この言葉に、パウロの「肉」（sarx）の概念［罪の概念］と同じ意味合いを付している。歴史的実存は決して単なる有限性ではなく、有限性と自由とからなる。それゆえ、歴史的実存のある部分は、部分的価値に対して究極的意義を、また部分的視点に対して究極的妥当性を主張するという意味における誘惑であるとともに、誘惑への屈服でもある。
（38）現在でさえ、新世界秩序に対する真の希望は、「アングロ・サクソン」文明がそこで発揮するであろう卓越性に対する期待を込めたうぬぼれや、アメリカの力を通して「アメリカの世紀」が実現するかもしれないというぬぼれとないまぜになっている。

(39) エーミル・ブルンナーは、恵みの二つの性質を次のように特徴づける。「それは持つことであると共に持たないことであり、矛盾を超越していることであると共に、矛盾の只中に立っていることである。それは、義とはされたが、地上の生涯の最後の日まで罪人たることを止めず、回心の日におけると同様に依然として救いを必要とする、罪人の義認である」。Emil Brunner, *Theology of Crisis*, p. 63.［エーミル・ブルンナー『危機の神学』佐藤敏夫訳、桑原武夫他編『現代キリスト教の思想』世界の思想21、河出書房新社、一九六六年、三二六―三二七頁。］

マルティン・ルターは多くの仕方でこの逆説を述べている。たとえば次のようにである。「義を受け取る者は、今や自らが神の律法に服していることを知っており、また罪の律法に服しているがゆえに慈愛を求める」もしくは「キリスト者は誰も罪を有していない、そしてすべてのキリスト者が罪を有している。この両方が真実である」もしくは「聖人は常に本質的に罪人である。そのため、外から義を宣告されたのである」もしくは「われわれは現実において罪人であるが、希望において義である」。以下より引用。*Works*, Ficker, ed., Vol. II, pp. 104, 105 and 176.

(40) ローマ六・一二。

第五章

(1) Adolf von Harnack, *History of Dogma*, Vol. I, p. 48.［D・A・v・ハルナック『教義史綱要』、山田保雄訳、久島千枝、一九九七年、参照。］アウグスティヌス以前のキリスト教においてパウロ的深みが失われているというハルナックの理解は、ハルナック自身がパウロの思想の意味を十分に理解していないゆえに、いっそう注目すべきものであり、また印象的である。

(2) 「バルナバの手紙」（七〇―七九年）は、この思想を際立たせている。

(3) 部分的に曖昧にされたのは「クレメンスの手紙Ⅰ」「バルナバの手紙」「ポリュカルポスの手紙」「イグナティオスの手紙」であり、全面的に曖昧にされたのは「ヘルマスの牧者」「クレメンスの手紙Ⅱ」である。以下を参照。Harnack, *History of Dogma*, Vol. I, p. 172.

(4) 恵みにおけるこの限界は、バルナバの手紙五・九とクレメンスの手紙Ⅱ二・四―七に顕著である。［バルナバの手紙五・九「彼はまた、彼の福音を宣べ伝えるべき自分の使徒を選ばれたが、この人たちはあらゆる罪をこえて無法な人たちであった。これは、彼は義人ではなく、罪人を招くために来た（マルコ二・一七）、ということを示すためであった。そして（このように使徒を選ばれた）とき、彼は御自身が神の子であることを明らかにされたのであった」。クレメンスの手紙Ⅱ2・四―七「それに別の書にも、『私は義人を招くためではなく、罪人を招くために来た』と言われています（マルコ二・一七他）。彼が言われるのは、滅びつつある者たちを救わねばならないということです。なぜなら、大いなる、驚嘆すべきことは、すでに立っているものというのではなく、倒れつつあるものを堅固に据えるということなのですから。そのように、キリストも滅びつつある者たちを救おうと望まれたのであって、既に滅びつつあった私たちを、この世に来て招いて下さり、その多くの者を救われたのでした」。新井献編『使徒教父文書』、新井献他訳、講談社、一九九八年。]

（5）Tertulllian, *Adv. Marcionem*, i, 25.　テルトゥリアヌスは、ギリシア化の傾向に反論したにもかかわらず、たとえば以下のように、キリストの重要性をしばしば本質的にギリシア的用語で確定することによって、教会におけるそうした思想の力に不用意に敬意を表した。「神はわれわれの間を生きられた。それは、人間が、神に関わる事柄を行うようになるためである。神は人間と同じ高さで行動された。それは、人間が神と同じ高さで活動することができるようになるためであった」。*Adv. Marciomem*, ii, 27.

（6）オリゲネスは次のように主張した。「人間は、神の似姿を、自己の精励なる熱意をもって、神を模倣することで獲得すべきである。即ち、像としての身分を与えられたことで、始めから完全になることの可能性が人間に与えられているが、人間は、わざの成就によって、完全な似姿を自ら仕上げるべきである」。Origen, *De princ.* III, vi, I. [オリゲネス『諸原理について』、小高毅訳、創文社、一九七八年、二六八頁参照。]

（7）Clement of Alexandria, *Paedagogus*, I, vi.

（8）Gregory of Nyssa, *De instituto Christiano.*

（9）Hastings Rashdall, *The Idea of Atonement in Christian Theology*, p. 206.

（10）ハルナックはこう書いている。「したがって、ヘレニズムそのものであるグノーシス主義が、カトリシズムにおいて半ば勝利を収めたというのは逆説ではない。」Harnack, *History of Dogma*, I, p. 227.

（11）The Blessed Marcarius of Egypt, *De custodia cordis*, xii.

（12）John of Chrysostom, *Homil:* In Epist. I Cor.15: 1-2.

（13）われわれは、ギリシア正教における完全主義者の思想を、現在までの何世紀にもわたってたどる機会を持っていない。それゆえ、東方教会におけるこの主要な傾向について、一人の現代ギリシア正教会の神学者から引用することには意味があろう。かれはこう書いている。「神がサクラメントを通して働くとき、神の働きは単なる一時的な性格や部分的効力しかもたないわけではないことを、ギリシア教父たちは間違いなく信じている。神の恵みの力はサクラメントを通して示され、その効力は永遠なのである」。Hamilcar S. Alivisatos in symposium, *The Doctrine of Grace*, S.C.M. Press, London, p. 267.

現代における最も権威ある正教会の神学者の一人であるフリストス・アンドルツォスは、正教会の聖化論について、きわめて明解な言葉で述べ、こう書いている。「罪の赦しと義認という二つの要素は、あたかも罪の浄化に聖化が続くように、互いに不可分である。しかし、それらは同じ事柄の二つの側面である。罪の赦しとは、単に罪から自由になるということではなく、実際に罪が消失するということである。神は、罪人を裁くにあたって、罪人が罪人であることには変わりがないのに義と見なすのではなく、実際に義なる者とする。義認のわざにおける神の力によって、罪の状態は全面的に取り除かれるのである。……意志の背きにおける罪の原理と基礎は全面的に除去され、悔い改めた意志は神に向けて生まれるのである」。In Chrestos Androustos,

"Dogmatike" quoted in Frank S. B. Gavin, *Some Aspects of Contemporary Greek Thought*, p. 227.

そのような完全主義者の疑わしい主張がもたらす道徳的帰結と精神的混乱に反対する証人として、トルストイを持ち出すことには意味があろう。トルストイは、『懺悔』において以下のように記している。「『正教会』――わたしには、この言葉で、何人かの毛深い男どもしか思い浮かばない。おそろしく自信過剰で、勘違いした、無知で、ダイヤのパナギア［主教が着用するメダルで、聖母マリアの画像が嵌め込んである］をあしらい、絹とビロードで身を包み、主教とか府主教とか呼ばれている輩である。その上また、何やら機密［サクラメント］を執行するふりをして人々から金を巻き上げるのに忙しい、何千人もの毛深い男ども。そこには謙遜の代わりに尊大さがあり、清貧の代わりに贅沢があり、罪の赦しに代わって憎悪と争いがある。そして、彼らは皆、お互いを否定するくせに、自分自身のことは否定しないのである」。［トルストイ『懺悔』、原久一郎訳、岩波書店、一九七八年、参照。］

このような非難は完全に公平なものではない。なぜなら、トルストイは、さらに厳格な方策がとられさえすれば人間は罪から自由になることができると確信するようなセクト的教派に属する完全主義者だったからである。トルストイは、歴史上の存在をめぐる永続的な要素を、サクラメントを重視する完全主義者と同様に、ほとんど理解していなかった。

(14) 第一巻、第六章参照。

(15) Augustine, *On Grace and Free Will*, xvii, 32.［アウグスティヌス「恩恵と自由意志」、小池三郎訳、『アウグスティヌス著作集』第一〇巻、教文館、一九八五年、六五頁参照。］

(16) Augustine, *On Man's Perfection in Righteousness*, Ch. 19.［アウグスティヌス「人間の義の完成」、金子晴勇訳、『アウグスティヌス著作集』第九巻、教文館、一九七九年、二六九頁参照。］

(17) Augustine, *Enchiridion*, lxiv.［アウグスティヌス「信仰・希望・愛（エンキリディオン）」、赤木善光訳、『アウグスティヌス著作集』第四巻、教文館、一九七九年、二六五―二六六頁参照。］

(18) Augustine, *On Man's Perfection in Righteousness*, Ch. 20.［アウグスティヌス「人間の義の完成」、金子晴勇訳、『アウグスティヌス著作集』第九巻、教文館、一九七九年、二七三頁参照。］

(19) 「現にある教会」と「やがて来るべき教会」（"ecclesia qualis nunc est" and "ecclesia qualis tunc erit."）、Augustine, *De civitas Dei*, Book XX, Ch. 9.［アウグスティヌス『神の国』（五）、服部英次郎、藤本雄三訳、岩波書店、一九九一年、一五六頁参照。］

(20) Augustine, *Retract*, II, xvii.［アウグスティヌス「洗礼論全七巻」坂口昂吉訳、『再考録』、『アウグスティヌス著作集』第八巻、教文館、一九八四年、四〇九頁参照。なお、訳では、『再考録』第二巻一八章（四四章）となっている。］

(21) ゴアは、アウグスティヌスが、可視的教会という考えや、救いはただ教会のみによるという信念や、「教会を母としない者は神を父とすることはできない」という確信を創出したわけではないと正しくも述べている。アウグスティヌスは、これらの確信において、カトリックの一般的遺産に参入したにすぎないのである。Charles Gore, *The Church and the Ministry*, pp. 13ff.

A・ロバートソンは、アウグスティヌスが可視的教会という考えを創出したわけではないと述べるゴアに同意し、「アウグスティヌスは不可視的教会という考えを創出したというほうがより真実である」と付け加えている。A. Robertson, *Regnum Dei*, p. 187.

教会についてのアウグスティヌスの留保に、不可視的教会という宗教改革の思想が含まれていることは確かである。不可視的教会は、歴史的教会を神の審判のもとに置く手段となった。それはちょうど、かれの教会についての基本的な、留保なしの考えがかれの時代の前後において一般的に認められたカトリックの信念に合致するのと同様である。

（22）Augustine, *De civ. Dei*, Book XX, Ch. 9.［アウグスティヌス『神の国』（五）、服部英次郎、藤本雄三訳、岩波書店、一九九一年、一五六―一五七頁参照。］

（23）Thomas Aquinas, *Treatise on Grace*, Quest.109, Art. v.［トマス・アクィナス『神学大全』第14冊、第二―一部、第百九問、第五項、稲垣良典訳、創文社、一九八九年、八三頁参照。強調はニーバーによる。］

（24）カトリックの教理は決して、救われた意志と神の意志との絶対的な一致を主張しているわけではないが、本質的一致を主張していることは強調されなければならない。

アクィナスはこう述べている。「習慣的徳の賜物は、それによってわれわれがもはや神的扶助を必要としなくなるためにわれわれに与えられたのではない。というのも、いかなる被造物も、神から受けた善のうちに神によって保たれることを必要とするからである」。［同上、第百九問、第九項、一〇〇頁。］

しかしアクィナスは言う。救われた状態においては、「人は、理性に根ざす、すべての大罪を避けることが可能である。しかし、人間は、感覚的部分のより低い欲求の堕落のゆえに、すべての小罪を避けることはできない。すなわち、確かに理性はそうした（堕落した欲求の）個々の発動を抑制することはできるが、すべての発動を抑制することはできないのである。なぜなら、その中の一つに対抗しようと努めている間に、おそらく他の一つが生起してくるからである」。［同上、第百九問、第八項、九四―九五頁。強調はニーバーによる。］この図式によれば、人間の意志と神の意志との一致はほとんど完全であり、残る唯一の罪は、意志という水準の下位にある気まぐれな衝動によって引き起こされる。この概念は、聖書的というよりは純粋に古典的なものと思われる。しかし、アクィナスによる［意志と衝動という］この二つの総合は常に、能う限りの完全な調和がとれている。こうしてかれは、下位の欲望の脱線は、神の意志への完全な従属の欠如に帰せられると主張することによって、この残余の罪についての解釈を、純粋に古典的な意味合いから救い出す。「人間の理性が神に従属する状態に置かれていない限り、理性の働きそのものにおいて多くの秩序の乱れが起ることが帰結するのである」。*Treatise on Grace*, Quest.109, Art. ii.［同上、第百九問、第八項、九五頁。］

（25）St. Bernard of Clairvaux, *Concerning Grace and Free Will*, Ch. iii. Trans. by Watkins Williams, SPCK.［クレルヴォーのベルナルドゥス「恩恵と自由意思について」、梶山義夫訳、上智大学中世思想研究所編訳・監修『中世思想原典集成10』、平凡社、一九九七年、

五〇二―五〇五頁参照。］

（26）Council of Trent, Canon xxxii［原文では xxvii となっているが誤りと思われる。］［「トリエント会議の教規および教義に関する教令」（「成義に関する教令、教規三十二」、基督教古典双書刊行委員会編『信条集』後編、新教セミナーブック4、新教出版社、二〇〇四年、二〇頁参照。なお、強調はニーバーによる。］トリエント公会議が、宗教改革に反対して自らの立場を定めることにおいて常に誤っていたという印象を作り上げるのは間違いである。トリエント公会議はたびたび、宗教改革における道徳的敗北主義や無律法主義への傾きに反対して、恵みとは正しい者の力であったとして、恵みの逆説の一面を正しく擁護しようとしていた。こうして、教規二十一［同、一九頁］は正しくもプロテスタントの無律法主義に向けられている。「イエス・キリストは信頼すべき救い主として人間に与えられたものであって、従うべき立法者として与えられたものではないと言う者は呪われよ」。

教規十一は、恵みとは赦しのみであるという考えに対して、同様に妥当な反論をしている。「人が義とされるのは、キリストの義の転嫁または罪の赦しだけによるものであって、聖霊によって人の心に注入され、そこに内在する恩恵と愛はこれに無関係である、またはわれわれを義とする恩恵は神の好意にすぎないと言う者は呪われよ」。［同、一八頁参照。強調はニーバーによる。］

（27）Canon xviii.［同、教規十八、一八頁参照。］

（28）John Henry Newman, *Lectures On Justification*, p. 83.［強調はニーバーによる。］イングランド教会の立場は、決してローマ・カトリックの立場と大きく異なっているわけではないことは付け加えてよいだろう。イングランド教会の神学者ロバート・C・モバリーは、恵みについての最良の論考の一つにおいて、こう書いている。『義とする』ことと『義しい者にする』こととの間に、また、人間が、神の真理により義であると宣せられることと、神の真理において義であることとの間に原理的区別はない」。Robert C. Moberly, *Atonement and Personality*, p. 335. モバリーの著作は、恵みと人格の自由との関係についての見事な分析である。

（29）この称号はインノケンティウス三世から始まった。それ以前の時代においては、キリストの代理人とは聖霊のことであり、教皇はペテロの代理人にすぎなかった。

（30）Iコリント一二章。

（31）ローマ七・二三。

（32）この文脈において、以下のことが関連してこよう。すなわち、「かれらは自らの心を神の心としている」がゆえにこの世のすべての国に破滅が訪れるというエゼキエルの印象的な預言が、「わたしの群れを養わず、自分自身を養っている」ゆえに、「イスラエルの牧者」という霊的指導者たちに破滅が訪れるという予言によって終わるということである。エゼキエル三四・八。

（33）マルコ八・三一―三八参照。

（34）初期のイタリアのルネサンスは、この人間の可能性への信頼を多くのかたちで表現した。「私は自分自身を作り上げた」とポンタ―ノは言った。「人間は自ら意志するいかなるものをも作ることができる」とアルベルティは宣言した。「われわれの精神の本質は普遍的である」とパルミエリは豪語する。そして、フィチーノは、「人間はいかなるところをも探求し、いつでも神のごとくなることができる」と信じた。

人間の力についてのこの主張は、後期ルネサンスにおいてはそれほど意識的もしくは明白ではない。なぜなら、恵みについてのキリスト教教理に反対してそれを述べる必要がもはやなくなったからである。

(35) セクト的キリスト教とルネサンスの精神との関係については、次章においてさらに詳細に考察する。

第六章

(1) この判断はヨーロッパよりもアメリカにおける精神状況にあてはまる。一般的に言えば、ヨーロッパのプロテスタンティズムは、自らの宗教改革の源にアメリカよりも密接に関わってきた。アメリカのプロテスタンティズムはもともと大部分がセクト的であったので、宗教改革におけるセクト諸派の完全主義を継承している。この完全主義は精神的には、宗教改革よりもルネサンスに属する。アメリカにおけるプロテスタンティズムは、しばしばフランス啓蒙主義に由来する世俗的完全主義と折り合いをつけている。

(2) アドルフ・ケーバレの『聖なるものについての探求』(Adolf Koeberle, *The Quest of Holiness*) は、バルト神学が宗教改革における聖化への傾向を破壊したという理由からなされた、バルト神学に対するルター派からの重要な反論である。

(3) コンラート・ブールダハは『宗教改革、ルネサンス、ヒューマニズム』(Konrad Burdach, *Reformation, Renaissance, Humanismus*) において、ルネサンスの思想家が再生の希望を述べるとき、学問の復興ということ以上の何かを指し示そうという意図を明確に持っていたということについての説得力ある証拠を挙げている。かれらが「新たな命」(nova vita)、「一新」(renovatio)、「再開」(renovari)、「再生」(renasci)、そして「新生」(regeneratio) について語ったとき、かれらは、時に個々の生の、時に教会の、時にローマならびにイタリア文明の、そして時に世界の再生を考えていたのである。

(4) エルンスト・ベンツの『霊の教会』(Ernst Benz, *Ecclesia spiritualis*) に、ヨアキム的思想とフランシスコ会的思想との合流点における、神秘主義的意識と終末論的歴史的意識とのこの驚くべき融合についての最も信頼できる歴史的分析がある。

(5) Burdach, *op. cit.*, Ch. II.

(6) Benz, *op. cit.*, p. 225.

(7) 第一巻、第三章参照。

(8) このことは特に、フランシス・ベーコンの思想において明らかである。ベーコンは、歴史は周期的であるという古典主義から引き継がれた解釈に抗議し、この解釈は学問の振興の障害になると主張した。

(9) デカルトは、そもそもその著『方法序説』に、「われわれの本性を最高度の完成へと引き上げる普遍学の企て」という題をつけようとしていた。

(10) コンドルセは「専制君主と奴隷、司祭とそのばかげた偽善的道具が消えうせ」る日と、人が「主人なしに、ただし理性は別として」自由になれる日を待ち望んでいる。

(11) ヴォルテールは、「偏見が……国家を統治するすべての人々の間から徐々に消える」時と、「一般に広がった哲学が、すべての時代において経験するだろう災難時に、人間性に何らかの慰めを与える」時が来ることを望んでいる。ヴォルテールは、多くのかれの同時代人たちと違って、決して一貫した楽観主義者ではない。

(12) セバスチャン・メルシエはこのように問うた。「幾何学と機械技術と化学で武装して、いったい人間はどこまで完全になったら済むのだろうか」。

プリーストリーは、より通俗的なこの進歩の概念を次のように完璧に表現した。「自然は、物質も法則も含めて、もっとわれわれの思いのままになるだろう。人はこの世の状況をいくらでも気楽で心地よいものにするだろう。人はその中で寿命を伸ばし、日ごとにますます幸せになっていくだろう。……それゆえ、この世界の始まりがどうであれ、今われわれが想像で捉えることができるものを越えて、最後は栄光に満ちた楽園のようなものとなるだろう」。以下より引用。J. B. Bury, *The Idea of Progress*, pp. 197 and 221.

(13) 教会と神の国との同一視は、中世における歴史の静的概念をもたらした。世界は退化してきたという、さらに主要な中世の思想は、おそらく古典的悲観主義と世の「終わり」についてのキリスト教的待望の負の側面との混淆である。初期ルネサンスは、このような、歴史は後退するという思想に反論し続けた。

(14) マルクス主義の社会変動説は、資本主義社会の悪に対する破局的審判が下され、それが成就の時の先触れとなるという考えによって、キリスト教的終末論にかなり近づいている。しかしこの説は、この新たな成就の時［プロレタリアート独裁］に対する審判については、思い描くことができない。

(15) Cf. Johann G. Fichte, *Die Grundzuege des Gegenwaertigen Zeitalters*, 1806.［フィヒテ著、ラインハルト・ラウト、加藤尚武、隈元忠敬、坂部恵、藤澤賢一郎編『現代の根本特徴――幸いなる生への導き』フィヒテ全集第一五巻、柴田隆行、量義治訳、哲書房、二〇〇五年。］

(16) ベネデット・クローチェは、フランスの歴史家で歴史哲学者であるミシュレの思想における「フランスの異様な偶像化」に注意を促す（Benedetto Croce, *History as the Story of Liberty*, p. 24）。フィヒテは、歴史は主にドイツ哲学の媒介を経て、理性知識が意識される第四期から「支配的理性技術」の第五期へと移ると信じた。ヘーゲルの概念は、フィヒテほど国家主義的ではなかったが、フィヒテより厚かましいものであった。ヘーゲルは次のように信じた。「ゲルマン精神は新しい世界の精神であり、その目的は、自由の無限なる自己決定としての絶対的真理の実現にあり、その自由の内容は、ゲルマン精神の絶対的形式それ自体である。ゲルマン民族の召命とは、キリスト教的原理の担い手となることにある」。G. W. F. Hegel, *Philosophie der Geschichte* in *Werke*, Vol. ix, p. 415.［ヘーゲル『歴史哲学講義』下、長谷川宏訳、岩波書店、一九九四年、二〇〇頁参照］）。その概念は国家主義的ではない。というのは、「ゲルマン民族」が「ドイツ人」以上の何かを意味するからである。しかし、歴史が最終的に完成する時を待ち望んでいないため、フィヒテの思想よりも厚かましい。むしろ、現在の文化が、歴史の最終的な善を達成したと考えているようである。

（17）以下より引用。Bury, *op. cit.*, p. 87.

（18）クロムウェル時代のセクトであるレヴェラーズに属するロバート・コーチマンは、サクラメントの恵みに対するこの典型的批判をこう述べている。「ありとあらゆる無作法な人々が、神の恩寵のしるしと契約の養いを受け、教会で最も敬虔な者［聖職者］が持つ最大限の特権と最高の権限を授かり、『これがあなたたちのために与えられたキリストの体と血である』と日ごとに告げられるとき、かれらの思い上がりはどれほど大きいものになるだろうか。」Robert Coachman, *The Glory of the Stone*, 1641, p. 15.

（19）George Fox, *Journal*, p. 101. フォックスは、自らの救われた状態を述べるにあたって、ためらわずに聖化主義者的主張を明らかにする。かれは回心について次のように記している。「わたしは、純真、無垢、義が、救い主イエスの姿において新しくされたことしか知らなかったため、いわば、堕落する以前のアダムの状態に達していた。……しかし、すぐさまアダムの無垢性とは別のさらに堅固な状態を理解するまで、さらには、決して堕落することのない救い主イエスの状態にまで、霊において引き上げられた」。*Ibid.*, p. 286.

（20）当時の最も著名なクエーカーの哲学者ルーファス・M・ジョーンズは、その著『霊的改革者』において、完全主義者的セクトは真の宗教改革を体現しているが、実際の宗教改革運動は、キリスト教的聖化の論理が真の結論に至るまで従うことを拒否することによって阻まれたと見なした。Rufus M. Jones, *Spiritual Reformers*.

（21）フォックスに対する当時の批判は、この誤りをきわめて明確に捉えている。かれは次のように記している。「かれらは言う。『内なる光は、われわれが従うべき唯一の審判者であり、それによって進路を決める案内人であり、耳を傾けるべき声であり、解決のために馳せ参じるべき唯一の聖域である』と。ところがかれらは、絶え間ない偶像崇拝の行為とそこで犯される姦淫によって、この聖域がどれほど汚されているかについては全く念頭にない」。Richard Sherlock, *The Quakers Wilde Questions*, 1654, p. 66.

（22）Rufus M. Jones, *Spiritual Reformers*, p. 24.

（23）*Ibid.*, p. 54.

（24）Peter Balling, *The Light of the Candlestick*, 1662. バリンはスピノザと密接な関係を持っていた。

（25）Rufus M. Jones, *op. cit.*, p. 283.

（26）*Ibid.*, p. 108.

（27）William C. Braithwaite, *Second Period of Quakerism*, p. 392.

（28）Robert Barclay, *An Apology for the True Christian Divinity*, p. 136.

（29）Wesley's *Journal*, Vol. II, p. 487.［『標準ウェスレイ日記』、第一巻、山口徳夫訳、伝道社、一九五九年、二三四―二三五頁参照。］

（30）*Ibid.*, p. 356.

（31） *Ibid.*, p. 491.［同書、二三七―二三八頁参照。］これと同じ問題がベーラーとシュパンゲンベルクという二人のモラヴィア派との対話の中で生じている。シュパンゲンベルクは言う。「古い被造物もしくは古い人は、われわれが死ぬ日までわれわれとともに残る」。しかし、「新しい人は古い人よりも強い。そのため、堕落がどんなにもがいても、われわれがキリストに目を仰いでいる限り、堕落が勝利することはありえない」。ウェスレーはかれに問うた。「それでは、あなたの心の中には堕落が残っているのですか」。シュパンゲンベルクは適切な逆説によって答えた。「わたしの中の古い人の心の中にはあるが、新しい人の心の中にはありません。……内なる堕落は、われわれの体が塵になるまでは取り除かれないのです」。ウェスレーはこの会話を記録し、次のように追加意見を述べている。「われわれの主の中に、堕落があっただろうか。そして下僕は主人のようにはなれないのだろうか」。

Ibid., p.452.［同書、二一二頁参照。］

（32） ウェスレーの完全主義の複雑さをすべて考察することはできない。しかし、かれの完全主義についての主張は、ペラギウスによる罪の教理に由来することに触れなければならない。ペラギウスは、罪を、「既知の律法を自由意志を用いて公然と無視すること」として定義した。既知の律法に意識的に従うという意味での完成はもちろん可能である。一方、ウェスレーは現実主義者であり過ぎたため、救われた者の生にもそうした罪深い要素があるという現実を否定することができなかった。その要素は、完全に意識されているものではないが、完全に無意識的なものでもない（第一巻、第七章および第八章参照）。したがって、ウェスレーの思想には、現実主義と、罪についてのかれの不完全な教理との間に葛藤があり、次のような曖昧な主張を招くことになった。「わたしは、罪がないという用語に賛成もしないが、反対もしない」。かれはこの衝突をかなり巧みな神学的工夫で解決した。かれは、死の直前の瞬間を除いて、真の完全を主張することができるような生の瞬間はないと断言したのである。しかし、その弟子たちが、完全について同様の境界を設け思慮深さをいつも持っていたわけではない。

（33） クエーカーは、地上にキリストの国が社会的に実現することを望んだという点では、歴史の進化論的または漸進的な見解に最も近づいた。というのも、かれらは、個人の生における愛の実現を、社会を徐々に救済する力でもあると考えたからである。その一方で、大陸の平和主義的なセクト、特にメノナイトは、さらに純粋に黙示主義的であった。メノー・シーモンスは、大陸における再洗礼派運動という「戦い」のセクトに対して抗議を始めた。しかし、「受苦愛」が徐々に歴史的に成功を収め、世界を征服するという思い違いをすることは全くなかった。シーモンスはむしろ、「受苦愛」を神の国のしるしであり象徴であると考えた。神の国とは、神がそのふさわしい時に先導役となるはずのものである。シーモンスの信仰によれば、歴史的悪の問題は人間の理解と力を超えるものであった。

（34） 「第五王国派」の人々は、歴史を五つの大きな時期で区別した。そのうち四つの時期は歴史における大帝国によって支配され、第五の時期は世界の全王国がキリストの国に従属するはずの時代であった。この黙示録的概念は結束の強いセクトに限定されたわけではなく、他のクロムウェル派セクトの間にも広まった。Cf. George P. Gooch, *Democratic Ideas in Seventeenth-Century England.*

（35） Cf. E. B. Bax, *The Rise and Fall of the Anabaptists*, and Eduard Bernstein, *Cromwell and Communism.*

（36）Gerrard Winstanley, *The Saint's Paradise*, p. 78.

（37）Gerrard Winstanley, *The New Law of Righteousness*, p. 61.

（38）クロムウェル派の左翼思想に関する最近の研究については、以下を参照。A. S. P. Woodhouse, *Puritanism and Liberty*; David W. Petegorsky, *Left-Wing Democracy in the English Civil War*, G. H. Sabine, *The Works of Gerrard Winstanley*. ペテゴロスキーは、ウィンスタンリーの思想における罪の起源について、世俗的社会的な理論を強調する傾向にあり、セーバインはそれより宗教的聖書的である。

第七章

（1）Cf. Rudolf Otto, Mysticism, *East and West*.［ルードルフ・オットー『西と東の神秘主義――エックハルトとシャンカラ』華園聰麿他訳、人文書院、一九九三年、参照。］

（2）Martin Luther, *On Christian Liberty*, p. 261.［マルティン・ルター『キリスト者の自由』（ラテン語版）山内宣訳、ルター著作集編集委員会編『ルター著作集　第一集第二巻』、聖文舎、一九六三年、三五九頁参照。］ルターは、パウロと同様に、キリストと魂の一致を説明するにあたって、きわめて頻繁に結婚の神秘主義的な象徴を用いた。「信仰の、第三の測りがたい恵みはこれである。すなわち、信仰は、妻を夫に結びつけるように、魂をキリストに結びつける。この秘蹟によって、使徒が教えているように、キリストと魂とは一体とされる。もし、かれらが一体であり、かれらの間に真の結婚が……成就されるなら、……かれらは、善いことも悪いことも共有するようになる。したがって、キリストが所有しているものは何であれ、信じる魂はそれをあたかも自分自身のものであるかのように誇りに思うであろう。また、魂に属するものを、キリストは自分自身のものであるかのように主張するであろう……キリストは、恵みと命と救いに満ちている。魂は罪と死と地獄に満ちている。それらは、キリストに属し、恵みといのちと救いは魂に属する」。*Ibid.*, p. 264.［同、三六二頁参照。］この最後の文章では、転嫁された義が獲得された義と一体的に関わっているが、この点については後に触れることになろう。

（3）*Ibid.*, p. 270.［同、三八四頁。］

（4）良いわざの実体についてのこの正確な表現にも、ルターの誤りの一つがある。平安を見出すのが、「恵みのみ」によってではなく、「信仰のみ」によってであるからである。すなわち、恵みそれ自体ではなく、信仰によって恵みを受け入れるということが決定的になる、という意味である。この誤りによってルターは、キリスト教的な生以外の場所でなされる善はどのようなものであれ、それを拒否するという立場に陥った。ルターが次のように続けて述べているとおりである。「むしろ人が前もって信じてキリスト者であるのでなければ、彼のいっさいのわざは全く何の値打ちもなく、むしろ不敬虔な、罰せらるべき罪であろう」。*Ibid.*, p. 275. [sic.]［同、三七五頁参照。］

（5）*Works* (Weimar, ed.), Vol. 40, p. 265.

（6）Cf. Werner Betcke, *Luthers Socialethik.* キリスト教倫理における愛の戒めの優位性についてのルターの理解が、カルヴァンのそれよりもはるかに深遠であることは確かである。

（7）In Commentary on Galatians, xciii.

（8）Emil Brunner, *The Divine Imperative*, p. 72.

（9）恵みと律法との関係をめぐるルターの見方は、『ガラテヤ書講解』に最も明白に表現されている。そこにルターは次のように書いている。「キリストによって律法の呪いから救われているとパウロが言うとき、パウロは、すべての律法とりわけ道徳的律法について語っているのである。その律法だけが良心を告発し呪い断罪するのであって、他の二つの律法（一般の法律と礼典的律法）にその機能はない。それゆえ、われわれは、道徳的律法すなわち十戒の律法には、その恵みによってイエス・キリストが支配される良心を告発し恐れさせる力はない、と主張する。というのは、キリストが律法の力を無効にされたからである」。ガラテヤ二・二一。

ルターは、律法についておおむね否定的な言葉で受け止めている。律法の目的は、「人間に、その無分別、悲惨、不信仰、無知、憎しみ、神への軽蔑、死、地獄、裁き、受けて当然の神の怒りといったことを明らかにすることである」。*Ibid.*

（10）Emil Brunner, *The Divine Imperative*, pp. 72-78.

（11）この問題の分析において、ブルンナーは絶えず、道徳的義務感を、「律法主義」すなわち道徳的義務を特定の行動規範に限定することと混同している。それゆえ、ブルンナーは、完全な愛と律法主義との中間の立場を理解していない。かれはこう書いている。「律法主義的な型の人間は、同胞と真に人間的な人格関係を結ぶことは不可能である。その人と隣人との間には、何らかの非人格的な『思想』である『律法』や……他者をそのあるがままに見ることを妨げる何らかの抽象的なものがある」。これは、狭義の律法主義については正しい断罪であるかもしれない。しかし、ブルンナーは、道徳的義務のすべての経験をその論理に含めてしまい、こう続ける。「単純に義務感からなされる善は、決して善ではない。義務と真正な善は相互に排他的である」。*Ibid.*, pp. 73-74.

このような基準に合致する善は歴史の中にはないであろう。義務感が完全な愛に飲み込まれてしまうような大きな善はないとしたらどうだろうか。その場合でもなお、義務意識を拡張することによってさらに高度な善を達成することが重要になるであろう。われわれは、同胞の要求に直面する時、そうした要求を何らかの不変の正義の規準によって評価しようとはしないという意味で、決して「律法主義的」になることはないであろう。とはいえ、われわれ自身の利害に反する要求については、それらを揺れ動く良心によって評価し、同胞にいくらかでも公平に接しようとするであろう。この一連の道徳作業の全体は、いかなる既知の「律法」とも無関係に進められるであろう。それは、極端に私的で個人的である場合もありえよう。しかしそれは、ブルンナーが「律法主義」からの唯一の解放と見なしているように見えるあの完全な愛にはなお及ばないのである。

（12）マタイ二五・二四—二五。

（13）『ガラテヤ書講解』。自由についての宗教概念と政治概念のこの完全な分離を、ジョン・ミルトンの次のような理解と比べてみると興味深い。「一般のキリスト者が、キリスト者の治安判事らのことを思い起こすことは、不適切ではなくなるであろう。それは、そうした治安判事たちがキリスト者として知られたいと切望していることによって、一層制約なしに明らかとなる。すなわち、かれらは、自分たちが、霊から自由に生まれたものを迫害し……救い主がご自身の血によって贖われた聖なる自由をその人々から奪っていることをわからないようにするために、キリスト教的自由や生きる権利やわれわれが神の子とされたことについての外的証言を軽率に扱わないのである」。John Milton, *Of Civil Power in Ecclesiastical Causes*.

ミルトンは、「救い主の模範に倣って奴隷に身をやつすよう説き伏せようと努めることは尊大である」と主張しこう述べた。「救い主は、確かにわれわれの代わりに僕の形をとられた。しかし、救い主はつねに救済者であり続けられた。「［イエスは言われた。］『税金に納めるお金を見せなさい。』かれらがデナリオン銀貨を持って来ると、イエスは、『これは、だれの肖像と銘か』と言われた。かれらは、『皇帝のものです』と言った。すると、イエスは言われた。『では、皇帝のものは皇帝に、神のものは神に返しなさい』」……われわれの自由は皇帝のものではない。それは、われわれが神ご自身から受けた賜物である」。［マタイ二二・一九－二一］John Milton, *Pro populo Anglicano defensio*.［ジョン・ミルトン『イングランド国民のための第一弁護論および第二弁護論』、新井明、野呂有子訳、聖学院大学出版会、二〇〇三年、七三、七五頁参照。］

以上は、福音と社会問題の関係に関して、セクト的見方が正しく宗教改革が間違っているもう一つの例である。

（14）*Ibid*., 5, 2.［この表記は、『ガラテヤ書講解』のことかと思われるが、不明確である。］

（15）ルターはこう言明した。奴隷制の廃棄に対する農民の要求は、「万人を平等にし、そのようにしてキリストの歴史的王国を外的なこの世の王国に変えてしまうことである。それは不可能である。地上の王国は、人々の不平等なしに存在することができない。自由人もいれば奴隷もいる。支配者もいれば被支配者もいるのである」。*Works* (Weimar, ed.), Vol. 18, p. 326.「キリストがわれわれを自由にしてくださったゆえに奴隷制は廃棄されるべきだというのは、悪意のある邪まな考えである。自由とは、われわれが悪に対抗することができるように、キリストによってわれわれに与えられた霊的自由のことをだけを意味するのである」。*Ibid*., p. 333.

（16）ルターは農民たちにこう書いた。「誰かに悪しき不正義を負わせられることにあなたがたは耐えられないであろう。しかし、あなたがたは、自由であることを願い、正義と善を受け止めたいと思っている……もしそのような権利［苦しむ権利］を負いたくないのであれば、あなたがたは、キリスト者の名前を棄て、自分たちの行為にふさわしい他の名前を誇りにしたらよい。さもなければ、キリストご自身がその名をあなたがたから奪い去るであろう」。*Ibid*., p. 309.

君主たちにはルターは次のように書いた。「万物は自由で共有のものとして造られ（創世記一章、二章）、すべての人は平等に洗礼を受けたと主張することは、農民たちの助けにはならない……なぜなら、新約聖書ではモーセは何の価値もないからである。しかし、われらの主であるキリストが立たれて『皇帝のものは皇帝に、神のものは神に返しなさい』と言われた時、体と財産を持つわれわれを、皇帝たちとこの世の法に委ねられたのである」。*Ibid.*, p. 361.

［ルターには、］聖書的完全主義が無条件に認められている場合もあれば、それが全く否定されている場合もある。

（17）ローマ一三・一―三。

（18）徹底した宗教改革思想によって鼓舞された、社会道徳の領域における敗北主義は、現代の弁証法神学者ハンス・アスムッセンにその際立った例が見られる。かれはこう書いている。「この家［世界］を倫理的行動によってできる限り美しいものにするということが教会の使命である限り、われわれは世俗主義の道具である……もし、教会が世界に向かって、また異邦人に向かって次のように言ったとしたら、それは優れた信仰告白となったであろう。『われわれは待つ。すべての社会的不正を終わらせよ。戦争をなくせ。しかしそのすべてをなし終えた後も、われわれはなお待つ。それらすべては十分ではない。人類を清めて、道徳的に霊的に最高度の完全に向かわせよ。それもまた十分ではない……私は待つ者であり続けるであろう。なぜなら私には福音すなわち良い知らせがあるからである。私は、死者の復活と来るべき世界における命を待つ』」。In *Zwischen den Zeiten*, July, 1930.

ここでは、キリスト教歴史観に属する終末論的緊張が歴史の有意味性を破壊し、歴史的な責務と義務からその重要性を奪いかねないことがきわめて明白である。

エーミル・ブルンナーは、他の弁証法神学者よりも倫理的行動に多く関心を寄せていたが、それにもかかわらず、同様の敗北主義者的な結論に至っている。一方で、ブルンナーは、すべての人間の行動には罪の汚れがあるということに基づく究極的な宗教的視点があらゆる相対的な区別を無にすることを認めて、こう述べている。「生の真の目的が、人間の生の枠組みを構成するすべての『秩序』のいたるところでどのように阻害されているかをわれわれは知っている。そうした『秩序』の中で求められるさまざまな目的はあまりにも無益で空虚であり、そうした目的を達成するために用いられる手段はあまりにもひどく軽蔑すべきものである」。

他方、ブルンナーは、「信仰義認」の教理を、この不正義をすべて自己満足的に受け入れることの原因になるものと解釈し、次のようにも主張している。「裁判官は、たとえ個人的にその法が正しくないと確信していても、現在の法の権威のもとで法に従って判決を下さなければならない。裁判官は、たとえ信仰の精神をもって行動するとしても、判決を下す時『妥協する』ことはない。なぜなら、裁判官は、現行の法より良い法を作ることはできないし、この世では法が必要であることを知っているからである。しかし、その裁判官は、法を作る人々が不正な人間である限り……それは地上の生が終わるときまで続くのであるが……真に正しい法体系はないこともまた知っている」。Emil Brunner, *Divine Imperative*, pp. 253–255.

法学の歴史全体が明らかにしているのは、法的伝統の中で、法を新たな状況に創造的に法学的に適用することによって生の維持を図ることの重要性である。幸いなことに、信仰義認のこの教理について聞いたことがなく、したがって、感性豊かな良心によって可能な限り法を正しく適用するよう促されてきた裁判官たちはいつもいたのである。

（19）Cf. Brunner, *ibid.*, p. 246.

（20）John Calvin, *Inst*, III, xiv, 11.〔ジャン・カルヴァン『キリスト教綱要』改訳版、渡辺信夫訳、第三篇、第一四章、一一、新教出版社、二〇〇八年、参照。以下、『キリスト教綱要』渡辺訳と略記。〕
（21）*Inst.*, III, iii, 10.〔『キリスト教綱要』渡辺訳、第三篇、第三章、一〇〕
（22）*Inst.*, III, xvii, 15.〔『キリスト教綱要』渡辺訳、第三篇、一七。なお、この部分は、カルヴァン自身の言葉ではなく、アウグスティヌス『ペラギウス派の二つの手紙に対する駁論』（第三巻第七章一九節）の引用である。〕
（23）*Inst.*, III, xvi, 1.〔『キリスト教綱要』渡辺訳、第三篇、第一六章、一。〕
（24）*Inst.*, III, xvii, 1.〔『キリスト教綱要』渡辺訳、第三篇、第一七章、一。〕
（25）*Inst.*, III, xiv, 9.〔『キリスト教綱要』渡辺訳、第三篇、第一四章、九。強調はニーバーによる。〕
（26）*Inst.*, III, xvii, 10.〔『キリスト教綱要』渡辺訳、第三篇、第一七章、一〇。なお、原文は一一となっているが、一〇の誤りと思われる。〕
（27）John Calvin, *Opera*, I, 798. カルヴァンはこう考えている。「われわれの自由が愛に従属するように、愛そのものも、信仰の純粋さのもとに立つべきである。われわれは隣人への好意のあまり、神の怒りをまねくことがあってはならない」。*Inst.*, III, xix, 13.〔『キリスト教綱要』渡辺訳、第三篇、第一九章、一三参照。〕
（28）John Calvin, *Commentary on Zechariah*, 13: 3.
（29）この点については、後続の章でさらに詳細に論じる。肉欲の抑制を強調し、義を自己鍛錬と同一視するカルヴァンの姿勢は、罪を傲慢と見なすかれの聖書的な定義と完全に調和してはいない（Cf. Vol. I, p. 187.）。カルヴァンは、愛を最終的な善として評価することを全くしていないわけではない。「最もよく最も聖く生きる者」は「できるだけ自分のために生きず、またそうつとめない」者であると、カルヴァンは言う。*Inst.*, II, viii, 54.〔『キリスト教綱要』渡辺訳、第二篇、第八章、五四、二〇〇七年。〕
　しかし、カルヴァンの思想全体の中では、正しい教理と肉欲の衝動の自制への情熱が、愛の律法への評価を上回っている。
（30）*Inst.*, III, vi, 1.〔『キリスト教綱要』渡辺訳、第三篇、第六章、一。〕
（31）ヨハネ三・八。
（32）マタイ一三・三〇。

第八章

（1）第一巻、第七章参照。
（2）ヨハネ一・一、五―一一。
（3）ヨハネ一・一二。
（4）わたしが多くを負っているティリッヒのこの問題についての分析は、次のような論理によって、あらゆる歴史的真理の両義性を形式的に克服している。「決断としての認識の性格についての教説は、真理を相対化するあらゆるものと同様に、その教説自体を相対化し、そのようにしてそれ自体を否定するという反論を引き起こす。……しかしながら、あらゆる認識にあてはまることは、認識を認識することにはあてはまらないであろう。そうでなければ、認識は普遍的な意義を失うことになる。他方、例外が認められるとしたら、実在のほんの一部であれ、その存在の曖昧な性格は破壊されてしまう。……そのようなことは起こりうるだろうか。仮に存在の両義性が存在のどこかの地点で除去されるというようなことが起こるとしたら、例外はありえないであろう。認識という文脈の中にあるものは何であれ認識の両義性のもとにあるのである。それゆえ、例外のような前提は、認識の文脈から外されなければならない。……認識の文脈とは、無制約者と認識との関係を示す表現であるはずである。両義性から切り離された判断がありうるとしたら、それは……無制約者と被制約者との関係をめぐる基本的な判断としてだけである。……その判断の中身は、端的にこのこと、すなわち、われわれの主観的思考は決して無制約的真理には達しえないということである。……この判断は明らかに、あらゆる表現形態から、またここで述べられている表現形態からさえも独立した絶対判断である。それは、真理を真理として打ち立てる判断である」。Paul Tillich, *The Interpretation of History*, pp. 169–170.

　制約された有限な思想をすべて超越し、その超越性を思想の有限性を認識することによって証明するティリッヒの思想分析は、人間の精神の究極的な自己超越についての詳細な定式化である。その人間の精神の自己超越は、自らの有限性を理解する能力の中に明らかにされている。ティリッヒの思想分析は、この実態についての哲学的定式化である。それゆえ、それは、罪ではなく、有限性の問題と取り組んでいるのである。罪とは、有限性を認めることを拒否することである。この拒否は、精神がその有限性を認める能力を持っているからこそ罪深いのである。しかし、有限性を認めることを拒否するなら、その罪深い自己優越性は、「恵み」の力によって滅ぼされることになろう。

　したがって、ティリッヒが述べていることは、わたしが他のところ（第一巻一〇章）で、「堕落以前の完全」として、すなわち、すべての行動を覆っている、現実としてではなく可能性としての完全として定義してきたことと同じと考えられる。この可能性が多少なりとも現実になるとしたら、それは、「恵み」の領域に属することであって、単に、自己超越の能力である精神の生得的な才能に帰すことはできない。そのような潜在的可能性がないとしたら、「恵み」との「接点」は全くないであろう。精神の自己満足と普遍性という偽りの感覚が打ち砕かれなければ、人間は、（観念論哲学においてなされるように）、人間精神における自己超越の頂点を進展させ、それが普遍精神すなわち神になるまで努力し続けるであろう。

　これが、キリスト教信仰において初めて、人間の文化における被制約者と無制約者の真の「弁証法」が原理上真剣に受け止められている理由である。

（5）Cf. H. R. Niebuhr, *The Social Sources of Denominationalism*.［H・リチャード・ニーバー『アメリカ型キリスト教の社会的起源』柴田史子訳、ヨルダン社、一九八四年、参照。］

（6）Erich Przywara, *Polarity*, p. 106.

（7）以下による引用。W. K. Jordan, *The Development of Religious Toleration in England*, Vol. I p. 390. ジョーダンのこの偉大な著作は、この問題の研究にきわめて有益である。

（8）John A. Ryan and Francis J. Boland, *Catholic Principles of Politics*, p. 314. この書の著者は、この立場が「不寛容ではあるが、だからといって不合理ではない」と見なす。なぜなら、「誤謬には真理と同じ権利はない」からである。著者は、次のような事実に注目する。すなわち、公的立場が他の宗教を禁止することを要求するのは、その国が圧倒的な多数によるカトリック教国である場合に限られるということ、そしてそのゆえに、「その具体的な実現は、時間的にも確率的にもあまりにも可能性が低いため、その要求によって、いかなる実務家もその平静さが乱されることはないという事実である」。著者は、非カトリック国におけるカトリック教徒たちに、教会に対する敵意を回避するという理由でこの教理を否定することのないよう警告を発している。というのは、かれらは次のように信じているからである。「アメリカ合衆国の同胞市民の大半は、真理に対するわれわれの献身を尊重することができるほど十分に高潔であり、この国における非カトリック教徒に対する宗教的不寛容の危険はまずないので、そのことが市民の時間を奪い、関心の的となることは当分ありえないと見ることができるほど現実的である」。*Ibid.*, p. 321.

この奇妙で哀れむべき論理には、教会がその前提によってそうするように強いられている不寛容が、国内平和と市民的自由の双方にとってきわめて危険であるという了解が含まれている。非カトリック教徒は、ひとたび宗教的多元性が歴史的に確立されるなら、それによって教会はその理論を実践に移すことができなくなるであろうとの確信によって安心を得ているのである。

（9）スペイン内戦中に出されたスペインの司教たちの教書（一九三七年九月出版）には、このカトリック的幻想についての生き生きとした表現が見られる。司教たちは、共産主義者の間にある教会への憎悪を次のように説明した。「イエス・キリストと聖母マリアに対する憎悪は次のような点においてその極みに達している。……神の秘義を嘲る赤い前線の下劣な文書や、聖なるパンについての繰り返される冒瀆においてである。そこには、哀れな共産主義者たちの中に具現化している憎悪の地獄を垣間見ることができる。……一人［の兵士］が幕屋の中におられるわれらの主に向かって、『わたしはあなたに報復を誓った』と言い、『赤軍に降伏せよ。マルクス主義に降伏せよ』と言いながら、拳銃を主に向け、発砲した」。

キリストと祭壇上の「聖なるパン」を同一視することは、カトリックの誤謬の完璧な所産である。祭壇上のパンは、究極的な神聖さの歴史的に条件づけられた象徴である。あらゆる歴史的象徴には冒瀆の痕跡がある。というのは、カトリックは、「わたしの」文明や文化や価値という部分的で特殊な価値を、絶対的神聖さの領域に密かに入り込ませているからである。それゆえ、われわれが訴えている敵によってなされる聖なるものへの冒瀆は、常に、少なくともある程度は、聖なるものに対してわれわれ自身が行っている冒瀆への抗議なのである。

（10）G・V・フロローフスキィ。以下のシンポジウムにおけるJ・H・オールダムによる引用。*The Church of God: An Anglo-Russian Symposium*, p. 62.

（11）この問題全体についての情熱は、主の晩餐のサクラメントを、教会を分けているあらゆる相違や相対性を超える教会の一致の真正な象徴として受け止める努力にきわめて明白に表されている。このサクラメントは特定の「職制」に従って執行されなければならないとする主張はいずれであれ、サクラメントの共通の遵守を妨げることによって、教会分裂の新たな表れとなるか、それとも、一致を犠牲にして、異なるキリスト教信仰に、一つの職制の執行を受け入れることを強制することによって帝国主義の新たな表れとなるか、そのどちらかとなる。そこでは、次のような聖書の見方が留意されていないことは明らかである。「務めにはいろいろありますが、それをお与えになるのは同じ主です。働きにはいろいろありますが、すべての場合にすべてのことをなさるのは同じ神です」（Ⅰコリント一二・五―六）。

このサクラメントは、その本来の終末論的モチーフ（「だから、あなたがたは、このパンを食べこの杯を飲むごとに、主が来られるときまで、主の死を告げ知らせるのです」〈Ⅰコリント一一・二六〉）をあらためて強調しなければ、決して教会の一致の効果的な象徴にはなりえないであろう。サクラメントにおけるこの終末論的強調は、教会の終末論的特徴の真の表現である。教会は、原理上望んでいる一致を実際には持っていない。歴史の分裂と自然の亀裂と罪とは、その痕跡を教会の上に残している。教会は、それらを実際には完全に克服することができない。しかし、教会は、それらを克服することができないことを深い悔恨の思いをもって認めるならば、それらを現在よりもはるかに完全に克服するであろう。このように、教会は、記憶（「わたしの記念としてこのように行いなさい」〔Ⅰコリント一一・二四〕）と希望（「主が来られるときまで」）によって生きるのである。そのような記憶とそのような希望は、現在をそれらの影響を受けないまま放置することはないであろう。教会は、真理が、《持っている》と《持っていない》の逆説に服していることを認めていたら、もっと多くの恵みを自らのものとすることができていたであろう。

(12) ティリッヒは、この失敗について、「宗教改革は決して、信仰義認の教理を信仰義認の経験の検証に委ねることをしなかった」と暗示的な言い回しで表現している。

(13) 以下による引用。Jordan, *op. cit.*, Vol. II, 365.

(14) J. W. Allen, *A History of Political Thought in the Sixteenth Century*, p. 209.

(15) Thomas Hobbs, *Behemoth*, *Works*, IV, 190.［ホッブズ『ビヒモス』、山田園子訳、岩波書店、二〇一四年、四七―四八頁参照。］

(16) 創世記二八・一二参照。

(17) たとえば、レッキーは、「排他的救済」が、迫害精神の唯一ではないが主要な原因であり、「合理主義」が、迫害精神の唯一の矯正法であったと考えている。W. E. H. Lecky, *The Rise and Influence of the Spirit of Rationalism in Europe*.

(18) 死を前にしたデンクの言葉はこうであった。「わたしが、ただ一つのセクト、すなわち、それがどこにあろうが、聖徒の交わりのためにのみすべてが順調であるように願っていることは、神が証ししてくださる」。

(19) イングランドの歴史において、これら二つの大きな区分にあてはまらない唯一の重要な集団は、ケンブリッジ・プラトニズムの人々と、穏健なアングリカンの寛容の擁護者たちである。後者には特にW・チリングワースとジェレミ・テイラーがいる。テイラーの『預言することの自由』は、この主題における古典である。これらのアングリカンたちは、ルネサンスの洞察を、セクト的というよりは、一層正統主義的なキリスト教の概念に結びつけた。トマス・モアは、同様の一般的見地に立っていた人々の初期の主唱者であった。

（20）このセクト主義者たちの憤激に近代において対応するのは、幾人かの平和主義者たちの独善である。平和主義者たちは、専制君主を愛するのは簡単だが、専制政治を倒す妥当な方法について意見の異なる仲間のキリスト者に対して品位あるキリスト教的思いやりを維持するのは難しいと考えている。

（21）オリバー・クロムウェルとセクト的狂信者たちとの対立は、この点において教訓となる。クロムウェルは、原則において、長老派的方針よりも独立派的精神のほうに同意していた。しかしかれは、社会秩序と平和を維持することの難しさを理解していた。それは、セクト主義の批判者たちには理解しえなかったことである。

（22）John Locke, *A Letter on Toleration.*［ジョン・ロック「寛容についての書簡」、生松敬三訳、『世界の名著27　ロック　ヒューム』、大槻春彦責任編集、中央公論社、一九六八年、三八四―三八五頁参照。］

（23）ロジャー・ウィリアムズは同様の点について述べている。それはセクト主義のキリスト者たちが頻繁に指摘してきたことに沿っている。「イエス・キリストの命令と掟は、生まれ変わっていない者たちに悪しきかたちで、また冒瀆的に適用されたとしても、礼節と道徳のゆえに恥じ入ることをかれらに得させることもあろう。……しかしさらにわたしは断言する。キリストの命令を、生まれ変わっていない者、また、悔い改めない者たちに誤って適用することは、かれらの魂の恐ろしい眠りを一層ひどくさせる。……そして、何百万もの魂を、誤った救いへのゆるぎない期待のゆえに、地獄へと送り込むことになる」。Roger Williams, *The Bloudy Tenent of Persecution.*

（24）このような洞察は、近代思想に対するモンテーニュ固有の貢献であったが、多くの思想形態や様式へと発展していった。

（25）ミルトンによる聖書的また東洋的象徴主義は、その思想におけるキリスト教的要素とヒューマニズム的要素の結合を示している。それにもかかわらず、その発言は、真理の啓示とその成就との「中間時」としての歴史についてのキリスト教の教理を完璧に表現している。それは、一方では、「手足をつなぎあわせる」ように真理を寄せ集めることを促すが、他方では、歴史における真理の完成は期待されていないのである。［ミルトン『言論・出版の自由――アレオパジティカ他一篇』、原田純訳、岩波書店、二〇〇八年、六一―六二頁参照。］

（26）John Saltmarsh, *Smoke in the Temple* (1646).

（27）John Stuart Mill, *Essay on Liberty.*［J・S・ミル『自由論』、塩尻公明、木村健康訳、岩波書店、一九七一年、一〇七頁参照。］

（28）近代における、このような信念と希望に基づいた典型的な発言は、ジョン・デューイの『共通の信仰』に見出される。デューイによれば、人間の文化において不和を生じさせる要素とは、時代遅れの宗教的偏見の痕跡であり、それは、近代の教育が教え込む普遍的視点にいずれ従うはずのものである。そのような教育は、善意の人々の間に事実上完全な合意を作り出すであろう。しかし、デューイがこの著作に取り組んでいた頃［『共通の信仰』の出版は一九三四年］、近代文化は、伝統的な宗教概念とは少しも関わりのない、新しくすさまじいイデオロギー的対立を生み出していたのである。John Dewey, *A Common Faith.*［ジョン・デューイ『人類共通の信仰』、栗田修訳、晃洋書房、二〇一一年、J・デューイ、G・H・ミード『デューイ＝ミード著作集11 自由と文化・共同の信仰』、河村望訳、人間の科学新社、二〇〇二年等参照。］

イデオロギーから自由な知的立場を確立することへの希望は近代文化に絶えず現れ、その数多くの形態は枚挙にいとまがない。特に際立っているのは、カール・マンハイムの『イデオロギーとユートピア』である。マンハイムの「知識社会学」は、イデオロギーがあらゆるところに広がる性質を持つということについて、ほとんどの同じような分析よりも、はるかによく気づいていたゆえに、その貢献は際立っている。それにもかかわらず、マンハイムは、人間の知識が条件付きのものであるという意識を高度に発展させることによってイデオロギーを除去することを望んだ。そのような意識は確かに、多くのあからさまなイデオロギーから知識を浄化することができるかもしれないが、その意識から自由な知性を生み出すことはできない。Karl Mannheim, *Ideology and Utopia.*［マンハイム『イデオロギーとユートピア』、鈴木二郎訳、未來社、一九六八年、参照。］

（29）ギルバート・チェスタトンは、「寛容とは何も信じていない人々の徳である」と言った。

（30）チャールズ・ジェイムズ・フォックスは、「寛容の唯一の基礎はある程度の懐疑主義であり、それなしには寛容はありえない」と言った。

オリバー・クロムウェルは、宗教的絶対主義の対立状況という危機に直面したとき、同様の考えを宗教的言い回しで次のように表現した。「自分にも誤りがあるかもしれないことを、キリストの愛の心で［フィリピ一・八参照］思い起こすべきである」。

（31）Cf. Jean Bodin, *Colloquium Heptaplomeres.*

（32）Thomas More, *A Dialogue concerning heresies and matters of religion* (1528). モアは、「司教たちや、大学や、この王国において最も教養がある者たち」はすでに王に服従していると告げられた時、暗示的にこう答えた。「この王国においてではなく、キリスト教世界全体について言うならば、この世においてわたしと心を同じくする者は少なくないことをわたしは疑わない。しかし、もし、すでに死せる人々について、つまり、今は天にある聖人たちについて語らねばならないならば、この場合、わたしが今考えていることと同様に考えていた人々がはるかに多くを占めることを確信している。ゆえに、［天と地にまたがる］キリスト教の総会議に抗してまでわたしの良心を一王国の議会に従わせなければならないいわれはない」。Cf. R. W. Chambers, *Thomas More*, p. 341.

第九章

（1）次のことを思い起こすことは助けになるであろう。すなわち、キリスト教の用法において「自然」とは、「恵み」と並置される場合、決して、理性的自由と区別される有限もしくは自然的過程を意味するものではない。それは、人間の「罪深い性質」を意味するのであり、罪からの解放の状態と区別されるものである。

（2）本書第三章。

（3）エーミル・ブルンナーは、次のように主張するとき、この誤りに陥っている。「信仰者の最も重要な務めは常に……必然的に厳格な形態をとる秩序［正義の構造］に愛のいのちを注ぎ込むことである。……その目的は人格的関係自体である。……それを強めることは、見込みのない課題でも不必要なことでもない。しかしそれは依然として二次的に重要な問題にすぎないのである。一つの重要なことは、なしうることを信仰の立場からのみなすことである。つまり、われわれの隣人を『キリストにおいて』愛することであり、あらゆるなしうる方法をもってキリストに奉仕することである。……以下の真理を強調することはとりわけ重要である。すなわち、決定的なことは常に、政治的領域にではなく個人的関係の領域の中にあるということである。もっとも、秩序全体が総体的に崩壊するのを防ぐことに関わる場合は別である」。Emil Brunner, *The Divine Imperative*, p. 233.［強調はニーバーによる。］

　ブルンナーが常に政治的課題を消極的に解釈し、二次的な重要性しかないと考えることは、ブルンナーの思想におけるルター的遺産である。もちろん、ブルンナーが次のように主張する点では正しい。すなわち、個人的な姿勢や行為によってそれらに一層高度な内容を与える余地のないほどにまで愛の掟を満たすことができる正義の体系や計画などというものはない、という主張である。

（4）マルクス主義理論は、例のごとく、自らの理論については棚上げして、他の諸理論における利害関係という汚点を目ざとく見出す。しかし、マルクス主義もまた「自然法」に相当するものを持っている。その法において、たとえば平等という理念が優勢であることは明らかに「イデオロギー的」である。マルクス主義は、不平等に対する貧困層の正当な憤りについては知っているが、社会における機能的不平等が不可避なものであることを認識しそこねている。

（5）カトリックの「自然法」理論も、世俗の理論に劣らず思い上がったものである。たとえカトリックの理論が、自然法において命じられた正義という徳を、恵みによって達成された愛という徳に従属させるとしてもそうである。カトリックの理論によれば、「自然法」とは人間の理性において示される「神の」もしくは「永遠の」法の一部である。歴史における合理的立場というものはどこまでも相対的であることが曖昧にされている。このように本質的に普遍的な理性を無条件に主張することは、驚くほど強い確信の基礎となっている。カトリックの道徳神学は、その確信によって、「正義」と「不正義」とを定義することができるのである。第一巻、第一〇章参照。

（6）これはパウロの次の主張と矛盾する。「たとえ律法を持たない異邦人も、律法の命じるところを自然に行えば、律法を持たなくとも、自分自身が律法なのです」（ローマ二・一四）。このパウロの教理の力を取り除こうとするバルトの釈義的努力には歪曲がある。以下を参照。Karl Barth, *Epistle to the Romans*, pp. 65-68.［カール・バルト『ローマ書講解』上、小川圭治、岩波哲男訳、平凡社、二〇〇一年、一三六―一四二頁。］

（7）これは、ストア派や中世の諸理論によって認識されている問題の側面である。その理論によれば、平等は、黄金時代すなわち堕落以前の完全に属するものである。

(8)ストア派とカトリックによる、相対的自然法と絶対的自然法との区別は、絶対的原理を相対的で「罪深い」歴史的状況に適応させることの必要性を再認識させるのに有益である。しかし、「相対的」な自然法への要求が絶対的に宣言されうるという考えは、歴史の相対性の中に人間の精神を含み入れることに失敗したところから出たものである。この区別に対するエーミル・ブルンナーの批判は見事である。Cf. Emil Brunner, *The Divine Imperative*, pp. 626-632.

しかしながら、宗教改革が社会倫理の領域における理性の機能を軽視したことにブルンナーが従っているのは誤りである。その結果、平等という理念を、単なる「合理的」なものであるゆえに非キリスト者的規範であるとして却下するに至る。かれはこう述べている。「平等主義者の自然法は、聖書の世界ではなくストア派的合理主義の文脈の中にある。平等主義的理念は創造主への畏敬の念から生じるものではなく、事柄がどうあるべきかを創造主に指図しようとする欲望か、創造主はすべての者を同じように扱わねばならないという前提から生じるものである」(*Ibid.*, p. 407)。

子どもの諍いを、正義を行使してなだめようとする親はおしなべて以下のことを知るであろう。すなわち、子どもたちは、いかに無意識に、仲裁の正しい原理としての平等の原理に訴えるかということ、また、平等の原理が、年齢や役割や必要の違いによって効力を発揮しなかったり、間接的に妥当するにすぎなかったりするものだということを子どもに納得させるのが、時にどれほど難しいかということである。子どもは、不平等である創造主への適切な畏敬を欠いているかもしれない。しかし一方で、「ストア的合理主義」のことを聞いたこともなければ、それによって損なわれてきたことも全くないことは確かである。

(9)工場でのストライキがよい例である。ストライキは仲裁されるにしても、両者の間の妥協や一方の側の譲歩は、対立が表面化した場合、相手側が用いうる社会的また経済的力の手段や、その対立について政府や世間がとると想定される立場などを抜け目なく計算に入れることによって決定される部分もある。

(10)このようにして、あらゆる社会的対立についての純粋に合理的で道徳的な解決へと至る進歩を夢見るリベラルな民主主義世界は「総力戦」の過ちを犯した。敏感な良心は、人間の社会生活における悲惨で野蛮な現実に裏切られると、あらゆる権力を否定しようと決意する。しかし、もし、この無力さに、社会的責任の放棄が伴っていないとしたら、それは道徳的混乱につながり、大抵そこに世俗のまた宗教的な完全主義者たちが巻き込まれる。無防備な権利や特権は失われるであろうし、多くの社会的状況において実際に失われてきたことが理解されるならば、完全な非暴力は道徳的な意味を持つであろう。非暴力の抵抗は実際的な手法としての意味を持つ。というのは、それは、暴力的対立を除くあらゆる正義を達成する方法や平和を維持する方法を首尾よく探り出すものだからである。しかし、道徳的または政治的に絶対的なものとしての非暴力的抵抗は、道徳的政治的混乱の根源である。民主主義世界における、暴力的な紛争へのあからさまな、また隠れた嫌悪は、「総力戦」の支持者たちが計算に入れていたものであった。それは、総力戦の支持者の成功の可能性の、そしてその冒険的企ての確実性を高めるものであった。

(11)ガンディーが「魂の力」を非自己中心的な動機と同一視し、「身体の力」を自己中心的な動機と同一視したのは、ほぼ完全に間違っている。自らの目的を達成しようする意志によって用いられる力の種類は、目的や動機の質を決定するものではない。

(12) 所有と経済的権力とを同一視したのは、リベラルなまたマルクス主義的な社会解釈の誤りであった。経済的過程の統制と操作もまた、経済的権力のかたちである。それは、労働者が所有者の権力に反対するための最低限の力の手段を提供する。そして、経済的過程を管理する者は権力のより大きな分け前をも獲得する。ジェームズ・バーナムの『経営者革命』(James Burnham, *The Manegerial Revolution.*［武山泰雄訳、東洋経済新聞社、一九六五年］) は、所有と経済的権力との同一視をあまりにも単純に一方的に是正したものであった。その誤りは、マルクス主義の政治的誤算の一因となった。というのは、マルクス主義が経済的所有権を廃止する場合、それは、政治的権力と経済的権力の双方を統合して、政治的過程と経済的過程の双方を支配する寡頭政治の管理下に置くことことにすぎないからである。

(13) 民主主義国家においてこのことがなされるのは、たとえば、課税の権力が用いられるのは、単に国家の歳入を保証するためだけでなく、専門的で高度に集中化した工業的過程に内在する権力と特権の集中化の傾向を中和するためであるような場合である。

(14) ルソーとホッブズの政府についての社会契約説は、「自然状態」について、そのような相反する評価をする。なぜなら、両者とも、政府の介入がないときの社会的平衡の曖昧な性質を理解しそこなっているからである。ルソーはそこに調和の要素のみを見出し、ホッブズはそこに対立と混乱の要素のみを見る。他方、ルソーは政府の中に支配の原理のみを考え、ホッブズは秩序の原理のみを考える。

(15) イギリスにおけるノルマン人の統一、タタール人によるロシアの征服、満州人による中国の征服などは、社会統一の手段としての外国による征服の数多くの事例のほんの一部である。

(16) 十七世紀のスコットランドの長老派の立憲主義者であるサミュエル・ラザフォードは、その区別を以下のように述べている。「われわれが教えるのは、政府とは自然的なもので、意志的なものではないが、政府の手段と方法は意志的である、ということである」。Samuel Rutherford, *Lex Rex* (1644), Question IX.

(17) 君主制の成立についての最初の聖書の記録が、サムエル記において統合されている二つの伝統に基づく二つの視点から解釈されていることは重要である。その一つによれば、サムエルはヤハウェの命令によってサウル王に油を注いだ（サムエル記上八・二二）。他方、民が王を求めることは、そもそも自らがその民の王である神を冒瀆するものと見なされた。「しかし、あなたたちは今日、あらゆる災難や苦難からあなたたちを救われたあなたたちの神を退け、『我らの上に王を立ててください』と主に願っている」（サムエル記上一〇・一九）。

統治に対するこれら二つの捉え方についての多様な表現をここで十分に追うことはできない。統治に対する預言者の批判的な姿勢については別の文脈において検討されてきた。他方、王は主の油注がれた者であるという考えは、統治の必要性が評価されていることと同様、旧約聖書全体を貫いている（以下を参照。士師記一七・六「そのころイスラエルには王がなく、それぞれが自分の目に正しいとすることを行っていた」）。

一方、新約聖書においてイエスは、政治の合法的権威を認めている（マタイ二二・二一「では、皇帝のものは皇帝に、神のものは神に返しなさい」）。しかし他方、イエスは、王の支配を、神の国における相互の愛と奉仕とは裏腹なものとしている（ルカ二二・二五―二六「異邦人の間では、王が民を支配し、民の上に権力を振るう者が守護者と呼ばれている。しかし、あなたがたはそれではいけない。あなたがたの中でいちばん偉い人は、いちばん若い者のようになり、上に立つ人は、仕える者のようになりなさい」）。

（18）ローマ一三・一―三。「人は皆、上に立つ権威に従うべきです。神に由来しない権威はなく、今ある権威はすべて神によって立てられたものだからです。従って、権威に逆らう者は、神の定めに背くことになり、背く者は自分の身に裁きを招くでしょう。実際、支配者は、善を行う者にはそうではないが、悪を行う者には恐ろしい存在です」。

統治に対するこの手放しの支持と、その権力に対する反抗の絶対的禁止は、統治は徳を脅かすものではなく、悪徳にとってのみ脅威となるという誤った主張によって正当化されている。しかし、統治権力が道徳的に曖昧なものであることは歴史が証明している。統治はしばしば、悪ではなく「善を行う者」を危険にさらすのである。最高の統治であってもそのような可能性から完全に逃れることはできない。統治についてのパウロの正当化は、それがなされた固有の歴史的背景においてのみそれなりに妥当するものである。それは疑いなく、初代教会における終末論的雰囲気が後押しした、統治に対する無責任さに対する警告であった。その警告がその後何世紀にもわたって見境なく適用されて統治への無批判な献身の手段となったという事実は、聖書主義の一つの危険を例示している。生についての聖書の主張は、生ける歴史との生きた関係の中でなされるものである。この関わりを曖昧にしたまま聖書の主張が不当に突出してしまうならば、誤りと混乱の元となる。

（19）アリストテレスは、「国制（ポリテイア）はポリスの生命である」と述べている（*Politics* IV, xi, iii）［山本光雄訳『政治学』、岩波書店、一九六一年、二〇三頁。牛田徳子訳『政治学』、京都大学学術出版会、二〇〇一年、二一〇頁参照］。プラトンの『法律』において、アテネからの客人は主張する。「支配権が争奪の的になると、勝利者側は、国事を完全に手中におさめ、敗者側にはいささかたりとも分ち与えようとはしないものです。……わたしたちは今こう主張します。そのようなものはもとより国制ではないし、また、国家全体の公共のためを目的としてではなく、特別な階級のために制定されるような法律は、まことの法律ではない、と。……法律が被支配者の地位に立つような国家の滅亡は旦夕に迫っており、反対に、支配者が法律の下僕となっているような国家においては、神々から国家に恵まれることのいっさいが実現されるのを、私ははっきりと見るからです」。［プラトン『法律』（上）、森進一、池田美恵、加来彰俊訳、岩波書店、一九九三年、二五三―二五五頁参照。］

国家の実践は正義の規則と原則に適っていなければならないという考えは無論支持できるし必要である。しかし、プラトンもアリストテレスも、政治的秩序における力動的で生きた要素を過小評価している。どのような法律によって統治されようが、政治的生は力の争いであるという事実をかれらは曖昧にしている。

（20）Augustine, *De civ. Dei*, Book II, ch. 21.［アウグスティヌス『神の国』（一）、服部英次郎訳、岩波書店、一九八二年、一五四頁参

照。〕

（21）*De civ. Dei*, Book XIX, ch. 24.〔『神の国』（五）、服部英次郎、藤本雄三訳、岩波書店、一九九一年、一〇五頁参照。〕

（22）*De civ. Dei*, Book IV, ch. 4.〔『神の国』（五）、服部他訳、二七三頁参照。〕Cf. A. J. Carlyle, *Medieval Political Theory in the West*, Vol. I, pp. 165-170参照。C・H・マキルヴェインは、アウグスティヌスがアンブロシウスや他の教父たちの政治理論から脱却したというカーライルの解釈を疑っている。Cf. McIlvain, *The Grouth of Political Thought in the West*, p. 155. しかしながら、アウグスティヌスの立場は、キケロと自らの「国家」についての概念を区別している特定の文章以外のところにはっきり現れている。たとえば、アウグスティヌスは、国家の社会秩序を神の秩序になぞらえているが、それは、正義の観点からではなく、権力によって創出された秩序の観点からなされている。「このように、高慢は転倒した仕方で神を模倣しているのである。すなわち、高慢は、神の代わりに自己の支配を仲間に課することを欲するのである。それゆえ、神の正しい平和を嫌って、自己の不正な平和を愛しているのである」。*De civ. Dei*, XIX, 12.〔『神の国』（五）、服部他訳、六一頁参照。〕これもまた、王を僭称することに抗する聖書的預言者主義が強調するところである。

アウグスティヌスは、さまざまな地上の領域において樹立された平和は、それが続いている限りにおいては善いものであるが、不安定なものでもあると考える。「神から遠ざけられた民は不幸であらざるをえない。とはいえ、そのような民も、否定されないそれ自身のある種の平和を愛してはいるのである。しかし、それは終局において所有することのない平和である。なぜなら、終局の以前に、それを善き仕方で用いないからである」。*Ibid.*, XIX, 26.〔『神の国』（五）、服部他訳、一〇八頁参照。〕平和は常に、内戦や際限のない帝国主義的冒険に脅かされている。「この世の国のどんな部分であろうと、ある部分が他の部分に対して戦闘に立ちあがったなら、……他の民族の征服者となることを求めるのである。そして、勝利をおさめたとき、その傲慢がいよいよ高められるなら、たしかにその勝利は死を招くものとなるのである」。*Ibid.*, XV, 4.〔『神の国』（四）、服部英次郎、藤本雄三訳、岩波書店、一九八六年、一八—一九頁参照。〕

（23）統治者が市民法に従うのは、自然法が、統治者と市民との正義の契約を含むからである。カーライルによれば、中世の立憲主義は、切れることなく十五世紀まで続いた伝統であり、統治者が絶対的で無制約な権利を持つという考え方が台頭するのを許さなかった。Carlyle, *op. cit.*, Vol. VI.

（24）アクィナスは専制政治を「多数者の共通善ではなく、支配者の個人的善に向けられたもの」と定義している。Thomas Aquinus, *De regimine principum*.〔トマス・アクィナス『君主の統治について』、柴田平三郎訳、岩波書店、二〇〇九年、参照。〕

（25）アクィナスは、国民が王を指名できるのであるから、同様に王を退陣させる権利を持っているということを信じなかった（*De regimine principum* I, 6）〔『君主の統治について』、柴田平三郎訳、四〇—四八頁参照〕。ソールズベリのヨアネスは、国王殺しを、専制政治からの回復であるとして正当化さえした。政治の不正義に対するこのような批判的態度は、近代の絶対主義理論よりもはるかに優れている。しかし、その主張は、政治についての法外な主張に抵抗するための、もしくはその権力を公共の継続的監視のもとに置くための立憲的手段を何も提供しないという意味において民主主義的ではない。Cf. McIlvain, *op. cit.*, pp. 326–28.

(26) 現代のカトリックの歴史家は、カトリシズムがアウグスティヌスの悲観主義を克服するのに長い時間がかかったことを遺憾に思っている。そして、トマス・アクィナスの本質的に楽観主義的な思想の到来は、中世的思想の構造を救うにはいささか遅すぎたと考えている。Cf. *Alois Demph, Sacrum Imperium*, p. 30. しかし、その全く逆のことが真理に近いと思われる。中世思想における楽観主義によって、あらゆる社会構造における腐敗と崩壊への傾向が見逃されたのである。トレルチによれば、中世の教会は「社会秩序の相対的価値が恵みの制定の絶対的価値によって彩られるような、相対的に満足を与える状況の永続化」を追求していた。Ernst Troeltsch, *Social Teachings of the Christian Churches*, Vol. I, p. 326.

(27) 特に以下を参照。G. Niemeyer, *Law Without Forces*.

(28) スカンジナビア諸国が除外できるかもしれないのは、スカンジナビアにおける立憲民主主義の素晴らしい発展と、スカンジナビアにおいて支配的であったルター的宗教との関係について、信頼できる材料を見出しえなかったからである。

(29) バルトは正しい国家（Rechtsstaat）について以下のように定義する。「国家が本来の可能性を実現するのは、教会に対して［義認の福音を宣べ伝える］自由を与える度合いに応じてである。……何が人間的な法かということは、何らかのロマン主義的な、あるいはリベラルな自然法の概念によっては測られない。むしろそれは、教会が教会の言葉——それが神の言葉である限り——のために要求せざるをえない具体的な自由の権利によって端的に測られる」。Karl Barth, *Rechtfertigung und Recht*, p. 46.［カール・バルト「義認と法」、井上良雄訳、『カール・バルト著作集6』、新教出版社、一九六九年、一三七—一三八頁参照。］

以上のバルトの主張は、国家における正義の問題についての実に最低限の貢献にすぎない。義認の福音を説教する自由は、無論、それによって、国家の傲慢と偽装に対して神の審判が語られることを国家が認めるということになる。しかし、この審判という最終的言葉によって、正義についての中間的問題は何一つ明らかにされないのである。

イギリスのキリスト者への手紙の中でバルトはこう主張する。「イギリスの一般の出版界が『平和目標』について公然と論ずることを政府が許す（原文のまま）のは賢明なことであると思います」。しかしかれは、「イギリスのキリスト者は、この許諾をできるだけ用いないでしょう」と考えている。Karl Barth, *This Christian Cause*.［カール・バルト「スイスからイギリスへの手紙」、井上良雄訳、『カール・バルト著作集6』、新教出版社、一九六九年、三七〇—三七一頁参照。］

(30) 議会軍の総司令官フェアファックス卿への「多くのキリスト者によって呈されているいくつかの疑問」において、フェアファックスは次のような警告を受けている。「キリストに帰すべき栄誉を自らのものとしてはならない。また、単なる自然的でこの世的な政府を作る手助けをしてはならない。……それは、キリストによる公共の福祉を無にすることであるから」。以下より引用。Arthur S. Woodhouse, *Puritanism and Liberty*, p. 242.

ジョージ・フォックスが「行政官」を「強奪者」であると非難するのも、同様に、統治の必要性を正しく評価することをいい加減にして怠っていることを示している。

(31) アメリカのリベラル・プロテスタンティズムの完全主義の多くの形態は、表向きは、その贖罪論において聖化主義者であるが、その社会理論においては暗に無政府主義的である。特に以下を参照。Stanley Jones, *Christ's Alternative to Communism.*

(32) たとえば、この立場は、「レヴェラーズ」のセクトがとったものである。その指導者であるジョン・リルバーンは断言した。「霊的であろうが世俗的であろうが、聖職者であろうが信徒であろうが、自由な同意なしに世界のあらゆる人間を支配し、統治し、そこに君臨する権力や権威や権限を自分自身が占有するか、もしくはそのようなそぶりをする者はみな、不自然であり、理不尽であり、罪深く、危険で、不正で、悪魔的で暴君的である」。以下より引用。Freeman, *Freedom Vindicated* (1646). この考え方は、政治的権威一般を「自由に」受容することを意味するのであれば筋が通っている。しかし、セクト主義はしばしば、具体的な事例では、政治の強制的権力を排除し、無政府主義を助長している。

(33) Cf. Woodhouse, pp. 68–69.

(34) Cf. David Petegorsky, *Left-Wing Democracy in the English Civil War.* この理論は、寡頭制は自らの利益を追求しがちであるという意味においては無論正しいところもある。しかしながら、原則の腐敗は原則を説明しえないという意味においては誤っている。支配階級の特権は、かれらの特別な権力の所産であった。その特別な権力は、不完全ではあるが、かれらが提供する共同体における統治の必要性に由来するところもあった。特定の特権は、統治の必要性によって創出されるが、統治の腐敗に先立つものである。

(35) Cf. *Inst.*, IV, xx, [29]. 「我々は残忍な君主に過酷に苦しめられ、貪欲で贅沢な君主によって強欲に奪取されるならば、……主がこのような鞭によって懲らしめておられる己の罪過について思いめぐらさなければならない。……更に、この種の悪弊を治療するのはわれわれの任ではないということ、王の心と王権の移動を御手に収めたもう主の助けを祈るだけが残されていることを思い浮かべるべきである。また、このような悪を治療することは、われわれのつとめでないことを思い起こそう」。［『キリスト教綱要』渡辺訳、第四篇、二〇章、二九、二〇〇九年参照。］

(36) *Inst.*, IV, xx, 32. 「しかし、支配者に対して捧げねばならない服従には常に例外がある。それは、支配者への服従は、王たちも服従しなければならない神の御意志に悖るものではないということである」。［『キリスト教綱要』渡辺訳、第四篇、第二〇章、三二、参照。］

認めざるを得ないのは、この留保は、それが狭い範囲にしか適用されなかったゆえに持つべき力を持たなかったということである。この留保が意味したのは、正しい信仰の告白を統治者が妨げるのを許してはならないということである。

(37) カルヴァンはこのように主張した。「放埒な支配に対する矯正」は、「主の与えたもう報復」であり、「われわれには、ただ、服従し、忍耐することのほか、何ごとも命じられていないのである」(*Inst.*, IV, xx, [31])［『キリスト教綱要』渡辺訳、第四篇、二〇章、三一、参照］。対照的に、スコットランドの立憲主義者であるサミュエル・ラザフォードはこのように主張した。「政府を持つか持たないか、……もしくは、神の法である自然法に従うか従わないかは、人間の自由意志によるものではない」。しかしかれは以下のように勧めた。すなわち、われわれは「政府の権力と、行政官による政府の権力とを区別しなければならない」。そして、行政官による政府の権力について、人々は、「権力の行使を制限したり、抑えたり、防いだり、また進めたりするのにちょうどよいくらいになるように、一オンス分銅でその権力を量って取り分けることができる。……また人々は、あれこれの条件付きで権力を委ねることもできる」。*Lex Rex*, iii, iv (1644).

（38）ラザフォードの言葉にはこのようなものがある。「王と民との間には、互いに任じられた、民の王に対する、そして王の民に対する相互の市民的義務についての誓いがある」。*Ibid.*

フランスのユグノーの重要な「専制君主に対する自由の擁護」(*Vindiciae contra tyrannos*, 1579) という匿名の小冊子において、同様の主張が掲げられている。「民が契約の実行を求めていることは確かである。……民は、王が正しく統治するのかどうかを問う。王はそのようにすると約束する。そうしてから、——王の約束の前にではなく——民は、王が公正に統治する限りは誠実に服従すると答える。王は約束する。……公正な統治がなされなければ、民は服従の約束をやめる」。

（39）この文脈において、統治者を民主主義的に選ぶという思想の発展を、抵抗権からたどることは不可能である。サミュエル・ラザフォードは、王党派でさえ都市における下級行政官を選ぶ権利を認めるのだから、「よって、多くの都市に上級の統治者を産み出す権力がある。というのは、王の権力は、下級の審判者の統合された最高位の権力にほかならないからである」と主張する。

Ibid.

（40）John Knox, *History* II, p. 282.

（41）アメリカの立憲政治は、トマス・ジェファソンの単純なリバタリアニズムよりも、統治の問題に対するジェームズ・マディソンの本質的にカルヴァン的である慎重な行き方に恩恵をこうむっている。実際、政治家としてのジェファソンは、自分自身の前提よりもマディソンの前提によって行動することが多かった。

第一〇章

（1）以下を参照。Iテサロニケ五・三—六「人々が『無事だ。安全だ』と言っているそのやさきに、突然、破滅が襲うのです。ちょうど妊婦に産みの苦しみがやって来るのと同じで、決してそれから逃れられません。しかし、兄弟たち、あなたがたは暗闇の中にいるのではありません。ですから、主の日が、盗人のように突然あなたがたを襲うことはないのです。あなたがたはすべて光の子、昼の子だからです……従って、ほかの人々のように眠っていないで、眼を覚まし、身を慎んでいましょう」。［強調はニーバーによる。］

（2）マタイ二四・三〇。

（3）マタイ二六・六四およびマルコ一三・二六。

（4）ユダヤ教とキリスト教を除けば唯一の歴史的宗教であるゾロアスター教では、実際に、この二元論的な結論が引き出され、歴史は、善の神と悪の神との互角の戦いとして受け止められている。しかし、ゾロアスター教においてでさえ、最後には善の神が勝利する。

（5）以下を参照。マタイ二五・三一以下「人の子は、栄光に輝いて天使たちを皆従えて来るとき、その栄光の座に着く。そして、すべての国の民がその前に集められると、羊飼いが羊と山羊を分けるように、彼らをより分け、羊を右に、山羊を左に置く」。

IIコリント五・一〇「なぜなら、わたしたちは皆、キリストの裁きの座の前に立ち、善であれ悪であれ、めいめい体を住みかとしていたときに行ったことに応じて、報いを受けねばならない」。

（6）アウグスティヌスは、われわれは「キリストの裁きの座の前に立たされ」なければならないという考えを、次のように解釈している。「父なる神は、その臨在そのものにおいて何人も裁かれない。しかし、神は、ご自身の裁きを御子に委ねられた。御子は、ご自身を、世を裁くために人として示されるであろう。それどころか、御子は、ご自身を、世を裁く人として示されるのである」。Augustine, *De civitas Dei*, Book XIX, ch. 27.［アウグスティヌス『神の国』（五）、服部英次郎、藤本雄三訳、岩波書店、一九九一年、第一九巻第二七章。強調はニーバーによる。］

（7）これが、麦と毒麦のたとえの要点である。麦と毒麦は両方とも収穫（最後の審判）まで成長させなければならない。なぜなら、いつでも両者を区別することができるわけではないからである。マタイ一三・二四―三〇。

（8）第一巻、第二章参照。

（9）後期ユダヤ教の最も深遠な黙示文学の一つである第四エズラ記では、絶滅の恐怖が審判の恐怖と比較されている。審判は、単なる絶滅よりも好ましいものとされているが、それは、審判が生の究極的完成の一部だからである。「今、また、わたしにこの夢の解き明かしをしてください。わたしが思いますには、その日まで残された人々は不幸ですが、残されなかった人々はもっと不幸です。残されなかった人々は、終わりの日に備えられているものを知りながら、それに達しえないと分かって悲しみを味わうからです。しかし残された人々も、不幸なのです。というのも、この夢が示しているように、大きな危険と多くの苦しみに遭うのですから。それでも、雲のようにこの世から去って行き、終わりの日に起こることを見ないよりは、危険に遭いながらも、終わりの日に至る方が、まだましです」。第四エズラ記一三・一五以下。［新共同訳旧約聖書続編エズラ記〔ラテン語〕。強調はニーバーによる。］

（10）ジョン・ベイリーは、永遠の命のキリスト教的希望についての優れた研究において、次の事実に注意を促している。すなわち、プラトン的概念である霊魂不滅は、死後の非現実的な命についての原始的でアニミズム的な意味を持つ哲学的表現以外の何ものでもないという事実である。ベイリーによれば、そのようにして生き延びることは、人を納得させるかもしれないが、慰めにはならないであろう。John Baillie, *And the Life Everlasting*, Ch. 4.

（11）第一巻、第三章参照。

（12）エノク書五一・二のたとえ。［「エチオピア語エノク書」五一章、村岡崇光訳、『聖書外典偽典4　旧約偽典II』教文館、一九七五

年、二一四頁。〕

(13) エドウィン・R・ベヴァンはこう述べている。「時の経過とともに、また、宗教的ユダヤ人が円熟していくにしたがって、地上の生の本質的な条件によって限界づけられた神の国は、人間の精神を満足させることができないということが、ほぼ認められるようになった」。Edwyn R. Bevan, *The Hope of the World to Come*, p. 26.

R・H・チャールズは、同様の点を指摘し、次のように確信した。すなわち、終末論的思想は徐々に、「地は、どれほど聖化されようとも、永遠のメシアの国にふさわしい場所ではない」という確信に従うようになった。R. H. Charles, *A Critical History of the Doctrine of the Future Life in Israel*, p. 220.

(14) Iコリント一五・五〇。

(15) IIコリント五・四。

(16) Iヨハネ三・二。

(17) ここで、次の点について考えておくのは良いかもしれない。それは、「神の国」についての共観福音書の象徴が、「永遠の命」についてのヨハネ的概念やギリシア的概念よりも「実存的」である、ということである。「永遠」と「時間」を並置することは、主として、過程の経過とその根底にある原理とを区別することである。「神の国」と歴史を並置することは、その関係のより宗教的で実存的な特徴を明らかにすることを意味する。あらゆる被造物の意志を超える神の主権には、永遠が時間に対して持つのと同じ二つの関係がある。一つは、いかなる瞬間においてもすべての命を支配する、命の源泉をめぐる権威であり、もう一つは、「終わり」において、最終的に擁護される主権である。

(18) Cf. Leopold von Ranke, *Ueber die Epochen der Neueren Geschichte*.〔ランケ『世界史概観――近世史の諸時代』鈴木成高、相原信作訳、岩波書店、一九六一年、三八頁参照。〕

(19) ベネデット・クローチェは、歴史的なものの二つの次元を正当に評価しようとして、こう述べている。「あらゆる行為は、全くそれ自体との関係の中にあり、全くそれ以外の何かとの関係の中にある。あらゆる行為は、休息地でもあり、前進のための踏み石でもある。そうでなかったとしたら、歴史の自己凌駕的発展を捉えることは不可能であろう」(Benedetto Croce, *History as the Story of Liberty*, p. 90.〔B・クローチェ『思考としての歴史と行動としての歴史』、上村忠男訳、未來社、一九八八年。部分訳のため、ニーバー引用の箇所は訳出されていない。〕ある行為は、それ自体との関係の中だけで存在することはできない。それは、ある意味の領域との関係の中にあるはずであるが、それだけでなく、歴史的過程の意味を超えることもできるのである。

(20) Oswald Spengler, *The Decline of the West*.〔O・シュペングラー『西洋の没落――世界史の形態学の素描』全二巻、村松正俊訳、五月書房、二〇〇七年。〕Arnold Toynbee, *The Study of History*.〔A・J・トインビー『歴史の研究』全二五巻、「歴史の研究」刊行会訳、経済往来社、一九六六―七二年。〕

(21) シュペングラーが歴史的有機体の有機的成長と衰退だけを見ている歴史の中に、悲劇的な運命のこの要素を理解していることは、トインビーの偉大な功績である。以下を参照。*The Study of History*, Vol. IV, particularly pp. 260ff.［前掲『歴史の研究』8、特に二八頁以下。］トインビーは、創造性の時代における少数者の役割について、また、衰退の時代において、少数者が、抑圧によって維持される「支配する」少数者へと頽落していくことを、不必要に強調している。そのような少数者があらゆる社会的政治的有機体に存在することは言うまでもない。また、失敗と挫折が判断と行動における誤りによって引き起こされる限り、その失敗と挫折は、特に、共同体の意志や精神を明確に示す、共同体のその部分の責任にされるに違いない。しかし、失敗の理由は常に多い。現代［第二次世界大戦中］のフランスの衰退は、特定の少数者だけの責任にすることができるだろうか。歴史は、そのような破綻についてはるかに複雑な源泉を指し示しているのではないだろうか。

（22）この「創造性のネメシス」についてのトインビーの分析はきわめて説得的である。トインビーは、偶然的なものと絶対的なものとの混同を、「一時的な自己」、「一時的な制度」、「一時的な技術」といったものの「偶像化」と見なしている。*Ibid.*, Vol. IV, pp. 261ff.［同上、三一一頁以下参照。］

（23）ローマの衰退期におけるマルクス・アウレリウスの支配の弱点はこの部類に属する。ローマの皇帝たちの中で最も「有徳な」皇帝が、ローマの衰退を、「アパテイア」［非情念性・超然性］を究極の善とするストア的理想主義の影響のもとで、加速させてもよかったということは重要である。もちろん、アウレリウスが衰退を主導することがなかったことは言うまでもない。歴史の悲劇的な事実と問題に全く無関係な神の国を夢見る、今日の一部の「キリスト教理想主義」は、西洋文化の衰退に対して同様の態度をとっている。われわれが直面する困難には他にもっと深遠な原因がある。しかし、近代の「理想主義」が、われわれが直面する諸問題を一層悪化させていることは確かである。

（24）第一巻、第七章および第八章参照。

（25）同、第六章参照。

（26）Ｉコリント一・二八。

（27）ここで、帝国の盛衰についての預言者たちの思想の妥当性を思い起こす必要がある。その信ずるところによれば、帝国の没落は、偽りの尊厳というまやかしに対する神の大権の擁護を示すものである。以下のエゼキエル書二八・一七―一八を参照。「お前の心は美しさのゆえに高慢となり栄華のゆえに知恵を堕落させた。わたしはお前を地の上に投げ落とし……わたしは見ている者すべての前でお前を地上の灰にした」。さまざまな帝国の破滅についてのこの預言や同様の多くの預言の後にはいつも次のような反復句が付けられている。「そのとき彼らは、わたしが彼らの神、主であることを知るようになる」。［エゼキエル二八・二四など。］

（28）民族主義的メシア信仰への傾向はその典型である。ある時点におけるあらゆる文化は、メシア信仰的な偽装を露呈し、その文化自体を普遍的共同体の中心に据える野望を抱いている。このメシア信仰は、特定の人間共同体すべてに隠されている傲慢のあからさまな形態である。時に、このメシア信仰は、衰退する世界にあって、生の最終的な把握ともなる。文化は、この偽装によってその道徳的宿命を覆い隠そうとする。それゆえ、最も極端なメシア信仰的帝国的偽装を引き起こしたのは、衰退期のエジプトの宗教国家（紀元前一六〇〇年以降）であった。神聖ローマ帝国についてのダンテの夢は、ギベリーニ党（皇帝派）帝国主義の終わりを告げる歌であった。「キリストを負う者」としてのロシア民族の理想のメシア信仰的偽装は、ロシア教会が、国家の政治的権力意志を適切に抑制することをやめてから表面化したが、ロシアは、その失敗を無意識に隠そうとした。

しかし、他方、きわめて若々しく創造的なアメリカ文化は、神の国についてのキリスト教的展望を「アメリカン・ドリーム」と混合させた。アメリカ文化が、アメリカの地における歴史の成就を望むことによって、「頽廃的な」ヨーロッパに対する軽蔑の念を表現したのは、十九世紀前半（一八〇〇―四〇年頃）のことであった。

こうした若者の偽装と老人の偽装の間に、大英帝国を「神の国」と同一視するライオネル・カーティスの見解（cf. Curtis, *Civitas Dei*）のような倒錯があった。アングロサクソン帝国主義のメシア信仰的偽装（これは、しばしば、英国よりアメリカにおいて顕著である）が、滅びゆくアングロサクソン世界の最後の作品であるのか、それとも、世界共同体を組織するというこの世界の創造的な働きにおける利己主義的堕落なのかについては、これまで以上に歴史的な視点を持つようになって初めてわかることである。

（29）われわれは今、西欧文明史上、死の断末魔の苦しみの中にあるのか、それとも、新たな命の産みの苦しみの中にあるのか、いまだ不確実であるような時代に生きている。そのような時代に、文明の生死について述べるにあたっては、人間の運命をめぐるキリスト教的解釈のわれわれ自身の状況に対する妥当性に特に言及しないわけにはいかない。キリスト教信仰には、文明の試練や混乱を、それと距離を置いた無責任な平静さで眺めることも、また、生の意味を、自分たちの文化や文明の維持と同一視することも不可能にする優れた能力がある。

われわれは、目下、有毒な堕落形態［ファシズム］がわれわれの文明の「残りの者」［真理の側に立つ少数者］に挑んだことから生じた大きな危険を回避するという限定的な責務に従事している。この毒と、この毒をはびこらせた固定された堕落状態との関係についての理解の鈍さ、この危険への対応の遅さ、共通する危険に対する一致した行動を困難で不完全なものにする国内の不協和や民族主義的偏見といった、われわれのあらゆる弱さは、限定的な戦いの成果をも疑わしいものにしてしまう。しかし、それよりもっと大きな課題が、さらに一層疑わしい結末をもたらす。われわれがわからないのは、果たして、西欧文明が、技術時代の相互依存性を用いて世界共同体を形成するために、民族主義的狭量さを克服することができるだけの十分な手段を持ち合わせているかどうか、あるいは、この文明が、技術的に進歩した生産過程を原動力として国内経済の諸問題を解決することができるかどうか、ということである。

そのような文明の内部にいるわれわれの責任は明らかである。われわれは、神の国の同胞性に一層ふさわしくなるために、共同的生の形成に努めなければならない。歴史的な義務からあえて眼をそらせるような、「永遠の相のもとに」（sub specie aeternitatis）ある歴史観というものはない。しかし、もしわれわれが失敗するとしても、またその可能性があるとしても、少なくとも、その失敗をキリスト教的視点から理解することはできる。われわれがその失敗を理解する限り、その失敗に完全に巻き込まれることがないどころか、その失敗を超える視点を手にするであろう。われわれは、自分たちが理解する失敗の悲劇的な性格を否定することはできないにしても、失敗を無意味なものと見なす誘惑に駆られることはないであろう。

（30）エズラの黙示（第四エズラ記）は、個人の生のこの問題を明白にこう述べている。「主よ、終わりの時に居合わせる人々にとって、あなたは主人となられるでしょう。しかし、わたしの前の人々やわたしたち自身、あるいは、わたしたちのすぐ後の人々は、どうしたらよいのでしょう」（五・四一）。［新共同訳旧約聖書続編エズラ記（ラテン語）。強調はニーバーによる。］さらに次のように書かれている。「わたしたちに不死の世が約束されていても、いったい何の役に立つでしょう。わたしたちが死をもたらす悪行をしているのですから。永遠の希望が約束されているとしても、わたしたちは最悪なことに、むなしい存在になっているではありませんか」（同七・一一九―一二〇）。

（31）宗教改革の神学には、全体として、終わりに関する聖書の概念を維持しそこなっているという欠陥があるが、現代のバルトの終末論はこの欠陥を際立たせている。その神学は、持続体としての歴史が持つ意味に関心を払わず、時間のあらゆる瞬間に突入する永遠の観点から終末論について語っている。

（32）十八世紀のある歴史家は、十八世紀思想では、永遠の代わりに「後世」の概念が用いられていることを次のように説明している。「かれらが、神の愛を人間の愛に代え、代償的贖罪を自分自身の努力による人間の完全になりうる能力に代え、来世における不滅の希望を将来の世代を憶えて生きる希望に代えた……後世という思想には、十八世紀の哲学者や革命の指導者たちから、高度に情緒的で本質的に宗教的な応答を導き出す傾向があった」。Carl L. Becker, *The Heavenly City of Eighteenth-Century Philosophers*, p. 130.

　この後世の人々に期待することの本質的に宗教的な性格は、次のディドロの言葉に完璧に表現されている。「ああ、献身した信心深い後世の人々よ。抑圧されている者と不幸な者の支持者よ。正しい者である汝、朽ちることのない汝、善人に報い、偽善者の正体を暴き、励ましに満ちた確かな思想を明らかにする汝よ。わたしを見捨てるな。哲学者たちにとって、後世は、宗教者にとっての彼岸に相当するのである」。［『ディドロ著作集第2巻　哲学2』、小場瀬卓三、平岡昇監修、法政大学出版局、一九八〇年、参照。］

（33）新約聖書の復活概念が基としている後期黙示文学における万人の復活の思想は、時々誤って、生の成就について、それ以前の部族的ないし民族主義的思想に対する個人主義的宗教の勝利と見なされることがある。R・H・チャールズの著作はこの点で誤りを犯している。それさえなければ、この書は、この分野における信頼できる著作である（Cf. R. H. Charles, *Eschatology*）。ユダヤ教の黙示文書では、復活に与る最後の勝利の前に滅びた者たちを受け入れる、《万人の復活》という思想は、生の社会的意味が成就する前に死ぬ個人の問題を認識している。しかし他方で、この思想は、個人的な成就と社会的な成就との相互関係をも意味し、それらを相互に依存させてもいる。

　すべての時代の個人が成就の時代に参与するということは、字義通りに受け止めるとしたら信じがたいことであるが、象徴的には深遠である。それは、時間の各瞬間を超える永遠を、時間の過程が成就される永遠に関係づけているのである。

（34）急進的セクト主義がしばしば、個人的過ぎる正統主義キリスト教に反対する議論の中で、復活思想の妥当性と意味を認めたことは重要である。これについては、特に、十七世紀レヴェラーズの指導者であったリチャード・オーヴァトンの『人間の道徳性』(Richard Overton, *Man's Mortality*) を参照。

（35）Cf. Lewis Mumford, *Technics and Civilization.*［ルイス・マンフォード『技術と文明』、生田勉訳、美術出版社、一九七二年。］

（36）「反キリスト」という明確な用語が見出されるのはヨハネの手紙だけである（Ⅰヨハネ二・一八、四・三、Ⅱヨハネ七）。そこでは、この象徴は特に終末と一体化されているわけではない。しかし、ヨハネの手紙は、多様に表現されている新約聖書の全般的な概念を表す明白な用語を用いている。終末についてのイエスの展望には、「わたしがメシアだ」と、「わたしの名を名乗る者」が現れる（マタイ二四・五）ことが含まれている。また、「大きなしるしや不思議な業を行い、できれば、選ばれた人たちをも惑わそうとする」、「偽メシアや偽預言者」たち（マタイ二四・二四、マルコ一三・二二）の出現についても言及されている。非常に明白な傲慢の形態だけでなく、最終的な争いや戦争もまた歴史の終わりの一部とされている（マタイ二四・六）。

新約聖書の手紙の黙示部分では、キリスト者たちは、歴史への洞察を持っていて、他の人々が「無事だ、安全だ」（Ⅰテサロニケ五・二）と言っているそのやさきに、「突然、破滅」が来ることを理解することができると考えられている。また、「困難な時期」が到来するのは、人々が、「自分自身を愛し、金銭を愛し、ほらを吹き、高慢にな」るなどしている時であると予告されている（Ⅱテモテ三・一、二）。さらに、黙示一六・一六―一八、一九・一九を参照。

（37）以下を参照。黙示一三・一八「賢い人は、獣の数字にどのような意味があるかを考えるがよい。数字は人間を指している。そして、数字は六百六十六である」。黙示録の「獣」は、キリスト教終末論において、反キリストの概念と関係があることは確かである。「獣」は、自分自身を拝むという神聖冒瀆を要求する悪の最終形態の象徴でもあるからである。黙示一三・四参照。

（38）このように、ダニエル書は、次のような確信から、バビロニア帝国を究極的な悪に位置づけている。「その帝国の邪悪さが、それ自体を神格化し、その帝国より高貴なものは何であれ、それに対する尊崇をすべて拒否するほどになった時、その邪悪さは、神の介入を要請し、神の介入を来らせる。神が介入するその時が来たが、それによって、世界の救いの時が来たのである」(Adam Welch, *Visions of the End*, p. 124) という確信である。

後期ユダヤ教とキリスト教の黙示文書では、この好ましくない立場をとるのは、バビロニア帝国ではなくローマ帝国である。エズラの黙示文書における「鷲の幻」では、ローマの罪は、それ以前のあらゆる悪を具現化し倍加させ、そのようにして歴史の終わりを指し示すものと見なしている（第四エズラ記一二・一五）。［新共同訳旧約聖書続編エズラ記（ラテン語）参照。］

資本主義が最終的な悪であり、その敗北は歴史における悪の滅亡を意味するとのマルクス主義の黙示思想は、この同じ幻想の世俗版である。

（39）パウル・アルトハウスは、その著『最後の事物』でキリストと関連させて反キリストの否定的性格を強調している。Paul

Althaus, *Die Letzten Dinge*, p. 273.

（40）ローマ八・三八―三九。

訳者あとがき

本書は、Reinhold Niebuhr, *The Nature and Destiny of Man: A Christian Interpretation*, Vol. II: *Human Destiny*（New York: Charles Scribner's Sons, 1943）の全訳である。また、本書全体の把握の助けとして、一九六三年に出されたペーパーバック版の「序文」の本書に関わる部分も訳出し付加した。

著者ラインホールド・ニーバーは、人間と歴史の問題に独特なかたちで取り組んだ、二十世紀アメリカを代表する神学者であり、社会倫理学者である。また、社会問題、とりわけ政治の領域で積極的に発言し、キリスト教現実主義を標榜して、冷戦時代アメリカの外交政策立案に一部参加するなどした現実主義的政治思想家であり活動家でもあり、さらに、その他の社会問題にも鋭い目を向けた文明評論家でもあった。

一八九二年、ミズーリ州セントルイス郊外に、ドイツ移民の教会の牧師グスタフ・ニーバーの第三子として生まれ、エルマースト・カレッジおよびイーデン神学校を経て、イェール大学神学大学院および同大学大学院に学んだ。大学院修士課程修了後、一三年にわたってミシガン州デトロイトのベセル福音教会の牧師を務め、一九二八年から一九六〇年に引退するまで、ニューヨークのユニオン神学大学院で教鞭をとった。その活動は一九六〇年代の終わりまで続き、晩年は病と闘いながらであるが、公民権運動を支持し、ベトナム戦争反対に筆を揮っている。一九七一年、七八歳でその生涯を閉じた。英国やイスラエルの大学を含む二〇あまりの大学から名誉学位が贈られ、一九六四年には、T・S・エリオット、ヘレン・ケラーらと共に大統領自由勲章を受領した。今年二〇一七年は、ニーバーの生誕一二五年目にあたる。

代表的な著書には、『道徳的人間と非道徳的社会』(一九三二年)、『キリスト教倫理の解釈』(一九三四年)、『人間の本性と運命』(第一巻　一九四一年、第二巻　一九四三年)、『光の子と闇の子』(一九四四年)、『信仰と歴史』(一九四九年)、『アメリカ史のアイロニー』(一九五二年)、『自己と歴史のドラマ』(一九五五年) などがある。(1)

ちなみに、二十世紀半ば、イェール大学神学大学院で活躍したキリスト教倫理学者ヘルムート・リチャード・ニーバーは弟、マコーミック神学大学院で教えたキリスト教教育学者フルダ・ニーバーは姉、かれらの次の世代を担った、ハーバード大学神学大学院のリチャード・ラインホールド・ニーバーは甥 (H・リチャードの子) にあたる。


本書がその第二巻である『人間の本性と運命』(全二巻) はニーバーの主著と見なされてきた。その内容は、一九三九年、英国エディンバラ大学で行ったギフォード講演(2)である。この書はニーバーがその学術的地歩を固めた著作であり、一般にはしばしば、同時代の大陸の弁証法神学運動に呼応するアメリカにおける同種の神学思想の表明と見なされてきた。しかし、実際には、ニーバー固有の洞察と解釈に満ちており、大陸の運動とは一線を画すものである。

このニーバーの主著の評価をめぐる文献はさながら汗牛充棟であるが、(3)ここでは以下の評言だけを紹介しておきたい。

> 「『人間の本性と運命』」は、何よりもキリスト教神学の書である。しかしまたそれは同様の重さで「現代文化批判の書」と言える……。「神学」と「現代批判」との結びつき、というよりも両者の同一性ということに、私は深大な意義を感得せずにいられない(4)。

これは、一九七〇年代初め、若い世代に対するこの書の意義を覚えてその翻訳を試みた日本の哲学者野中義夫の言葉である。この野中の評価は、第一巻よりも第二巻『人間の運命』に一層よくあてはまるであろう。

『人間の運命』の翻訳は今回が初めてである。第一巻『人間の本性』については過去二回の翻訳が試みられたが、二回とも第二巻の出版予定を示唆しながらついに出版には至らなかった(5)。その結果、ニーバーの他の主要な著書は翻訳されてきたにもかかわらず、主著については翻訳が未完という変則的な状況が長く続いてきた。

今回の翻訳は、聖学院大学総合研究所におけるラインホールド・ニーバー研究の一環として、二〇一一年に、高橋義文、柳田洋夫、松本周（聖学院キリスト教センター主事、聖学院大学講師）、鈴木幸（聖学院大学総合研究所元特任研究員）の四名によって、本書の翻訳研究のかたちで始められた。担当した章について、その内容について研究会で発表し、訳文は批判に供するため暫定訳として逐次『聖学院大学総合研究所紀要』（二〇一一―二〇一四年）に掲載された。

その後、出版に向けそれらの訳文の本格的な修正作業に入った。そこでは暫定訳は全面的に修正され、部分的には翻訳しなおすことも迫られた。これには、もっぱら柳田、高橋の二名があたった。全章にわたって二人で交互に修正し合うかたちをとり、その作業を何度か繰り返した。

その間、英語原文の理解について、ブライアン・バード先生（聖学院大学総合研究所特任講師）の助力を得た。また、島田由紀先生（聖学院大学人文学部欧米文化学科准教授）には訳文に目を通していただいたが、先生からは有益なご指摘を得た。両先生に心から感謝申し上げたい。

出版にあたって、聖学院大学出版会会長阿久戸光晴先生（学校法人聖学院院長・理事長）、出版企画委員、出版部長木下元氏には、格別なご配慮を賜った。また、出版会の花岡和加子さんは職責以上の作業を惜しまれず、文献資料の確認や訳語等について幾多の提言もしてくださった。本書はこれらの方々の助けなしには完成に至らなかったであろう。心からの謝意を表したい。

最後に、共訳者の柳田洋夫氏に感謝したい。暫定訳発表の際の修正から本格的な修正・改訳に至る作業において氏の果たした役割は大きく、特に内容の核に関わるような部分における指摘や提案には何度も助けられてきた。意見や情報を交わし相談を重ねながら経てきたいささか長い道のりは、共同作業の快さを味わうに十分な過程でもあった。また、初期段階の暫定訳作業に参加してくださった、松本周（四章担当）、鈴木幸（二章、六章担当）の両氏にも感謝申し上げる。

本訳書が、ニーバーの主著の翻訳の欠けを十分に満たすものとなるかどうかは、読者諸子の判断にお委ねするほかはない。できるだけ正確さを心がけたが、理解不足や思わぬ誤りがあるかもしれない。ご指摘ご叱正をいただければ幸いである。

二〇一七年三月　ニーバー生誕一二五年を覚えて

髙橋義文

注

（1）ニーバーの著書の翻訳については、以下を参照。髙橋義文「ニーバーの著作の翻訳について」髙橋義文『ニーバーとリベラリズム』聖学院出版会、二〇一四年、四〇七―四二五頁。

（2）ギフォード講演については、本書序文の訳注（二〇頁）を参照。

（3）この書に加えられてきた評価の概要については以下を参照。チャールズ・C・ブラウン『ニーバーとその時代』髙橋義文訳、聖学院大学出版会、二〇〇四年、一四九―一五五頁。

（4）野中義夫「訳者のことば」、野中訳（注5参照）、三三七頁。

（5）武田清子訳『キリスト教人間観　第一部　人間の本性』新教出版社、一九五一年。野中義夫訳『人間の本性と運命　第一巻　人間の本性』産学社、一九七三年。武田清子氏は国際基督教大学名誉教授、野中義夫氏（故人）は元群馬大学および足利工業大学教授。

聖書索引

［章（注番号）：頁数で表記
数字のみは本文頁］

人名索引

あ

アウグスティヌス（Augustine） 102, 138, 156–163, 165–166, 243, 291–292, 321, 332, 351, 352, 353, 356–357, 377, 381
アクィナス，トマス（Aquinas, Thomas） 140, 162–163, 293, 346, 353, 357, 377
アスムッセン，ハンス（Asmussen, Hans） 366
アタナシオス（Athanasius） 154
アドラー，モルティマー（Adler, Mortimer） 353
アリヴィサトス，ハミルカー・S（Alivisatos, Hamilcar S.） 355
アリストテレス（Aristotle） 104, 113, 290, 347, 376
アルベルティ（Alberti） 358
アレン，J・W（Allen, J. W.） 370
アンセルムス（Anselm） 76, 79
アンドルツォス，フリストス（Androustos, Chrestos） 355
イエス（Jesus） 57–71, 90, 102, 109–110
イグナティオス（Ignatius） 354
ヴィーズナー，H（Wiesner, H.） 348
ウィリアムズ，ロジャー（Williams, Roger） 371
ウィンスタンリー，ジェラード（Winstanley, Gerrard） 200–201
ウェスレー，ジョン（Wesley, John） 196–197, 361–362
ウェルギリウス（Virgil） 336, 337
ヴェルンレ，パウル（Wernle, Paul） 349
ヴォルテール（Voltaire） 360
エイレナイオス（Irenæus） 154, 344, 346
エスタリー，W・O・E（Oesterley, W. O. E.） 343
エックハルト，マイスター（Eckhardt, Meister） 112, 114, 348
エピクロス（Epicurus） 30, 336
オットー，ルドルフ（Otto, Rudolf） 65, 342
オリゲネス（Origen） 79, 154, 344, 355

か

カーティス，ライオネル（Curtis, Lionel） 384
カーライル，A・J（Carlyle, A. J.） 377
カルヴァン，ジャン（Calvin, John） 218–223, 247, 298, 367, 379
ガンディー，マハトマ（Gandhi, Mahatma） 374
カンパネラ（Campanella） 186
キェルケゴール，セーレン（Kierkegaard, Søren） 77, 81, 341, 343
キケロ（Cicero） 291
クラフ，アーサー・ヒュー（Clough, Arthur Hugh） 336
クリュソストモス，ヨアンネス（Saint John of Chrysostom） 155
グレゴリオス，ニュッサの（Gregory of Nyssa） 154, 344, 346
クレメンス，アレキサンドリアの（Clement of Alexandria） 79, 154
クローチェ，ベネデット（Croce, Benedetto） 360, 382
クロムウェル，オリヴァー（Cromwell, Oliver） 371, 372
クンケル，フリッツ（Kunkel, Fritz） 347
ケアド，J（Caird, J.） 353
ケーバレ，アドルフ（Koeberle, Adolf） 359
ゴア，チャールズ（Gore, Bishop Charles） 356
コーチマン，ロバート（Coachman, Robert） 361
コクラン，チャールズ・ノリス（Cochrane, Charles Norris） 337
コント，オーギュスト（Comte, August） 188
コンドルセ（Condorcet） 359

さ

ジェファソン，トマス（Jefferson, Thomas） 254, 380
シュヴァイツァー，アルベルト（Schweitzer, Albert） 70
シュペングラー，オスヴァルト（Spengler, Oswald） 319, 328, 382
シュライアマハー，F・D・E（Schleiermacher, F. D. E.） 94–95, 346
ジョーダン，W・K（Jordan, W. K.） 369
ジョーンズ，スタンレー（Jones, E. Stanley） 379

ジョーンズ，ルーファス・M（Jones, Rufus M.） 361
ステリ，ピーター（Sterry, Peter） 194
セネカ（Seneca） 34

た

ダンテ，アリギエリ（Dante, Alighieri） 186, 383
チャールズ，R・H（Charles, R. H.） 382, 385
ツィンツェンドルフ，N・L・フォン（Zinzendorf, N. L. von） 196–197
ディドロ，ドニ（Diderot, Denis） 385
ティリッヒ，パウル（Tillich, Paul） 336, 367–368, 370
デカルト，ルネ（Descartes, Rene） 187, 359
デニー，ジェームズ（Denny, James） 352
デューイ，ジョン（Dewey, John） 371
テルトゥリアヌス（Tertullian） 153, 355
デンク，ハンス（Denck, Hans） 193, 253–254, 370
トインビー，アーノルド（Toynbee, Arnold） 319–320, 382, 383
ドッド，C・H（Dodd, C. H.） 343
トルストイ，レオ（Tolstoi, Leo） 356
トレルチ，エルンスト（Troeltsch, Ernst） 378

な

ナーボロー，F・D・V（Narborough, F. D. V.） 343
ニーチェ，F・W（Nietzsche, F. W.） 348
ニーバー，H・R（Niebuhr, H. R.） 368
ニグレン（ニーグレン），アンダース（Nygren, Anders） 347
ニューマン，［ジョン・ヘンリー］枢機卿（Newman, Cardinal） 165, 358
ノックス，ジョン（Knox, John） 299
ノリス，ジョン（Norris, John） 195

は

バークレー，ロバート（Barclay, Robert） 195, 361
パーソンズ，ロバート（Parsons, Robert） 243–244
ハーツホーン，チャールズ（Hartshorne, Charles） 345
バーナム，ジェームズ（Burnham, James） 375
パウロ（Paul） 31, 59, 82–83, 123–127, 137, 149, 216, 290, 314, 341, 342, 353, 376
バリン，ペーテル（Balling, Peter） 194, 361
バルト，カール（Barth, Karl） 85, 138, 139, 182, 275, 342, 344, 345, 378, 385
ハルナック，A（Harnack, A.） 152, 344, 354, 355
ヒューム，デイヴィッド（Hume, David） 104–106, 347
ヒルデブラント［グレゴリウス七世］（Hildebrand） 166
フィチーノ（Ficino） 358
フィヒテ，J・G（Fichte, J. G.） 187, 189, 360
ブーケルゾーン，ヤン（Bockelson, Jan） 199
ブーバー，マルティン（Buber, Martin） 339
ブールダハ，コンラート（Burdach, Konrad） 359
フォックス，ジョージ（Fox, George） 192, 193, 361, 378
フォックス，チャールズ・J（Fox, Charles J.） 372
プシュヴァラ，エーリヒ（Przywara, Erich） 243, 368
ブラッドレー，フランシス・H（Bradley, Francis H.） 345, 352, 353
プラトン（Plato） 32–33, 290–291, 336, 376
フランク，セバスティアン（Franck, Sebastian） 194
フランチェスコ，［アッシジの］聖（Francis, Saint） 184–185
ブルトマン，ルドルフ（Bultmann, Rudolf） 347
ブルンナー，エーミル（Brunner, Emil） 211, 212, 344, 354, 364, 366, 373, 374
プロティノス（Plotinus） 33, 156, 336
フロム，エーリヒ（Fromm, Erich） 351
フロローフスキー，G・V（Florovsky, G. V.） 369
ベイリー，ジョン（Baillie, John） 381
ベヴァン，エドウィン（Bevan, Edwyn） 381
ヘーゲル，G・W・F（Hegel, G. W. F.） 99–100, 187, 360

ベーコン，フランシス（Bacon, Francis）　186
ベーコン，ロジャー（Bacon, Roger）　185–186
ベーメ，ヤーコプ（Boehme, Jacob）　113
ペトラルカ（Petrarch）　186
ベルグソン，アンリ（Bergson, Henri）　347
ベルナルドゥス，クレルヴォーの（Bernard of Clairvaux）　164, 357
ヘルマス（Hermas）　354
ペロー，シャルル（Perrault, Charles）　190
ベンツ，エルンスト（Benz, Ernst）　348, 359
ボーザンケト，B（Bosanquet, B.）　295, 353
ボダン，ジャン（Bodin, Jean）　261–262, 295, 372
ホッブズ，トマス（Hobbes, Thomas）　250, 261–262, 271, 295, 370, 375
ボナヴェントゥーラ（Bonaventura）　185–186
ポリュカルポス（Polycarp）　354
ポルフィリオス（Porphyry）　79

ま

マキャヴェリ，ニコロ（Machiavelli, Niccolo）　295
マキルヴェイン，C・H（McIlvain, C. H.）　377
マディソン，ジェームズ（Madison, James）　380
マリタン，ジャック（Maritain, Jacques）　116
マルクス・アウレリウス（Marcus Aurelius）　383
マンハイム，カール（Mannheim, Karl）　372
マンフォード，ルイス（Mumford, Lewis）　386
ミル，ジョン・スチュワート（Mill, John Stuart）　257
ミルトン，ジョン（Milton, John）　254, 256, 297, 364–365, 371
メルシエ，セバスチャン（Mercier, Sébastien）　360
モア，トマス（More, Thomas）　186, 262–263, 371, 372
モバリー，ロバート（Moberley, Robert）　358
モンテーニュ，M・E・ド（Montaigne, M. E., de）　371
モンテフィオーレ，C・G（Montefiore, C. G.）　342

や

ユスティノス，殉教者（Justin Martyr）　153
ヨアキム，フィオーレの（Joachim of Flores）　184–185
ヨハネ，十字架の聖（Saint John of the Cross）　115

ら

ラシュドル，ヘイスティングス（Rashdall, Hastings）　79, 344, 355
ラッセル，バートランド（Russell, Bertrand）　336
ランケ，レオポルド・フォン（Ranke, Leopold von）　319
リルバーン，ジョン（Lilburne, John）　254, 379
ルクレティウス（Lucretius）　28–29, 336
ルソー，J・J（Rousseau, J. J.）　375
ルター，マルティン（Luther, Martin）　139, 208–218, 222–223, 247, 271, 295–296, 354, 365
レーニン，ニコライ（Lenin, Nicolai）　108, 348
レオ十三世（Leo II ［Leo XIII］）　244
レッキー，W・E・H（Lecky, W. E. H.）　370
ロック，ジョン（Locke, John）　253, 255

事項索引

さ

た

な

は

訳者紹介

髙橋義文（たかはし　よしぶみ）

1943年生まれ。ローマリンダ大学文理学部卒、アンドリューズ大学大学院修士課程修了。東京神学大学大学院修士課程および博士課程修了。神学博士（東京神学大学）。三育学院短期大学教授・学長、エモリー大学客員研究員、聖学院大学大学院教授・同大学総合研究所長を経て、現在、聖学院大学大学院客員教授。

〔著書〕『ラインホールド・ニーバーの歴史神学』、『ニーバーとリベラリズム』、『パウル・ティリッヒ研究』（共著）。〔訳書〕C・C・ブラウン『ニーバーとその時代』、J・ウィッテ『自由と家族の法的基礎』（共監・共訳）、A・E・マクグラス『アリスター・E・マクグラス宗教教育を語る』、W・パネンベルク『キリスト教社会倫理』、『現代に生きる教会の使命』（共訳）、R・ニーバー『ソーシャルワークを支える宗教の視点』（共訳）ほか。

柳田洋夫（やなぎだ　ひろお）

1967年生まれ。東京大学文学部倫理学科卒業。東京大学大学院人文科学研究科（倫理学）修士課程修了。同博士課程中退。東京神学大学大学院博士前期課程修了。聖学院大学大学院アメリカ・ヨーロッパ文化学研究科博士後期課程修了。博士（学術）。現在、聖学院大学人文学部日本文化学科准教授、人文学部チャプレン。

〔訳書〕C・E・ガントン『説教によるキリスト教教理』、A・E・マクグラス『歴史のイエスと信仰のキリスト』。〔論文〕「山路愛山における『共同生活』概念について」、「関東大震災と説教者——植村正久と内村鑑三に即して」、「小山鼎浦の宗教思想」ほか。

ラインホールド・ニーバー
人間《にんげん》の運命《うんめい》
――キリスト教的歴史《きょうてきれきし》解釈《かいしゃく》――

2017年3月31日　初版第1刷発行

訳　者　髙　橋　義　文
　　　　柳　田　洋　夫
発行者　阿久戸　光　晴
発行所　聖学院大学出版会
〒362-8585 埼玉県上尾市戸崎1番1号
Tel. 048-725-9801／Fax. 048-725-0324
E-mail : press@seigakuin-univ.ac.jp
印刷所　三松堂印刷株式会社

ISBN978-4-907113-22-3　C3010

ラインホールド・ニーバーの歴史神学
――ニーバー神学の形成背景・諸相・特質の研究

髙橋義文 著

四六判　定価：4,272円＋税

神学者、社会活動家、政治哲学者、倫理学者、歴史哲学者、文明批評家等々幅広い活動を展開したＲ・ニーバーの神学思想を解明する気鋭の書き下し。ニーバー神学形成の背景（青年期のニーバーを育んだ教会とその神学的土壌、デトロイトでの牧会、ユニオン神学大学への赴任）、ニーバー神学の教義的諸相（中期のニーバーの思想を丹念に追い、神話・象徴・啓示、人間、終末論、キリストなど）、ニーバー神学の特質の三部からなる。（平成５年度文部省科研費交付図書）

聖学院大学研究叢書８

ニーバーとリベラリズム
――ラインホールド・ニーバーの神学的視点の探求

髙橋義文 著

Ａ5判　定価8,000円＋税

バラク・オバマ米大統領がその影響を受けていることを明言したことによって関心を集めることとなったニーバー。その思想の特質の明確化を試みる。神学的リベラリズムと政治的リベラリズムとの明示的・暗示的な取り組みを背景に、ニーバー特有の歴史との関係における超越的神学的視点を明らかにする。

ラインホールド・ニーバー　著／高橋義文・西川淑子 訳

ソーシャルワークを支える宗教の視点――その意義と課題

四六判　定価：2,000円＋税

本書が書かれた1930年代のアメリカは、経済不況による凄まじい格差社会が到来していた。しかし社会の公正を実現するための「社会福祉事業」はあまりに理想主義的で、個人主義的で、感傷主義的で、機能していないという問題状況があった。著者は、「社会の経済的再編成」「社会組織再編」「社会の政治的な再編成」という壮大な社会構想のもとで、本来あるべき社会福祉の姿を提示する。

チャールズ・C・ブラウン 著／高橋義文 訳

ニーバーとその時代
――ラインホールド・ニーバーの預言者的役割とその遺産

A5判　定価：6,000円＋税

「預言者的現実主義者」として、アメリカの神学者だけでなく、政治学者また政治家たちに多大な影響を与えたラインホールド・ニーバーの伝記。数多くのニーバーの伝記の中でニーバーの思想の意味をニーバーの生きた時代・社会との関連を明らかにしながら解明する「バランスのとれた伝記」として高く評価されている。